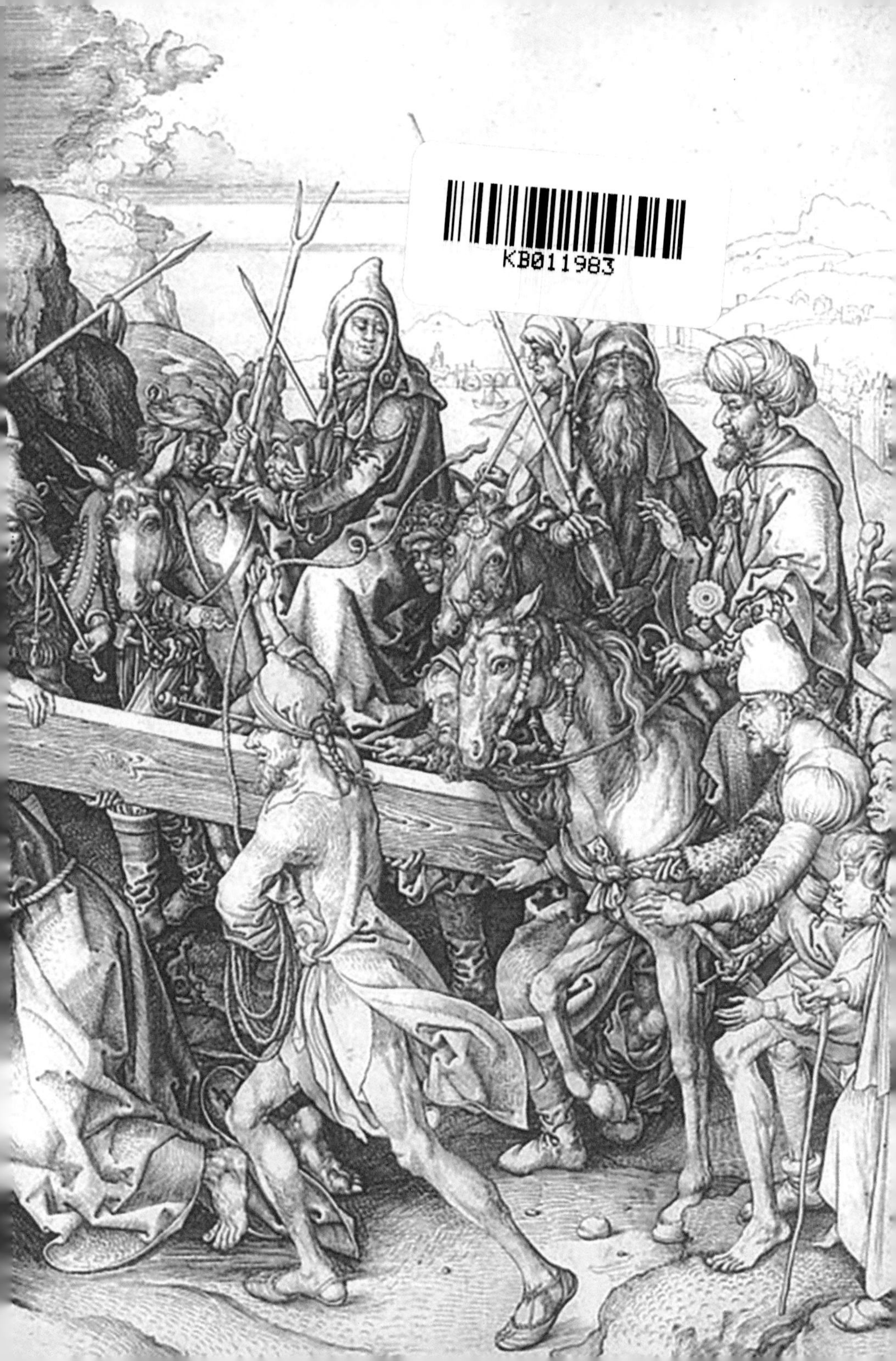

회화에서 대가를 이룬 사람은
'또 하나의 신'이라는 평판을 누린다.

– 레온 바티스타 알베르티

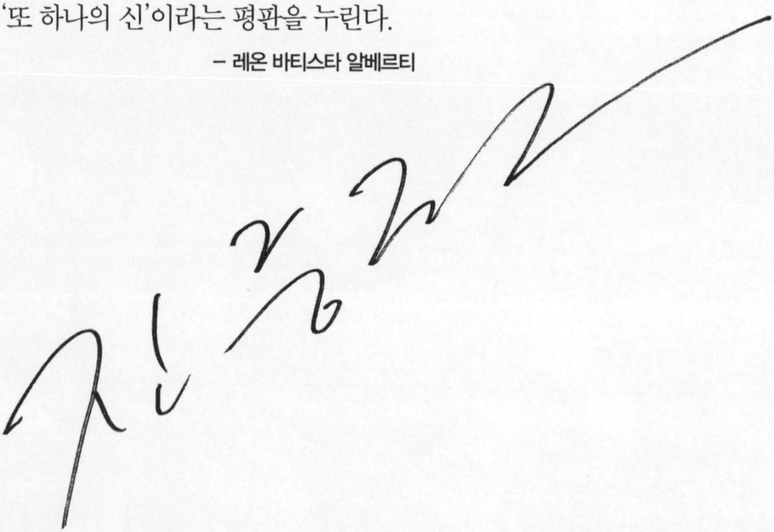

Classical Art

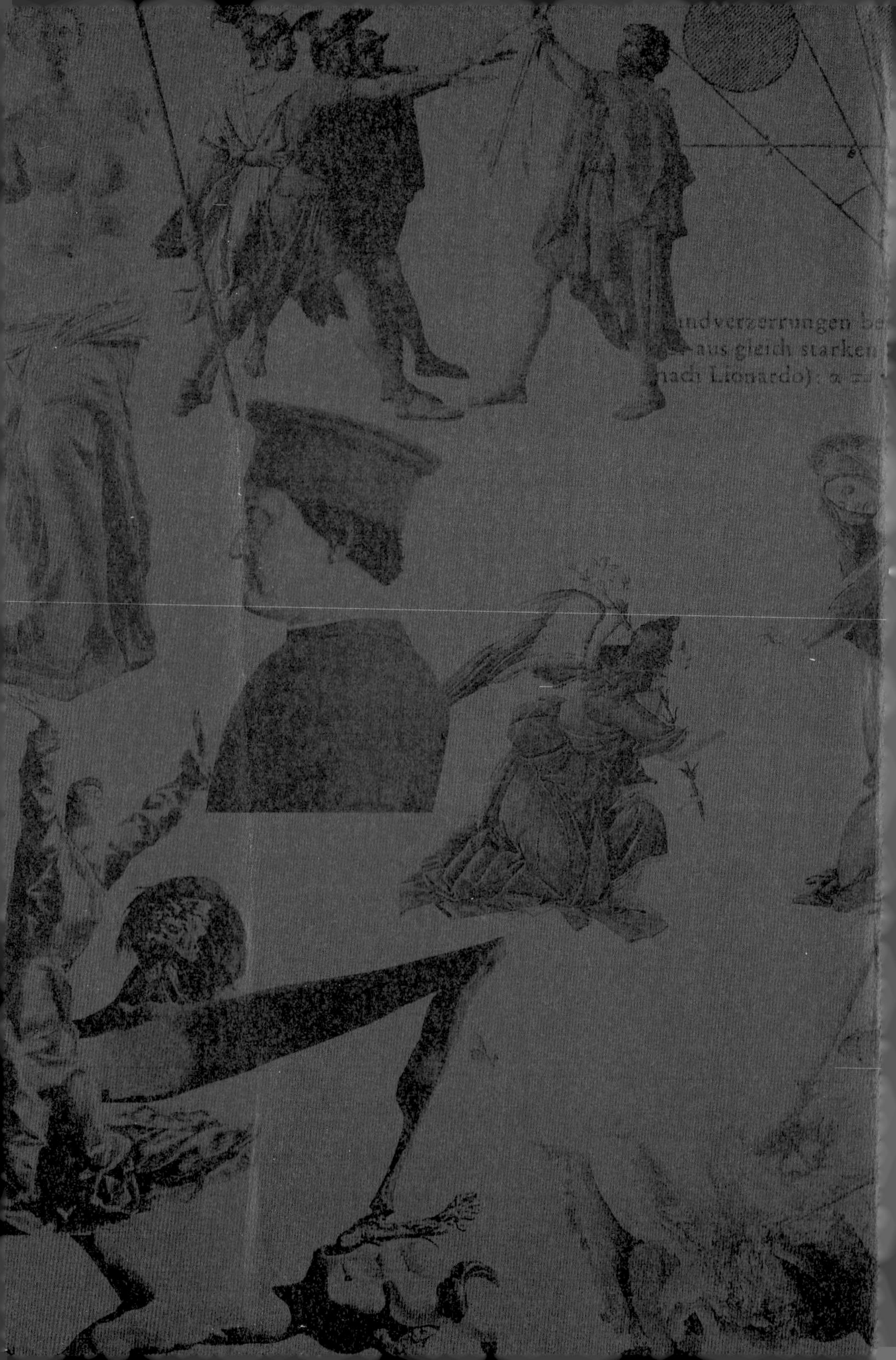
aus gleich starken
Lionardo):

진중권의 서양미술사 | 고전예술

Classical Art

Humanist

| 들어가기 |

이미 여러 종류의 서양 미술사가 나와 있는데, 거기에 하나를 더 덧붙이는 데는 물론 이유가 있다. 대부분의 미술사는 다양한 양식에 속하는 작품을 시간적 순서에 따라 서술하는 데 그친다. 다뤄야 할 사조들이 너무도 많음에도 불구하고 2000년이 넘는 역사 전체를 한 권의 책으로 개관하려다 보면 각각의 양식을 짧게 설명하고 넘어가는 데 만족할 수밖에 없다. 이런 식의 미술사는 오랜 시간에 걸친 미술사의 흐름을 개관하게 하는 장점이 있지만, 동시에 준비되지 않은 독자를 피상적 사실들의 홍수 속에 빠뜨리는 단점이 있다.

여기서 벗어나려면, 대상 영역을 미술사의 맥락을 구성하는 데 필요한 몇몇 주요한 양식으로 한정하되, 선택된 양식들 각각에 대해서는 구체적인 조형의 원리 및 그 바탕에 깔린 예술의 의지까지 드러내는 깊이 있는 접근이 필요하다. 이 깊이를 확보하기 위해서 먼저 미술사학에서 널리 알려진 논문이나 저서를 선택하여, 그것들을 선형적으로 배치하는 방식으로 미술사를 구성하기로 했다. 이 책에 소개된 저자들의 논문이나 저서는 미술사학에서 중요한 업적으로 꼽히는 것들이다.

학문에 대한 입문은 대개 체계론과 학설사로 이루어진다. '체계론'은 그 학문이 다루는 문제 영역들을 분류하여 제시하는 공시적 접근이고, '학설사'는 현재에 이르기까지 그 학문의 변천 과정을 서술하는 통시적 접근이라 할 수 있다. 이 책에서는 서양 미술에 접근하는 이 두 가지 방법을 하나로 묶어, 한편으로는 서양 미술의 원리를 공시적으로 설명하는 가운데, 다른 한편으로는 서양 미술의 역사를 통시적으로 서술하려 했다. 이 생각은 물론 '논리적인 것'과 '역사적인 것'의 통일이라는 헤겔의 방법을 원용한 것이다.

그렇기 때문에 이 책은 이중의 독해를 가능하게 한다. 예를 들어, 독자는 먼저 이 책을 일종의 체계론으로 읽을 수 있다. 우리는 드로잉에 채색을 하여 이미지를 만들어낸다. 그래서 이 책은 미술의 근본 요소인 형태(1장)와 색채(2장)에서 출발한다. 완성된 이미지는 공간에 배치해야 한다. 따라서 공간을 재현하는 투시법(3장, 4장, 5장)에 관한 장이 그 뒤를 잇게 된다. 대상과 공간이 합쳐져 형식을 이루고, 거기에는 당연히 내용이 담긴다. 그것을 읽어내는 것이 6장의 과제다.

예술의 형식적 측면과 내용적 측면에 대해 살펴보았으면, 이제 관심을 양식의 변화로 옮겨야 한다. 예술에서 양식의 변화를 낳는 것은 무엇인가? 어떤 이는, 양식의 변화는 그 밑에 깔린 정신의 변화에서 비롯된다고 말한다. 이런 접근 방법을 '정신사로서 예술사'(7장)라 부른다. 다른 이는 양식의 변화를 낳는 것은 지각 방식의 변화에서 비롯된다고 주장한다. 그것을 '형식사로서 예술사'(8장)라 부른다. 이로써 우리는 예술을 그것을 둘러싸고 있는 더 넓은 사회의 정신적, 문화적 맥락 속에 위치시켰다.

예술의 방향을 결정짓는 것은 오로지 화가나 조각가라 생각하기 쉽다. 하지만 예술사의 중요한 시기마다 예술가 못지않게 결정적인 역할을 발휘하는 것이 비평가이다. 따라서 미술을 이해하는 데는 비평에 대한 이해가 필수적이다. 우리는 거대한 양식의 변화를 초래했던 두 명의 비평가에 대해 살펴보게 된다. 한 사람은 프랑스의 비평가 로제 드 필(9장)이고, 다른 한 사람은 독일의 비평가 요한 요아힘 빙켈만(10장)이다. 두 사람은 당대 예술의 흐름을 각각 반대되는 방향으로 바꾸어놓았다.

마지막으로 고대 그리스에서 시작되어 르네상스에서 부활하고, 19세기까지 이어졌던 고전주의 예술론이 붕괴하는 과정을 살펴봐야 한다. 흔히 '모던(modern)'이라 부르는 시대는 과거와는 완전히 다른 유형의 예술을 낳았다. 이 변화를 낳은 것은 물론 정치(시민혁명)와 경제(산업혁명)의 영역에서 일어난 변화이다. 이 변화를 이해하기 위해 먼저 혁명과 더불어 찾아온 모던의 전사(11장)와, 이어서 본격적인 모더니즘과 함께 시작된 고전 예술의 붕괴 과정(12장)을 살펴보게 된다. 이로써 미술을 구성하는 요소들에 대한 체계적 접근은 완료된다.

하지만 이 체계적 접근은 동시에 작은 예술사를 구성한다. 그리하여 독자는 이 책을 또한 고대에서 근대에 이르는 서양 미술의 역사로 읽을 수 있다. 여기서 다루어지는 양식들은 다음과 같다. 고대(1장),

중세(2장). 르네상스(3장, 4장, 5장, 6장), 마니에리스모(7장), 바로크(8장), 로코코(9장), 신고전주의(10장), 낭만주의(11장), 모더니즘(12장). 이것들은 물론 시간적, 선형적 순서에 따라 배열되어 있다. 바로 이것이 앞에서 말한 논리적인 것과 역사적인 것의 통일이라는 것이다.

이 책은 지난 몇 년 동안 대학과 사설 아카데미에서 했던 강의를 토대로 이루어졌다. 동일한 강의가 몇 년 전 EBS를 통해 공중파로 방송이 되기도 했다. 강의를 반복할 때마다 강의안을 계속 보강해 나갔고, 그 결과 A4 용지 한 장 분량의 메모들이 지금 보는 이 책의 형태를 갖추게 된 것이다. 미술사에 대해 조금 더 깊은 이해를 원하는 일반 독자들, 그리고 학교에서 학생들에게 미술사를 가르치는 강사들에게 이 책이 도움이 되었으면 한다.

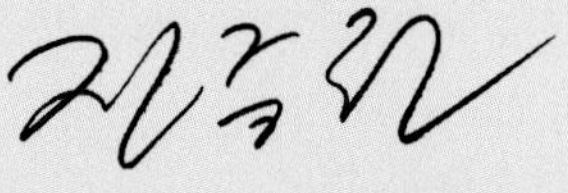

| 차례 |

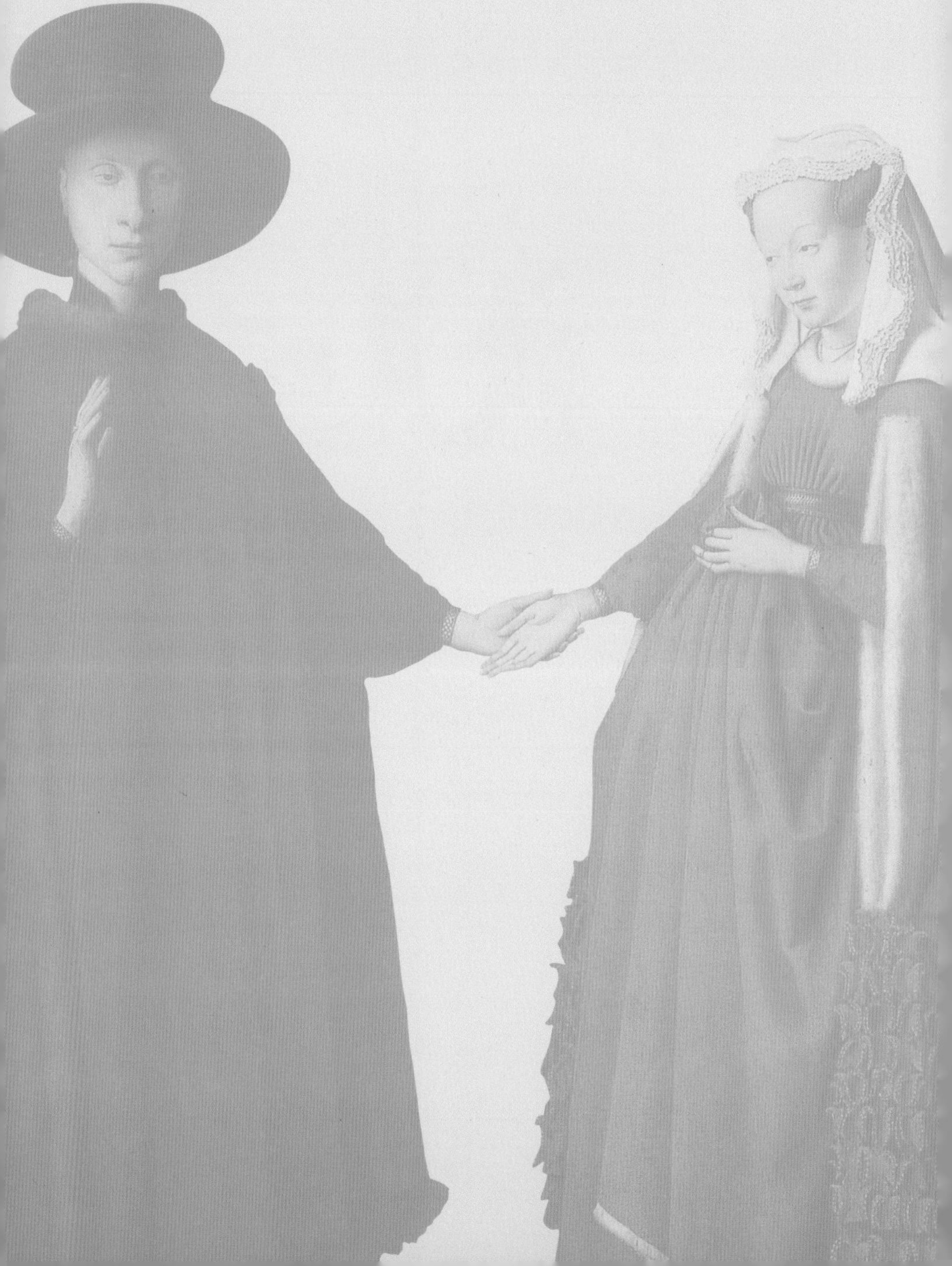

진중권의 서양미술사 | 고전예술

Classical Art

I

이미지는 보통 형태와 색채의 두 요소로 이루어진다. 이에 따라 그림을 그리는 것도 크게 소묘와 채색의 두 과정으로 이루어진다. 형태가 더 중요한지, 색채가 더 중요한지에 대해서는 견해가 갈린다. 하지만 대개의 경우 그림을 그리는 작업은 소묘로부터 시작한다. 그러므로 이 책도 거기서부터 시작하는 게 좋겠다.

인간은 세상의 모든 것을 그려왔지만, 그 중에서도 가장 중요한 것은 역시 인간 자신의 모습이었다. 신체는 아름다워 보여야 한다. 그래서 그림을 그릴 때 화가들은 먼저 신체 부위들 사이에 적절한 비례를 찾으려 했다. 아름다움이 수적 비례에 놓여 있다는 것은 인류의 아주 오래된 믿음이었기 때문이다.

이 장에서는 에르빈 파노프스키의 논문을 토대로, 각 시대와 문화가 인체의 묘사에 각각 어떤 비례론을 사용했는지 살펴보게 된다. 비례론의 차이는 곧 양식의 차이를 의미하고, 양식의 차이는 예술의지의 차이를 의미한다. 우리의 여행은 고대 이집트와 그리스에서 출발하여 중세를 거쳐 르네상스로 이어진다.

■ 참고문헌

Erwin Panofsky, "Die Entwicklung der Proportionslehre als Abbild der Stilentwicklung" (1921) in : *Aufsätze zu Grundfragen der Kunstwissenschaft,* Berlin, 1980.

아름다운 비례를 찾아서

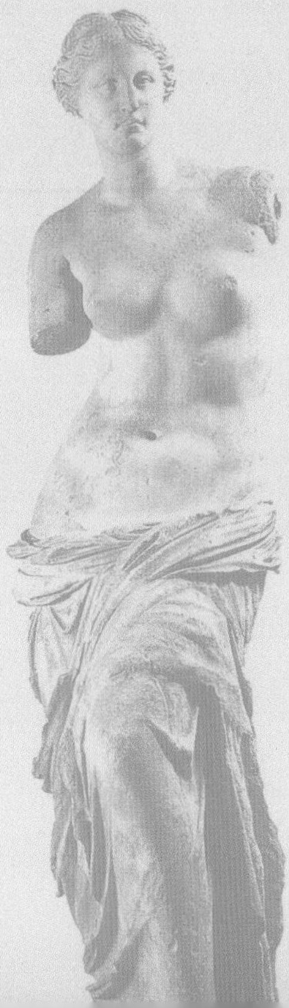

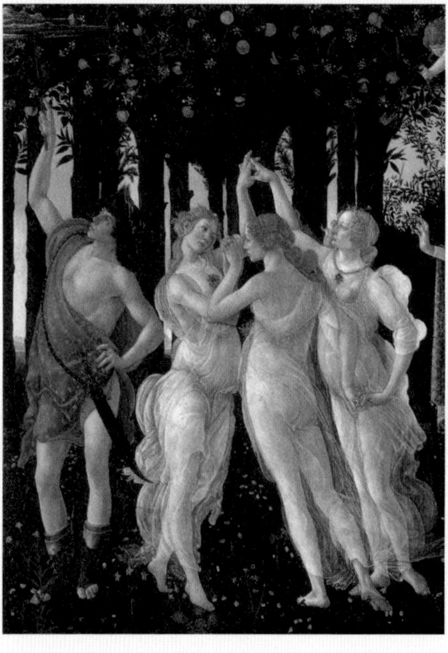

1

〈봄〉 중 '미의 세 여신', 산드로 보티첼리, 1478년

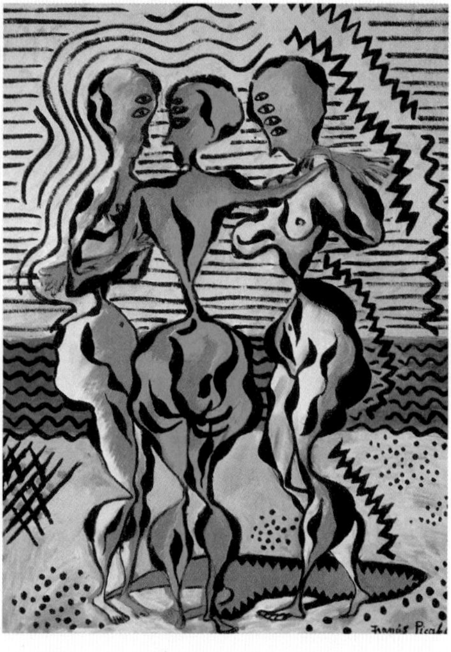

2

〈미의 세 여신〉 프란시스 피카비아, 1924~1925년

보티첼리와 피카비아의 그림이다.[1, 2] 같은 제재를 다루었는데도 차이가 너무 난다. 어느 게 잘 그린 그림일까? 아무 의미 없는 질문이다. 둘은 지향하는 바가 서로 다르기 때문이다. 보티첼리는 르네상스의 화가이다. 당시 예술은 인물을 가능한 한 눈에 보이는 것과 '똑같이' 그리는 것을 목표로 삼았다. 반면 피카비아가 살았던 20세기의 회화는 재현의 과제를 카메라에 넘겨주고 눈에 보이는 것과 '다르게' 그리는 방향으로 나아가고 있었다. 피카비아가 보티첼리처럼 그릴 능력이 없었던 게 아니다. 그저 그럴 필요를 못 느꼈을 뿐이다.

객관적 비례와 제작적 비례

르네상스의 자연주의적 묘사가 예술의 전범으로 통하던 시절도 있었다. 하지만 '안' 하는 것과 '못' 하는 것은 다르다. 리글(Alois Riegl, 1858~1905)의 말대로 예술에서 중요한 것은 '솜씨'가 아니라 '의지'다. 고도로 양식화한 기법을 사용했던 이집트 장인들도 필요하면 그리스인들 뺨치는 자연주의적 묘사를 할 줄 알았다. 원래 양식들 사이에 '우열'이란 있을 수 없다. 시대와 문화마다 다르게 나타나는 여러 양식은 그저 각각 다른 예술의지를 구현하고 있을 뿐이다.

리글은 '예술의지'를 말하나, 실은 이처럼 막연한 표현도 없다. 모든 양식의 밑에 깔려 있다는 이 막연한 의지를 객관적으로 드러낼 방법은 없을까? 바로 여기서 파노프스키(Erwin Panofsky, 1892~1968)는 '비례론'에 주목한다. 비례론은 '예술적 묘사의 대상이 되는 한에서 살아 있는 생물, 특히 인간 신체의 비례관계에 관한 이론'이다. 비례는 수치로 표현되므로, 비례론의 관점에서 양식에 접근하면 예술사에 등장한 양식들의 바탕에 깔린 예술의지들을 객관적으로, 그것도 수학적 엄밀성을 가지고 기술할 수 있다는 것이다.

파노프스키는 비례를 두 가지로 구별한다. 보티첼리와 피카비아의 그림은 각각 그 두 가지를 대표한다. 가령 인체 묘사에 실제 인간의 신체 비례를 그대로 적용시키면, 위에서 본 보티첼리의 그림처럼 실물을 방불케 하는 자연주의적 묘사가 탄생한다. 이를 '객관적 비례'라고 부른다. 반면 피카비아가 묘사한 삼미신은 첫눈에 보아도 실제 인체의 비례에서 현저하게 벗어나 있다. 여기서 묘사는 단순한 사생(寫生)을 넘어 구성(構成)의 성격을 띤다. 이런 것을 '제작적 비례'라고 부르기로 하자.

이집트의 비례론

비례가 객관적일수록 이미지는 사진에 가까워지고, 구성적일수록 디자인에 가까워진다. 두 비례는 이렇게 서로 배척하는 경향이 있다. 하지만 아주 가끔 이 둘이 행복하게 하나로 결합되는 경우도 있다. 예술사에서 다시 찾아보기 힘든 이 현상은 딱 한 번 고대 이집트에서 일어났다. 이집트의 조상(彫像)들을 보라. 묘사는 디자인을 연상시킬 정도로 고도로 양식화되어 있지만, 찬찬히 뜯어보면 그 비례가 실제 인체와 얼추 맞아떨어진다. 어떻게 그럴 수 있을까?

널리 알려진 바와 같이, 이집트의 장인들은 조상의 제작에 '카논(Kanon)'을 사용했다. 모델을 사용하지 않았는데도 조상의 비례가 실제 인체 비례와 거의 맞아떨어지는 이유는 무얼까? 그것은 제작에 사용된 카논 자체가 아득한 고대에 인체에 대한 실측을 통해 제정되었기 때문일 게다. 어쨌든 카논이라는 신체 비례의 표준이 있어 이집트의 장인들은 모델 없이도 조상을 제작할 수가 있었다. 하지만 카논이 있다고 해서 모든 것이 해결되는 것은 아니다. 조상을 제작할 때 장인들은 일반적으로 카논만 가지고는 해결할 수 없는 세 가지 문제에 부딪히게 된다.

첫째, 동작이나 자세에 따라 신체의 길이가 달라진다는 것이다. 이는 물론 근육이 수축하거나 이완하기 때문이다. 둘째, 신체의 길이는 바라보는 각도에 따라서도 달라진다. 가령 정면에서 볼 때와 측면에서 볼 때 코의 길이는 다르다. 마지막으로 완성된 작품의 경우 관찰자의 위치에 따라 길이가 달라 보인다. 가령 10미터 높이의 신상을 아래서 올려다보면 머리가 상대적으로 작아 보일 게다. 이렇게 신체의 길이는 자세와 각도, 그리고 위치에 따라 시시각각 달라지나, 이런 미세한 변화량까지 카논으로 일일이 정해놓을 수는 없는 일이다.

예술가의 전설

이집트의 장인들은 이 세 문제를 해결하는 아주 독특한 방법을 갖고 있었다. 무얼까? 간단하다. 그냥 무시해버리는 것이다. 이집트의 조상을 보라. 동작은 과격하지 않고, 자세는 거의 서 있거나 앉아 있다. 부조나 벽화에는 보는 각도에 따른 신체의 단축을 피하기 위해 정면성의 원리가 사용된다. 나아가 완성된 작품이 관찰자의 위치에 따라 길이가

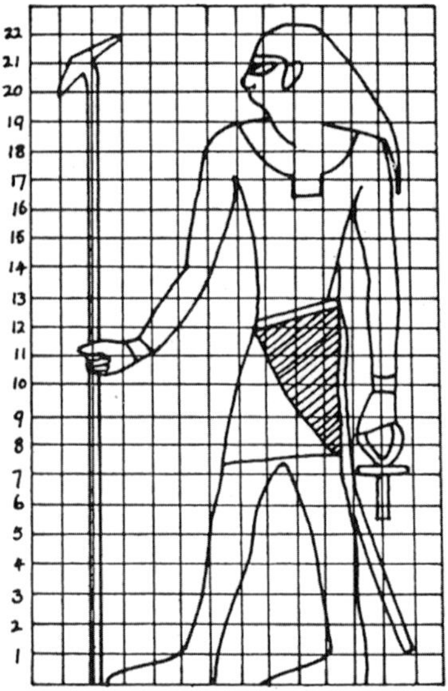

3 이집트 예술의 후기 카논의 묘사(이집트 문헌학과 고고학에 관한 저작들 27), 1905년

달라 보여도 이집트의 장인들은 그것을 전혀 문제로 보지 않았다. 자세와 각도, 위치에 따라 사물의 길이가 달라지는 것은 그들의 관심사가 아니었다.

인체를 묘사할 때, 이집트인들은 먼저 모눈을 그린 후 그 위에 신체 부위를 배분했다.[3] 신체의 길이는 미리 모눈의 개수로 정해져 있었다. 가령 위의 밑그림에서 인물의 정수리는 정확하게 22와 1/4 지점에 걸린다. 신체 부위만이 아니라 보폭의 길이 역시 규정되어 있었다. 보폭은 여기서는 모눈 아홉 개에 걸쳐 있으나, 정지한 자세에서라면 4와 1/2 또는 5와 1/2의 길이로 묘사될 것이다. 이렇게 모든 변화를 피하고 수치를 표준화했기에, 이집트 예술에서는 제작 과정에 카논을 입력하면 그대로 카논이 출력되는 경향을 띤다.

그러다 보니 고대로부터 이런 이야기가 전해진다. 전설에 따르면, 나라에서 두 도시에 사는 두 명의 장인에게 조상의 제작을 나눠 맡겼다고 한다. 그 명에 따라 한 사람은 상반신을, 다른 사람은 하반신을 만들었다. 이윽고 작업이 끝나 완성된 조각들을 한곳으로 가져와 맞추어보았더니, 상반신과 하반신이 완벽하게 맞아떨어졌다고 한다. 드레스드너(Albert Dresdner)의 《예술비평의 탄생(비평의 역사)》에 인용된 이야기다. 물론 진위를 확인할 수 없는 한갓 전설이겠지만, 그런 전설이 가능하다는 것 자체가 이미 이집트의 예술의지에 대해 뭔가 말해준다.

영원의 상 아래서

이집트 예술은 자세와 각도, 위치에 따른 신체 길이의 변화를 무시했다. 왜 그랬을까? 아마도 그들의 종교적 관념과 관련이 있을 게다. 미라와 피라미드를 만든 데서 알 수 있듯이, 이집트인들의 눈은 현세가 아니라 내세를 바라보고 있었다. 감각의 세계에서는 모든 것이 가변적이고 우연적이며 다양하다. 하지만 이집트인들의 염원은 현세를 초월하는 것. 때문에 그들의 예술은 가변성과 우연성, 다양성을 피해 신체를 늘 불변적이고 필연적이며 획일적인 모습으로 그리려 했던 것이다.

게다가 이집트는 전제군주의 나라였다. 거기서 권력은 중앙의 파라오에게 집중되고, 백성들 개개인에게 자유는 허용되지 않았다. 예술에서도 마찬가지다. 개개인에게 창작의 자유가 허용되지 않아, 장인들은

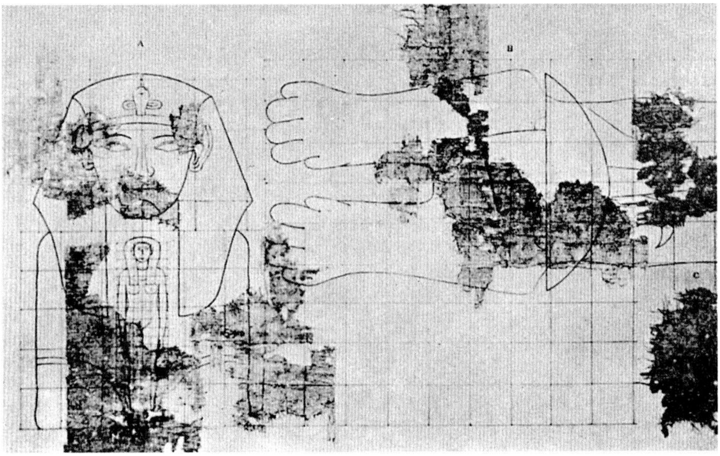

4 이집트 장인의 작업을 위한 스케치(파피루스)

미리 주어진 보편적 규준에 따라 작업을 했다. 시간의 영원성을 지향하는 사회의 보수성은 혁신을 허락하지 않았다. 장인들은 그저 수백 년, 또는 수천 년 동안 전해져 내려오는 오래된 제작 방식을 그대로 답습했고, 그 결과 양식의 변화는 지극히 제한된 범위 내에서만 일어날 수 있었다.

평면을 모눈으로 모듈화하고 정해진 수치에 따라 형을 만드는 방식.[4] 이는 어떤 면에서 규격화, 표준화한 오늘날의 공업적 생산을 닮았다. 이런 몰(沒)개성적인 제작에서는 장인들이 창의성을 발휘할 여지가 없다. 개인들이 기량을 보여줄 기회가 없으니, 그것을 평가해주는 '미적 문화' 도 존재하지 않았다. 이집트는 개성을 존중하거나 창의성을 평가하는 사회가 아니었다. 장인들의 사회적 지위 역시 높지 않았고, 그 찬란한 문화의 주인공들이 오늘날까지 모두 익명으로 남아 있다.

콘트라포스토

이집트의 조상은 그다지 실물 같은 느낌이 들지 않는다. 제작적 비례에서 비롯된 양식화의 경향이 강하기 때문이다. 반면 그리스의 조각은 마치 살아서 꿈틀거리는 듯하다. 제작적 비례를 포기하고 철저하게 '객관적 비례'를 추구했기 때문이다. (물론 그리스 예술에 양식화의 요소가 전혀 없는 것은 아니다. 예를 들어 〈벨베데레의 아폴론〉과 〈밀로의 비너스〉를 측정해보면 상반신과 하반신이 정확히 0.382대 0.618의 황금비율을 이루고 있다. 이는 그리스 조각에 남아 있는 제작적 비례의 요소라 할 수 있다. 하지만 그리스 조각의 전반적 경향은 역시 '객관적 비례'라고 봐야 한다.)[5, 6]

그리스의 예술가들도 물론 '카논'을 사용했다. 문헌을 통해 우리는 조각가 폴리클레이토스가 카논을 제정했음을 알고 있다. 하지만 카논이 있다고 곧바로 인체 묘사가 완성되는 것은 아니다. 앞에서 이야기한 것처럼, 신체의 길이는 모델의 자세와 시선의 각도, 관찰자의 위치에 따라 시시각각 달라진다. 이집트의 장인들은 변화의 묘사를 일체 포기함으로써 이 난점을 피해갔지만, 그리스 예술가들은 달랐다. 그들은 이집트의 장인들이 회피했던 것을 자신들의 예술적 과제로 적극적으로 끌어안으려 했다.

가령 '창을 든 청년'으로 불리는 〈도리포로스〉를 보자.[7] 이집트의 조각이 좌우로 기계적 대칭을 이룬다면, 여기서는 팔과 다리의 이완과 수축이 위아래 X자로 교차한다. '콘트라포스토(Contraposto)'라 불리는

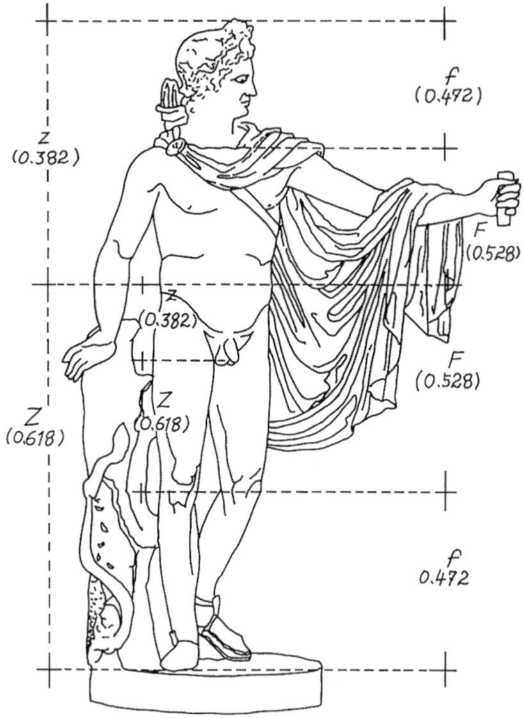

5
〈벨베데레의 아폴론〉의 인체, 기원전 4세기 후반
소련의 건축가 졸토프스키가 측정했다.

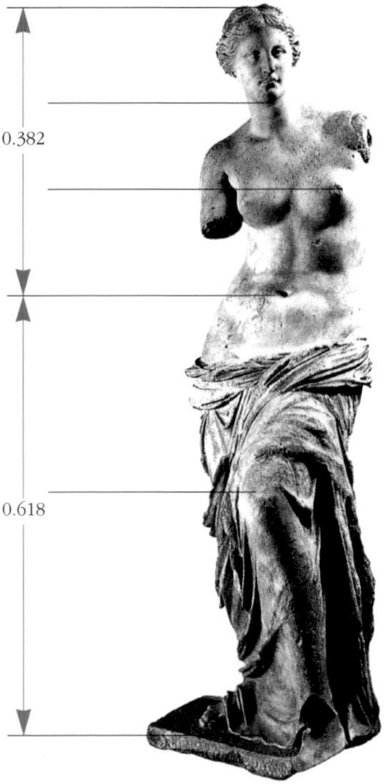

6
〈밀로의 비너스〉, 기원전 2~1세기 초

이 자세로 조상은 무기물의 딱딱함을 벗고 살아 움직이는 유기체의 특성을 갖게 된다. 좌우를 비교해보자. 사내의 축 늘어진 오른팔과 창을 거머쥔 왼팔은 아무래도 길이가 다를 것이다. 체중을 받아 근육이 수축된 다리와 힘을 빼 이완된 다리 역시 첫눈에도 길이가 달라 보인다.

〈쪼그리고 앉은 비너스〉를 보라.[8] 방금 목욕을 마친 듯 몸을 살짝 옆

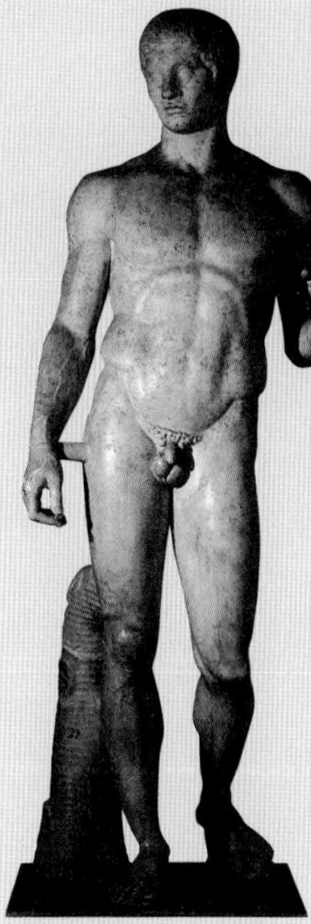

7
〈도리포로스〉 폴리클레이토스,
기원전 450~440년경

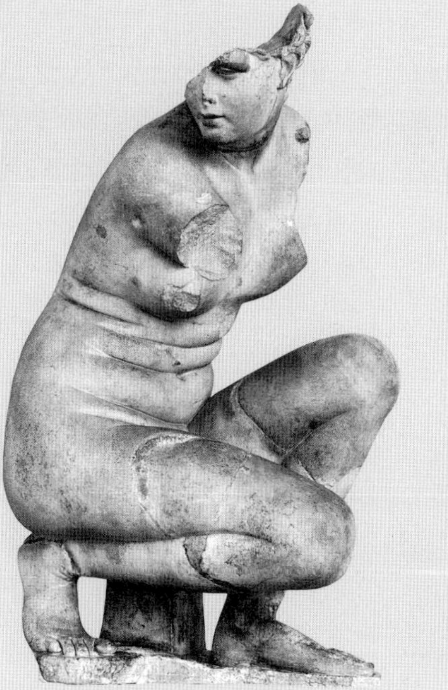

8
헬레니즘 시대 원작의 로마 시대 복제, 〈쪼그리고 앉은 비너스〉,
기원전 200~150년경

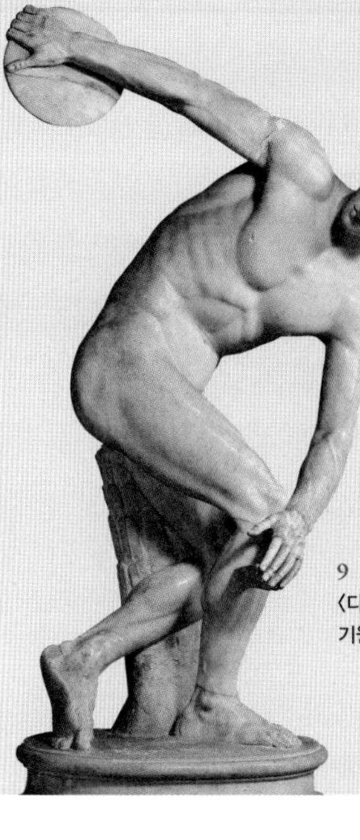

9
〈디스코볼로스〉 미론,
기원전 450년경

으로 비틀면서 일어나려는 여신의 우연한 동작을 포착했다. 흔히 '원반 던지는 사람'이라 불리는 〈디스코볼로스〉는 위태로워 보일 정도로 극단적인 자세를 취하고 있다.[9] 이집트에서라면 이런 기묘한 자세를 찾아보기 어려울 것이다. 그리스의 장인들은 이렇게 스냅사진을 찍듯 순간을 포착하기를 좋아했다. 하지만 이 우연한 자세에 따라 그때그때 달라지는 길이를 일일이 표준화할 수는 없는 일. 때문에 그런 미세한 변화량을 처리하는 것은 예술가 개개인의 재량에 내맡겨졌다.

단축법

바라보는 시각의 차이도 신체 길이의 변화를 초래한다. 공간의 예술인 조각이라면 별 문제가 없겠지만, 평면의 예술인 회화의 경우에는 이것이 투시법의 문제를 낳는다. 예를 들어 그리스의 적색상 암포라의 표면에 그려진 용사의 이미지를 보면, 왼발과 오른발의 길이가 크게 차이가 난다.[10] 측면을 향한 왼발은 원래 길이대로 그려져 있지만, 정면을 향한 오른발은 실제의 길이보다 짧게 묘사되어 있다. 이렇게 신체 부위를 보는 각도에 따라 짧게 그리는 것을 흔히 '단축법'이라고 부른다.

그리스인들이 단축법을 사용한 것은 그들이 사물을 '있는 대로'가 아니라 '보이는 대로' 그리려 했음을 의미한다. 그리고 여기서 우리는 이집트인들이 왜 같은 상황에서 그리스인들과 달리 '정면성의 원리'를 사용했는지 거꾸로 짐작할 수 있다.

'정면성의 원리'는 신체의 단축을 피하려는 의도와 관련이 있다. 가령 얼굴을 정면에서 바라보면 얼굴의 인상을 결정하는 코가 납작해 보

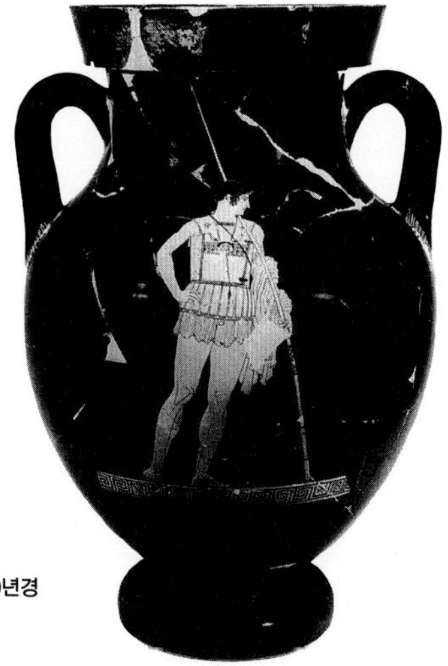

10
〈아티카의 적색상 암포라〉 폴리클레이토스, 기원전 440년경
아킬레스가 콘트라포스토 자세를 취하고 있다.

인다. 따라서 이집트인들은 이를 피하기 위해 얼굴에서 가장 인상적인 각도인 측면(이른바 '프로필')을 취한다. 반면 가슴은 측면에서 보면 그것의 특징인 '넓은 품'이 사라진다. 이를 피하려면 정면을 취해야 한다. 한편 발은 예로부터 길이의 단위로 사용되어왔다. 따라서 발의 특성을 드러내려면 측면을 취해야 한다. 한마디로 이집트인들은 신체의 단축을 피하는 각도를 취하는 가운데, 자연스레 정면성의 원리에 도달하게 됐던 것이다.

확대법

유대교의 회당이나 기독교의 교회가 인간들이 회합하는 공간이라면,

그리스의 신전은 인간이 아닌 신을 위한 집, 한마디로 신상을 모셔놓은 공간이었다. 신전 안으로 들어간 인간은 10미터가 넘는 거대한 신상과 정면으로 마주치게 된다. 관찰자는 자신의 키 높이에서 신상을 올려다보게 되므로, 신상의 위와 아래를 바라보는 시선의 길이가 서로 다를 수밖에 없다. 즉 발을 향한 시선은 짧고, 머리를 향한 시선은 길게 마련이다. 사물은 거리가 멀수록 작아 보이므로, 관찰자의 위치에서는 아무래도 신상의 머리가 상대적으로 작아 보일 것이다.[11]

이집트인들이라면 관찰자의 위치에 따른 이런 주관적 인상의 변화에 신경을 쓰지 않았을 것이다. 하지만 그리스인들은 달랐다. 그들은 신상의 머리를 실제 비례보다 조금 더 크게 만들어 거리로 인해 단축되는 양을 상쇄했다. 물론 우리는 사물이 멀리 떨어져 비록 작아 보여도 실제로 작은 건 아니라는 것을 안다. 한마디로 이집트인들이 조상의 제작에 이성만을 사용했다면, 그리스인들은 '감각'의 권리 또한 인정했던 것이다. 그들은 자신들이 만든 조상이 실물을 방불케 할 뿐 아니라 동시에 '아름다워 보이기'를 원했다.

이처럼 그리스는 다른 문화권에서는 좀처럼 찾아보기 힘든 '미적 문화'를 갖고 있었다. 그들은 자신들이 만든 조상이 종교적 또는 정치적 기능을 발휘하는 것만으로는 만족하지 않았다. 그들은 그것을 동시에 아름다워 보이도록 만들고 싶어했다. 우리는 그리스의 조각가들이 자연의 모방에 그치지 않고, 신상을 조각할 때 여러 모델을 기용하여 그들의 가장 아름다운 부위만 따서 종합했음을 안다. 하지만 이상미에 대한 예술가들의 관념은 각각 다르기에, 보편적인 카논을 설정해놓는 것만으로는 이 과제를 해결할 수 없었다.

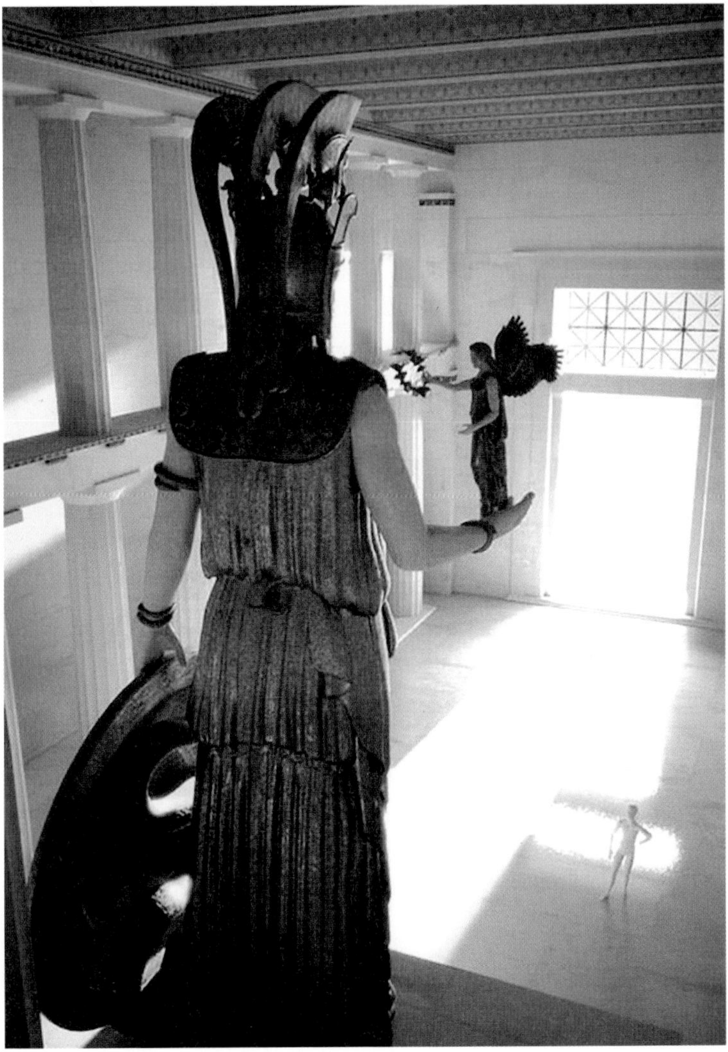

11
컴퓨터 그래픽으로 재현한 아테나 여신의 상상도

감각의 세계

이집트 예술에서는 카논을 입력하면 제작 과정에서 큰 변화 없이 곧바로 카논이 출력됐다. 하지만 그리스 예술에서는 사정이 달랐다. 그리스의 장인들은 자세와 각도, 위치에 따른 신체의 변화를 그대로 묘사하려 했다. 하지만 자세와 각도, 위치에 따른 세세한 변화량을 일일이 카논으로 규정해놓을 수는 없었다. 따라서 그것을 처리하는 일은 예술가 개개인의 재량에 맡겨졌다. 그러다 보니 그리스 예술에서는 동일한 카논을 입력해도 예술가마다 출력은 달라질 수밖에 없었다. 그 덕분에 그리스 예술에서는 이집트와 달리 개성화한 표현이 가능했다.

이집트의 장인들이 무명으로 남아 있는 데 반해, 그리스의 화가나 조각가들은 오늘날까지도 그 이름이 남아 있다. 왜 그럴까? 그것은 이미지의 제작 과정에서 예술가가 발휘하는 역할과 관련이 있다. 이집트의 조상은 예로부터 전해지는 엄격한 표준에 따라 제작된 반면, 그리스의 조상에는 어느 정도 표현의 자유가 허용됐다. 한마디로 이집트 조상의 제작 방식이 '기술'에 속한다면, 그리스의 그것은 '예술'에 속한다. 때문에 그리스의 장인들은—비록 오늘날 예술가들이 누리는 지위에는 못 미쳤겠지만—후세까지 전해지는 명성을 누릴 수 있었던 것이다.

이 차이는 물론 그리스인들의 세계관과 관련이 있다. 이집트인들이 영원불변하는 내세를 지향했다면, 그리스인들은 변화무쌍한 현세를 긍정했다. 우연적이고 가변적이며 개별적인 감각의 세계를 존중했기에 자세와 각도, 위치에 따른 변화를 묘사하는 것이 또한 의미를 가질 수 있었던 것이다. 한편 그리스의 정치 체제와도 관련이 있을 게다. 이집트가 전제군주 사회로 개인적 표현의 자유를 제약했다면, 민주주의를 구현했던 그리스 사회는 성원들 개개인을 존중해주었다. 이것이 예술가 개인의 개성적 표현을 허용하는 양식을 낳았던 것이다.

오네쿠르의 포트폴리오

서양의 중세에 들어오면 비례론에 또 한 번의 급격한 변화가 찾아온다. 그 흔적을 루브르 박물관에 소장된 오네쿠르(Villard de Honnecourt)의 앨범에서 찾아볼 수 있다. 오네쿠르에 관해서는 많은 것이 알려져 있다. 한때는 직접 그림을 그리고 건물을 짓는 장인으로 여겨졌으나, 최근에는 중세의 장인들에 관심을 갖고 그들의 작업 과정을 세밀하게 기록한 딜레탕트로 보는 견해가 우세하다. 어쨌든 장인 못지않은 솜씨를 갖고 있었던 이 아마추어가 남긴 양피지 앨범은 중세의 장인들이 이미지를 만들어내는 과정을 생생하게 보여준다.[12]

중세의 장인들은 인체를 묘사할 때 '제작적 비례'에 따랐다. 때문에 인체를 그리기 위해 굳이 모델을 세울 필요가 없었다. 그들은 먼저 자와 컴퍼스로 기하학적 도형을 그린 후, 그 추상적 프레임에 구상적인 형태를 붙여 나가는 방식으로 이미지를 만들어냈다. 예를 들어 인물의 얼굴을 그릴 때 비잔틴의 예술가들은 먼저 세 개의 동심원을 그리곤 했다. 이렇게 기하학적 프레임을 이용해 그린 인물은 어딘지 이 세상에 속하지 않는 듯한 영적인 분위기를 풍기게 된다. 비록 딱딱해 보이기는 하나, 경우에 따라서는 그것으로 3/4 프로필의 묘사까지 할 수가 있었다.[13, 14]

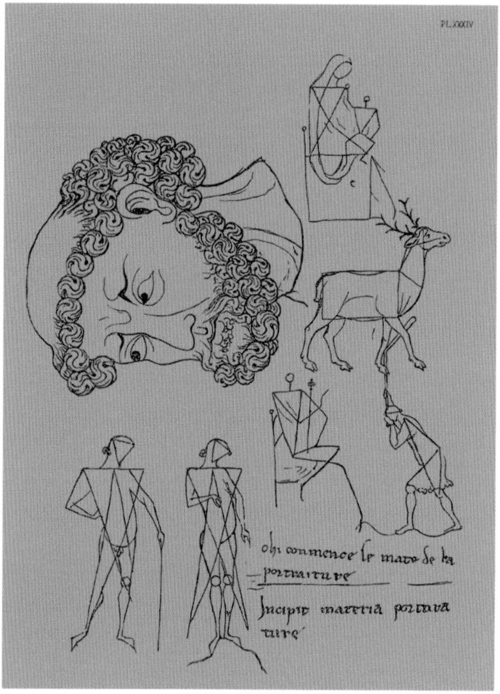

12 오네쿠르의 포트폴리오 일부

신체 전체를 그릴 때도 마찬가지였다. 오네쿠르의 앨범이 보여주듯이, 중세의 장인들은 몸통과 사지는 별 모양의 프레임, 또 머리 부분은 동그라미와 십자가를 이용해 처리하곤 했다. 물론 이때도 이 기본 체제를 약간 변형해 3/4 프로필을 만들어낼 수 있었다.[15, 16] 이렇게 인체 묘사를 기하학적 기본 형태와 연관시키는 것은 어딘지 현대 회화의 평면 구성의 방식을 닮았다. 다만 그 방향이 바뀌었을 뿐이다. 즉 현대 화가

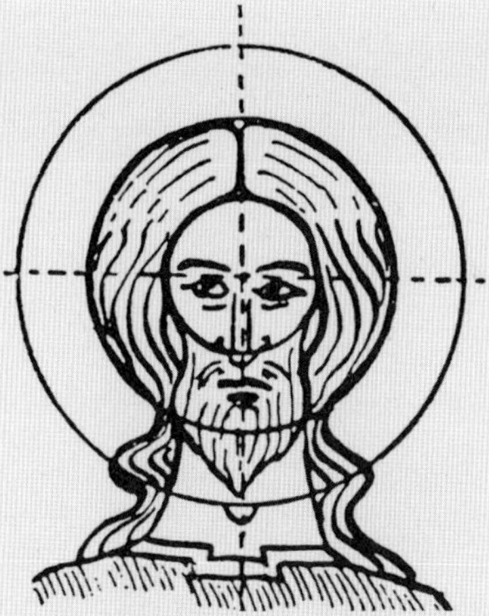

13
비잔틴 예술의 세 개의 동심원 스키마

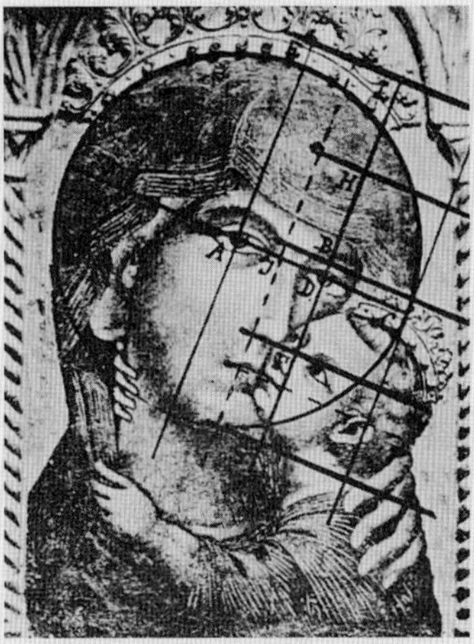

14
〈마돈나〉 메오 다 시에나(?), 14세기

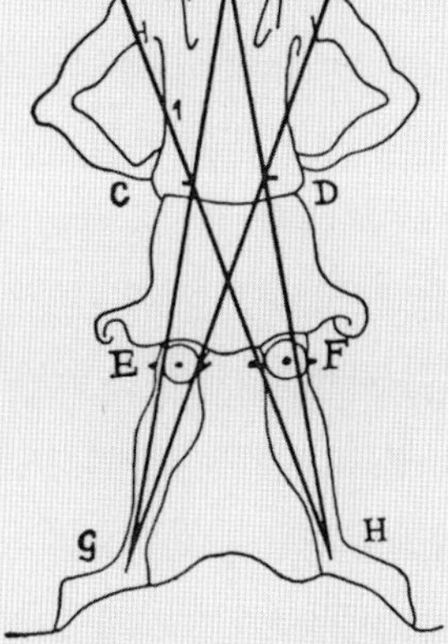

15
오네쿠르의 포트폴리오 일부

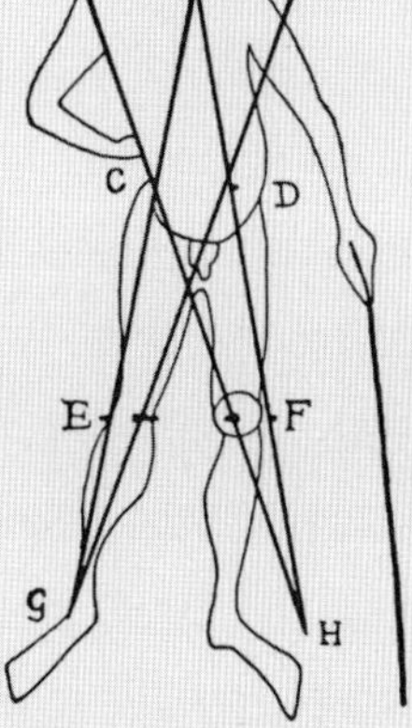

16
오네쿠르의 포트폴리오 일부

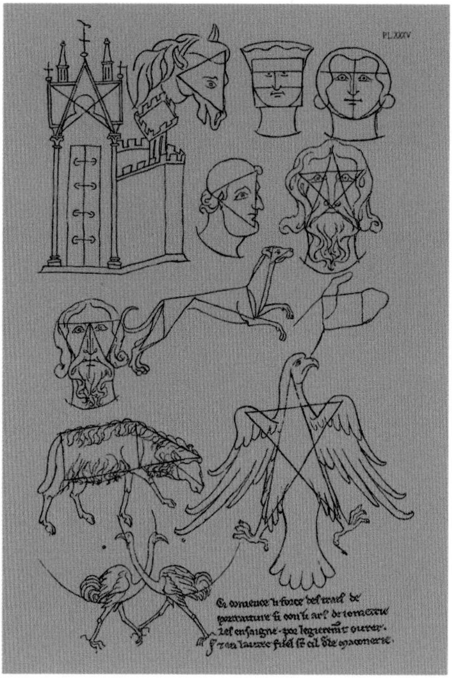

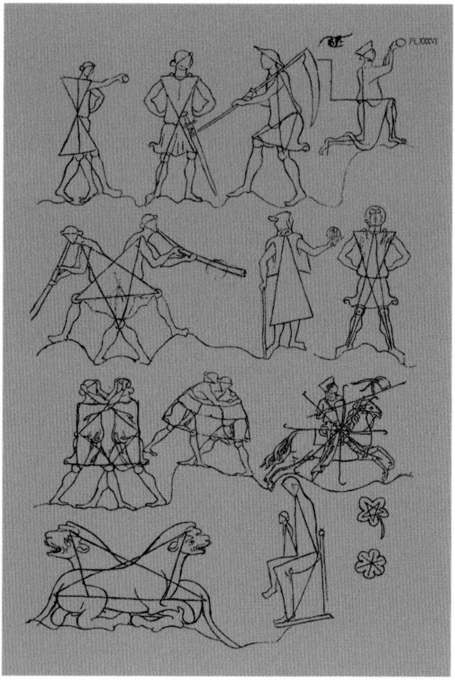

17, 18 오네쿠르의 포트폴리오, 1235년경

들이 구상에서 추상을 얻어낸다면, 중세의 장인들은 거꾸로 추상에서 구상으로 나아간다.

예를 들어 삼각형은 말의 머리가 되고, 삼각형들의 연쇄는 개가 되며, 교차하는 원호는 두 마리의 학이 되고, 별 모양은 날개를 펼친 독수리가 된다.[17, 18] 그림을 이렇게 그리기 위해 굳이 모델을 쓸 필요는 없었을 게다. 그렇다면 중세의 장인들은 왜 이런 방식으로 그림을 그렸을까? 여러 가지 이유가 있겠지만, 무엇보다도 '쉽게 작업하기 위해서' 였을 것이다. 실제로 기하학적 도형을 프레임으로 사용하면 그림을 못 그리는 사람이라도 꽤 근사한 이미지를 만들어낼 수 있다. 못 믿겠으면 연필을 들고 직접 한번 그려보라.

우주론적 비례론

현세를 중요하게 여기지 않았던 중세인들은 가시적 세계의 생생한 묘사에 큰 가치를 두지 않았다. 그들이 고대의 객관적 비례를 버리고 제작적 비례를 채택한 것은 아마 그 때문일 게다. 어쨌든 모델을 보지 않고 전통적으로 내려오는 제작적 비례에 따라 만들어진 이미지는 당연히 '소묘' 라기보다는 '구성' 에 더 가까워진다. 오네쿠르의 앨범은 어딘지 오늘날 그래픽 디자이너들이 사용하는 도안집에 가깝다. 실제로 그 이미지들은 예술이 아니라 기술의 산물이었고, 그래서 중세의 장인들은 아직까지 대부분 무명으로 남아 있다.

모든 구체적 형태의 바탕에서 기하학적 형태를 보는 것은 피타고라스 이래로 전해 내려오는 전통이다. 중세에도 인체의 구조를 형이상학적으로 해석하는 고대의 전통은 신학적으로 변형된 채로 여전히 살아 있었다. 중세의 신학자들은 우주와 인간 사이에 신이 정해놓으신 조응관계가 있다고 믿었다. 우주론적-조화론적 성격을 띤 비례론은 마크로코스모스(우주)와 마이크로코스모스(인체 또는 교회 건축물) 사이에 조응관계를 보기에, 인간의 신체 비례를 실물에 대한 측정이 아니라 천체의 운항에서 도출해낸다.

하지만 중세의 비례론은 당시의 예술과는 별 관련이 없었다고 한다. 당시의 장인들은 학자들이 말하는 심오한 뜻을 이해하기에는 교양이 모자랐기 때문이다. 여기에 변화가 생기려면 르네상스 시대까지 기다려야 한다. 회화와 조각이 '자유학예(artes liberales)' 가 되고, 장인들이 '예술가' 가 되어 당대의 모든 지식을 제 것으로 만들려 노력하며, 사회의 정신적 엘리트들이 예술작품을 세계관을 구현한 정신적 구조물로 보려 했던 르네상스 시대에 이르러서야 비로소 예술에 적용된 비례론이 심오한 우주론적-조화론적 의미를 갖게 된다.

비트루비우스의 인간

르네상스의 예술가들은 중세의 제작적 비례에서 벗어나 고대의 '객관적 비례' 를 부활시켰다. 이 과정이 순조롭지만은 않았다. 초기 르네상스의 저자들은 실제 인체 비례가 아니라 고대 문헌에 나오는 비례의 '이론' 에 관심을 가졌다. 우주론적 성격을 띤 비례론은 인체의 실측과는 거리가 있었기에, 비례론에 대한 관심이 깊을수록 외려 실제 인체에 대한 관심은 사라지는 역설적인 경향이 있었다. 이 중세의 그늘에서 결정적인 일보를 내디딘 것이 알베르티와 다 빈치였다. 이 두 거장은 실제 인체에 대한 관찰과 측정으로 비례론을 경험과학의 수준으로 끌어올렸다.

알베르티 역시 초기 르네상스의 저자들처럼 "신장이 발 길이의 여섯 배에 해당한다."는 비트루비우스의 이론에서 출발한다. 하지만 다른 저자들이 이상적 인체 비례를 그저 선언하기만 한 데 반해, 그는 그것

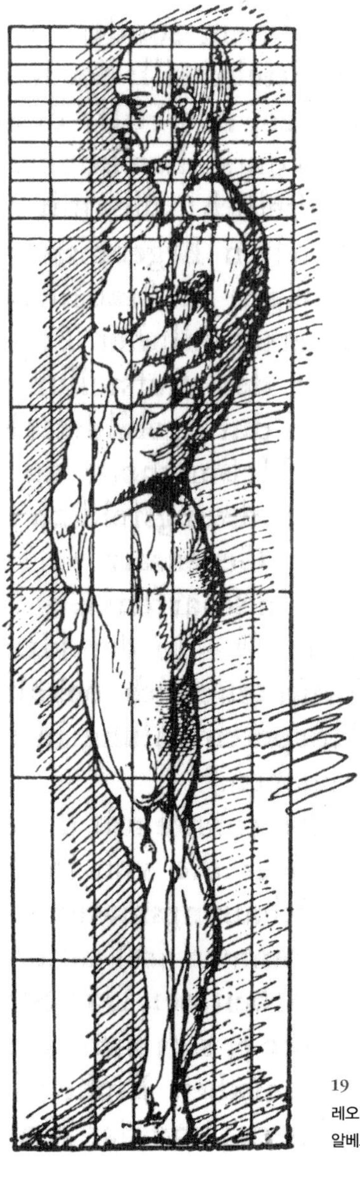

19
레오나르도 화파,
알베르티의 엑셈페다에 따른 비례도

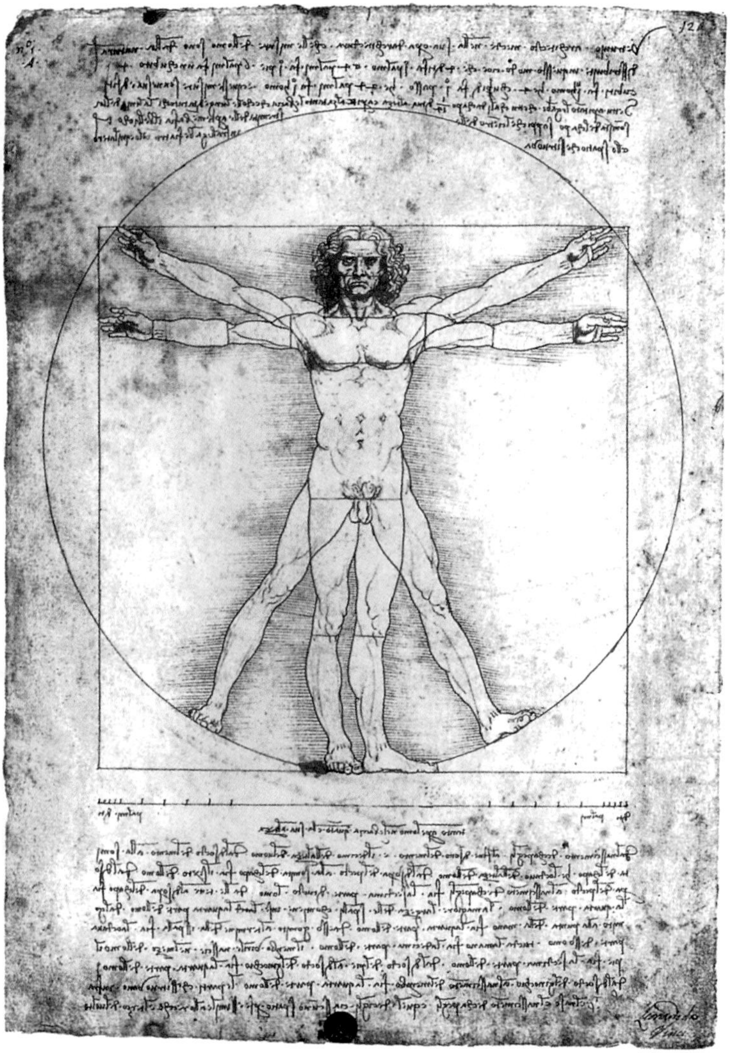

20
〈비트루비우스의 인간〉 레오나르도 다 빈치, 1487년

을 무엇보다 실제 인간의 신체에 대한 관찰과 측정을 통해 발견하려 했다. 그렇게 찾아낸 이상적 비례를 그는 '엑셈페다(exempeda)'라 불렀는데, 거기에 따르면 인체는 6페데스(피트)=60운체올레(인치)=600미누타(1/10인치)로 이루어져 있다. 신장을 600개의 단위로 나눈 데서 짐작할 수 있듯이, 그의 측정은 더할 나위 없이 정교했다.[19]

경험적 관찰을 통해 이상적 인체 비례를 찾아내려 한 것은 다 빈치도 마찬가지였다. 하지만 그는 알베르티처럼 측정 방법을 '심화'하는 데는 별 관심이 없었다. 그의 방법은 관찰 영역을 '확장'하는 것, 다시 말해 되도록 많은 신체를 관찰함으로써 이상적인 인체 비례를 경험적으로 찾아내는 것이었다. 흔히 '비트루비우스의 인간'이라 불리는 다 빈치의 펜화는 아마도 세계에서 가장 많이 복제되는 그림 가운데 하나일 것이다. 이 이미지는 아름다움을 자연스러움과 동일시하며 실제 인체에 대한 경험적 연구를 통해 이상적 비례에 도달하려 한 노력의 결과를 보여준다.[20]

뒤러의 비례론

저 인간을 둘러싼 동그라미와 정사각형을 통해 다 빈치가 여전히 신비주의적 비례론의 영향 아래 있었음을 알 수 있다. 이런 묘사는 로마의 건축가 비트루비우스가 '건축론 3서'에서 개진한 관념과 정확히 일치한다. 정사각형과 동그라미는 예로부터 완전한 도형으로 알려져 있다. 인간의 자연적 신체를 이렇게 기하학적 도형과 일치시키는 것은 물론 피타고라스 이래로 계속 내려오는 신비주의적 전통으로, 헬레니즘 시대

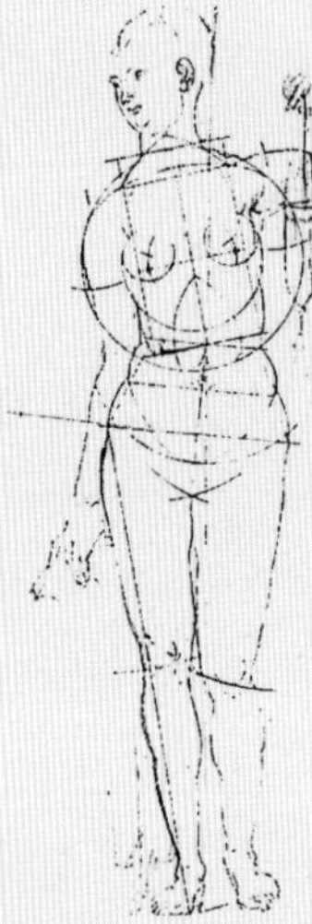

21 〈여성 신체의 구성〉 알브레히트 뒤러, 1500년경

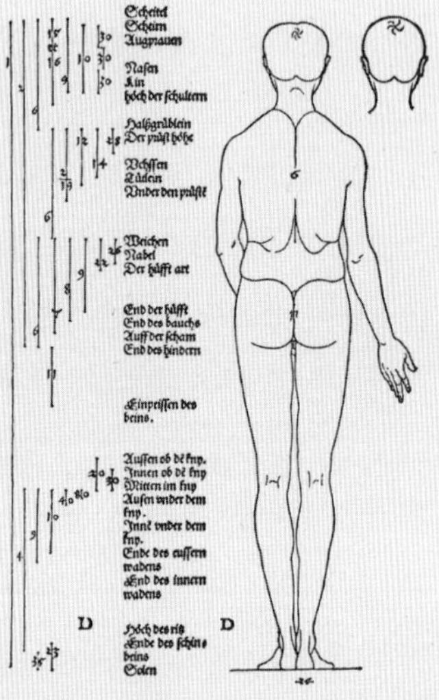

22 〈타입 D〉(인간 비례 4서 1권) 알브레히트 뒤러, 1528년

에 신플라톤주의를 거쳐 중세의 신학으로까지 이어지는 생각이다.

저 이미지 속에서 신비주의와 경험과학은 아직 하나로 결합되어 있다. 하지만 비례론이 중세의 그늘에서 완전히 벗어나려면 바로 이 결합이 깨져야 한다. 그 방향으로 결정적인 일보를 내디딘 이가 바로 뒤러(Albrecht Dürer, 1471~1528)이다. 이 북유럽 르네상스의 거장은 앞선 두 이탈리아 저자의 방법을 종합했다. 즉 알베르티의 엑셈페다를 받아들여 1/600의 단위를 다시 1/3로 나누어 측정 방법을 더 정교하게 다듬는 한편, 관찰 영역을 넓힌 다 빈치의 방법을 받아들여 인체 비례를 26

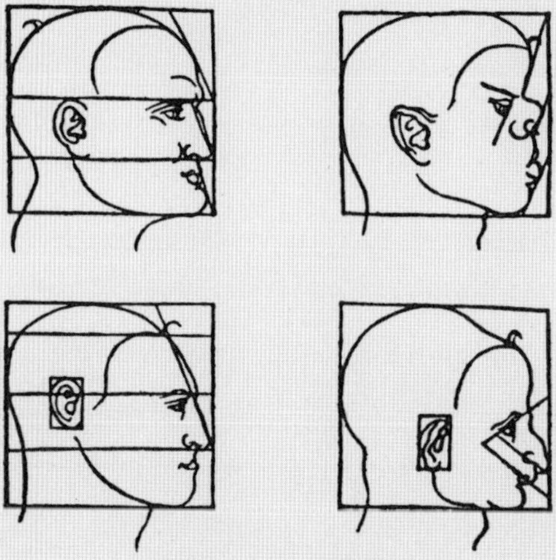

23 〈4개의 캐리커처 프로필〉(인간 비례 4서 3권) 알브레히트 뒤러, 1528년

개의 유형으로 나누었다.[21, 22] 하지만 그가 비례론에 일으킨 혁신은 다른 데 있었다.

26가지 비례를 만들어낸 데서 이미 짐작할 수 있듯이, 뒤러는 알베르티와 다 빈치가 공유하고 있던 생각, 즉 단 하나의 이상적인 인체 비례가 있다는 관념을 포기했다. 이로써 비례론은 중세의 그늘에서 완전히 벗어나 완전한 근대성에 도달하게 된다. 비례론은 이제 이상적 비례의 추구라는 신비주의적 목표에서 벗어나 철저한 경험과학적 연구의 대상이 된다. 가령 뒤러의 비례론에는 결코 아름답지 않은 신체들, 즉 그로테스크한 느낌을 주는 기형적 신체들의 비례까지 등장한다.[23] 이는 그가 이상미의 추구를 완전히 포기했음을 의미한다.

비례론의 종말

파노프스키에 따르면, 뒤러의 비례론은 실제의 창작과는 별 관계가 없었다고 한다. 그에게서 비례론은 창작을 위한 방법론의 수준을 넘어 아예 자기 목적이 되었기 때문이다. 뒤러는 '비례론을 위한 비례론'의 연구로 치달았다. 그럴수록 그의 비례론은 창작의 실천에서 점점 멀어져갔다. 사실 인체를 1/600로 나누는 알베르티의 측정 방법 자체도 이미 지나쳐 보인다. 이를 다시 1/3로 세분하는 것은 사실 실제의 창작에는 거의 쓸모가 없는 과도한 정밀함이다. 이렇게 비례론은 근대성에 도달하자마자 창작의 방법으로서는 죽음을 맞기 시작한다.

르네상스가 끝나고 마니에리스모에 이르면, 비례론의 예술적 효용 역시 의문에 부쳐지게 된다. 이 시기를 대표하는 파르미자니노나 엘 그레코의 작품을 보라.[24, 25] 마니에리스모의 신체는 8등신, 9등신을 넘어 12등신에 이르는 기형적 형태를 하고 있다. 왜 그럴까? 그것은 회화에 대한 시대의 관념이 바뀌었기 때문이다. 사람들이 회화의 본질을 사물의 '객관적 재현'보다는 예술가의 '주관적 표현'에서 찾게 되자, 르네상스까지만 해도 이론적으로나 실천적으로 절대적 의미를 가졌던 비례론이 별 의미가 없게 된 것이다. 이어지는 바로크는 어차피 형보다는 색에 주목하는 시대였다.

현대 예술에서 비례론은 의미를 잃는다. 추상운동과 더불어 객관적

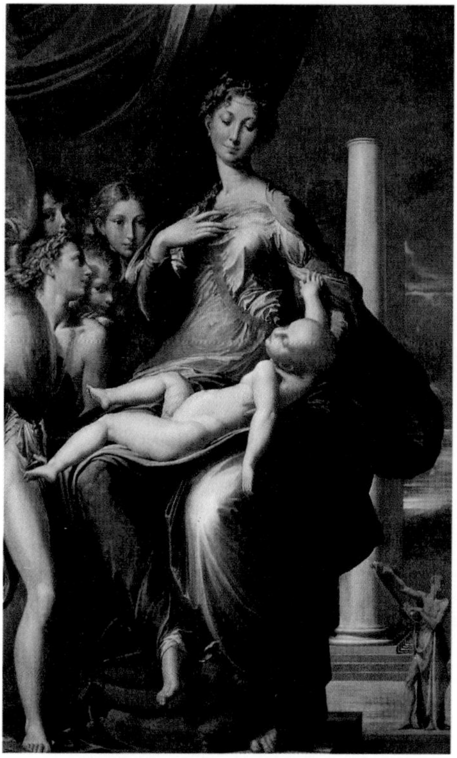

24 〈목이 긴 성모〉 파르미자니노, 1534~1540년

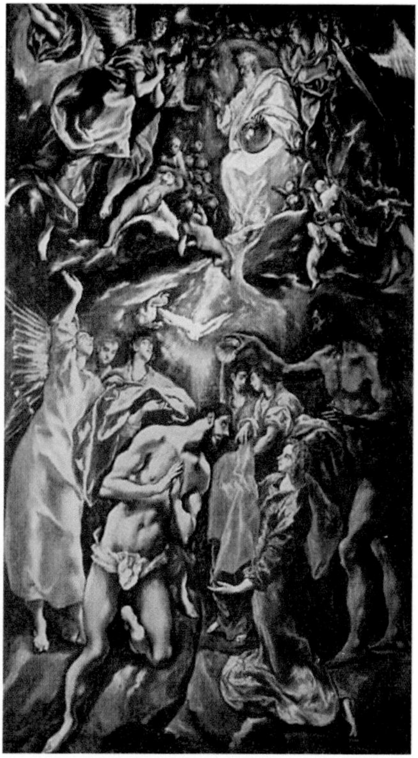

25 〈그리스도의 세례〉 엘 그레코, 1596~1600년

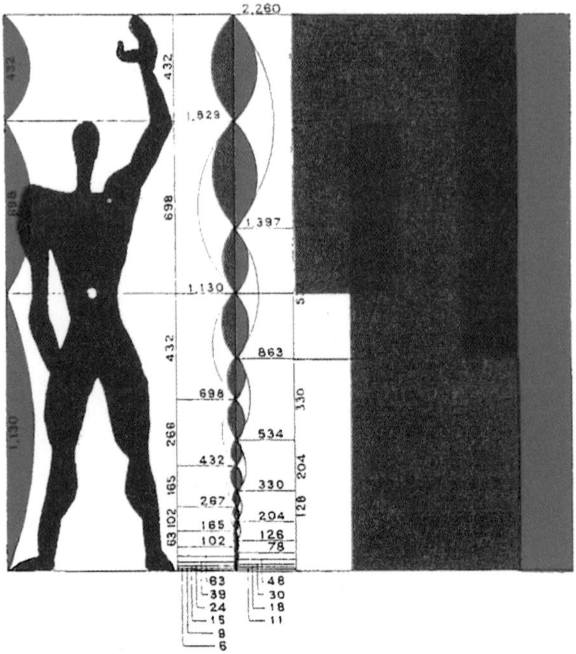

26 르 코르뷔지에의 비례론

27 샤도의 비례론

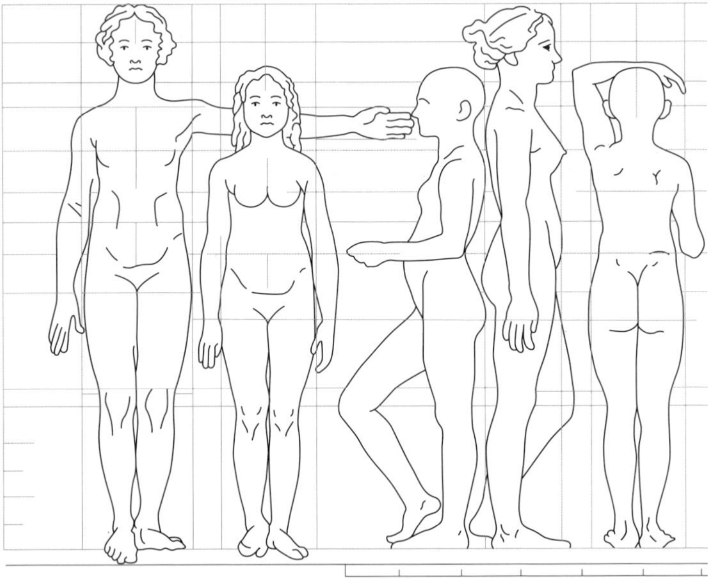

비례는 다시 제작적 비례로 교체되지만, 추상의 끝에서 구상이 완전히 사라지면 제작적이든 객관적이든 모든 비례론은 필요 없는 것이 된다. 오늘날 비례론은 건축이나 디자인의 영역으로 자리를 옮긴 듯하다. 가령 건축은 르 코르뷔지에가 보여주듯이 인체를 기준으로 해야 하고, 샤도가 예견했듯이 공업 생산은 제품 생산에 인체 표준이 필요하기 때문이다.[26, 27] 하지만 그것은 물론 '이상적 아름다움'의 창조라는 예술적 목적과는 관계가 없다. 오늘날에도 미학적 성격의 비례론이 살아 있는 곳이 있다면, 아마도 스타들의 몸매를 따지는 대중들의 심심한 일상이 아닐까?

황금분할

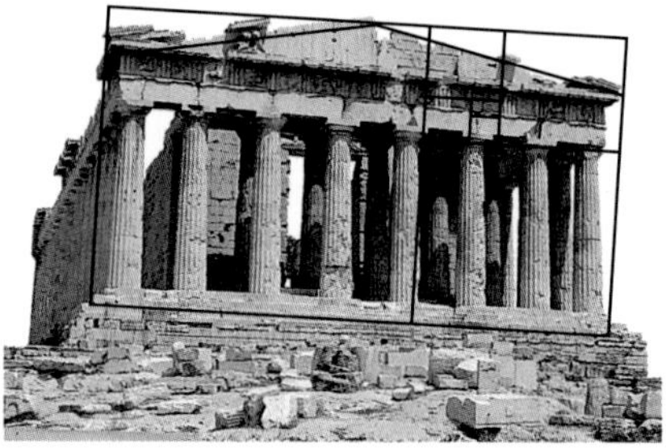

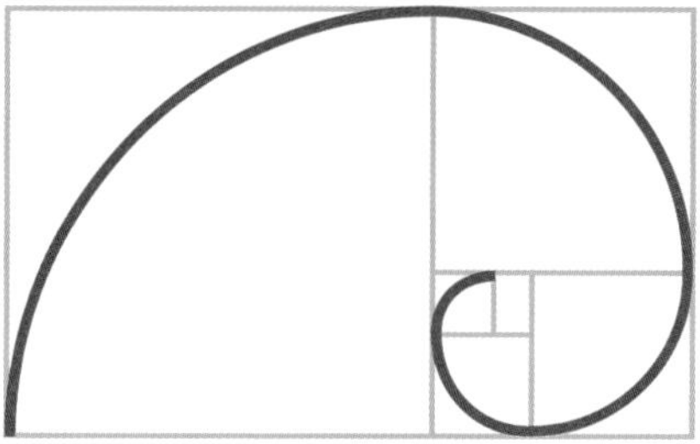

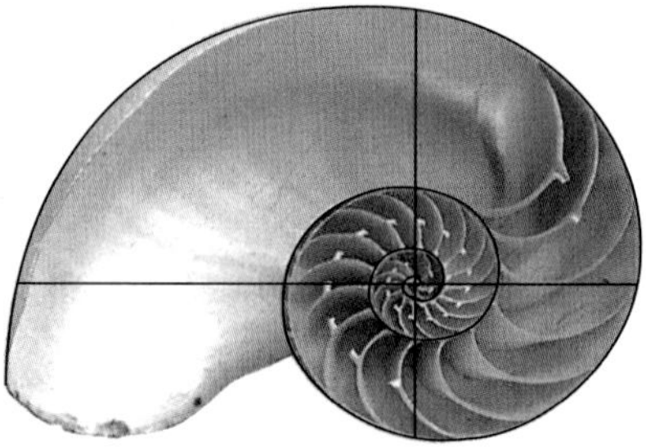

파르테논 신전이 미적으로 안정감을 주는 것은 이른바 '황금률'에 따랐기 때문이라 한다. 황금률은 대략 1:1.618에 해당하는 비율로, 꽃잎이나 고동과 같은 자연물에서도 흔히 발견된다. 이 때문에 종종 미적 객관주의, 즉 '아름다움이 객관적으로 존재하는 사물의 속성'이라는 주장의 근거로 사용되기도 한다. 이미 이집트인들도 피라미드에 황금률에 근사한 비례를 적용했다 하나, 수학적으로 정확한 황금률을 발견한 것은 역시 그리스인들이다. 그리스의 조각과 공예에서는 매우 빈번하게 황금률이 발견된다.

역사상 최초로 이 비율에 관해 언급한 사람은 유클리드(Euclid, 330?~275?)이다. 그는 《요소들》 VI권의 명제 30에서 이 비례를 '극상의 중용'이라 불렀다. 널리 알려진 바와 같이, 플라톤은 다섯 개의 정다면체들에 이상적 아름다움이 있다고 보았는데, 그 가운데 두 개, 즉 정12면체와 정20면체는 황금률로 이루어져 있다. 황금률은 '황금비례', '신성한 비례', '신성한 분할' 등 다양한 이름으로 불리기도 하는데, 우리에게 익숙한 '황금분할'은 레오나르도 다 빈치가 최초로 사용했다고 한다.

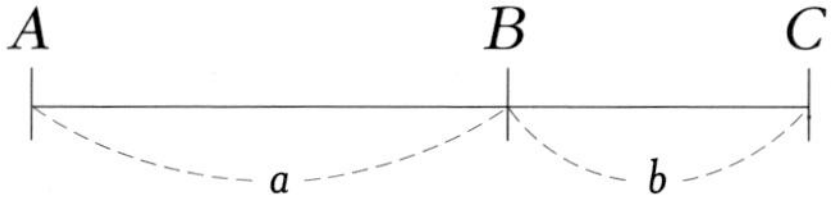

기하학적 도형을 그리다 보면, 여기저기서 빈번하게 황금분할과 마주치게 된다. 기하학적으로 말해 황금분할이란 선분 $\overline{AC}$가 B라는 점으로 분할되어 있을 때, $\overline{AB} : \overline{AC} = \overline{BC} : \overline{AB}$의 관계를 이루는 비례를

가리킨다. 여기서 얻어지는 값을 보통 φ(phai)라는 상수로 표현하는데, 영어의 f에 해당하는 음가를 갖는 이 글자는 피디아스(Φειδιας)의 이니셜로, 조각과 건축에 즐겨 황금분할을 적용시켰던 이 고대의 조각가를 기리기 위해 마크 바르라는 미국의 수학자가 최초로 사용한 것이다.

파이(φ) 구하기

φ를 얻는 방법은 간단하여, 중학교 수준의 산수 실력만으로 충분하다. 먼저 황금분할을 식으로 표현하면,

$$\frac{a+b}{a} = \frac{a}{b}$$

이를 φ로 놓고, 이제 그 값을 구해보자.

$$\frac{a}{b} = \varphi$$

그럼 $a=b\varphi$가 된다. 맨 앞의 수식 속의 a에 같은 값을 가진 $b\varphi$를 대입시켜보자. 그러면,

$$\frac{b\varphi + b}{b\varphi} = \frac{b\varphi}{b}$$

여기서 b를 약분해버리면, $\frac{\varphi + 1}{\varphi} = \varphi$ 가 된다. 여기서 분수를 풀어버리면, $\varphi^2 - \varphi - 1 = 0$ 그리하여

$$\varphi = \frac{1+\sqrt{5}}{2} \approx 1.6180339887\cdots\cdots$$

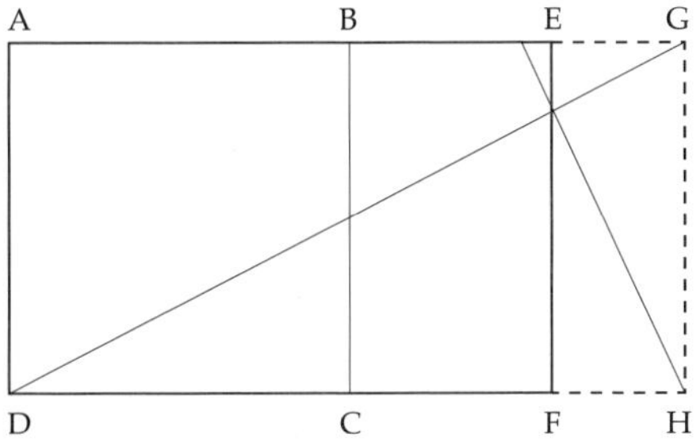

황금분할은 이렇게 무리수로 표현되기에, 자의 눈금에 의존해서 잘라낼 수 없다. $\sqrt{2}$의 길이를 얻으려면, 가로 세로 1의 길이를 가진 정사각형의 대각선을 취하면 된다. 무리수로 표현되는 황금분할 역시 기하학적 방법으로 간단히 얻어낼 수 있다. 먼저 정사각형 두 개를 취하라. 이어서 두 개의 정사각형의 합으로 이루어진 직사각형에 대각선을 긋는다. 다음 점 H로부터 대각선 $\overline{DG}$와 직각으로 교차하도록 선을 하나 긋는다. 바로 그 교차점을 통과하도록 선 $\overline{EF}$를 그으면, 황금의 직사각형 ADEF가 완성된다.

너무 복잡하다고? 수학을 싫어하는 사람이라면 그보다 더 간단한 방법을 사용할 수도 있다. 먼저 주머니에서 지갑을 꺼내라. 지갑에서 신용 카드를 취하라. 만약에 신용 불량자라면 교통 카드, 백화점 카드, 항공사 마일리지 카드로도 무방하다. 카드를 백지 위에 올려놓고 연필로 그대로 모서리를 따라서 그리면, 종이 위에 황금의 직사각형이 나타날 것이다. 카드만이 아니라 명함, 사진, 담뱃갑 등도 대부분 황금분할을 따르고 있다. 이렇듯 우리는 알게 모르게 일상에서 늘 황금분할을 접하며 살아가고 있다.

피보나치 수열

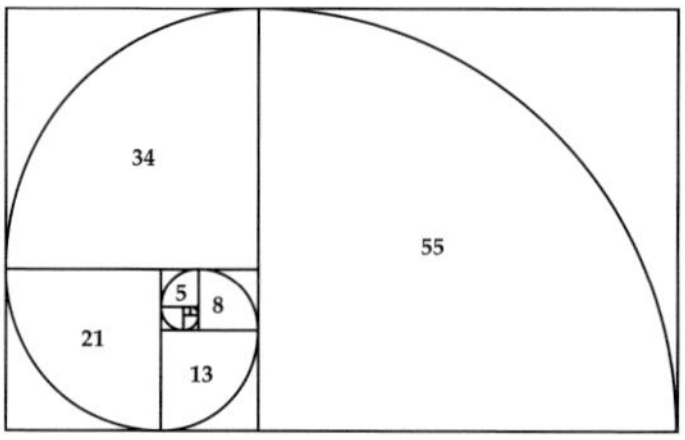

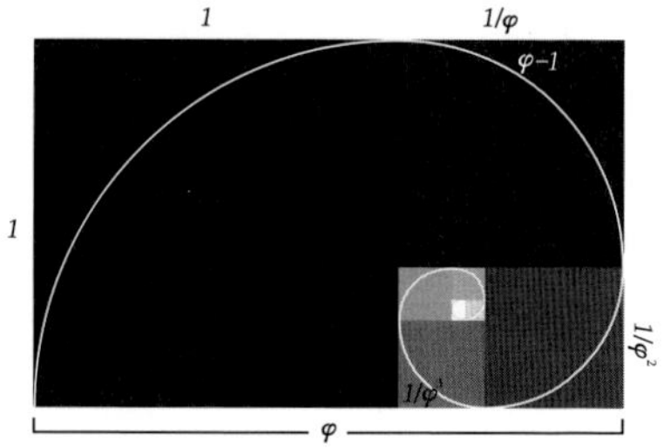

황금분할과 피보나치 수열은 서로 밀접하게 연관되어 있으나 완전히 동일한 것은 아니다. 피보나치 수열은 선행하는 두 수의 합으로 진행된다. 가령 1, 2, 3, 5, 8, 13, 21, 34, 55, 89……. 이렇게 정수비로 표현된다는 것만 보아도, 이 수열이 무리수로 표현되는 황금비와 동일할 수 없음을 알 수 있다. 가령 정수로 표현된 왼쪽의 피보나치 나선의 비례는 55/34=1.61764706이다. 반면 무리수로 표현되는 오른쪽 황금나선의 비례는 =1.6180339887이 된다. 수치상으로 엄연히 차이가 난다. 이 편차는 34/21, 21/13, 13/8, 8/5……로 감겨 들어갈수록 더 커질 것이다.

그렇다고 피보나치 수열이 황금분할과 전혀 상관이 없는 것은 아니다. 어떤 의미에서 양자는 동일하다고 할 수도 있다. 가령 그 수열에서 앞뒤의 숫자가 이루는 비례들을 수치로 환산해서 표현하면 대략 다음과 같다.

$$3/2 = 1.5$$

$$5/3 = 1.66667$$

$$8/5 = 1.6$$

$$13/8 = 1.62500$$

$$21/13 = 1.61538462$$

$$34/21 = 1.61904762$$

$$55/34 = 1.61764706$$

$$89/55 = 1.61818182$$

……

$$987/610 = 1.61803279$$

수열이 진행할수록 φ에 가까워져, 5/3에서 소수점 아래 첫 자리, 21/13에서 소수점 아래 둘째 자리, 89/55에서 소수점 아래 셋째 자리까지 같아진 뒤, 987/610에 이르면 소수점 아래 다섯 자리까지 근접하는 것을 볼 수 있다. 한마디로 황금분할은 피보나치 수열의 리미트라고 할 수 있다.

$$\lim_{n\to\infty}\frac{f(n+1)}{f(n)} = \varphi$$

황금분할을 이용한 작품들

황금분할은 건축만이 아니라 조각에서도 발견된다. 예를 들어 〈도리

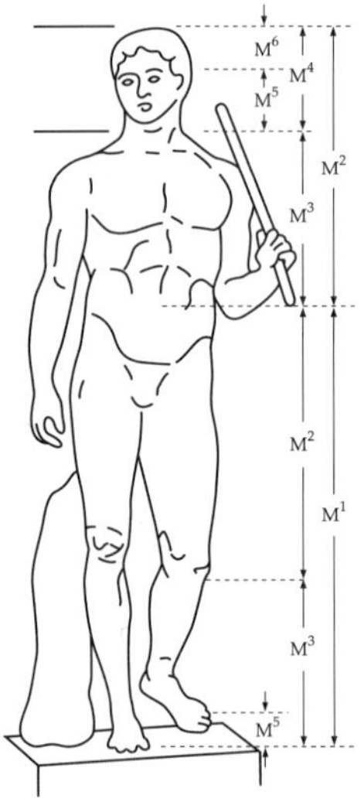

〈도리포로스〉 폴리클레이토스,
기원전 450~440년경

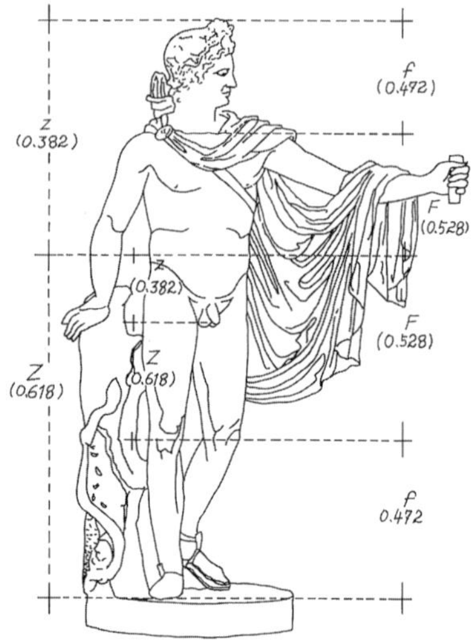

〈벨베데레의 아폴론〉의 인체,
기원전 4세기 후반

포로스〉에서 볼 수 있듯이, 그리스 조각은 종종 배꼽을 중심으로 M^1과 M^2로 황금분할 된다. 소련의 건축가 졸토프스키가 측정한 〈벨베데레의 아폴론〉을 보면, 배꼽을 중심으로 신장이 0.618:0.382로 나뉘어 있음을 볼 수 있다. 이를 수치로 환산하면, 1.61780105가 되어 φ에 근접해 있음을 알 수 있다. 조각만이 아니다. 암포라를 비롯한 그리스의 여러 도자기들도 가로와 세로의 비가 황금분할을 따르고 있다.

다 빈치의 〈비트루비우스의 인간〉이 황금분할을 따랐다는 것은 널리 알려진 사실이다. 그는 손마디, 손가락, 손바닥, 팔의 아랫부분, 팔 전체 등의 길이를 황금분할 했던 것으로 알려져 있다. 다 빈치가 회화 작

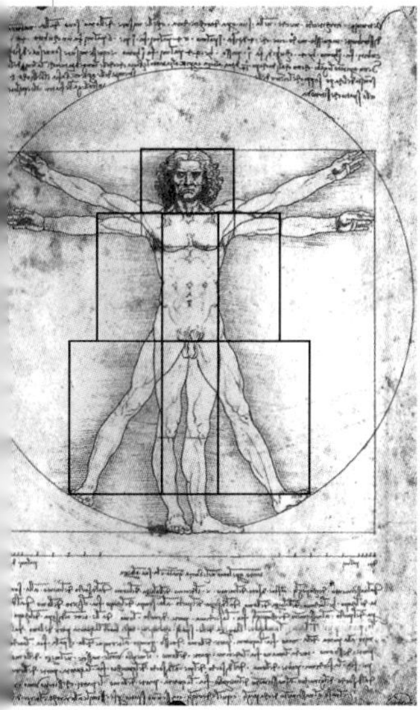

〈비트루비우스의 인간〉,
레오나르도 다 빈치, 1487년

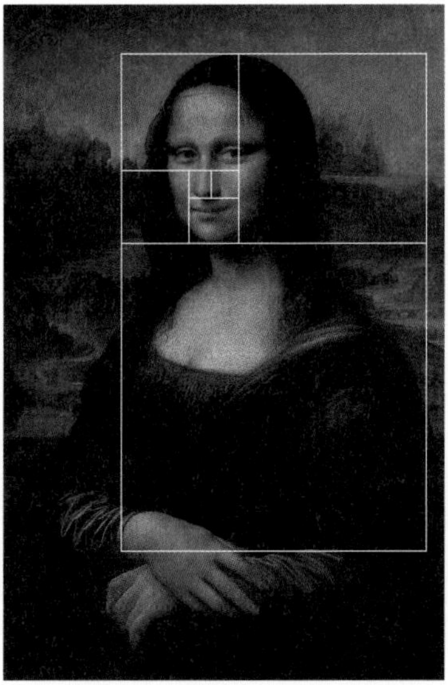

〈모나리자〉,
레오나르도 다 빈치, 1503~1506년

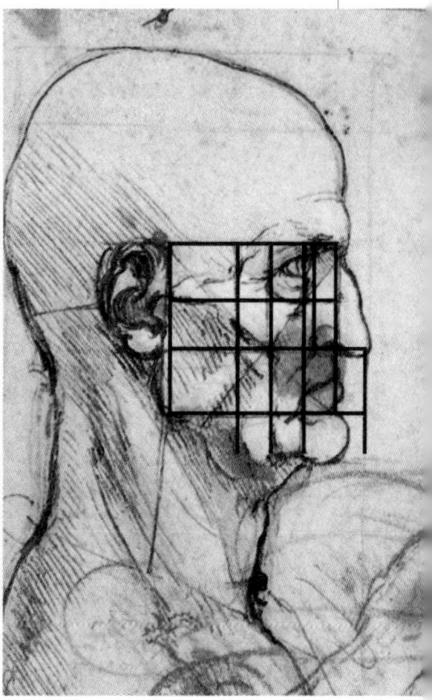

〈노인〉,
레오나르도 다 빈치, 1491년경

품에까지 의식적으로 황금분할을 적용했는지는 논란의 여지가 있다. 하지만 어떤 이들은 다 빈치의 다른 작품에서도 황금분할을 발견했다고 주장한다. 그의 소묘 〈노인〉의 얼굴에는 황금의 직사각형이 들어 있고, 대표작 〈모나리자〉는 안쪽으로 무한히 감겨 들어가는 황금의 직사각형에 따라 구축되었다는 것이다.

황금비례를 가진 것에 직사각형과 나선형만 있는 게 아니다. 36도의 꼭지각을 가진 이등변삼각형 역시 φ에 근접한 비례를 갖고 있다. 이를 '황금삼각형' 이라 부른다. 펜타곤과 펜타그람 역시 황금비에 근접한 피보나치 수열을 포함하고 있다. 당연히 이것들을 그림의 구도로 사용

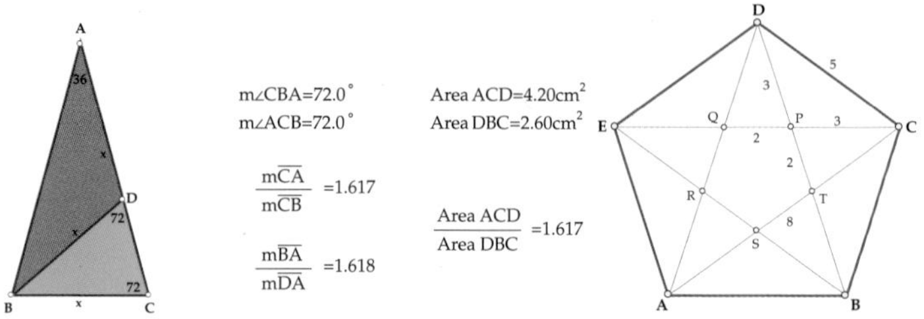

한 화가들도 있다. 예를 들어 라파엘로의 〈십자가형(刑)〉을 보자. 예수의 머리에서 바닥으로 이어지는 선이 36도와 72도로 이루어진 황금의 이등변삼각형을 이루고 있다. 미켈란젤로의 〈성(聖)가족〉을 보라. 그 안에서 어렵지 않게 황금의 펜타그람을 발견할 수 있다.

르네상스의 화가들만이 아니다. 형태의 비례보다 색채의 효과를 더 중시했던 바로크 시대에도 화가들은 황금분할을 즐겨 사용했다. 렘브란트의 초상을 보라. '열린 형식'을 가진 바로크 초상화답게 삐딱한 삼각형의 구도를 하고 있다. 이등변삼각형이 아니기에 황금의 삼각형이라 볼 수는 없다. 하지만 꼭짓점에서 밑변을 향하여 수직으로 선을 그어보라. 그 선은 밑변을 양쪽으로 나누게 된다. 결정적인 것은 이 분할이다. 이 분할을 통해 좌우로 나누어진 두 개의 선분이 황금비율을 이룬다.

페르메이르만큼 황금분할을 효과적으로 이용한 화가가 또 있을까? 수학적으로 정확한지는 모르겠지만, 자신의 대표작인 〈아틀리에의 화가〉에서 페르메이르는 독특한 구성을 선보인다. 두 개의 정사각형이 좌

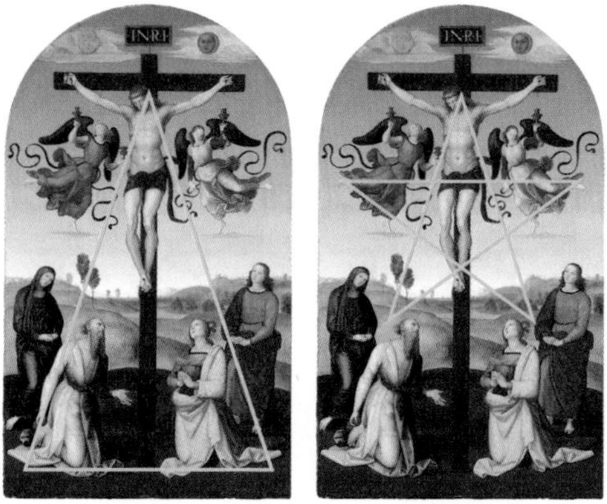

〈십자가형(刑)〉 라파엘로 산치오, 1502~1503년

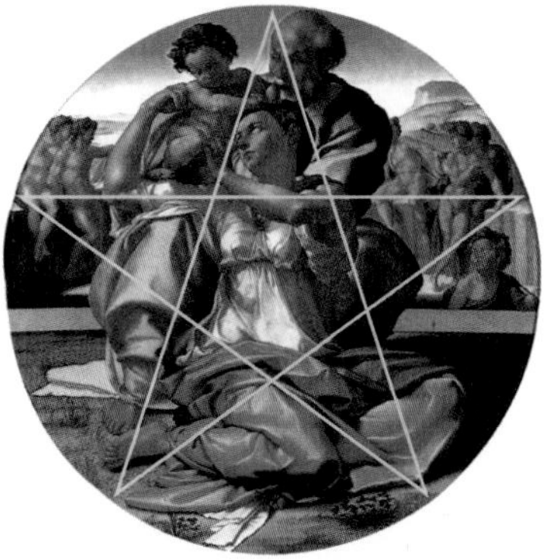

〈성(聖)가족〉 미켈란젤로 부오나로티, 1504~1506년경

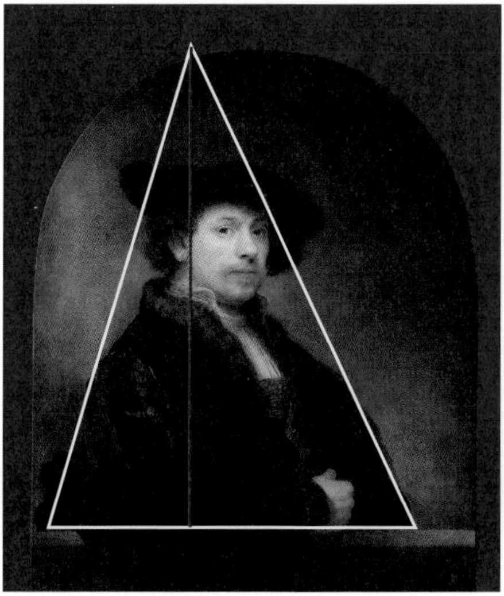

〈자화상〉 렘브란트 반 레인, 1640년

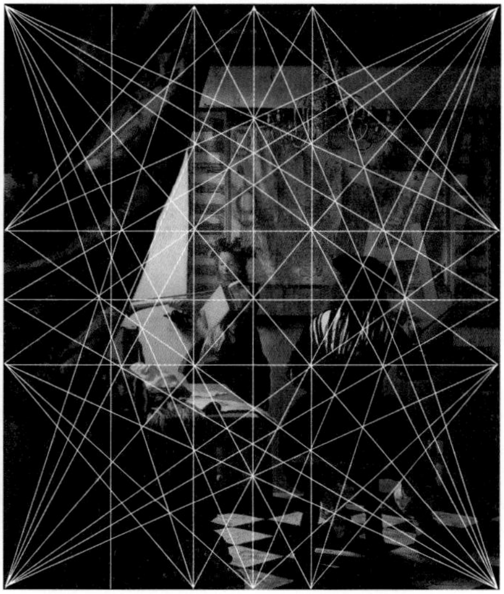

〈아틀리에의 화가〉 얀 페르메이르, 1666년경

우와 상하 양쪽에서 가운데에 있는 직사각형을 공유하게 함으로써 황금분할의 효과를 2중화, 아니 4중화시키는 것이다. 9개의 사각형으로 황금분할된 화면은 커다란 안정감을 준다. 하지만 그 사각형들의 꼭짓점들을 대각선으로 이으면, 화면 전체가 복잡한 망으로 뒤덮이고, 이것이 안정 속에서 동시에 놀라울 정도의 역동성을 만들어낸다.

황금분할과 아름다움

마지막으로 한마디. 흔히 매력적인 남녀의 얼굴에는 황금분할이 있다고들 한다. 하지만 황금분할이 곧 아름다움인 것은 아니다. 미는 간단히 수치로 환원될 정도로 간단한 현상이 아니다. 비례가 황금분할이면서도 아름답지 않은 얼굴이 있는가 하면, 비례가 황금분할이 아닌데도 매력적으로 느껴지는 얼굴이 있을 수 있다. 이는 황금분할이 미의 충분조건도, 그렇다고 필요조건도 아니라는 것을 말해준다. 게다가 미감은 영원불변하는 절대적 속성이 아니라, 역사적으로, 문화적으로 가변적인 상대적 속성이 아닌가.

흔히 갓난아기들을 대상으로 한 실험의 결과를 증거라고 들이대는 경우가 있다. 하지만 발달심리학상 아이들의 미감은 매우 늦게 형성되는 것으로 알려져 있다. 미감의 형성은 심지어 도덕감보다도 늦다. 그런데도 갓난아기가 벌써부터 미감을 갖고 있다고 가정하는 것만큼 우스운 일이 어디에 있겠는가. 아기들에게 제일 아름다운 것은 역시 자기 엄마의 얼굴일 것이다. 세상의 모든 아기는 자기 엄마를 사랑스럽게 여길 것이나, 세상의 모든 엄마가 얼굴에 번쩍번쩍 황금비례를 바르고 있는 것은 아니다.

황금분할은 물론 다른 문화권에서도 더러 찾아볼 수 있을 게다. 하지만 거기에 최고의 미적 가치를 부여하는 문화는 전 세계에서 고대 그리스가 유일하다. 서구에서 그리스를 예술의 전범으로 삼고, 그런 서구가 세계의 미적 취향을 주도하다 보니 이제는 다른 문화에서도 황금분할을 쾌적하게 여기게 된 데 지나지 않는다. 그러는 서구에서도 전체 예술작품 중에서 황금분할을 따르는 작품의 비중은 그리 높지 않다. 게다가 동양에서 아름답게 느끼는 그림의 포맷 역시 황금분할과는 아무 관계가 없지 않은가.

2

소묘가 끝났으면 이제 채색을 해야 한다. 고대에서 중세로 넘어가는 시기에 서구의 미감에는 혁명적 변화가 일어난다. 즉 고대인들이 형태에서 아름다움을 찾았다면, 중세인들은 무엇보다도 색채와 광채에서 아름다움을 보았다. 이 미감의 변화는 물론 고대인과 중세인의 세계관의 차이에서 비롯된다.

고대인이 인간에게서 아름다움을 보았다면, 중세인은 신에게서 아름다움을 찾았다. 그들은 자연이 아름다운 것은 신에게서 흘러나오는 빛이 그 바탕에서 눈에 보이지 않게 빛나고 있기 때문이라고 믿었다. 초감각적 빛을 감각적으로 보이게 하는 것, 이것이 중세 장인들의 가장 중요한 과제였다.

이 장에서는 로사리오 아순토의 저서를 토대로 미와 예술에 대한 중세인의 생각을 살펴보게 된다. 중세의 예술은 우리를 감각의 세계를 넘어서 저 높은 곳에 있는 초감각의 세계로 고양시킨다. 그것을 감상할 때 중요한 것은 눈에 보이는 것 아래로 눈에 보이지 않는 의미를 읽어내는 것이다.

■ 참고문헌

Rosario Assunto, *Die Theorie des Schönen im Mittelalter*, DuMont, 1963.

색과 빛의 황홀경

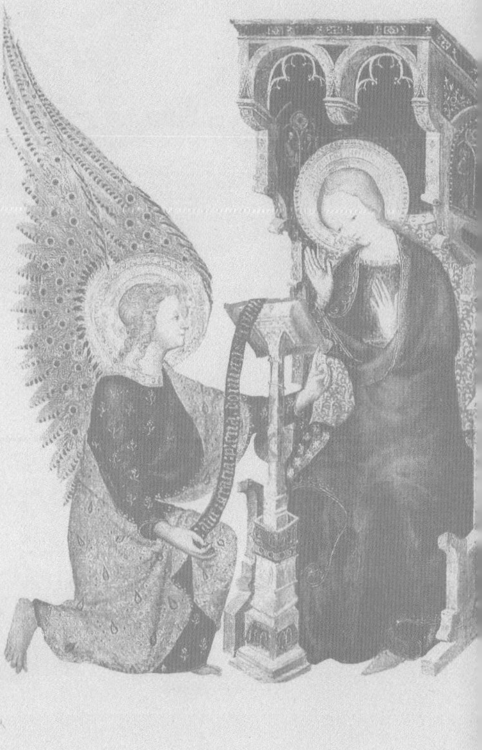

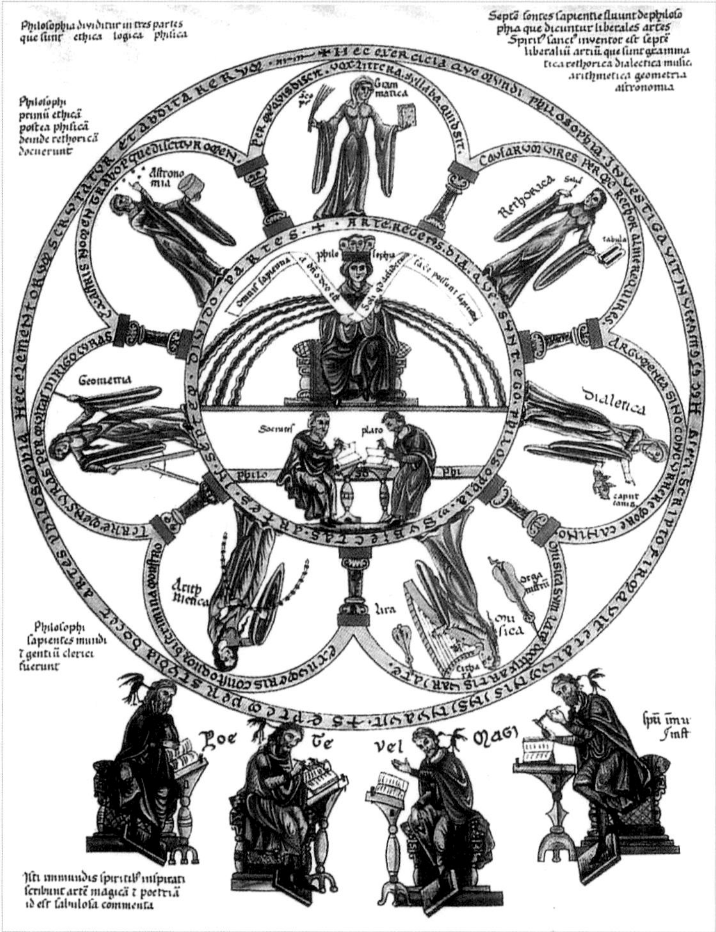

1
〈아르테스 리베랄리스〉, 1180년경

가운데 옥좌에 앉은 것이 지혜의 여왕 철학이다. 그 아래로 이교의 두 현자 소크라테스와 플라톤의 모습이 보인다. 그 둘레로 마치 시계의 자판처럼 일곱 명의 여인이 늘어서 있다. 시계 돌아가는 방향으로 문법, 수사학, 변증술, 이어서 음악, 산술, 기하학, 천문학의 알레고리다. 중세인들은 논리를 연구하는 앞의 세 분야를 '트리비움(trivium)', 물리를 연구하는 뒤의 네 분야를 '콰드리비움(qudrivium)'이라고 불렀다. 이 일곱 개의 길은 하나로 합류하여 결국 지에 대한 사랑(philosophia)에 이른다.[1]

아르테스 메카니카에

중세의 자유학예에 오늘날 '예술'이라 부르는 것은 들어 있지 않았다. 물론 '음악'이 들어 있기는 했으나, 7학예 속의 음악은 오늘날의 음악학에 가깝지 직접 곡을 짓거나 연주를 하는 것을 가리키지 않았다. '자유학예'라는 말 속의 '자유'는 생업과 관련된 노동에서 자유롭다는 의미다. 오늘날 우리는 회화나 조각, 건축 등을 정신성의 표현으로 간주한다. 하지만 중세에 그것들은 기예, 즉 어떤 실용적 목적을 위해 주문에 따라 물건을 제작하는 행위일 뿐이었다.

작가는 공인(工人)이었고, 작품은 공예(工藝)였다. 그렇다고 중세의 공예에 정신성이 빠져 있었던 것은 아니다. 중세의 공예는 외려 어느 시대보다 높은 정신성을 구현하고 있었다. 다만 그것이 예술가 개인의 정신성은 아니었다. 중세의 장인들은 르네상스 예술가들처럼 정신적 교양을 갖추고 있지 않았다. 그리하여 중세의 공예에 정신적 의미를 주는 일은 장인이 아니라 성직자나 신학자의 몫이었고, 작품에 콘셉트를 제공한 이 사람들이 또한 작품의 창조자로 여겨지곤 했다.

형태에서 빛깔로

그리스인들은 아름다움을 수에서 찾았다. 아름다움의 바탕에는 수적 비례관계가 있다. 이것이 저 멀리 피타고라스까지 거슬러 올라가는 그리스의 전통적인 관념이다. 가령 〈벨베데레의 아폴론〉과 〈밀로의 비너스〉의 상반신과 하반신이 황금분할을 이루고 있었던 것을 생각해보라. 그리스인들에게 아름다운 신체를 창조하는 것은 곧 신체의 부분들 사이의 이상적인 비례관계(=카논)를 확정하는 것을 의미했다. 한마디로 그들에게 미란 무엇보다 '양(量)'의 문제였다.

헬레니즘 시대에 들어오면 이 전통적인 관념에 변화가 생긴다. 그 변화는 당시를 지배하던 신플라톤주의의 정신적 분위기와 관계가 있다. 가령 플라톤에게 '이데아'는 이상적 형태가 모여 있는 곳이었다. 하지만 플로티노스(Plotinos, 205~269?)는 '일자'를 무엇보다도 빛으로 표상했다. 즉 만물에 미를 부여하는 원리가 형(形)에서 빛(光)으로 바뀐 것이다. 빛은 부분으로 나뉘지 않는다. 따라서 거기에 수적 비례도 있을 수 없다. 한마디로 미란 무엇보다 '질(質)'의 문제라는 이야기다.

미가 수에 달려 있다고 보는 견해를 미에 대한 '형식적 정의'라고 한다. 반면 미의 본질을 수량화할 수 없는 어떤 질적 특성에서 찾는 견해를 미에 대한 '실질적 정의'라고 부른다. 한마디로 헬레니즘 시기에 들어와 미의 관념이 형식적 정의에서 실질적 정의로 바뀐 셈인데, 이는 미적 관념의 역사에서 실로 혁명적(?) 변화라고 할 수 있다. 플로티노스가 도입한 이 새로운 정의가 훗날 중세 문명의 미감을 결정하게 된다.

플로티노스의 반론

> 거의 모든 이가 부분과 부분, 부분과 전체 사이의 균형이 …… 미를 구성한다고 말한다. 하지만 이게 무슨 말인지 생각해보라. 부분으로 이루어진 것만 아름다울 수 있고, 부분이 없는 것은 아름다울 수 없다는 이야기다. 즉 각 부분은 자체로는 아름다울 수 없고, 오로지 전체의 아름다움을 위해 협력하는 가운데에만 아름다울 수 있다는 것이다. 하지만 복합체의 아름다움은 디테일의 아름다움을 요구한다. 미는 추로 이루어질 수 없다. 미의 법칙은 철저해야 한다.

《에네아데스》 1권에 나오는 구절이다. 소전제가 생략되어 있어 이해하기 힘들지만, 플로티노스의 논증은 간단하다. 즉 미가 비례에 있다면, 부분이 있는 대상만 아름다워야 한다. 하지만 부분들은 어떤가? 그 역시 더 작은 부분으로 나뉠 수 있지만, 어느 심급에선가는 단일체여야 한다. 단일체에는 비례가 없고, 따라서 아름다움도 없다. 즉 그것들은 추하다. 하지만 (전체의) 아름다움이 (부분들의) 추함으로 이루어질 수 있겠는가? 그래서 미에 대한 형식적 정의는 옳지 않다.

물론 오류논증이다. 쓰레기로도 아름다운 작품을 만들 수 있잖은가. 하지만 이 오류논증과 더불어 서구의 미학에는 단절이 일어난다. '형'

이 아니라 '빛'에서 미를 찾는 생각은 기독교의 미학이 되어, 중세 천년을 지배하게 된다. 재미있는 것은, 플로티노스와 그의 추종자들이 여전히 고전기의 그리스 예술을 좋아했다는 점이다. 기독교에 맞서 고대의 세속주의를 옹호하려 했던 플로티노스의 생각이 정작 그의 적대자들에게 계승된 것은 역사의 아이러니라 할 수 있다.

비례, 원인이냐 결과냐

중세인의 눈은 현세보다 내세에 맞춰져 있었다. 그 시절에는 진정한 아름다움은 감각적 세계가 아니라 초월적 세계에 있다고 생각했다. 세상은 자체로서 아름다운 것이 아니다. 세상이 이토록 아름다운 것은 그 바탕에 신에게서 흘러나오는 빛이 깔려 있기 때문이다. 그렇다고 해서 그들이 고대의 형식적 정의를 완전히 거부한 것은 아니었다. 그저 그것을 상대화했을 뿐이다. 즉 중세에 비례는 미의 '원인'이 아니라 그저 '결과'일 뿐이었다.

가령 여기에 꽃잎이 있다고 하자. '이 꽃잎은 왜 예쁜가?' 라고 물으면, 고대인들은 꽃잎의 가로와 세로의 황금비를 가리키며 그것이 아름다움의 '원인'이라고 주장했을 것이다. 그리고 고대인은 이 대답에 만족했을 것이다. 하지만 중세인은 달랐다. 그들은 여기에 그치지 않고 나아가 이렇게 물었을 것이다. '비례는 왜 아름다운가?' 그리고는 비례가 아름다운 것은 그 바탕에 초감각적인 빛이 깔려 있기 때문이라고 주장했을 것이다.[2]

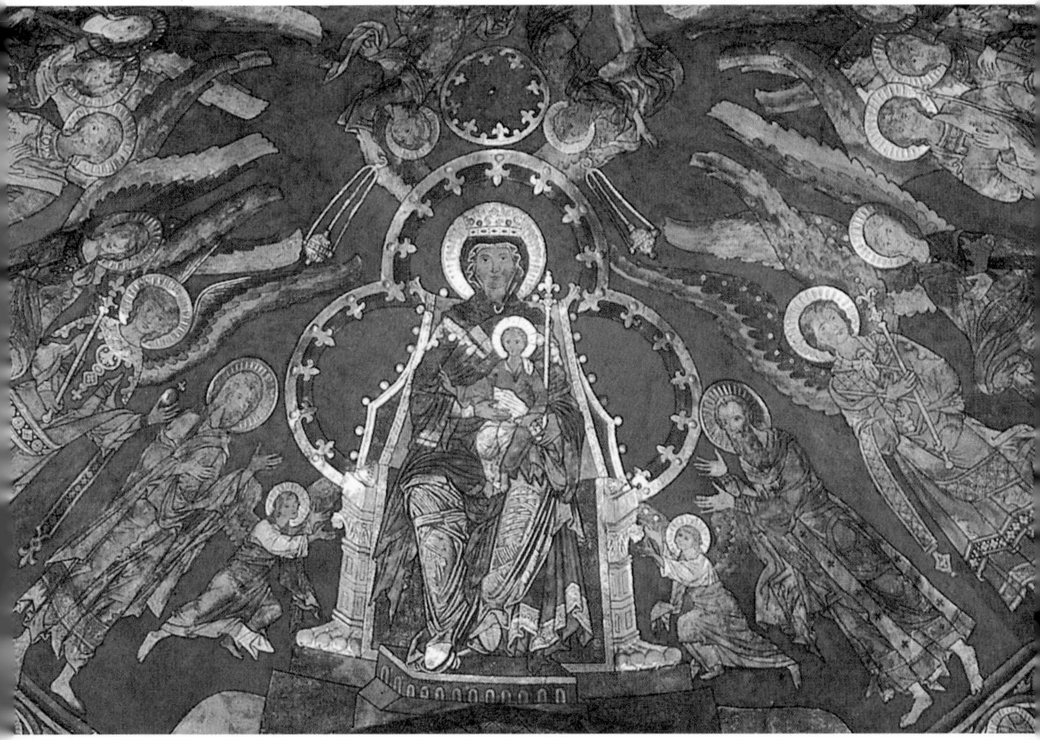

2
〈드높은 곳의 마리아〉, 1120년경

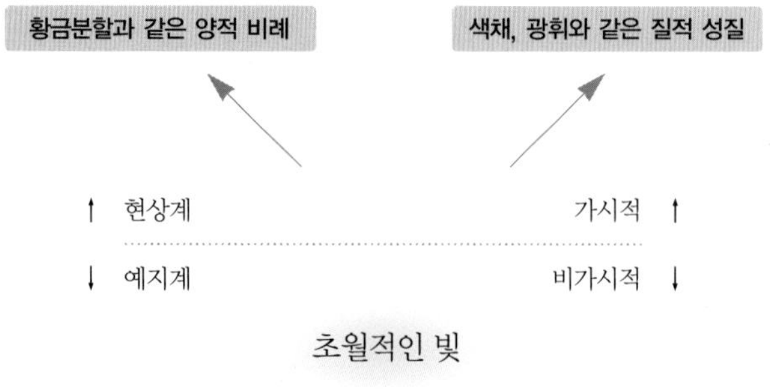

세상의 아름다움에는 비례만이 있는 것이 아니다. 햇빛, 달빛, 번개, 노을, 타오르는 불, 번쩍이는 황금과 보석의 빛 등, 세상에 비례 없이도 아름다운 것은 얼마든지 있다. 하지만 이 모두는 감각으로 볼 수 있는 아름다움이다. 진정한 아름다움은 감각적 세계가 아니라 초월적 세계에서 온다. 눈에 보이지 않는 이 초월적인 빛이 감각의 세계에 들어와서, 비례 또는 광휘와 같은 눈에 보이는 모든 아름다움의 근원이 된다는 것이다.

재료의 미학

어느 시대나 예술에 자신이 가장 중요하다고 생각하는 것을 담게 마련이다. 감각적 세계보다 초월적 세계를 중시한 중세에는 예술로 감각적 세계를 재현하기보다는 그 너머의 초월적 세계를 표현해야 했다. 문제는 그 초월적 빛이 눈에 보이지 않는다는 데 있었다. 신학자들이야 그 아름다움이 '초월적'이라는 말로 때우면 그만이었지만, 장인들은

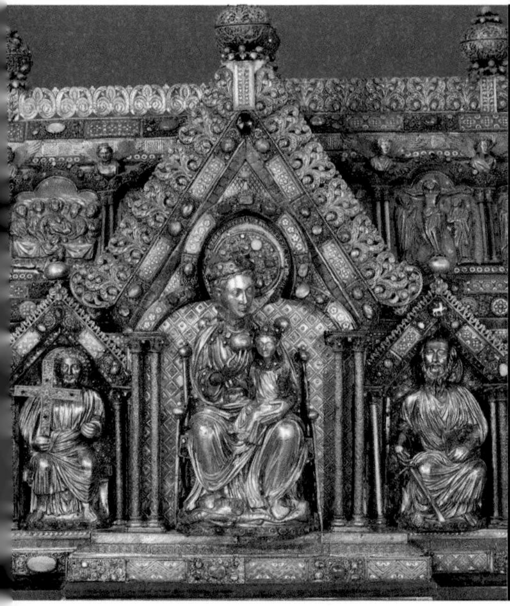

3 유해 보관함, 1215~1238년, 아헨 성당

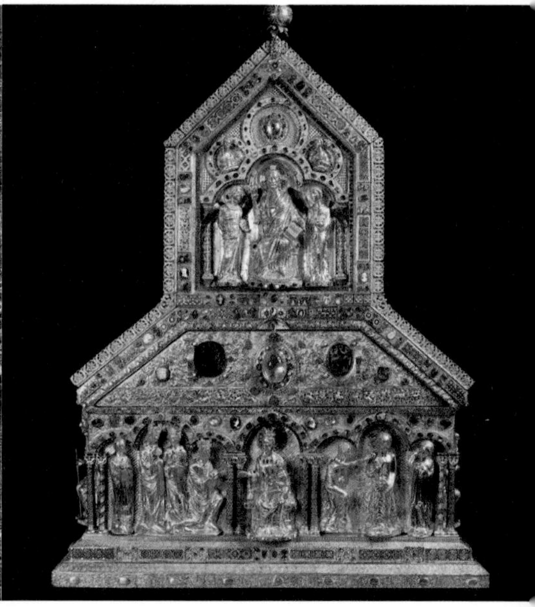

4 동방박사 성 유골함, 1181~1230년경, 쾰른 대성당

처지가 그렇게 한가롭지 못해 눈에 보이지 않는 그 빛을 눈에 보이게 만들어야 했다.

눈에 보이지 않는 것을 도대체 어떻게 보이게 할 수 있단 말인가? 중세의 장인은 그 과제를 재료로 해결했다. 즉 값비싼 재료의 찬란한 색채와 광휘를 그 초월적 빛의 상징으로 사용한 것이다. 중세의 공예는 온통 번쩍이는 황금, 은은하게 비치는 은빛, 형형색색의 보석, 몽환적 효과를 내는 다양한 색깔의 희귀한 염료 등으로 뒤덮여 있었다. 중세의 공예를 뒤덮은 보석과 귀금속은 무엇보다도 그 황홀한 빛과 색의 효과로 감각 세계 너머의 초월적 세계를 상징하기 위한 것이었다.

중세 예술의 가장 중요한 상징 작용은 '형식'을 통하여 이루어진다. 예를 들어 중세에 제작된 성물함을 보자.[3, 4] 우리는 거기에 새겨진 것이 아기 예수를 안은 마리아이며 두 천사를 거느린 예수라는 것을 안다. 하지만 이런 '내용'보다 중요한 것이 바로 '형식'이다. 인물상은 황금으로 만들어졌고, 상자는 형형색색의 보석으로 치장되어 있다. 중세 예술에서 가장 중요한 메시지는 바로 이 형식에, 황금과 보석이 내뿜는 광휘에 있다. 물질은 빛나면서 초월적 빛을 상징한다.

값비싼 재료에 대한 취향은 어쩌면 발달하지 못한 미감의 산물인지도 모른다. 중세 문명을 담당한 것은 그리스나 로마인들이 한때 '야만인'이라 불렀던 민족들이다. 《서양 중세 문명》의 저자 자크 르 고프에 따르면, 중세의 재료 취향은 이 미개함에서 비롯됐다고 한다. 하긴, 졸부들은 일단 온몸을 귀금속과 사치품으로 처바르고 보지 않던가. 물질에 대한 저급한 욕망 속에 빛나는 초월에 대한 고상한 열정. 중세 예술의 매력은 어쩌면 이 모순성에 있는지도 모른다.

빛의 상징주의

이미지는 형태와 색채의 두 요소로 이루어진다. 중세 예술의 효과는 역시 강렬한 색채 효과에서 온다. 예를 들어 이탈리아의 라벤나를 방문하여 그 유명한 '두오모'를 찾는다고 하자. 성당에 들어가는 이들은 상황을 파악하기도 전에 곧바로 색채의 공습에 노출된다. 벽면 전체를 장식하는 모자이크의 화려한 색채가 머리 위로 폭포처럼 쏟아져 내리면,

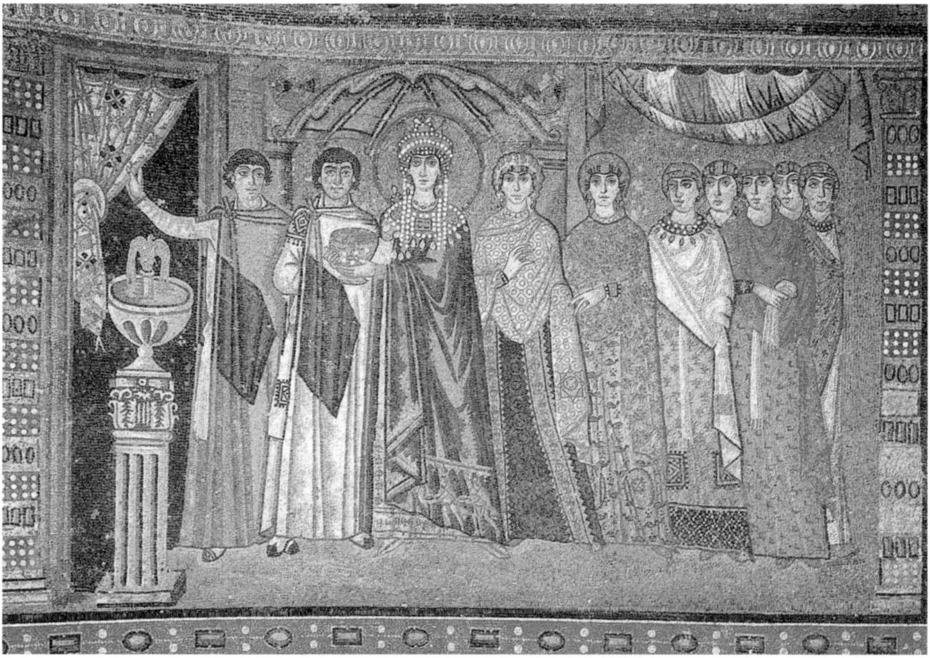

5 〈황후 테오도라와 시종들〉, 547년경, 산 비탈레 성당의 벽화

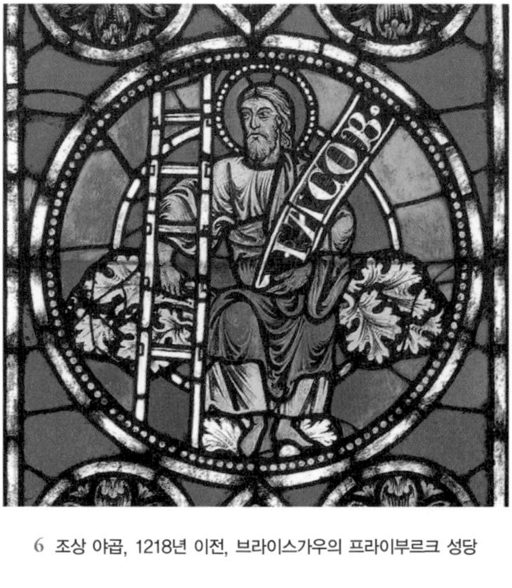

6 조상 야곱, 1218년 이전, 브라이스가우의 프라이부르크 성당

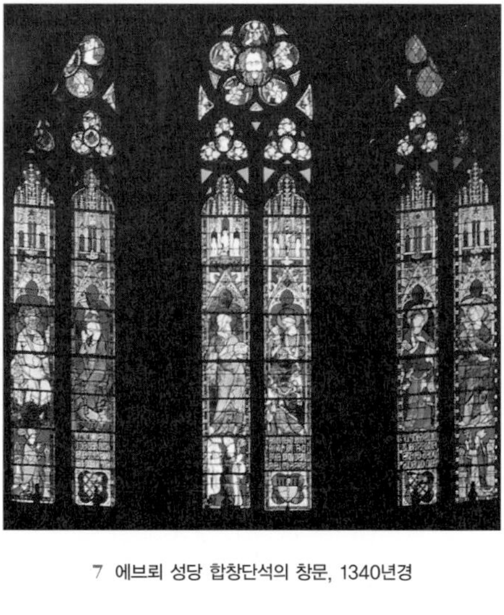

7 에브뢰 성당 합창단석의 창문, 1340년경

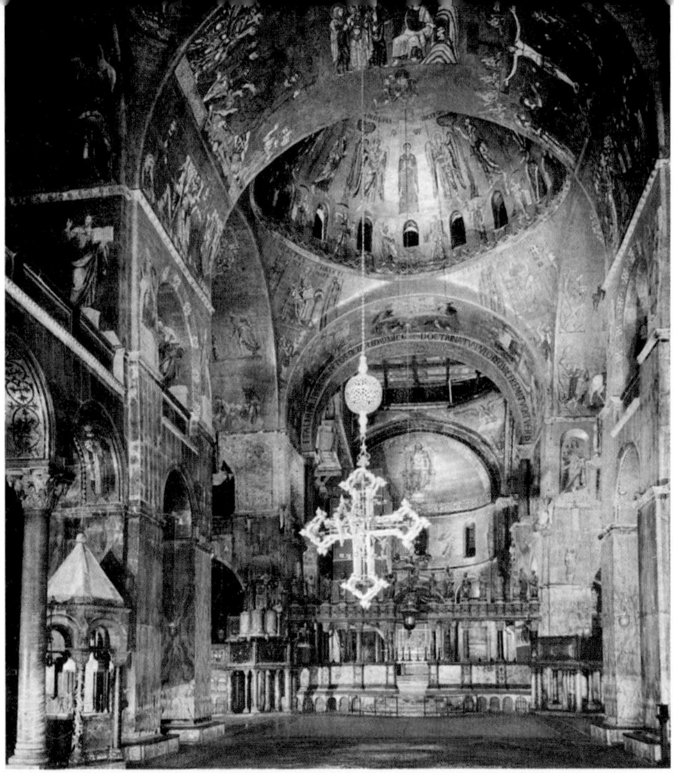

8
산 마르코 성당 안의
모자이크 장식

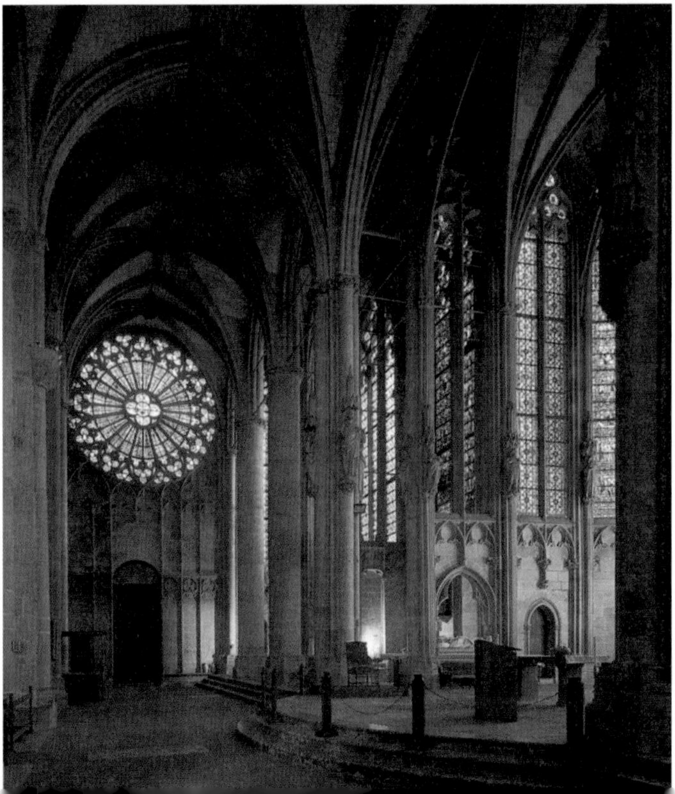

9
생 나제르 성당 합창단석,
1280년경

방문객들은 형태를 인지할 틈도 없이 원색의 물결을 뒤집어쓴 채 한동안 그 자리에 멈춰 서게 된다. 이 정도면 거의 '색채의 폭력'이라 할 수 있지 않을까?[5]

중세의 색감은 르네상스와 달랐다. 근대 회화는 가시적 세계의 재현을 목표로 삼았기에 실제 사물의 색을 그대로 본뜨려 했다. 로마네스크의 모자이크, 고딕의 스테인드글라스의 색깔은 그와 다르다. 가령 야곱을 묘사한 유리창을 보라.[6] 빨강, 파랑, 노랑, 하양, 검정으로 원색에 가까운 구성이다. 설사 녹색이나 보라 등의 혼합색이 나타난다 해도, 그것은 물감을 섞어 만든 혼탁한 색이 아니라 채도가 높은 보석의 원색에 가깝다. 빛의 미학은 '명료함'을 지향하기 때문이다.[7]

빛의 상징주의는 건축에도 있다. 로마네스크 양식을 대표하는 베네치아의 산 마르코 성당을 보자.[8] 모자이크로 장식된 벽면이 온통 금박으로 번쩍거리며 초월적 분위기를 만들어낸다. 고딕 성당은 스테인드글라스를 통해 흘러드는 자연광을 이용한다.[9] 그 물결은 방문객을 지상에서 천국으로 끌어올린다. 모자이크의 황금빛 광채든, 색유리를 통과한 자연광의 광휘든, 감각적인 재료로 만들어낸 몽환적 분위기로 초감각적 세계를 연출하는 것이 중세 예술의 가장 중요한 과제였다.

알레고리

중세인은 감각적 물질로 초감각적 세계를 상징하려 했다. 재료의 물질성이 초월적 의미를 말한다. 이 역시 일종의 '알레고리(allegory)'라 할 수 있다. 알레고리란 본디 '다른 것을 말하다'라는 뜻이기 때문이다. 중세인은 우리보다 자연을 한 꺼풀 더 깊숙이 보았다. 그들은 눈에 보이는 세계의 모든 것 속에 눈에 보이지 않는 의미가 감추어져 있다고 믿었고, 그리하여 눈으로 보는 색채 하나하나에 모두 의미를 부여했다.

> 흰색, 붉은색, 녹색은 자비롭지만 검은색과 노란색은 속죄와 슬픔을 의미한다. 흰색은 빛, 영원, 순결, 순수의 상징이었다. …… 흰색은 순수, 붉은색은 피, 사나움, 잔인함인 것이다.
>
> — 움베르토 에코, 《중세의 미와 예술》, 113쪽

색깔에만 상징주의가 있었던 게 아니다. 그들은 자연 속의 모든 대상에 눈에 보이지 않는 상징적 의미를 결부시키기를 좋아했는데, 이렇게 비유와 상징을 즐기는 것은 또한 그들이 추종한 예수의 어법이기도 했다.

> 타조는 깃털의 완벽한 균등이 통일 개념을 시사한다고 해서 정의의 상징이었다. 저 자신의 살점을 먹여 새끼를 살찌운다고 알려져 있던 펠리컨은 성체 성사에서 자신의 피와 살을 인간에게 주신 그리스도의 상징이 되었다. 유니콘은 처녀의 무릎에 머리를 묻으면 처녀가 잡을 수도 있는 동물이라 해서 하느님의 독생자, 또는 마리아의 자궁에서 다시 태어난 이중적인 그리스도의 상징이었다.
>
> — 움베르토 에코, 《중세의 미와 예술》, 113쪽

학창 시절 여고생의 수첩 뒤에 적혀 있던 '꽃말'은 이 중세적 알레고

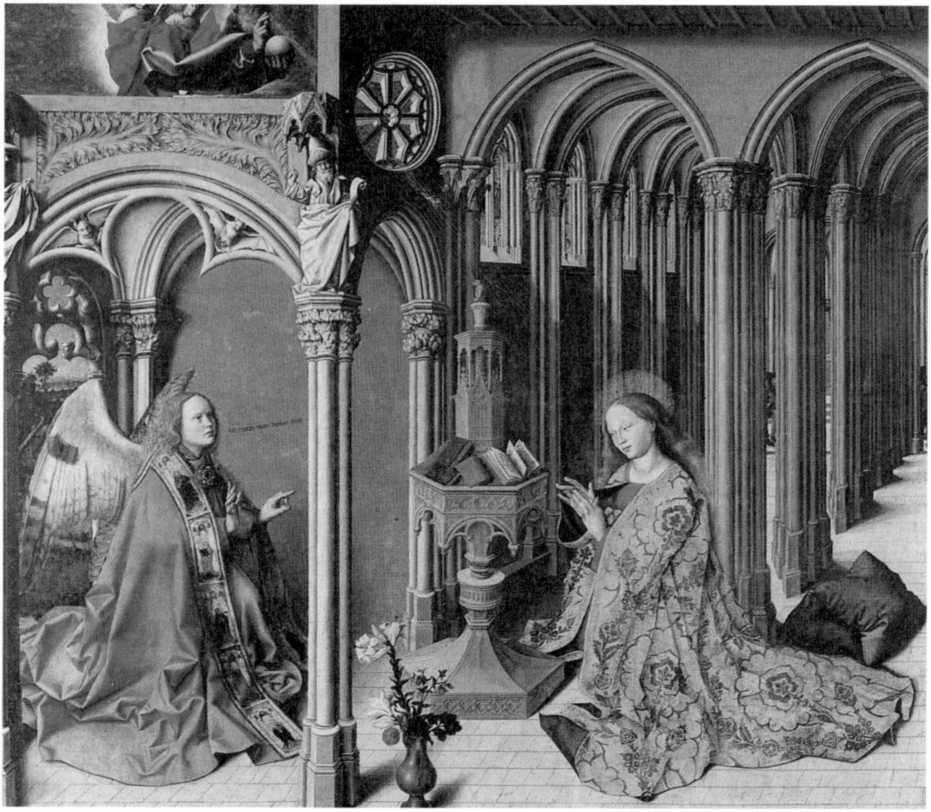

10

〈수태고지〉, 1440년경, 애장(Aix-en) 프로방스 생트 마들렌 성당리의 잔재라 할 수 있다. 에코는 중세 예술을 '기호와 지시의 다성 음악'이라고 불렀다. 바로 이 상징의 취향이 중세 예술의 문을 여는 열쇠다. 상징을 빼놓고 중세 예술을 이해할 수는 없다. 그들에게 붉은색을 그저 붉은색으로만, 펠리컨을 그저 펠리컨으로만 보라고 요구하는 것은, 우리에게 시를 하나 던져주고 의미는 생각하지 말고 글자만 읽으라고 하는 것이나 다름없다.

〈수태고지〉를 보라.[10] 이미 원근법이 사용되고 있는 것으로 보아 중세 말기에 제작된 작품으로 보인다. 독서를 하는 마리아와 수태를 예고하는 천사 사이로 꽃병이 눈에 들어온다. 여기서 그 꽃병은 그저 공간을 꾸미는 장식으로 그치지 않는다. 거기에 꽂힌 백합은 널리 알려진 것처럼 '순결'을 상징한다. 화가가 백합을 그려 넣은 것은 이른바 '무염수태'의 보증, 즉 '이 여인이 곧 임신을 할 것이나 남자와 관계를 하지는 않았다.'는 사실의 보증으로 읽어야 한다.

사물과 기호

그리하여 중세에 모든 사물은 기호였다. 마치 소풍 나와 보물찾기를 하는 어린아이처럼, 중세인은 자연 속에 신이 감추어놓은 뜻을 찾기를 좋아했다. 이렇게 모든 사물이 기호였던 시절에 모든 기호는 또한 사물이었다. 가령 우리에게 책은 그저 기호일 뿐이다. 그리하여 책을 읽은 다음에는 내다버리기까지 한다. 중세에는 그럴 수 없었다. 그때 책은 기호이기 이전에 사물, 그것도 값비싼 공예품이었기 때문이다.

가령 12세기에 제작된 복음서의 표지를 보라.[11] 인물은 상아로 조각

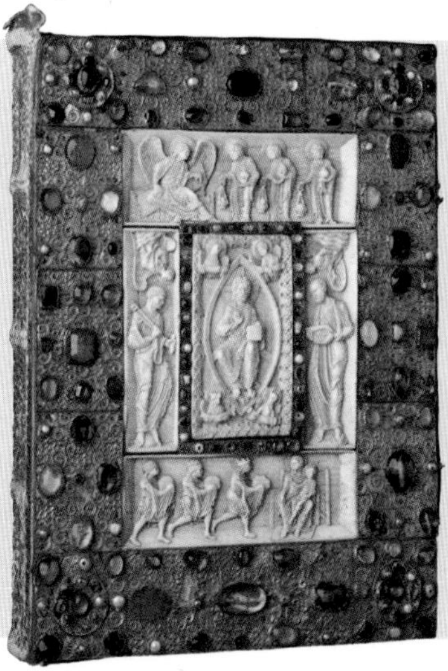

11
성 애기디엔 복음서의 표지, 12세기 말

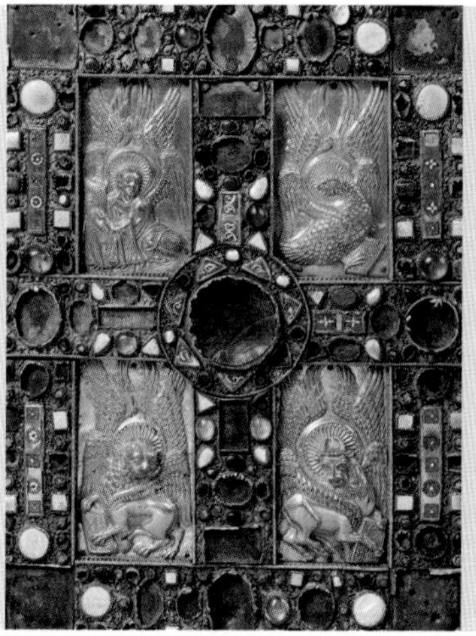

12
로게르 폰 헬르마사우젠 복음서의 표지, 1100년경

하고, 바탕은 금박을 입히고, 거기에 보석을 박아놓았다. 같은 시기에 제작된 다른 복음서를 보라.[12] 형상은 금으로, 십자가 문양은 보석으로 치장했다. 이런 책이 그저 기호열에 불과하겠는가? 그 시절에 모든 기호는 동시에 사물이었다. 한편 표지 위에 황소와 사자, 인간과 독수리를 닮은 형상이 보일 게다. 〈계시록〉에 나오는 '테트라모르프(tetramorph)'이다. 이들은 괴물이 아니라 네 복음서의 저자를 가리킨다. 그 시절 사물은 '다른 것을 말하는' 기호였다.

표지 속의 페이지들도 마찬가지다. 중세의 장인은 그것들을 정교한 서예와 섬세한 미니어처로 공들여 장식하곤 했다. 가령 베리 공작의 성무일과서《매우 풍성한 시간》은 귀족 3대의 주문으로 장인 3대에 걸쳐 제작한 것이라고 한다. 그 시절 귀족의 도서관은 정보의 저장소가 아니라 보물을 보관하는 금고였고, 수도원의 도서관은 필사할 귀중한 원본들을 모아놓는 보관소였다. 사물이 기호였던 시절, 기호는 사물이어야 했다. 중세의 상상력은 기호와 사물 사이의 장벽을 자유로이 넘나들었다.

이미지와 텍스트

중세에는 이미지와 텍스트의 경계도 존재하지 않았다. 옆의 그림을 보라.[13] 마리아에게 수태를 예고하는 천사의 말이 기다란 띠로 묘사되어 있다. 한 공간에 이미지와 텍스트가 병존하는 셈이다. 르네상스의 화가들이라면 물론 이렇게 그리지 않았을 것이다. 가시적 세계를 재현하는 화가들에게 눈에 보이지 않는 말은 묘사의 대상이 될 수 없기 때문이다. 르네상스에 들어오면 텍스트는 그림 밖으로 쫓겨나, 기껏해야 제목으로 그림 아래 붙는 처지가 된다.

중세의 장인들은 문자도 조형적 요소로 취급하곤 했다. 텍스트를 일종의 이미지로 간주한 것이다. 가령 698년경에 제작된 '린디스파른의 책'을 보라.[14] 그리스도의 약자(Xp)가 섬세하고 정교한 문양으로 화려하게 장식되어 있다. 중세의 필경사들은 특히 문장의 이니셜을 멋진 문양으로 형상화하곤 했다. 이렇게 문자를 조형적 요소로 만드는 전통은 르네상스 이후 사라졌다가 20세기에 비로소 부활한다. 시 텍스트 전체를 이미지로 그렸던 파울 클레를 생각해보라.

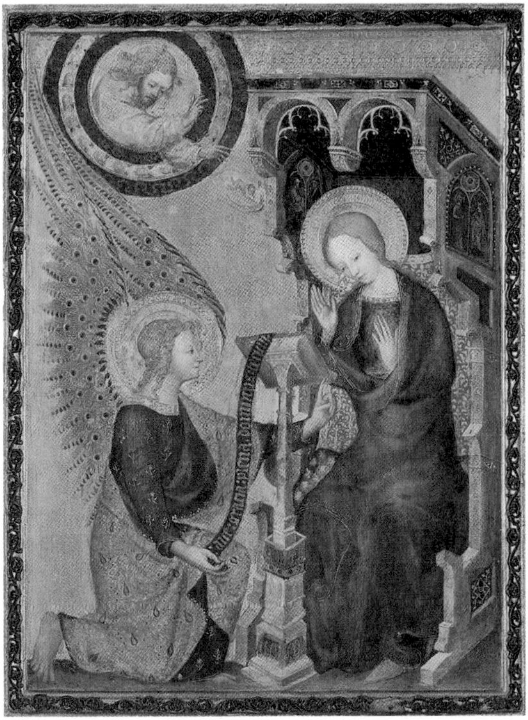

13
〈수태고지〉, 1375년경

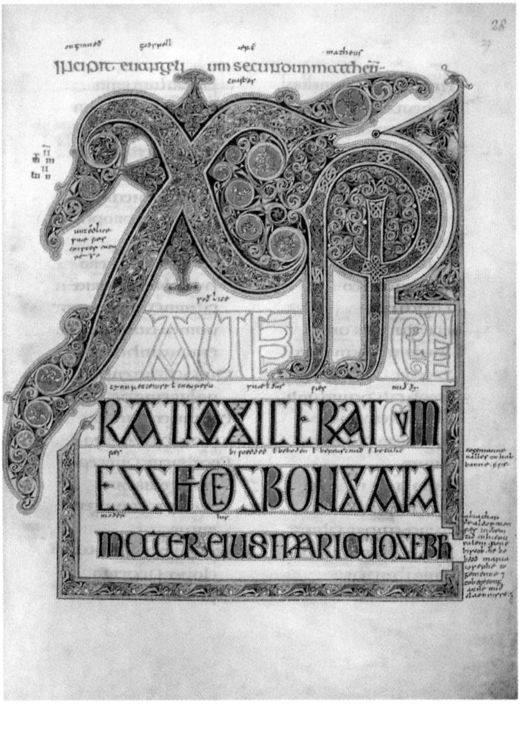

14
〈치로 페이지〉, 698년경

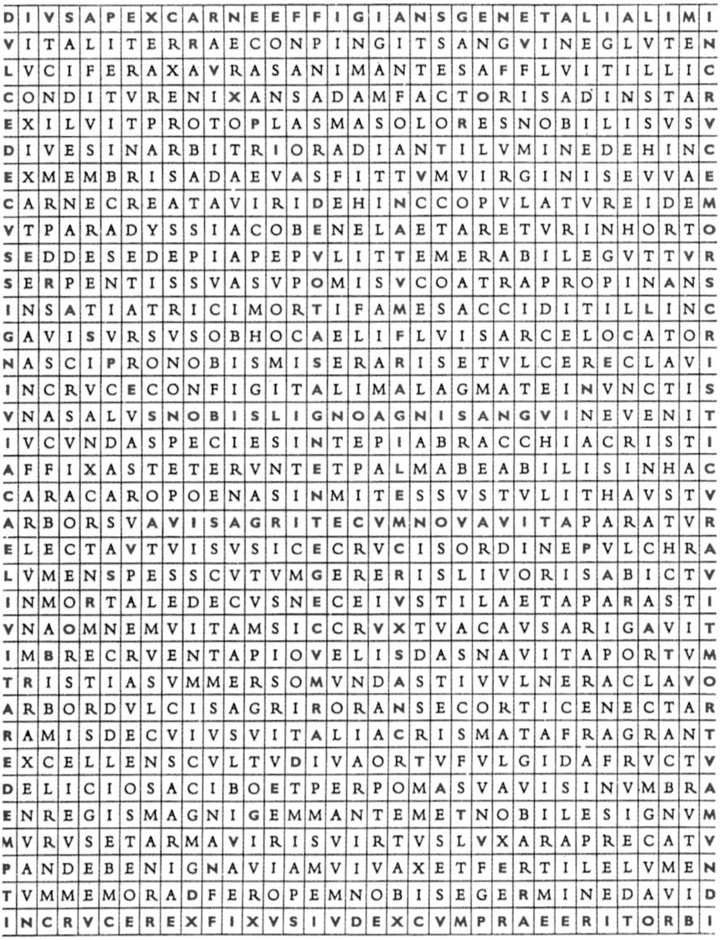

15
〈성스러운 십자가의 봉인〉 베나티우스 포르투나투스

중세인이 즐겼던 '아크로스틱(acrostic)' 도 텍스트의 형상화와 관련이 있다. 아크로스틱은 — 가령 우리의 삼행시처럼 — 각 문장의 첫 문자를 세로로 읽으면 다른 텍스트가 나타나는 형상시다. 원래 텍스트는 선형적으로 읽고, 이미지는 공간적으로 보는 것이다. 하지만 아크로스틱은 선형적 텍스트를 공간적으로 읽을 것을 요구한다. 이렇게 이미지를 '보는' 방식으로 텍스트를 '읽으면', 거기서 불현듯 감추어져 있던 새로운 텍스트가 출현한다. 이는 물론 보이는 것 속에 은밀하게 의미를 감추어놓았던 중세의 취향과 딱 맞아떨어진다.

베나티우스 포르투나투스(Venatius Fortunatus, 530~609)의 아크로스틱이다.[15] 일상적인 방향으로 읽으면 그리스도에게 바치는 송시가 나타난다. "진흙의 육체에 피조물을 만드시는 신적 영예가……." 이제 시선을 굵게 인쇄된 부분을 따라 옮겨보라. 라틴 십자가 형상이 나타날 게다. 십자가를 이루는 낱말들을 특정한 방향으로 읽으면 거기서 또 다른 텍스트가 출현한다. "기호의 달콤한 영예여, 오 하늘의 길이여, 구원받은 자의 생명이여……." 시는 십자가가 되었다가 다시 시로 돌아간다. 텍스트는 이미지로 변했다가 다시 텍스트로 돌아간다.

실재와 환상

과연 중세의 장인들이 가시적 세계 너머의 초월적 세계를 말하는 신비주의 철학을 이해할 수 있었을까? 우리가 아는 한, 중세의 장인들은 지적 교양 수준이 그리 높지 않았다. 저급한 육체노동을 하는 기능공으로 여겨졌던 그들은 고상한 정신노동을 담당한 신학자들의 주문과 지

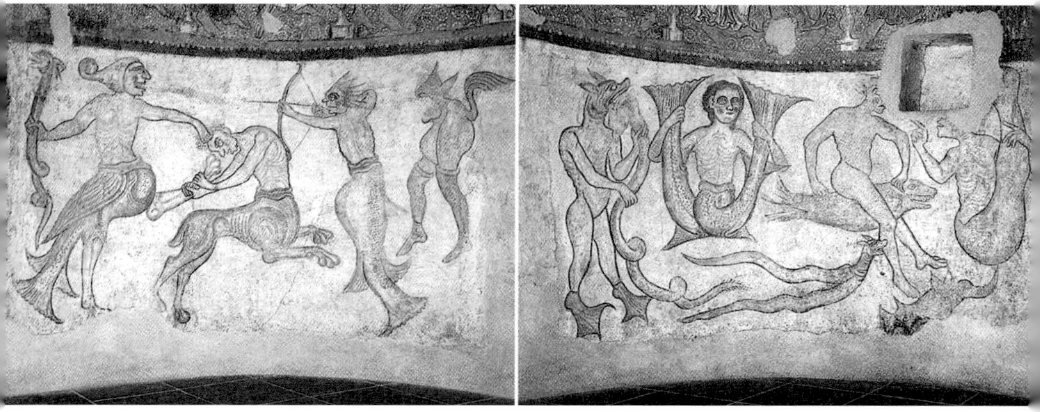

16, 17 〈동물과 새들〉, 1071년

시에 따라 물건을 제작하여 납품했을 뿐이다. 때문에 작품의 재료가 뿜어내는 색과 빛의 감각적 효과에 매료됐을지는 모르나, 그 너머의 초감각적 신학까지 이해했을 것 같지는 않다.

그렇다고 중세의 장인들이 자신의 창의력을 발휘할 여지가 전혀 없었던 것은 아니다. 교회에서 관심을 갖지 않는 곳에서는 장인들에게 폭넓은 상상력의 자유가 허용됐기 때문이다. 거기서 우리는 교회의 공식적 교리와 구별되는 중세의 민중적 상상력을 만날 수 있다. 천사와 악마의 존재를 믿었던 중세인들은 유니콘과 드래곤의 실재를 믿었다. 그들은 우리처럼 실재와 상상 사이에 높은 벽을 쌓지 않았다. 그들의 생물도감에는 실재하는 동물과 상상 속의 동물이 뒤섞여 있었다.[16, 17]

우리는 성 베르나르가 므와삭 수도원 기둥에 기괴한 생물들을 새겨 넣은 것을 비난한 것을 안다. 하지만 신학자들의 불평이 장인들의 환상의 자유까지 막지는 못했다. 우리가 초현실주의의 선구라고 놀라워하는 히에로니무스 보슈의 환상적 세계는 실은 몇백 년 앞선 현상이 아니라, 몇백 년 뒤늦은 로마네스크의 전통이다. 공식적 영역은 기독교라는 종교적 환상이, 비공식적 영역은 민중적 상상력이 낳은 세속적 환상이 지배했던 시대. 중세는 판타지의 시대였다. 그때에 현실은 환상과 뒤섞여 있었다.

실재란 무엇인가

어떤 의미에서 '실재(reality)'란 합의된 세계인지도 모른다. 우리에게는 눈에 보이는 세계가 유일한 실재지만, 중세에 그것은 유일한 실재도, 중요한 실재도 아니었다. 중세에 '합의된' 진정한 실재는 감각 너머에 존재하는 초월적인 세계였기에, 가시적 세계를 보이는 대로 재현하는 것은 별 의미가 없었다. 이는 현대 예술이 처한 상황을 닮았다. 카메라의 등장 이후 현대 예술에서도 재현은 의미를 잃었기 때문이다. 미술사가 아순토는 여기서 중세 예술과 현대 예술 사이의 평행선을 본다.

실제로 둘은 닮았다. 가령 중세 예술이 가시적인 것을 넘어 비가시적 세계를 드러내려 했다면, 현대 회화 역시 '가시적인 것을 재현하는 게 아니라 비가시적인 것을 가시화'(파울 클레)하려 한다. 중세 예술이 가장 중요한 의미를 형식(빛과 색)에 담아 전달했다면, 현대 예술에서도 '내용은 형식 속에 침전'(아도르노)된다. 르네상스 이후 고전 예술의 창작 과정이 '내용+형식'이었다면, 고전 예술 이전의 중세 예술과 고전 예술 이후의 현대 예술에서는 창작이 '재료+처리'의 과정으로 이루어진다.

그뿐인가? 중세의 색채 효과는 현대의 표현주의를 닮았고, 중세 디자인의 기하학적 프레임은 현대의 추상에 가깝다. 형과 색에 상징적 의미를 결부시키는 것은 칸딘스키를 닮았고, 한 공간에 이미지와 텍스트를 병치시키는 것은 파울 클레를 닮았다. 사물이자 기호였던 중세의 공예품은 다다의 레디메이드를 연상시켰고, 아직 원근법을 몰랐던 중세의 회화는 다(多)시점의 큐비즘을 실천했다. 또 장인들의 민중적 상상력은 현대의 초현실주의처럼 실재와 상상의 경계를 자유로이 넘나들었다.

중세의 가을

"이 세상에 가시적인 방법으로 행해지는 모든 것은 악마의 일일 수도 있다." 성 아우구스티누스의 말이다. 중세인들이 가시적 세계의 재현에 관심을 갖지 않았던 것은 이 때문이다. 그들의 눈은 감각적 세계 너머의 초월적 의미에 가 있었다. "신에게서 의미 없는 것이란 아무것도 없다." 그리하여 중세의 장인은 모든 피조물 속에 감추어진 상징적 의미를 찾아 드러내려 했다. 하지만 중세가 저물어가면서 현실에 대한 관념도 바뀐다. 마르틴 루터는 이렇게 일갈한다.

> 이 우의적 연구들은 할 일 없는 사람들이나 하는 짓이다. 여러분은 내가 아무 피조물에 대해서나 알레고리의 유희를 해대지 못하리라 생각하는가? 알레고리를 못할 만큼 재치 없는 사람이 누가 있겠는가?
>
> — 요한 하위징아, 《중세의 가을》, 260쪽

이 종교 개혁가는 '실재'에 대해 중세의 신학자들과는 완전히 다른 관념을 갖고 있었다. 중세에 세계는 두 겹(내세+현세)으로 이루어져 있었다. 하지만 루터는 더 이상 알레고리로 지시되는 초월적 층위를 인정하지 않았다. 세계는 한 겹으로 돌아온다. 사람들은 서서히 감각적인 현세가 유일한 세계라 믿게 된다. 이에 따라 사물을 초월적 의미와 연결시켰던 중세의 상징적 사유가 물러가고, 그 자리에 사물과 사물의 현실적 연관을 찾는 근대의 인과적 사유가 들어서게 된다.

초월적 층위가 사라지자, 그것을 상징하던 빛나는 재료도 필요 없게 된다. 르네상스의 저자 알베르티는 화가들에게 색과 빛의 효과를 내는 데 값비싼 재료 대신에 물감을 사용하라고 권한다. 이로써 사물과 기호는 분리된다. 이미지와 텍스트 역시 분리되어, 화폭에서 쫓겨난 텍스트는 밖으로 나가 제목이 된다. 실재와 환상도 분리된다. 토마스 아퀴나스는 이미 장인들에게 "신이 창조하신 질서대로 그려라."라고 요구한 바 있다. 판타지의 여름은 이렇게 저물어갔다.

3

'부활' 이라는 어원에서 짐작할 수 있듯이, 르네상스 시대에 서구인의 미감은 고대 그리스 취향으로 돌아간다. 미에 대한 실질적 정의가 형식적 정의로 바뀐 것이다. 아름다움은 다시 형태로 거처를 옮긴다. 이 미감은, 바로크 시대에 약간의 저항을 받지만, 그 후 수백 년 동안 서구 미술의 대(大)이론으로 군림하게 된다.

형식에만 국한된 변화가 아니다. 내용의 측면에서도 르네상스의 예술은 중세와는 현저히 다른 면모를 보여준다. 신에 대한 관심은 이제 서서히 인간에 대한 관심으로 바뀌어 간다. 이에 따라 중세 이래로 내려오는 성서와 별도로 그리스-로마 신화라는 이교적 내용이 회화의 주제로 전면에 나타난다.

이 장에서는 레온 바티스타 알베르티의 저서를 토대로 중세에서 르네상스로 넘어가는 시기에 서구 미술에 구체적으로 어떤 변화가 일어났는지 살펴보게 된다. 특히 알베르티가 중세적 이미지 제작의 관행을 비판하면서 중세의 미론을 어떻게 하나하나 무너뜨려 나가는지에 주목하라.

■ 참고문헌

Leon Battista Alberti, *De pictura*, 1435.
레온 바티스타 알베르티, 노성두 옮김,《알베르티의 회화론》, 사계절, 1998.

자연을 내다보는 창문

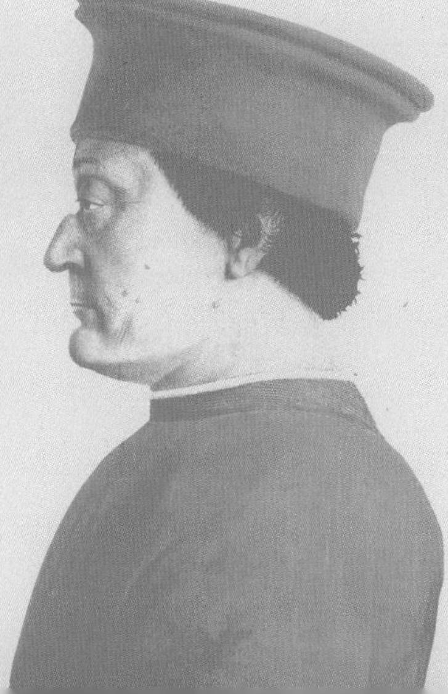

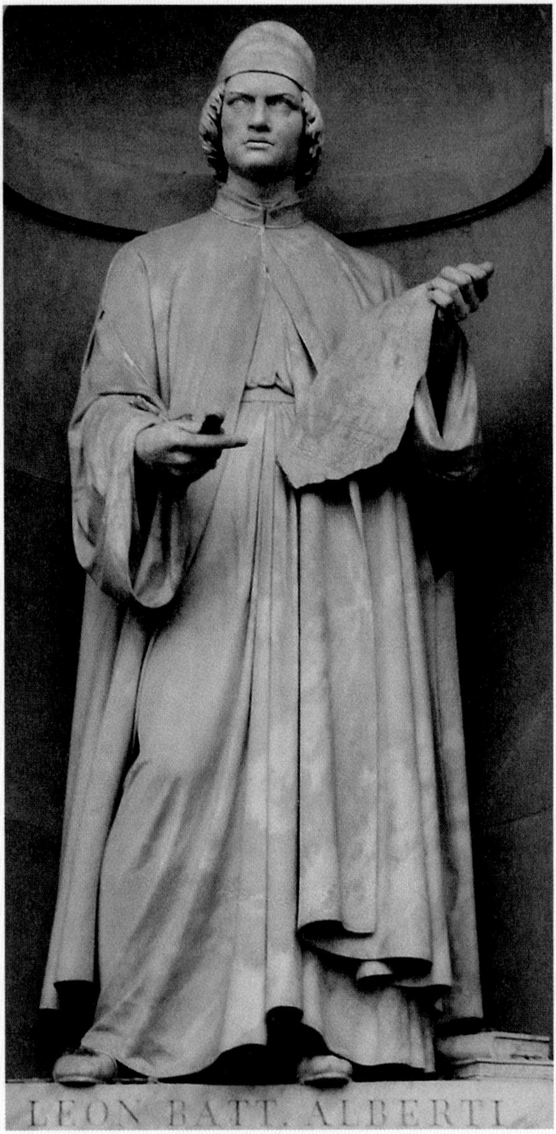

1
레온 바티스타 알베르티

중세에 예술은 그저 기예일 뿐이었다. 예를 들어 중세의 장인들이 형을 만드는 데 적용한 기하학적 프레임은 우주론적-형이상학적 비례론의 산물이 아니라, 그저 '쉽게 작업을 하기 위한' 실용적 수단에 불과했다. 그들이 연출한 화려한 색채 효과 역시 빛의 신학에 대한 이론적 이해에서 나왔다기보다는 그저 주문자의 요구를 만족시켜야 한다는 현실적 필요에서 비롯된 것에 더 가깝다.

지적 교양이 없었던 중세의 장인들은 이론이 아니라 관습에 따랐다. 르네상스에 들어오면 상황이 달라진다. 지적 교양을 갖춘 화가들은 이제 자신들의 작업에 이론적 표현을 주려고 한다. 알베르티(Leon Battista Alberti, 1404~1472)의 《회화론》은 이 새로운 정신적 분위기를 보여주는 예다.[1] 창작을 이론으로 뒷받침하려는 화가들의 노력에 힘입어 예술은 비로소 정신노동으로 인정받는다. 마침내 예술이 자유학예의 반열에 오르게 된 것이다.

기능공에 불과했던 장인들이 어느새 교양인으로 부상한다. 시인들은 이 사태가 영 마뜩지 않았던 모양이다. 그들은 회화를 낮잡아 부르기 위해 즐겨 시모니데스를 인용했다. 이 고대의 저자는 시를 '말하는 회화', 회화를 '말없는 시'라고 부른 바 있다. 한마디로 말을 못하는 회화가 시를 따라올 수는 없다는 이야기다. 그러자 발끈한 레오나르도 다 빈치, 거기에 이렇게 대꾸했다고 한다.

> 당신네 시인들이 그림을 말 못하는 시라고 한다면, 화가도 충분히 시를 눈먼 그림이라 칭할 수 있다. 그렇다면 그 둘 중 어느 것이 더 큰 결함인가 생각해보라. 눈이 먼 것이냐? 말을 못하는 것이냐?

날개 달린 눈

대영박물관에는 알베르티의 메달이 소장되어 있다. 메달의 앞면에는 그의 프로필이, 뒷면에는 그의 가문의 엠블렘이 새겨져 있다.[2] '날개 달린 눈.' 도대체 무엇을 의미하는 것일까? 어디선가 알베르티는 이렇게 말했다고 한다. "고대인들은 신을 전체와 개별을 두루 보는 눈에 비유했다. 우리 역시 신은 어느 곳에나 존재하시고, 그 앞에서는 우리의 모든 행위와 생각을 감출 수 없다고 믿는다. 그러므로 우리는 늘 깨어서 살펴야 할 의무가 있다."

이것으로 보아 '날개 달린 눈'은 신의 눈을 가리키는 듯하다. 하지만 알베르티가 말하는 '신'은 기독교의 신으로 보이지 않는다. 그가 '고대인들'이라고 부른 것은 중세인이 아니라 아마도 그리스인들일 것이다. 그의 《회화론》 세 권을 통틀어 기독교적 제재가 예로 등장하는 경우는 전혀 없다. 르네상스 시대에도 여전히 회화의 주류가 종교화였

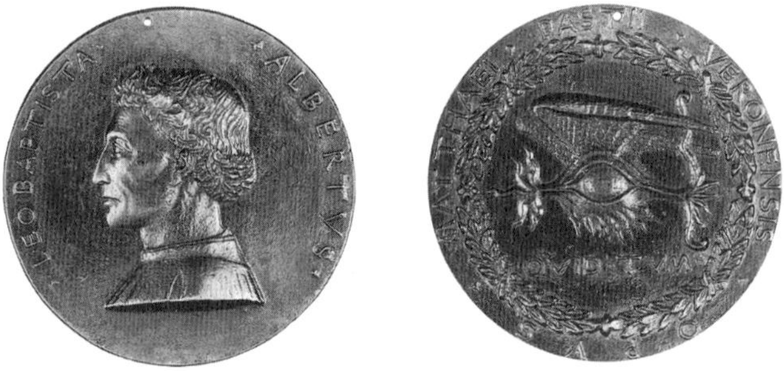

2
알베르티의 메달 '날개 달린 눈', 1446~1450년

다는 점을 생각하면, 그가 얼마나 철저히 중세와 단절하려 했는지 짐작할 수 있다.

중세인과 달리 고대인은 인간이 신이 될 수 있다고 믿었다. 올림포스 산정에서 신들과 더불어 세계를 영원한 모습 아래 내려다보는 것이 그들의 이상이었다. 르네상스는 이 고대적 믿음의 부활인지도 모른다. 사물을 '영원의 상 아래에서' 본다는 스피노자의 합리주의적 인식론은 곧 세계를 신의 눈으로 바라본다는 뜻이다. 그렇다면 저 날개 달린 눈이야말로 '신의 눈'이 된 '인간의 눈'이 아닐까?

알베르티의 눈

인물을 잘 그리는 사람이 있는가 하면, 풍경을 잘 그리는 사람이 있다. 하지만 종류에 상관없이 '모든' 대상에 적용되는 '보편적' 시각은 없을까? 같은 대상을 그려도 잘 그리는 사람이 있는가 하면, 못 그리는 사람도 있다. 하지만 화가 개개인의 주관적 능력을 떠나, 사물을 정확히 재현하는 '객관적' 시각은 없을까? 만약 그런 보편적이면서 객관적인 시각이 있다면, 그것이야말로 사물을 '영원의 상 아래에서' 보는 신의 눈에 가까울 것이다.

알베르티는《회화론》1권에서 대상과 주체의 우연한 차이에 상관없이 보편적이며 객관적인 재현을 가능하게 해주는 필연적 원리를 소개한다.

눈과 화면 사이를 잇는 시선의 가닥들은 눈 깜짝할 정도로 짧은 순간에

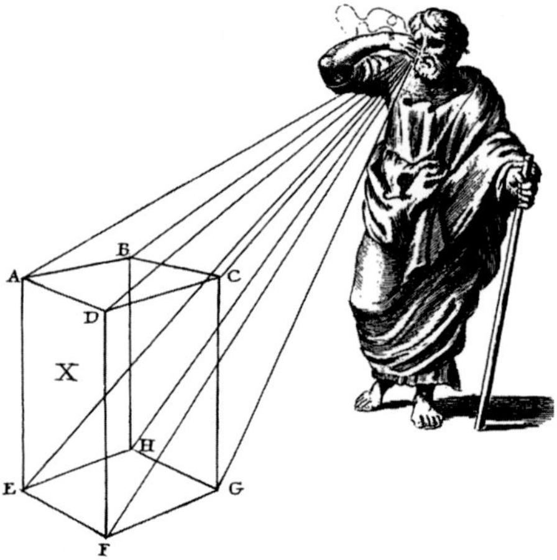

3 시각 피라미드의 묘사, 뒤브뢰유

제 힘으로, 그리고 신비로울 만큼 정교하게 모입니다. 시선은 공기라든지 얇고 투명한 물체쯤은 그대로 관통해서 달려가다가, 어떤 두껍고 불투명한 물체에 부딪히면 점을 찍고, 찍어둔 표시에 가서 달라붙습니다.

거미줄처럼 눈에서 뻗어나간 시선의 가닥들이 묘사 대상에 들러붙으면 대상과 눈 사이에 원추형의 모양이 생긴다. 이를 '시각 피라미드'라고 부른다.[3] 이 피라미드를 중간에서 절단하면 대상의 윤곽이 얻어진다. 물론 그 윤곽은 대상에 가까울수록 커지고, 눈에 가까울수록 작아질 것이다. 이로써 시각적 재현의 광학적 원리가 밝혀졌다. 알베르티는 여기서 곧바로 회화의 정의를 끄집어낸다.

> 회화란 주어진 거리, 주어진 시점, 주어진 조명 밑에서 시각 피라미드의 횡단면으로 구성된 평면 위에서 선과 색을 사용해서 이루어진 예술적 재현입니다.

"시각 피라미드의 횡단면을 취하라. 그러면 제 아무리 복잡한 대상이라도 재현할 수 있다." 이는 사실 카메라가 작동하는 기계적 원리와 크게 다르지 않다. 시각적 재현의 광학적 원리가 밝혀진 이상, 세상의 그 어떤 것도 묘사하지 못할 이유가 없다. 여기서 다시 알베르티의 문장으로 돌아가 보자. 날개 달린 알베르티의 눈이 마치 이렇게 말하는 것 같지 않은가? '나는 세상의 어디로든 날아다니며 시선의 가닥을 뻗어 그 어떤 대상이라도 포획할 수 있다.'

알베르티의 그리드

카메라는 대상과 주체를 차별하지 않는다. 누가 찍어도, 어느 대상을 찍어도 늘 정확한 재현을 제공한다. 그런 의미에서 카메라의 시각은 보편적이며 객관적이다. 사진기는 카메라 옵스쿠라의 영상을 평면에 정착시키는 순간에 탄생한다. 르네상스의 회화 역시 시각 피라미드의 횡단면을 화폭에 정착시켜야 했다. 하지만 시각 피라미드는 사실 그저 가정일 뿐이고, 그것의 횡단면 역시 아직 가상으로 존재할 뿐이다. 어떻게 그것을 현실의 화폭에 정착시킬 것인가?

여기서 알베르티는 '감쪽같은 비결'을 제시한다. "윤곽선을 그리는 문제라면 감쪽같은 비결이 하나 있습니다. 친구들 사이에서 내가 횡단

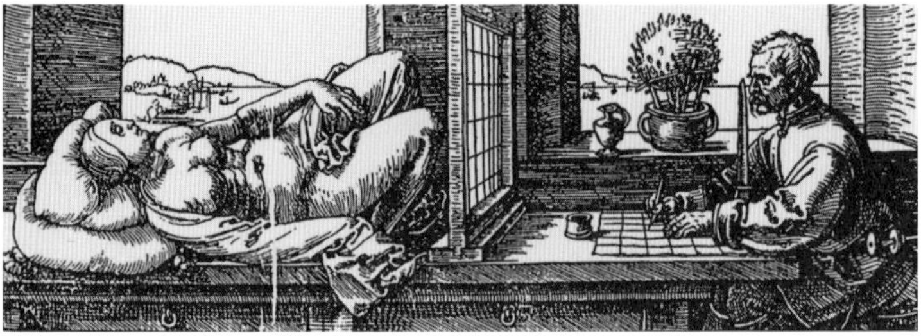

4
〈원근법의 증명〉 알브레히트 뒤러, 1525년

면이라 이름 붙인 그물 망사가 그것인데, (윤곽선을 그리는 데) 더없이 요긴한 도구입니다." 이 그물 망사를 흔히 '알베르티의 그리드'라고 부른다. 실제로 화가들이 그것을 사용하는 모습을 우리는 독일 르네상스의 거장 알브레히트 뒤러의 유명한 판화 속에서 볼 수 있다.[4]

뒤러의 또 다른 판화는 시각 피라미드의 횡단면을 취하는 더 기계적인 방법을 소개한다. 탁자 위에 놓인 것은 '류트'라는 이름의 악기. 오른쪽 벽에 박힌 못이 바로 화가의 시점이고, 거기에 묶인 실은 화가의 시선이다. 실 끝에 달린 막대기로 류트의 윤곽을 더듬으면, 네모난 액자 속의 공간에서 실의 움직임이 그 위치에서 본 류트의 모습을 그릴 것이다. 문제는 물론 액자 안의 공간에서 실의 움직임을 어떻게 잡아내느냐 하는 것일 게다.[5, 6, 7]

그림에서는 잘 안 보이지만, 사실 저 액자 안에는 각각 좌우와 상하로 움직일 수 있는 두 개의 끈이 달려 있다. 이 두 개의 끈을 실이 액자를 통과하는 데까지 움직여 그 지점을 좌표로 잡아내는 것이다. x축과

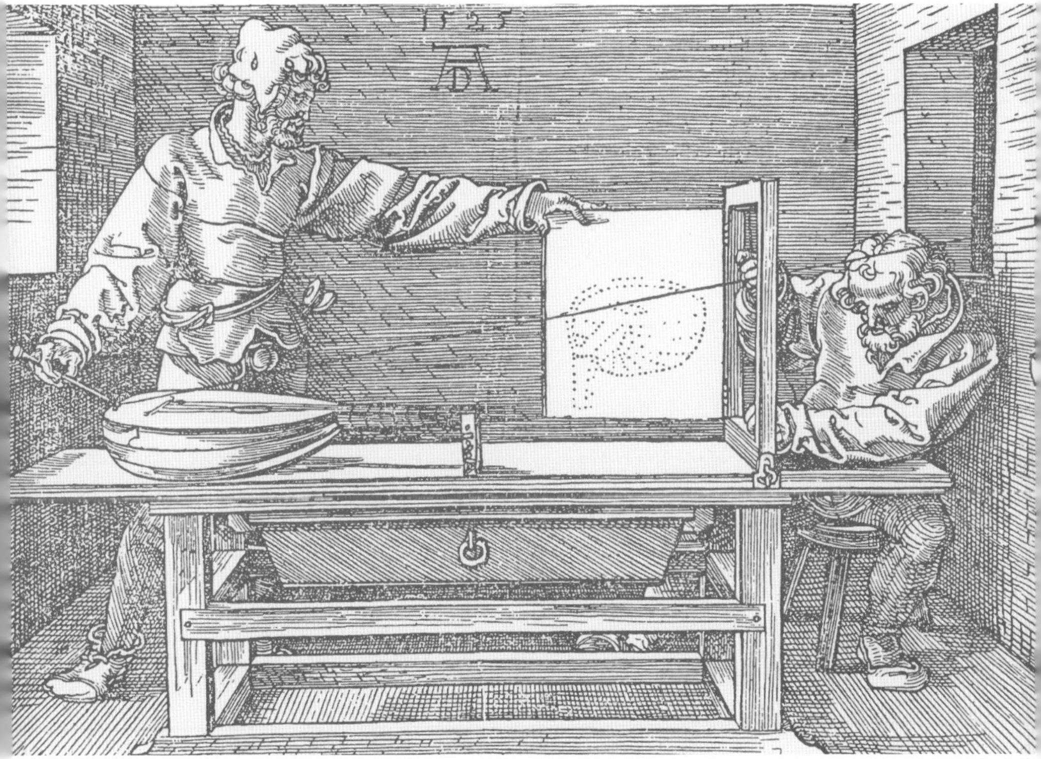

5
〈원근법의 증명〉 알브레히트 뒤러, 1525년

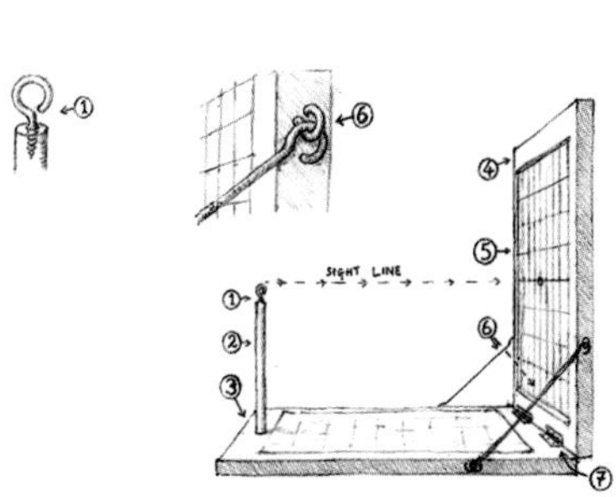

6

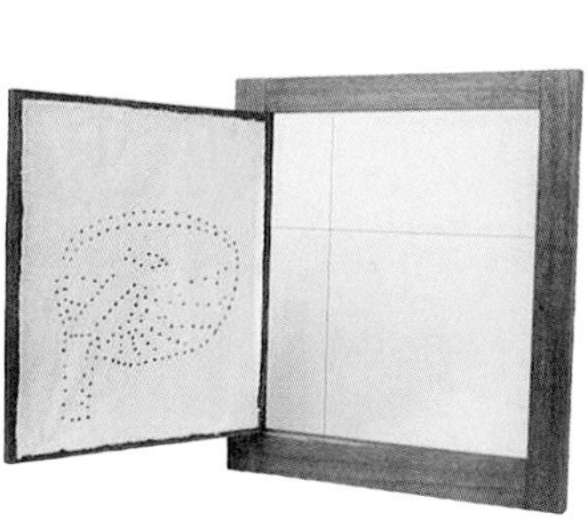

7

y축의 교차점이 바로 실이 액자를 통과하는 지점이다. 그 지점의 좌표가 확보되면, 옆에 달린 화폭을 갖다대고 거기에 점을 찍는다. 이렇게 계속 해나가면, 그렇게 얻어진 점들의 집합이 그 지점에서 본 류트의 모습을 그려낼 것이다.

올바른 구성

이로써 대상의 윤곽을 그리는 방법이 완성됐다. 하지만 르네상스 회화의 특성은 객관적 비례에 따라 그저 대상을 눈에 보이는 대로 묘사하는 데 그치지 않았다. 르네상스의 가장 위대한 기획은 대상만이 아니라 그것을 감싸는 공간 전체를 재현하는 데 있었다. 중세에 화폭은 2차원적 구성의 평면이었지만, 르네상스 시대에 화폭은 3차원적 공간의 환영이었다. 알베르티는 화폭을 '열린 창'으로 상상하라고 말한다.

초기 르네상스 화가들은 원근법에 대한 정확한 지식이 없었다. 그들 역시 경험을 통해 사물이 떨어져 있을수록 작아 보인다는 것을 알았지만, 거리와 크기의 비례에 대한 이론적 이해가 없었기에 화폭에 원근감을 주기 위해서 독특한 방법을 사용했다. 즉 화폭의 아래에 횡선을 긋고 그것을 3등분한 다음, 그 위로 두 칸에 해당하는 거리에 또 다른 횡선을 긋고, 그것을 다시 3등분하여 두 칸을 위로 올리기를 반복하는 것이다. 이렇게 하면 어느 정도 화면에 원근감이 생긴다.[8]

하지만 이 경우 맨 위의 수평선이 화가의 시점의 높이와 일치하지 않게 된다. 반면 공간에 배치될 인물은 화가의 눈높이에 따라 그려질 것이므로, 인물과 배경의 시점이 달라지는 문제가 생긴다. 그렇게 그림을

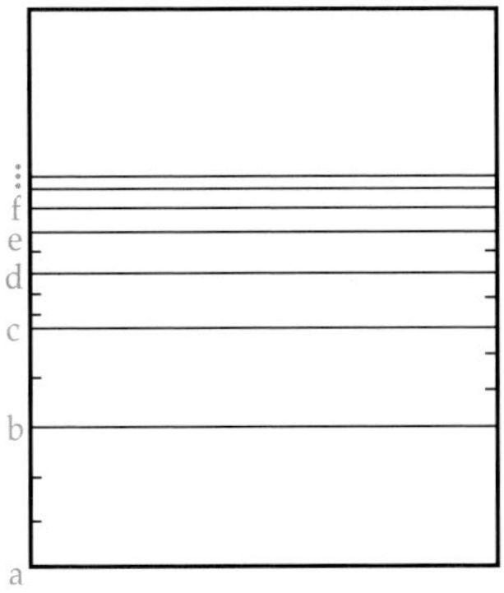

8

그릴 경우, 아마도 아이들이 좋아하는 스티커 북처럼 인물과 공간이 따로 노는 듯한 느낌을 줄 것이다. 게다가 횡선들 사이의 거리가 단축되는 비율도 정확하다는 보장이 없다. 그리하여 알베르티는 자신이 '올바른 구축'이라 부른 새로운 원근법을 소개한다.

사실을 말하면, '올바른 구축'에 대한 알베르티의 설명은 그다지 명확하지 않아 크게 세 가지 상이한 해석이 존재한다. 그 중에서 파노프스키의 설명에 따르면, 올바른 구축은 다음과 같은 방식으로 만들어진다. 먼저 화면에서 시각 피라미드의 정점에 대응하는 중심점을 정하고, 그로부터 같은 간격으로 늘어선 밑변의 점들(a, b, c, d, e, f)까지 직선을 연결한다. 여기에 횡선을 그어야 하는데, 문제는 그 횡선들의 간격을 어떤 비율로 단축해나가느냐 하는 것이다.

그림 11은 그 비율을 얻는 방법을 보여준다. 동일한 길이의 바닥 타일(g, h, i, k, l)이 화면(=시각 피라미드의 횡단면) 위에서는 위로 갈수록

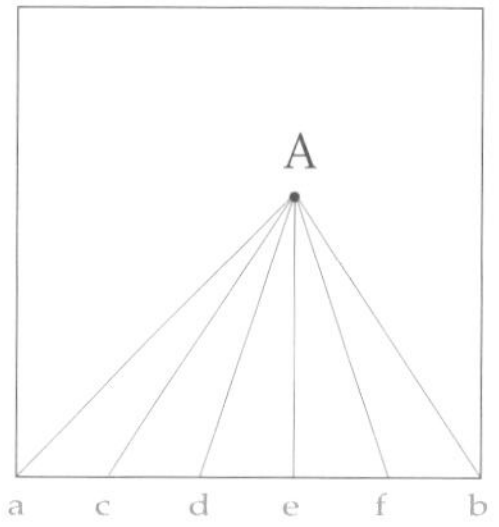

9

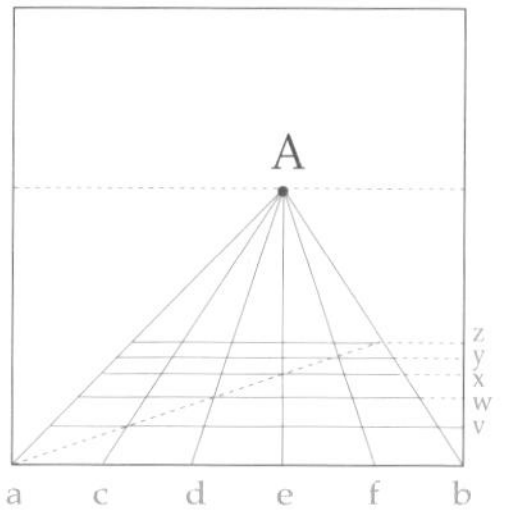

10

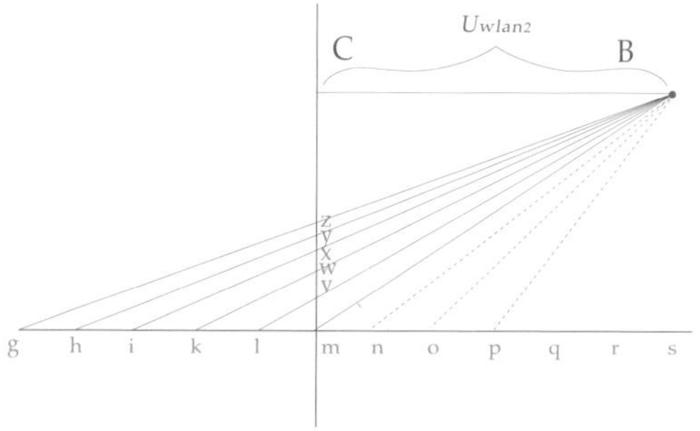

11

좁아지는 횡선(v, w, x, y, z)으로 나타날 것이다. 그림 10은 그렇게 얻어진 '올바른 구축'의 모습을 보여준다. 구축이 올바로 되었는지 알아보기 위해, 알베르티는 사각형의 대각선들을 잇는 직선을 하나 그어보라고 권한다. 그것들이 하나의 직선으로 꿰어진다면 올바르게 구축된 것이다.[9, 10, 11]

신적인 힘

중세 예술이 초월적 세계를 가시화하려 했다면, 르네상스 '화가의 임무'는 가시적 세계를 재현하는 데 있었다. 알베르티에 따르면, 화가는 '평면적으로 관찰한 어떤 물체를 화면이나 벽면 위에 선으로 그리고 색을 입혀야' 하는데, 그렇게 그려진 물체는 '얼마간의 거리를 두고 적당한 시점에서 보았을 때 마치 부조처럼 돌출하여 실물을 방불케' 해야 한다. 이런 묘사에는 놀라운 힘이 깃들어 있다.

> 회화는 멀리 떨어져 있어서 볼 수 없는 사람들을 우리 눈앞에 데려다주고, 이미 몇백 년 전에 세상을 떠난 사람들일지라도 마치 살아 있는 사람의 모습처럼 생생하게 보여주는 신적 능력을 가지고 있습니다.

이 원격현전(tele-presence)의 능력을 알베르티는 '신적인 힘'이라고 부른다. 이 힘이 무서운 사람도 더러 있었던 모양이다. 가령 알렉산드로스 대왕의 장수인 카산드로스는 대왕의 초상 앞에서 온몸을 사시나무처럼 떨었고, 자신의 외모가 마음에 들지 않았던 케다모니아의 아게실라오스는 후세인들이 자신을 알아보지 못하도록 제 얼굴을 그리거나 새기지 못하게 했다.

여기서 알 수 있는 것은 르네상스의 화가들이 회화의 본질을 환영 효과에서 찾았다는 점이다. 이는 회화의 기원에 대한 그들의 관념에서도 드러난다. 알베르티는 '꽃으로 변신한 것으로 알려진 그 유명한 나르키소스가 실은 회화를 발명한 장본인'이라고 말한다.[12]

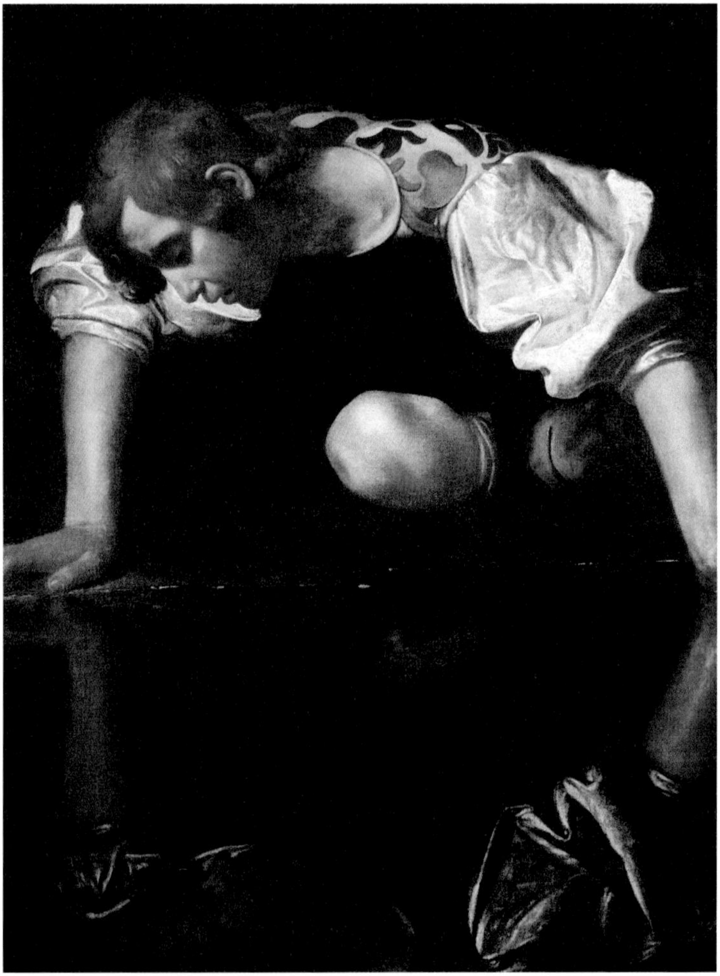

12
〈나르키소스〉 미켈란젤로 다 카라바조, 1599~1600년

연못의 수면 위에 비친 자신의 그림자를 예술의 힘으로 끌어안으려고 하는 것이야말로 바로 회화가 아니겠습니까?

알베르티는 퀸틸리아누스를 인용해 또 다른 전설을 소개한다. 고대의 화가들은 햇빛이 만드는 그림자의 윤곽선을 그리곤 했는데, 그게 회화의 기원이 되었다는 것이다.[13] 여기서 우리는 르네상스의 화가들이 회화의 본질을 무엇보다 '윤곽'에서 찾았음을 알 수 있다.

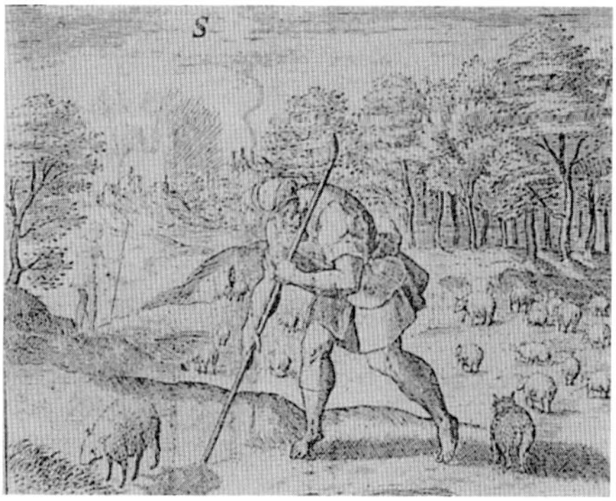

13 〈회화의 발명자〉 게라르트 데 요데, 1579년

윤곽선이 제대로 된 경우, 다시 말해 소묘가 올바르게 되었다면, 그것 하나만 가지고도 썩 잘 된 그림이라고 할 수 있습니다. 그러므로 윤곽선 그리기에 제일 많이 노력을 기울여야 합니다.

물에 비친 영상이나 햇빛으로 생긴 그림자를 모범으로 삼는 데서 볼 수 있듯이, 르네상스의 회화는 형의 제작에 '객관적 비례'를 적용했다. 기하학적 프레임에서 출발하는 중세의 제작적 비례로는 실물을 방불케 하는 사실적 묘사를 하는 게 불가능하다. 그리하여 르네상스의 화가들은 생생한 환영 효과를 위해 다시 고대의 객관적 비례로 돌아간다.

물감에서 나오는 빛

"소묘가 올바르게 되었다면, 그것 하나만 가지고도 썩 잘 된 그림이라 할 수 있습니다." 회화의 아름다움은 결국 윤곽(형태)에서 비롯된다는 것을 의미한다. 여기서 미의 관념은 중세의 실질적 정의에서 고대의 형식적 정의로 돌아간다. 중세의 장인들은 찬란한 빛과 색의 효과를 위해 값비싼 재료를 사용했다. 르네상스에 들어와 생긴 가장 큰 변화 가운데 하나는 재료 미학의 포기다.

> 상아나 은을 두고 백색이라고 합니다. 그렇지만 눈이나 백조의 순백색에 비하면 어쩐지 우중충해 보입니다. 그러므로 (어두운 것 옆에서) 밝아 보이고 (밝은 것 옆에서) 어두워 보이는 사물들의 성질과 유사하게 흑과 백의 적절한 배합을 구사한다면, 눈부시게 빛나는 광채라도 그리지 못할 이유가 없습니다.

중세의 장인들은 빛의 효과를 내는 데 실제로 빛을 사용했지만, 알베르티는 화가들에게 빛의 효과를 연출하는 데 물감을 사용하라고 권한다. 훌륭한 화가라면 금을 묘사할 때도 실제의 금이 아니라 물감만 사용해야 한다.

> 그림을 그리는 데 금을 많이 사용하면 영광스러운 작품을 만들 수 있지 않을까 기대하는 사람이 있습니다. 천만의 말씀입니다. 베르길리우스가 서술한 디도를 그린다고 칩시다. 황금 화살통을 걸치고, 금실로 짠 머리띠로 금발의 머리카락을 질끈 묶고, 순금 허리띠를 진자색 옷 위에 두르고, 황금으로 장식된 말고삐에, 모든 것이 황금으로 덮여 있다고 할지라도, 나는 진짜 금을 발라서는 안 된다고 생각합니다.

알베르티는 '색을 사용해서 황금의 광채를 모방하는 화가들에게' 찬사를 보낸다. 재미있는 것은 금의 사용을 금지하는 이유이다.

> 금박으로 바탕을 칠한 그림들이 그래도 여전히 있습니다. 그런 그림들에서는 밝게 처리되어야 할 부분이 그늘져 보이고, 어두워야 좋을 부분들이 환하게 번쩍거리는 것을 봅니다.

한마디로 그림에 금을 사용하게 되면 실제로 눈에 보이는 것과는 다르게 보이게 된다는 이야기다. 중세의 예술은 번쩍이는 금으로 눈에 보이지 않는 초월적 세계의 빛을 상징하려 했다. 하지만 회화의 임무가 가시적 세계의 재현으로 바뀐 이상, 초월적 빛을 상징하던 금이 화면에 남을 이유도 사라진다. 물감으로 연출한 색채와 광휘는 초월이 아니라 세속에 속한다.

또 하나의 신

물감으로 빛과 금의 효과를 낼 때, 화폭의 내부는 철저히 시각적 가상이 된다. 그림 속의 빛과 금은 진짜가 아니라 물감에 불과하다. 이로써 실재와 가상, 사물과 기호는 철저히 분리된다. 하지만 알베르티가 금의 사용을 무조건 금했던 것은 아니다.

> 그림을 장식하는 (액자틀 같은) 수공에 있어서는, 예컨대 원주, 프로필이 새겨진 받침돌, 기둥머리, 파사드, 모티프 따위로 장식하는 데는, 설령 순금을 덩어리째 넣어도 이를 비난할 생각은 전혀 없습니다. 오히려 그 반대입니다. 완벽한 역사화는 진귀한 보석들을 주렁주렁 매달아서 치장할 만한 충분한 가치를 가지고 있다고 생각합니다.

화폭의 안은 철저히 가상이어야 하기에, 금을 사용한다면 그것은 화폭 밖으로 나가 장식이 되어야 한다. 여기서 중세의 관념은 뒤집어진다. 중세 예술의 가치가 주로 사용된 재료에서 나왔다면, 르네상스 예술의 가치는 예술가의 솜씨에서 나온다.

> 심지어 쇠 가운데 가장 천대받는 납 덩어리조차 그것이 피디아스나 프락시텔레스 같은 명장의 손길이 스친 것이라면 같은 무게의 은괴보다 더 비싸게 칠 수 있습니다.

이어서 알베르티는 제욱시스의 일화를 소개한다. 이 고대의 화가는

'작품이란 값을 매겨 팔 수 없는 것' 이라며 자기 작품을 다른 이들에게 거저 주었다고 한다. 이를 알베르티는 '화가는 흡사 전능한 신적인 존재나 다름없는데, 어떻게 그를 만족시킬 가격이 매겨질 수 있겠느냐는 의미' 로 푼다. 여기서 화가는 마침내 '전능한 신적인 존재' 가 된다. 이것이 중세의 신본주의와는 다른 르네상스의 휴머니즘이다.

회화예술에서 대가를 이루는 사람은 그가 남긴 작품이 찬탄의 대상이 될 뿐 아니라 화가 자신도 '또 하나의 신' 이라는 평판을 누리게 됩니다.

자연의 수정과 완성

오른쪽으로 제욱시스가 그린 그림 속의 포도를 향해 달려드는 새의 모습이 보인다. 정면으로는 그림의 막을 들추려다가 그게 파라시오스가 그린 그림이라는 사실을 알고 화들짝 놀라는 제욱시스의 모습이 보인다. 새의 눈을 속인 제욱시스와 그의 눈을 속인 파라시오스의 경쟁에 관한 전설은 회화가 가진 환영주의 효과를 말해준다.[14] 하지만 르네상스 회화의 환영주의가 그저 사물을 있는 그대로 그리는 것을 의미하는 것은 아니다.

알베르티는 화가라면 때로 자연을 수정할 필요가 있다고 말한다. 가령 '고대의 화가들은 애꾸눈 왕 안티고노스를 그릴 때 눈이 온전한 쪽 얼굴의 옆모습만 보이도록' 그렸다. 또 아테네의 정치가 페리클레스는 '두상이 기형적으로 길쭉했기 때문에 화가나 조각가가 그의 초상을 제작할 때는 한사코 투구를 쓴 모습으로 재현' 했다고 한다.[15] 피에로 델라

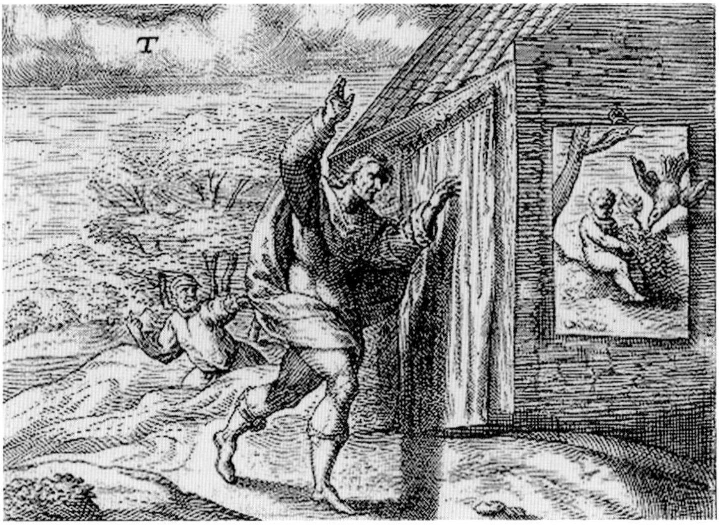

14
제욱시스와 파라시오스의 일화를 다룬 한 장면

프란체스카 역시 창술경기에서 한 눈을 잃은 몬테펠트로 공작을 그릴 때, 눈이 성한 쪽을 취해 초상을 프로필로 처리했다.[16]

회화는 실물을 방불케 하면서도 동시에 아름다워야 한다. 하지만 자연의 사물이 늘 아름답기만 한 것은 아니다. 그리하여 제욱시스는 크로톤에 헬레나 상을 만들 때 그 지방에서 가장 아름다운 다섯 명의 처녀를 뽑아, 그들의 신체 중에 가장 아름다운 부분만 골라서 하나의 인물을 지었다. 그로써 그는 회화를 현실의 그 어느 여인보다 아름다운 경지, 즉 이상미로 끌어올렸던 것이다.[17, 18]

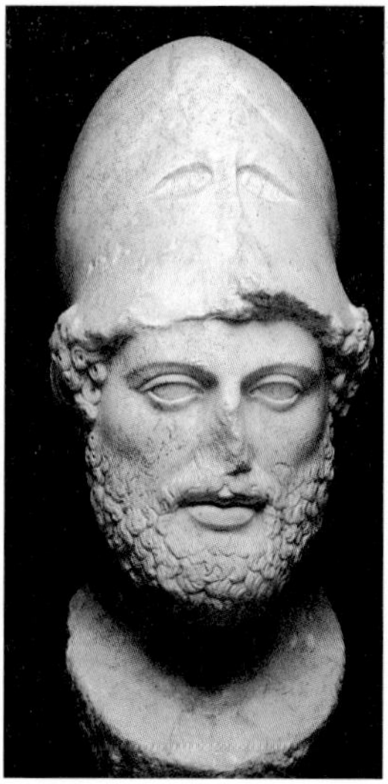

15
아테네의 정치가 페리클레스의 두상

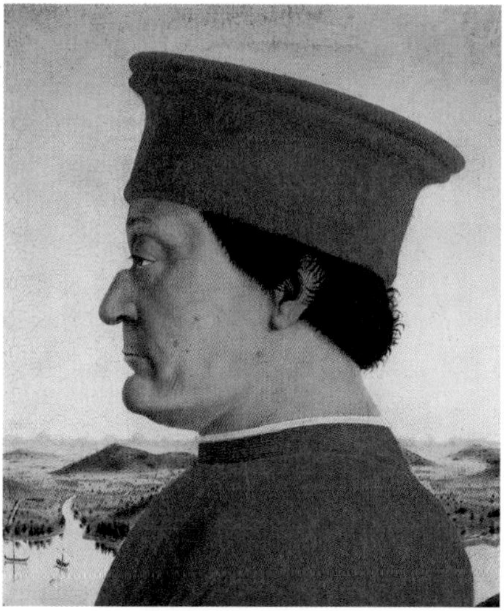

16
〈우르비노 최초의 공작 페드리고 다 몬테펠트로〉
피에로 델라 프란체스카, 1472년

이것이 바로 '아름다운 가상'이라는 고전 예술의 원칙이다. 실물을 방불케 하는 '가상'만으로는 충분하지 않다. 동시에 그것은 아름다워야 한다. 그런 의미에서 고전주의 미학은 모사의 생생함만 추구하는 자연주의와는 구별된다. 이미 고대에도 자연주의자가 있었던 모양이다.

> 고대의 조각가 데메트리오스는 아름답게 빚어내기보다는 재현하려는 대상을 있는 그대로 비슷하게 모방하는 일에만 골몰했기 때문에 최고의 찬사를 놓쳐버리고 말았다고 합니다.

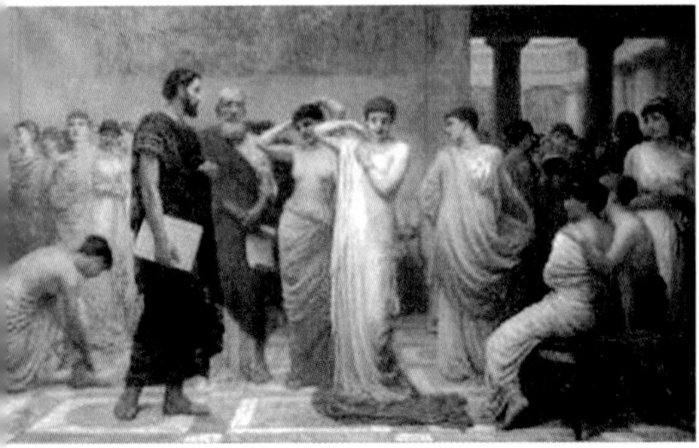

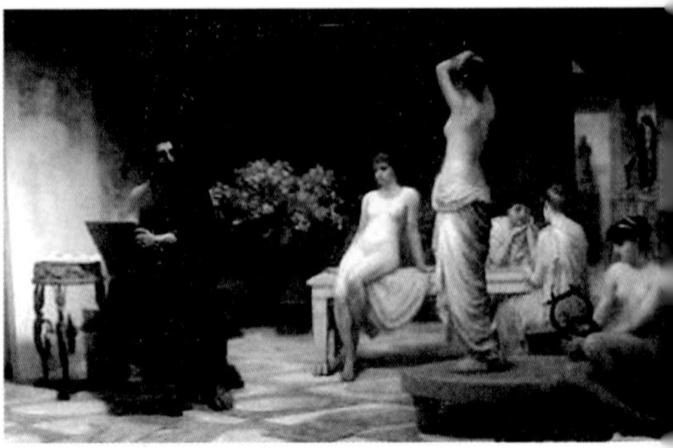

17, 18
다섯 명의 모델을 선발하는 제욱시스

최고의 작업

알베르티는 '화가가 실행하는 최고의 작업이 역사화'이며, 회화 속의 모든 구성은 '역사화의 줄거리를 가르쳐주는 한 가지 목적'에 봉사한다고 말한다. 여기서 '역사'라는 말은 'istoria'의 역어로, 좁은 의미의 역사(history)가 아니라 넓은 의미의 이야기(story)를 가리킨다. 한마디로 역사화란 이야기를 담은 그림이라는 뜻이다. 그 이야기란 성서나 신화, 또는 역사이다. 서양 회화의 제재는 대부분 이 세 가지로 이루어진다.

중세 예술도 성서에 나오는 이야기를 다루었지만, 거기서 가장 중요한 의미 작용은 내용이 아니라 형식을 통해서 이루어졌다. '재료+처리.' 이것이 중세적 창작의 공식이었다. 알베르티가 역사화를 '최고의 작업'으로 꼽은 것은, 회화를 성서나 신화, 역사와 같은 문학적 텍스트의 시각적 번역으로 이해한다는 뜻이다. 한마디로 르네상스의 창작은 내용+형식, 즉 문학적 텍스트에 조형적 표현을 주는 것으로 이루어진다.

알베르티가 《회화론》 3권에서 기하학을 습득하는 것과 더불어 시인이나 수사학자들과 긴밀히 교류하라고 권하는 것도 아마 그와 관련이 있을 것이다. 넓은 분야에 많은 지식을 소유한 그들과 교류하면, '역사화를 아름답게 구성하려 할 때 크게 도움'이 된다는 것이다. 알베르티가 보기에 "아름다운 창안은 그림으로 그려지기 이전 상태의 창안 자체만으로도 아름답다." 이미지의 아름다움은 이미 텍스트의 아름다움에서 비롯된다. 피디아스도 시인 호메로스에게 배웠다고 하지 않았던가.

아펠레스의 모함

알베르티는 아름다운 창안의 예로 루키아노스가 전하는 아펠레스의 그림을 든다. 오늘날 아펠레스의 그림은 전해지지 않는다. 하지만 우리는 그의 그림이 어떠했는지 다른 그림을 통해 짐작할 수 있다. 고대의 화가 아펠레스가 그린 그림을 시인 루키아노스가 글로 번역하고, 그것을 르네상스 시대에 화가 보티첼리가 다시 그림으로 옮겼기 때문이다. 이미지-텍스트-이미지의 운동은 기호 간 번역의 독특한 실례를 보여준다.

화가 안틸로스는 경쟁자인 아펠레스를 시기한 나머지 프톨레마이오스 4세에게 그가 모반을 꾀한다는 근거 없는 모함을 했다고 한다. 귀가 얇은 왕이 이 모함에 혹하려 하자, 아펠레스는 변명을 하는 대신 한 장

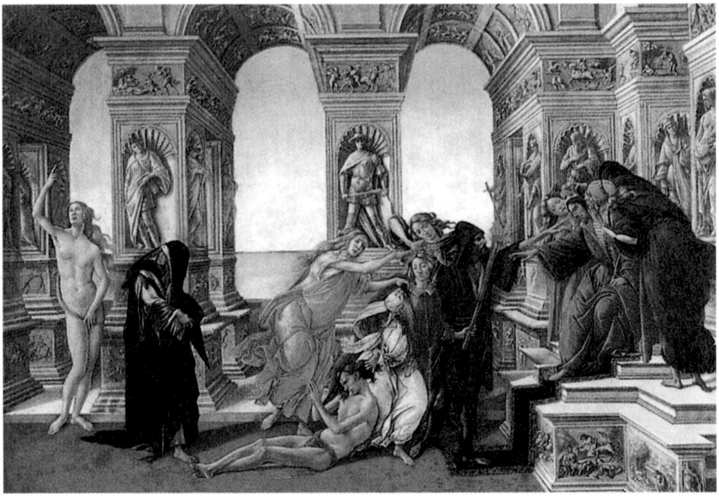

19 〈아펠레스의 중상모략〉 산드로 보티첼리, 1495년

의 그림을 그려 왕에게 보냈다. 왕은 이 그림을 보고서는 오해를 풀고, 아펠레스 대신 그를 모함한 안틸로스를 처벌했다고 한다. 우리에게 이 이야기를 전하는 루키아노스는 아펠레스가 왕에게 보냈다는 그 그림을 이렇게 묘사한다.

커다란 귀를 가진 남자 옆에 두 여인이 서 있는데, 한 여인은 '무지', 다른 여인은 '시기'라고 합니다. 화면의 다른 쪽에서 '모함'이 다가옵니다. 모함이라는 여인은 자태는 눈부시게 아름다우나 표정은 어딘지 교활해 보입니다. 모함은 오른손에 횃불을 들고 왼손으로 한 소년의 머리채를 틀어쥐고 오는데, 그 소년은 하늘을 향해 두 손을 높이 뻗고 있습니다. 그쪽에 또 한 남자가 등장하는데, 몰골이 더럽고 추악해 마치 전쟁터의 오랜 고난 끝에 육신이 여위고 기력이 소진한 사람처럼 보입니다. '악의' 라는 자인데, 그가 모함의 손을 잡아 이끕니다. '모함' 에게 옷을 입히고 장신구를 달며 시중하는 여인들이 둘 더 있습니다. 한 여인은 '간계', 다른 여인은 '사기' 라고 합니다. 이들의 뒤편으로 몸에 걸친 장례복을 갈가리 찢는 '후회' 의 여인이 보입니다. 맨 뒤에 따라오는 것은 '진실' 이라는 소녀인데 부끄러움과 수치로 어쩔 줄 몰라합니다.[19]

자연으로부터 배워라

기하학과 수사학 등 자유학예를 누루 습득하라는 권고에 이어, 알베르티는 화가들에게 '자연의 교훈' 을 배우라고 권한다. '무엇을 연습하든지 우아하고 빼어난 모범 사례를 골라서 눈앞에 두고 관찰을 거듭하며 재현' 해야 한다. 자신의 재능에 자만해서 그리는 화가는 오류에 익숙해지고 말지만, '모든 것을 자연으로부터 배워오는 사람은 무엇이든지 마치 자연으로부터 고스란히 끌어온 것처럼' 그리게 된다.

다른 화가의 작품에서 인물을 베껴오는 사람들도 간혹 있다. 그들은 실물과 달리 그림 속 인물들이 '참을성 있게 자세를 취해' 주기 때문에 그렇게 하는 거라고 변명할지 모르겠다. 알베르티는 실물 모델이 움직여서 모사하기 정 힘들다면, 회화보다 차라리 조각을 모사하라고 권한다. 조각을 모사하면 비슷하게 그려내는 수준을 넘어 빛의 수용을 파악하고 재현하는 법을 곁들여서 배우게 되기 때문이란다.

고대의 조각을 모방하라는 빙켈만의 권고는 여기서 나온 것일까? 뒤

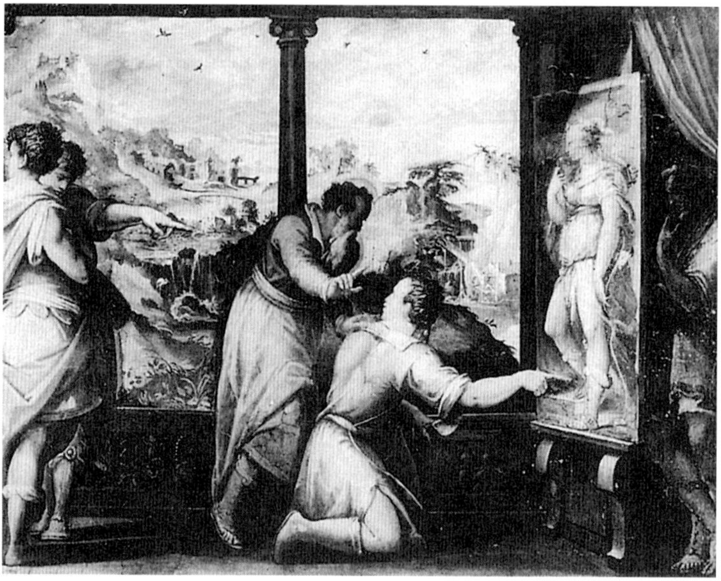

20
〈아펠레스와 구두장이〉 조르조 바사리, 1570~1573년경

에서 다시 살펴보겠지만, 이 신고전주의의 아버지는 심지어 고대의 조각을 모사하는 게 당대의 자연을 모사하는 것보다 낫다고까지 말한다. 하지만 알베르티에게 가장 중요한 것은 여전히 자연의 모방이다. 다른 이의 조각을 모방하라는 이야기는 움직이는 모델을 모사하는 것을 힘겨워하는 덜 여문 화가들에게 마지못해 하는 권고일 뿐이다.

마지막으로 알베르티는 화가들에게 남의 충고에 귀를 기울이라고 권한다. "기록에 따르면 아펠레스는 자신의 작품에 대해 누구나 내키는 대로 비난할 수 있도록, 그리고 그런 비난을 스스로 공손하게 경청할 수 있도록 (거리에 세워둔) 그림 뒤에 숨어 있곤 했다."고 한다. 바사리의 그림 속에서 구두장이가 신발 끈을 매는 구멍이 하나 덜 그려졌다고 말하고 있다. 이 말을 들은 아펠레스는 물론 아무도 모르게 붓을 대어 그림을 고쳤다고 한다.[20]

4

앞에서 이미지를 이루는 두 요소, 즉 형태와 색채에 대해 살펴보았다. 소묘에 채색을 하여 이제 이미지가 만들어졌다. 다음은 이 이미지를 배경 속에 배치하는 문제가 남았다. 그러려면 대상과 배경 사이의 공간적 관계를 규정해야 한다. 공간에 대한 묘사는 시대마다 달라진다. 르네상스 시대에 그것은 '원근법'에 따라 이루어졌다.

중세 회화의 배경은 공간의 재현이 아니라 구성의 평면에 가까웠다. 하지만 르네상스의 화가들은 대상만이 아니라 공간까지도 눈에 보이는 대로 재현하려 했다. 중세 회화가 이질적 공간들의 집합이라면, 르네상스 회화 속의 공간은 수학적, 기하학적 원리에 따라 구축된 하나의 균질적 공간이다.

이 장에서는 에르빈 파노프스키의 논문을 바탕으로 르네상스의 원근법에 대해 살펴보게 된다. 흔히 르네상스의 선원근법이 대상을 재현하는 유일하게 객관적인 방식이라 생각하나, 파노프스키에 따르면 그것은 하나의 '상징 형식', 즉 재현하는 가능한 다양한 방식들 가운데 하나에 불과하다고 한다.

■ 참고문헌

Erwin Panofsky, "Die Perspective als symbolische Form," *Vorträge der Bibliothek Warburg, 1924-1925*, Leipzig, 1927.

상징 형식으로서 원근법

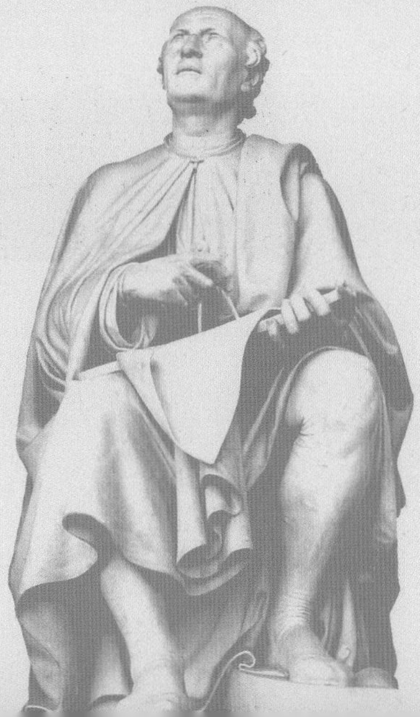

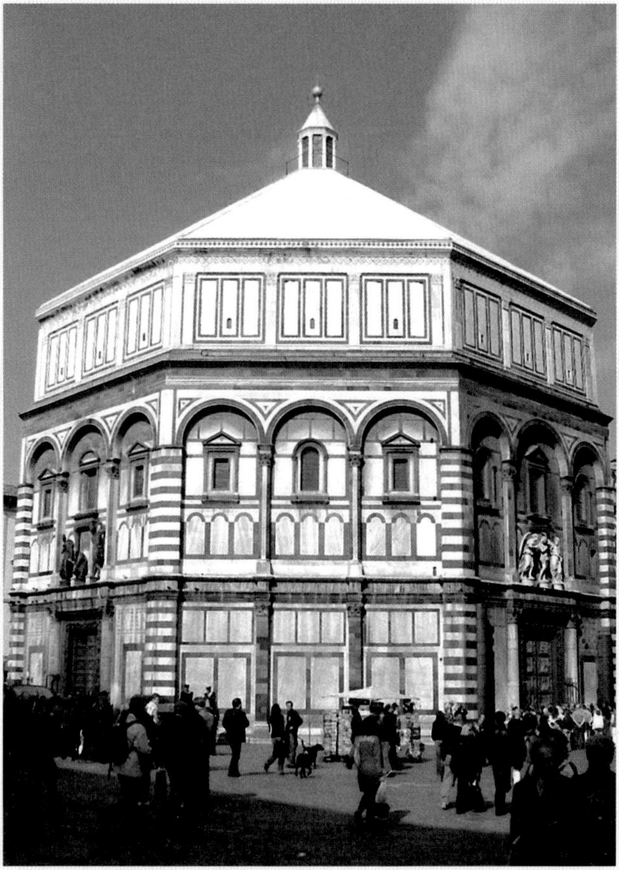

1

산타 마리아 델 피오레 대성당(피렌체의 두오모 성당)의 세례당, 아르놀포 디 캄비오, 이탈리아 피렌체 피렌체 두오모 성당 앞은 전 세계에서 온 관광객들과, 내 느낌에는 거의 같은 수로 추정되는 소매치기들로 늘 북적거린다. 성당의 옆에는 조토가 지었다는 거대한 종탑이 서 있고, 앞쪽으로는 유명한 팔각형 모양의 세례당이 있다.[1] 그 세례당의 동쪽문은 기베르티(Lorenzo Ghiberti, 1378~1455)가 청동으로 제작한 부조가 달려 있어 흔히 '천국의 문'이라 불린다. 항상 그렇지는 않지만, 아주 가끔은 그 세례당 앞에서 관광객들이 이상한 실험을 하는 것을 볼 수 있다. 그들은 그곳에서 어떤 역사적 실험을 재연하는 중이다.[2]

원근법의 탄생

그들이 600년쯤 앞서서, 그러니까 1415년 8월의 어느 날 그곳에 갔더라면, 재연(再演)이 아니라 지대한 미술사적 의미를 갖는 실험에 직접 참여하여 실연(實演)할 영광을 얻었을 것이다. 그날 두오모 성당의 세례당 앞에는 한 사내가 서 있었다. 사내는 세례당을 마주 보고 선 채 한 손에는 나무 패널을, 다른 한 손에는 거울을 들고 이상한 실험에 열중하고 있었다.[3] 그곳을 지나던 사람들은 아마도 이 사내가 하는 실험을 호기심 어린 눈으로 지켜보고 있었을 것이다.

사내는 오른손에 든 패널을 바짝 얼굴 앞에 갔다대고, 왼손에 든 거울을 앞으로 당겼다 뒤로 밀었다 하기를 반복했다. 찾아야 할 곳을 찾은 듯 앞뒤로 움직이던 거울이 한 지점에 멈추고, 잠시 후 그의 얼굴에는 만족한 듯 묘한 미소가 흘렀다. 이어서 그는 제 손에 든 도구를 주위에 몰려든 구경꾼들에게 차례로 넘겨주었다. 호기심에 안달이 난 구경

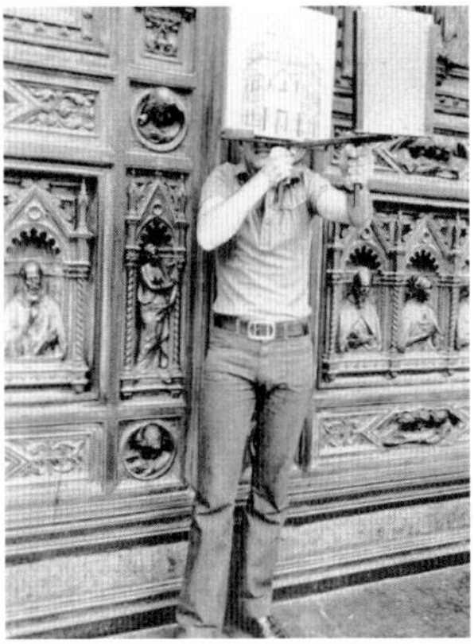

2

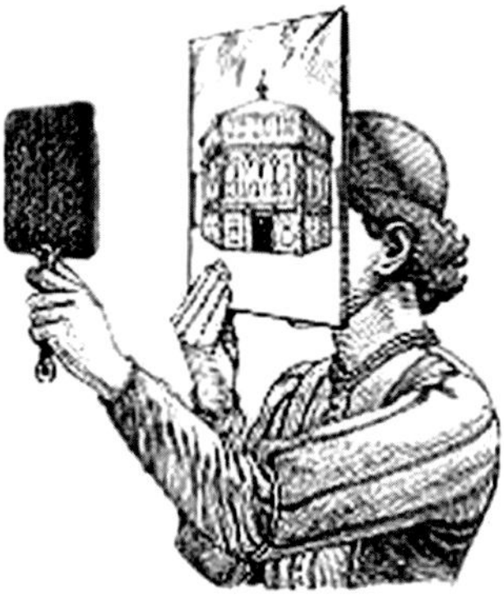

3

꾼들은 그가 시키는 대로 거울을 밀었다 당겼다 하다가 저마다 경탄의 환성을 질렀다. 무슨 일이 벌어진 것일까?

이상한 실험을 한 사내는 브루넬레스키(Filippo Brunelleschi, 1377~1446)로, 미술사에서 최초로 선원근법(線遠近法)의 원리를 발명한 이로 알려져 있다. 오른손의 나무 패널에는 그가 선 자리에서 바라본 세례당의 모습이 그려져 있었다. 물론 자신이 발명한 원근법에 따라 그린 것이다. 불행히도 이 그림은 오늘날 남아 있지 않은데, 전하는 이야기에 따르면 그는 이 그림의 소실점이 있는 곳에 송곳으로 구멍을 뚫어놓았

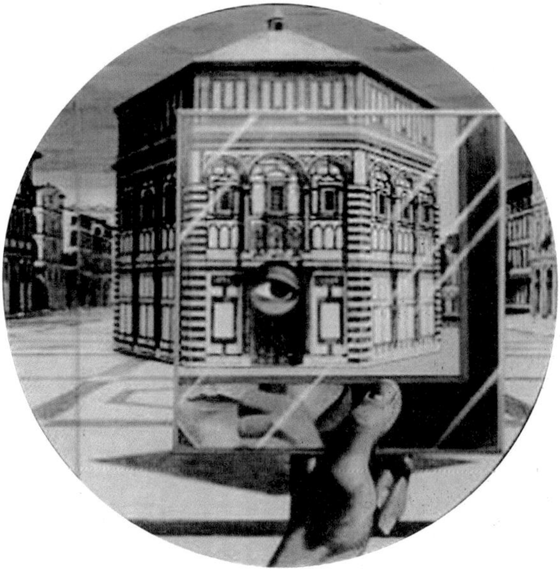

4

다고 한다. 거울의 거리를 조절하면서 그 구멍을 통해 들여다보면, 어느 지점에선가 아마 이런 모습이 눈에 들어왔을 것이다.[4]

둥근 이미지는 패널에 뚫린 구멍이 만들어내는 시야(視野)이고, 네모난 거울 바깥으로 보이는 것은 앞에 서 있는 실물 세례당, 거울 안으로 보이는 것은 패널 위에 그려진 그림 세례당의 모습이다. 그런데 실물 세례당과 거울에 비친 그림 세례당이 마치 두 개의 퍼즐 조각처럼 서로 딱 들어맞는다. 이로써 브루넬레스키는 자신의 원근법이 현실을 재현하는 가장 완벽한 방법임을 증명했던 것이다. 마네티(Antonio

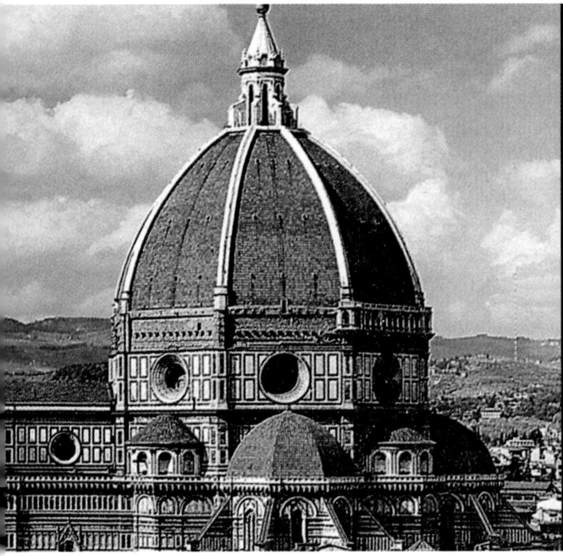

5 산타 마리아 델 피오레 대성당(피렌체의 두오모 성당)의 돔,
필리포 브루넬레스키, 1420~1434년

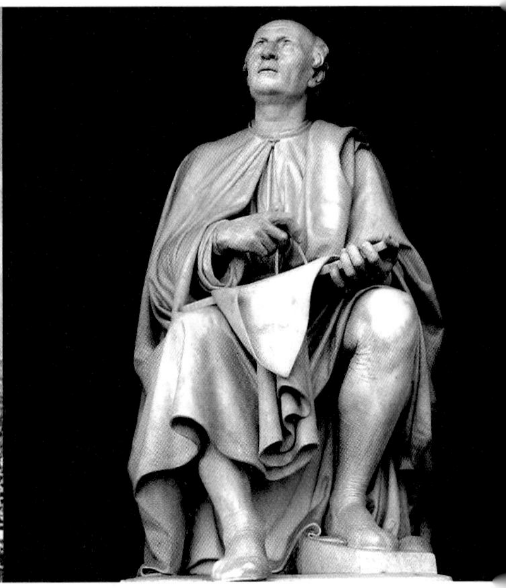

6 필리포 브루넬레스키 동상

Manetti, 1423~1497)가 쓴 브루넬레스키의 전기에 나오는 이야기다.

단테가 베아트리체를 만났다는 피렌체의 아르노 강. 그 위의 베키오 다리는 지금도 금 세공품을 파는 조그만 가게들로 가득 차 있다. 당시의 많은 장인들처럼 브루넬레스키도 금 세공사로 경력을 시작했다. 피렌체 시에서 저 세례당에 달 청동문의 제작을 의뢰했을 때, 브루넬레스키는 기베르티와 경합을 벌이기도 했다. 우열을 가릴 수 없었던 심사위원들은 두 장인에게 각각 한 짝의 문을 맡겼으나, 브루넬레스키는 공동 작업에는 별 관심이 없었는지 이를 기베르티에게 넘겨주고, 자신은 건축으로 관심을 돌린다.

저 세례당에서 조금 떨어진 곳에 있는 산타 마리아 델 피오레 성당. 브루넬레스키는 직경 45미터에 달하는 성당의 거대한 돔을 짓는 일을 떠맡아, 이 기술적 난제를 성공적으로 해결한다.[5] 오늘날 피렌체를 방문하는 관광객들은 아마도 끝없이 이어지는 나선형 계단을 따라 저 높은 쿠폴라에 오른 경험이 있을 것이다. 이게 얼마나 자랑스러웠던지, 그의 자부심은 오늘날에도 광장의 한 귀퉁이에 영원히 자신의 역작을 올려다보도록 조각상으로 굳어 있다.[6]

건축가였던 브루넬레스키에게 왜 원근법이 필요했을까? 원래 그는 의뢰인들에게 자기가 지을 건물의 모습을 미리 보여줄 목적에서 원근법을 개발했다고 한다. 하지만 3차원의 공간을 2차원의 평면에 옮겨놓는 것이 회화의 원리, 그는 이 기법을 곧 화가들에게도 권하기 시작한다. 바사리(Giorgio Vasari, 1511~1574)의 《미술가 열전》에 따르면, 브루넬레스키는 이 기술을 "자신을 매우 존경했던 어린 친구인 화가 마사초에게 가르쳤다."고 하며, 이로써 미술사에 완벽한 원근법에 입각해 그린 그림이 최초로 탄생한다.

그 작품을 보려면 두오모에서 조금 걸어나와 근처의 산타 마리아 노벨라 성당으로 가야 한다. 마사초(Masaccio, 1401~1428)가 이 성당의 벽에 프레스코로 그린 〈삼위일체〉는 미술사에서 브루넬레스키의 기법을 회화에 적용한 최초의 예로 알려져 있다.[7,8] 작품의 독특성은 시점의 과격함에 있다. 아치의 천장에서 시작된 대각선들을 아래로 계속 연장하면, 십자가의 밑동보다 더 아래쪽에 소실점이 찍히게 된다.

마사초는 왜 과격한 투시법을 사용했을까? 물론 환영 효과를 극대화

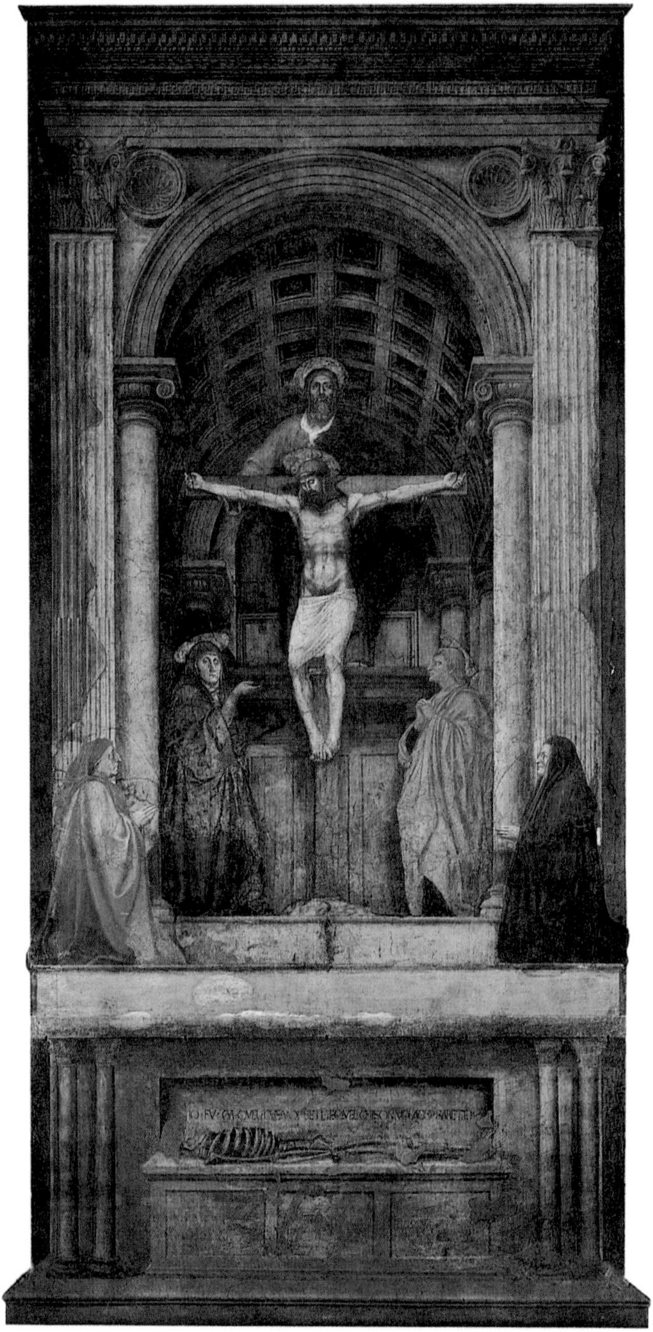

7 〈삼위일체〉 마사초, 1425~1428년

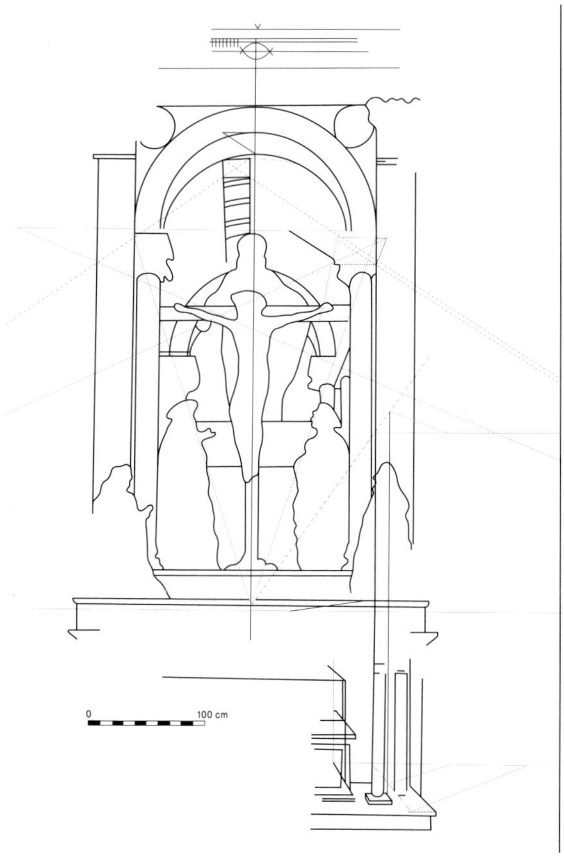

8

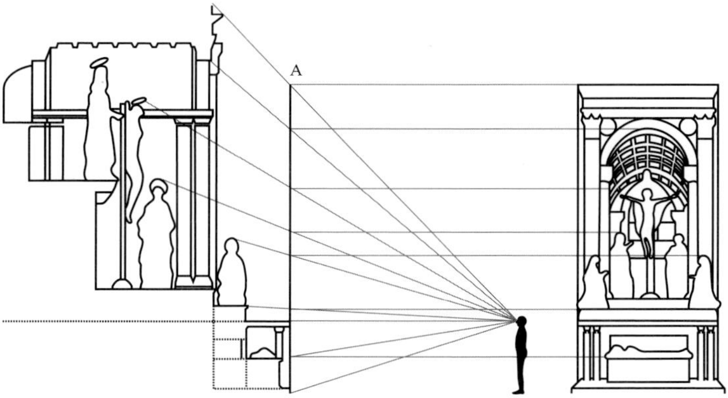

9

하기 위해서였다. 저 그림 앞에서는 관람객의 눈높이가 바로 저 소실점이 있는 지점에 오게 된다. 이렇게 소실점을 정확하게 관람자의 눈높이에 맞추어놓음으로써 마사초는 환영 효과를 극대화했다. 이 때문에 저 그림은 실제로는 막힌 벽면 위에 그려졌지만, 관찰자는 막힌 벽을 뚫고 깊숙이 공간이 트이는 듯한 느낌을 받게 된다.

위의 그림은 벽화 앞에서 관찰자가 주관적으로 느끼는 공간의 깊이를 나타내고 있다.[9] 무릎을 꿇은 패트론, 십자가 앞에 선 마리아와 요한, 십자가에 달린 그리스도, 그 뒤로 자식을 어루만지는 하나님. 인물들은 전경에서 후경으로 후퇴하며 각각 네 개의 다른 수준에 배치되어 있다. 물론 이는 허깨비에 불과하다. 저 공간의 깊이는 실제로는 존재하지 않는다. 객관적으로 존재하는 것은 평면뿐, 거기서 3차원 공간의 깊이를 만들어내는 것이 바로 원근법의 마술이다.

브루넬레스키가 주장하듯이, 원근법적 묘사가 정말로 눈에 비친 세계의 객관적 재현일까? 실은 그렇지가 않다. 사실 브루넬레스키가 발견하고 알베르티가 이론화한 선원근법은 크게 두 가지 의심쩍은 전제 위에 서 있다. 첫째는 세계를 오직 고정된 한 눈으로 봐야 한다는 것이고, 둘째는 시각 피라미드의 횡단면에 걸린 모습을 세계의 재현으로 간주하라는 것이다. 하지만 이 두 가지는 우리의 일상적 체험과는 동떨어진 매우 '인위적인' 조건이다. 왜?

먼저 원근법은 공간의 세 좌표를 동질적인 것으로 간주한다. 하지만 우리는 같은 크기의 공간이라도 상하, 좌우, 전후의 어느 쪽이냐에 따라 각각 다르게 지각한다. 또 원근법은 세계를 고정된 하나의 눈으로 볼 것을 요구한다. 하지만 우리는 움직이는 두 개의 눈으로 보기에, 우리의 시야(視野)는 두 개의 중심을 가진 타원형에 가깝다. 또 원근법은 시각 피라미드의 횡단면 위에서 이미지를 포착하라고 한다. 하지만 세계를 보는 우리 눈의 망막은 구면이다.

이 생리학적 특성에서 비롯되는 이런 문제들 외에 또 다른 주관적 요인이 첨가된다. 즉 똑같은 사물이라도 우리는 심리적으로 중요한 것은 크게, 덜 중요한 것은 작게 표상한다는 것이다. 원근법은 이 심리적 요인 역시 전혀 고려하지 않는다. 그런 의미에서 원근법적 묘사는 실제로 우리가 지각하는 세계와는 상당히 거리가 있다. 한마디로 '생리학적-심리학적 공간을 곧바로 수학적 공간으로 변형시키는 것.' 그것이 바로 원근법의 과제라 할 수 있다.

다 빈치의 노트북

그 원근법의 과제를 수행하는 데 망막이 구면이라는 사실이 어떤 난점을 초래할 수가 있다. 레오나르도 다 빈치는 그걸 이미 알고 있었을까? 장 폴 리히터가 편집한 그의 《노트북》에서 이런 구절을 발견했다. "이 면을 *de*라 하고, 면 *de* 너머에 있는 크기가 같은 세 개의 원 *a*, *b*, *c*가 이 면 위에 보인다고 하자. 이제 눈 *b*가 수직면 위로 부분의 이미지, 즉 가장 멀리 있되 제일 큰 부분 *a*, *c*와 가장 가까이에 있으나 작은 부분 *b*를 보는 것을 확인한다."[10] 무슨 뜻일까?

파노프스키의 글은 아마도 다 빈치의 《노트북》의 이 구절에서 아이디어를 얻었을 것이다. 그의 설명을 들어보자. 아래 그림을 보라.[11] 우리의 시야를 이루는 곡면 위에서 'U=V=W' 이다. 이렇게 구면의 시

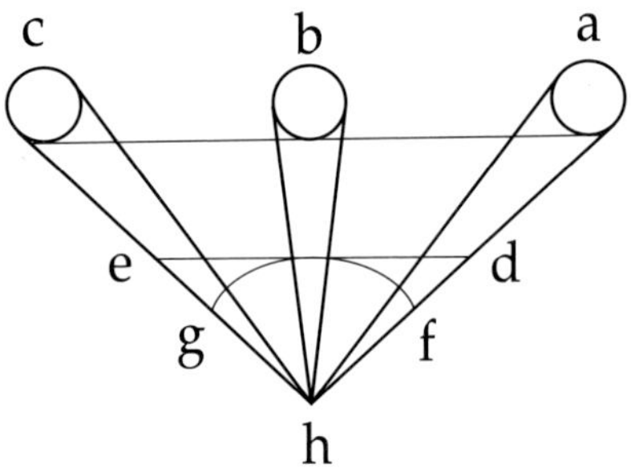

10

야에 비친 상을 이제 평면의 화폭에 옮겨야 한다. 그리하여 이를 평면의 벽에 투사하면, 각 분할면의 길이 관계는 ‘X=Z〉Y’ 가 된다. 한마디로 구면에 비친 상을 평면에 옮기면 같은 길이의 대상이라도 각도에 따라 각각 다른 길이로 투사된다는 이야기다. 이를 흔히 ‘주변왜곡’ 이라고 부른다.

어렵게 생각할 것 없다. 초등학교 시절 교실 벽에 붙어 있던 세계 지도, 그 지도에서는 지구 주변에 있는 시베리아나 알래스카 땅이 실제 면적보다 훨씬 크게 나타난다. 구면을 평면에 투사시키는 메르카토르

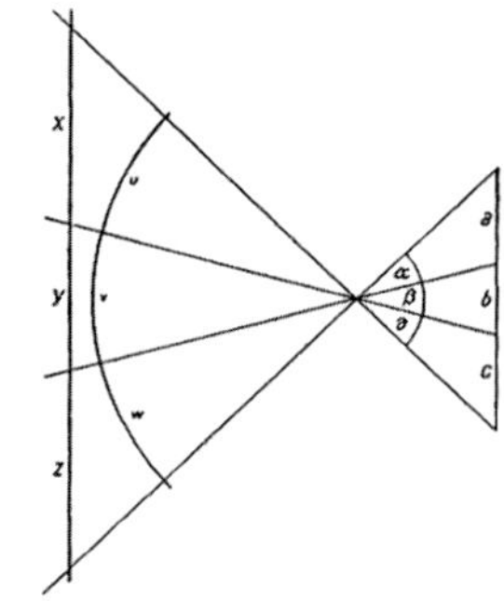

11

도법을 따랐기 때문이다. 지구의(地球儀) 위에서라면 주변왜곡이 없어 시베리아나 알래스카나 모두 원래 크기대로 묘사될 것이다. 그런데 우리의 안구도 우연히 지구처럼 생겼다. 때문에 그림을 그릴 때도 같은 현상이 일어나는 것이다. 문제는 이 현상이 가끔은 심각한 문제를 낳는다는 데 있다. 어떻게?

원근법의 붕괴?

알베르티에 따르면, 회화는 '시각 피라미드의 횡단면 위에서 선과 색으로 이루어진 재현'이다. 그의 정의에 따라 일렬로 늘어선 세 개의 원주를 본다 하자. 아래 그림이 보여주듯이, 시야의 곡면 위에서 '$\alpha = \gamma \langle \beta$'이나, 시각 피라미드의 횡단면을 취한 평면의 망 위에서는 '$AB = EF \rangle CD$'가 된다.[12] 이는 심각한 문제다. 멀리 있는 두 원주의 지름이 가까이에 있는 가운데 원주의 지름보다 더 길게 묘사되기 때문이다.

먼 것을 가까운 것보다 길게 묘사하는 것은 곧 원근법 원리를 부정하

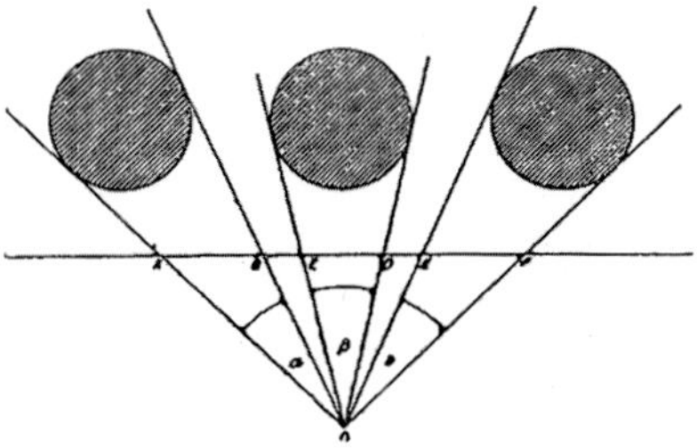

동일한 크기의 원주로 이루어진 구성을 원근법적으로 묘사할 때 발생하는
주변왜곡(레오나르도의 이론에 따라)
$\alpha = \gamma < \beta$, 하지만 $AB = EF > CD$

12

는 것이다. 원근법은 어디까지나 길이와 거리의 반비례 관계 위에 서 있기 때문이다. 여기서 위에서 인용한 다 빈치의 말이 구체적으로 무얼 의미하는지 드러난다. "가장 멀리 있되 제일 큰 부분 *a*, *c*와 가장 가까이에 있으나 작은 부분 *b*를 보는 것을 확인한다."[10] 한마디로 다 빈치는 우리 눈에 비치는 사물의 길이는 선원근법에서 가정하듯이 거리의 함수가 아니라 시선의 각도의 함수임을 '확인' 한 것이다.

문제는 일상적 지각이 원근법적 지각과는 다르다는 데 있다. 즉 우리의 일상적 지각에서는 사물의 길이가 종종 거리보다 각도에 좌우되곤 한다. 이는 원근법이 사물을 재현하는 유일한 방식도 아니고, 절대적인 방법도 아니라는 것을 함축한다. 파노프스키가 카시러의 표현을 빌려 원근법을 '상징 형식' 이라 부르는 것은 이 때문이다. 브루넬레스키의 선원근법은 '한 가지' 재현 체계에 불과하다. 어떤 규약을 택하느냐에 따라 얼마든지 세계를 다른 방식으로 표상할 수도 있다.

소실점과 소실축

이미 유클리드는 사물의 길이가 때로 거리보다 각도에 좌우된다는 사실을 알고 있었다고 한다. 이 사실을 지적한 유클리드의 《광학》 제8정리는 르네상스의 저자들에게 무시되거나, 또는 전혀 다른 뜻으로 번역되곤 했다. 파노프스키는 이것이 결코 우연이 아니었다고 본다. 마치 고대 피타고라스 교단에서 자신들의 체계를 보존하기 위해 무리수를 발견한 이를 우물에 빠뜨려 살해한 것처럼, 르네상스의 저자들은 자신들이 애써 세운 재현의 체계를 일거에 무너뜨릴 수 있는 이 사실을 애

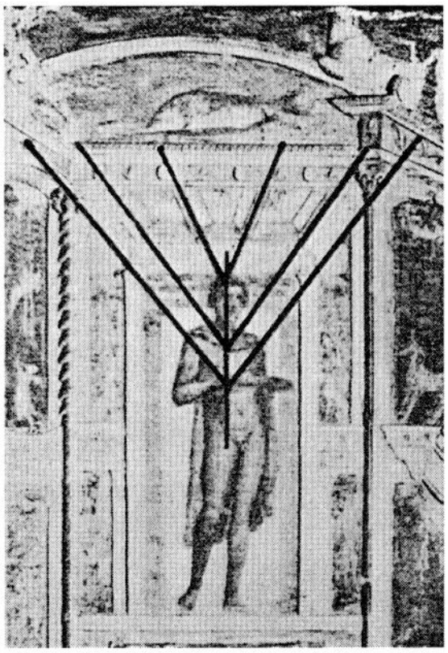

13
보스코레알레 별장의 제4양식으로 된 벽면 장식의 일부, 기원후 1세기

써 묻어두려고 했다는 이야기다.

파노프스키는 여기서 재미있는 가설을 제시한다. 고대인들이 르네상스와는 다른 원근법을 갖고 있었다는 것이다. 즉 르네상스 화가들이 길이를 '거리'의 함수로 삼았다면, 고대의 장인들은 (유클리드의 《광학》 제8정리에 따라) 길이를 '각도'의 함수로 간주했다는 것이다. 실제로 '각도의 정리'를 사용하면 선원근법과는 다른 재현의 체계가 성립한다. 가령 로마 시대에 그려진 보스코레알레의 벽화를 보자.[13] 소실점이 하나가 아니라 여러 개다. 그것들은 일직선으로 배열되어 하나의 '소실축'을 이룬다. 이런 재현 방식은 어디서 나왔을까?

이렇게 생각해보자. 안구처럼 구형으로 굽은 고무판이 있다. 힘을 주어 그것을 평평하게 펴면, 고무의 안쪽으로 굽은 면에 균열들이 생길 게다. 우리의 시야는 그 고무판처럼 둥글게 굽어 있다. 하지만 벽화는 곡면이 아니라 평면에 그려진다. 고무판처럼 굽은 우리의 시야를 평면이 되도록 펼치면, 시야에도 균열들이 생길 것이다. 그 균열 때문에 하나의 소실점에 모여 있던 대각선들이 떨어져 나가 소실축을 따라 일렬로 배열되면서 마치 생선가시와 같은 형상을 이루게 된 것이다.[13]

고대의 원근법?

파노프스키는 이런 고대인들의 관습이 그리스 후기와 로마 시대에 이르러 하나의 '체계'로까지 발전하였다고 주장한다. 과연 그럴까? 보스코레알레의 벽화에서 대각선들이 한 개의 점으로 모아지지 않는 것은 그저 원근법에 대한 지식이 부족했기 때문에 생긴 현상일지도 모른다. 원근법의 요체는 '대각선과 수평선들이 단 하나의 소실점에서 수렴'하는 데 있다. 하지만 이 지식이 얻어지기 전까지는 한 그림 안에서 소실점들이 모아지지 않는 경우가 많았다.

예를 들어 에이크의 작품에서는 소실축을 따라 세 개의 소실점이 일렬로 배열된다.[14] 당시의 작품에서 이와 비슷한 예는 얼마든지 찾아볼 수 있다. 이는 물론 원근법의 원리에 대한 지식이 철저하지 못한 데서 나온 현상이다. 하지만 이 불철저함이야말로 어떤 의미에서는 우리가 실제로 지각하는 방식에 더 가까운 것이다. 선원근법이 수학적 추상에 의해 인위적으로 구성한 체계라면, 에이크의 그림은 아직 자연적 지각의 구체성에 머물러 있다.

고대인들은 정말로 유클리드의 정리에 따른 또 다른 원근법의 '체계'를 갖고 있었을까? 만약 그렇다면 서구에서조차 선원근법은 '유일한' 원근법의 지위를 잃고 가능한 여러 가지 재현 체계 가운데 하나로

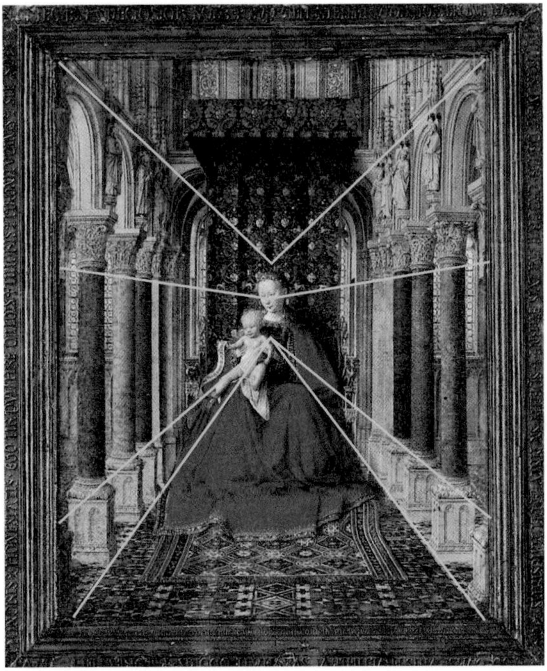

14
드레스텐 삼단 제단화, 얀 반 에이크, 1437년

상대화할 것이다. 이렇게 원근법을 '과학적' 재현 방법으로 절대화하지 않고 세계를 표상하는 '철학적' 상징 형식으로 상대화하는 게 파노프스키의 의도이다. 하지만 이를 놓고 미술학자들의 견해는 갈린다. 그 물음에 확정적으로 답하기에는 고대의 자료가 너무나 부족하기 때문이다. 당신은 어떻게 생각하는가?

5

흔히 투시법은 서구 미술에만 있다고 생각하기 쉽다. 하지만 르네상스의 원근법이 유일한 투시법은 아니다. 파노프스키가 지적한 대로 그것은 가능한 많은 투시법 가운데 하나일 뿐이다. 그리하여 서구의 원근법과는 다른 투시법도 얼마든지 존재할 수 있다. 그 대표적인 예가 바로 러시아 성상에 적용된 역원근법이다.

르네상스 원근법은 움직이지 않는 시점을 전제한다. 하지만 이 전제를 무너뜨리면, 선원근법과는 완전히 다른 투시법이 탄생한다. 러시아 성상에서는 시점이 움직인다. 이렇게 움직이는 시점으로 본 장면들을 하나로 통일시킬 때, 외려 가까이 있는 것일수록 짧게 묘사되는 흥미로운 표현이 등장한다.

이 장에서는 L. F. 셰긴의 저서를 토대로 러시아 성상의 역원근법에 대해 살펴보게 된다. 역원근법은 덜 발달한 원근법이 아니라, 그 자체가 완전히 성숙한 투시법이다. 매우 엄격한 원칙에 따라 구축된 이 색다른 유형의 원근법은 세잔에서 시작된 20세기 큐비즘의 원리를 선취하고 있다.

■ 참고문헌

L. F. Shegin, *Die Sprache des Bildes, Form und Konvention in der alten Kunst*, Dresden: VEB Verlag der Kunst, 1982.

물구나무선 원근법

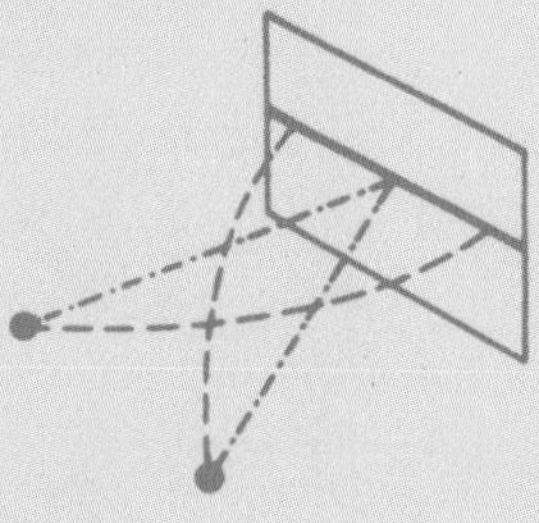

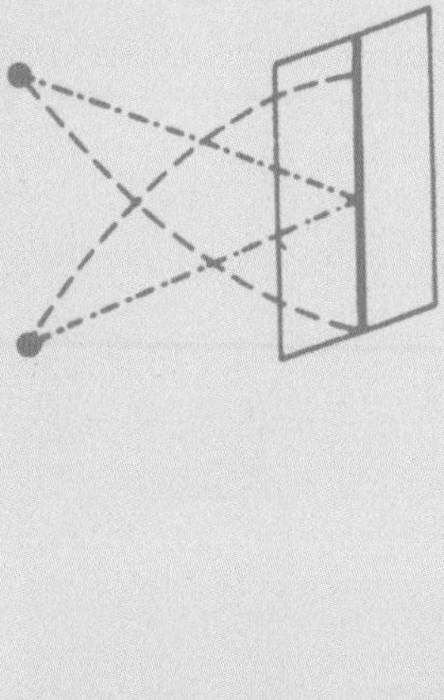

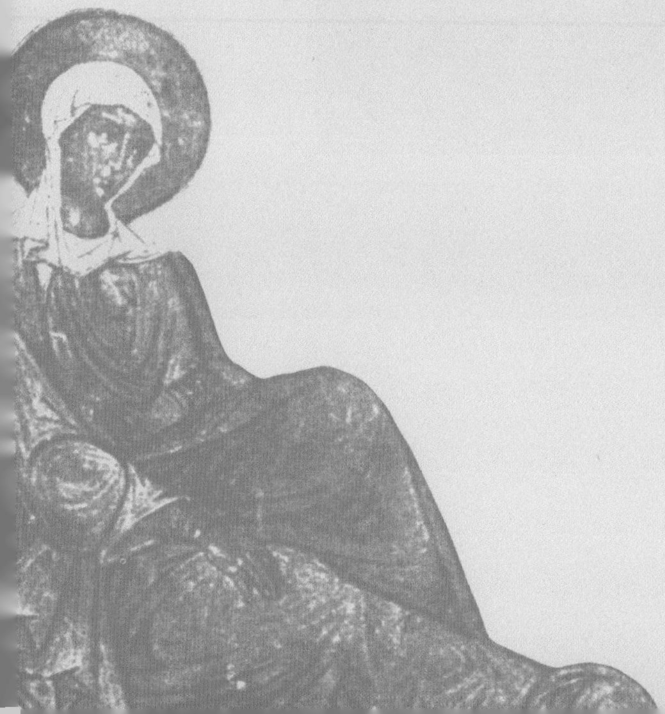

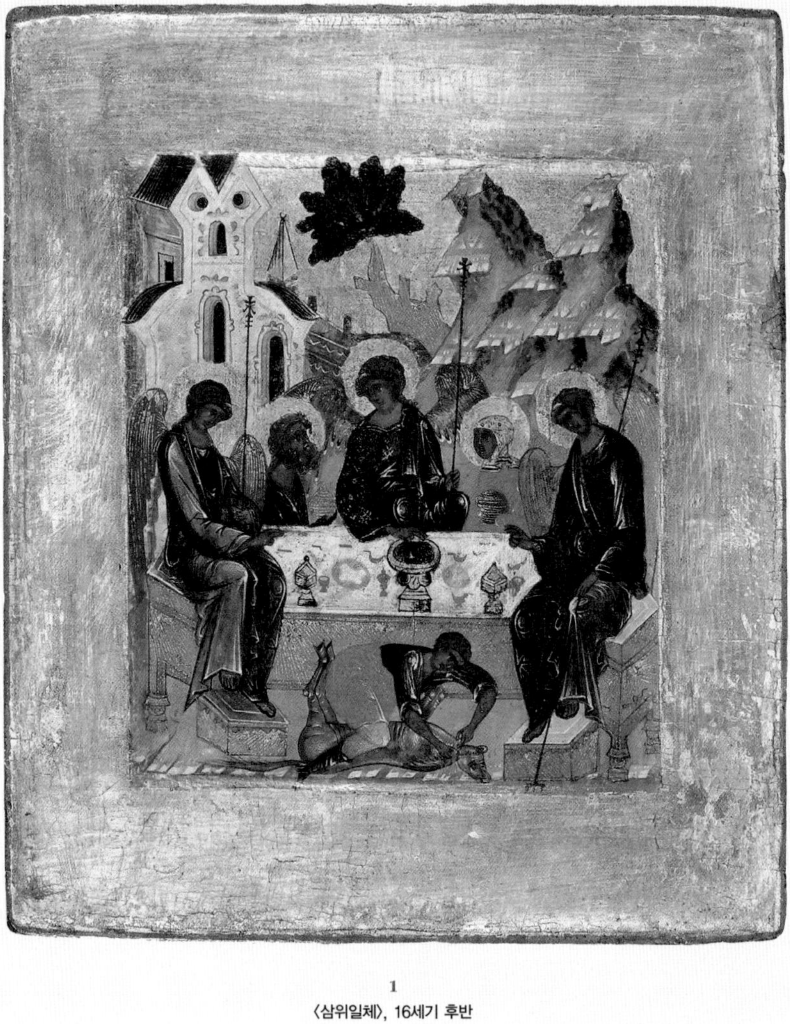

1
〈삼위일체〉, 16세기 후반

지금도 또렷이 기억한다. 세 살 정도 됐을 때던가? 원근법에 따라 그려진 그림들이 내게는 대상을 왜곡해 묘사한 것처럼 보였다. 나는 왜 화가들이 책상의 한쪽 면은 길게 그리고, 다른 쪽 면은 짧게 그리는지 이해할 수 없었다. 현실의 책상은 가까이 있는 면이나 뒤에 있는 면이나 길이가 같은데…….

'경험비판론'으로 유명한 물리학자 에른스트 마흐의 말이다. 이 말 속에는 원근법이라는 인위적 규약에 익숙하지 않은 눈이 느끼는 당혹감이 표현되어 있다. 파노프스키의 말대로 서구의 원근법은 그저 '상징 형식', 말하자면 3차원 공간을 2차원의 평면에 투사하는 한 가지 규약에 불과하다. 그렇다면 공간을 그와는 다르게 표상하는 또 다른 규약은 없을까? 왜 없겠는가. 애초에 약속을 달리하면 얼마든지 서구의 원근법과는 다르게 그릴 수 있다.[1]

"하나의 움직이지 않는 눈으로 본다. 그렇게 본 장면을 평면에 투사한다." 이것이 서구의 원근법을 지탱하는 두 가지 규약이다. 이 두 가지 규약 중에서 어느 하나를 포기하면 각각 다른 투시법이 얻어진다. 가령 평면에 투사한다는 규약을 깨고 장면을 곡면이나 사면에 투사하면, 마니에리스모와 바로크 시대에 유행하던 '왜곡'이 얻어질 것이다. 반면 시점을 고정시킨다는 규약을 깨고 시점에 움직임을 도입하면, 서구의 것과 거꾸로 가는 이른바 '역원근법'이 탄생한다.

소실점이 아래로

역원근법은 부분적으로 비잔틴 예술에도 적용됐지만 동구의 성화술에서 흔히 볼 수 있다. 그림을 보라.[2] 성모의 탄생을 묘사한 장면이다. 그림 속의 탁자를 보라. 재미있게도 가까운 앞부분의 길이가 짧고, 관찰자로부터 먼 뒷부분의 길이가 길다. 가까울수록 길게 그리는 서구 원근법과는 반대다. 이렇게 거꾸로 뒤집어져 있다고 해서 이를 '역원근

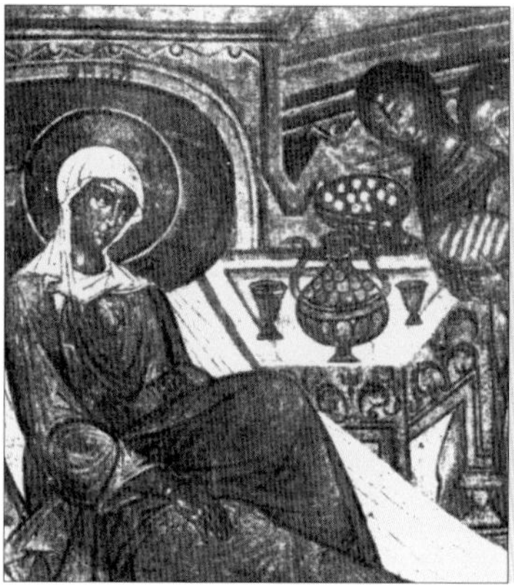

2
성모의 탄생, 칼랴신 삼위일체 성당 프레스코화의 세부, 1654년경

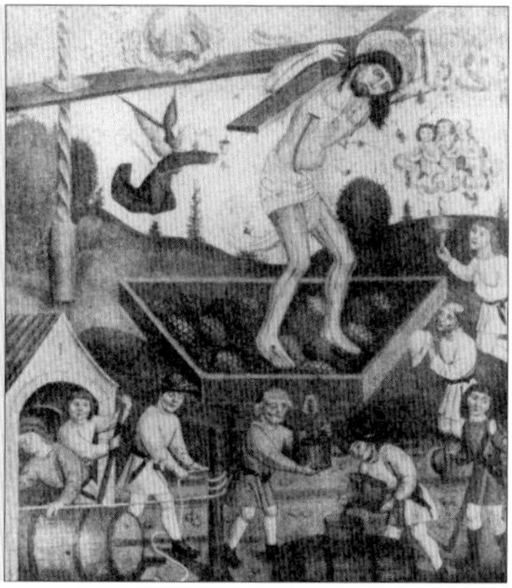

3
십자가 나르기, 15세기 세밀화의 세부

법'이라 부른다. 이와 같은 묘사는 예수가 십자가를 지고 가는 다른 그림에서도 나타난다.[3] 러시아의 장인들은 왜 대상을 이렇게 이상하게(?) 묘사한 걸까?

그것은 시점을 고정시키지 않았기 때문이다. 가령 책상을 볼 때 우리

는 정면만 보지 않고, 걸음을 옮겨 왼쪽 측면도 보고, 오른쪽으로 돌아가 우측면도 확인한다. 이렇게 책상을 왼쪽에서 본 모습과 오른쪽에서 본 것을 하나로 합치면, 한 장의 그림에 좌측면과 우측면이 동시에 보이게 된다. 그러면 당연히 책상의 앞쪽은 짧게, 뒤쪽은 길게 묘사될 것이다. 하나의 시점만 사용하는 서구 원근법과 달리, 러시아의 역원근법은 이렇게 두 개의 시점을 하나로 합친 '운동지각'을 구현한다.

이 규약의 차이가 전혀 다른 투시법을 낳는다. 이를 그림으로 나타내

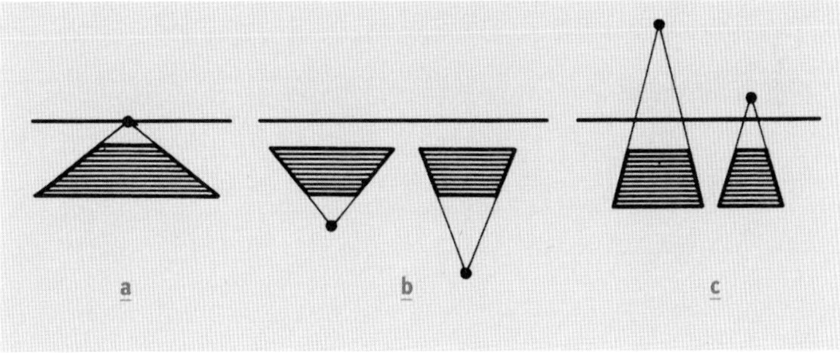

4

보자.[4] 그림 a는 우리에게 익숙한 서구 원근법의 원리다. 여기서 사물의 좌우로 흐르는 사선들은 결국 위쪽의 수평선에서 만난다. 반면 b는 러시아 역원근법의 원리를 나타낸다. 여기서 사선들은 외려 대상의 아래쪽에 소실점을 만들어낸다. 즉 소실점이 사물의 위에 있는 수평선에 걸리면 서구 원근법, 사물의 아래쪽에 떨어지면 러시아의 역원근법이라고 보면 된다.

그럼 c는? 소실점이 위에 있어 언뜻 서구 원근법처럼 보인다. (실제로 원근법이 확립되기 전에는 서구에서도 종종 저런 투시법을 사용했다.) 하지만 저 역시 역원근법의 일종이다. 여기서 소실점은 수평선 너머 한참 위쪽에 있다. 이는 대상의 앞이 약간 짧고, 뒤가 조금 길게 묘사되기 때문에 일어나는 현상이다. 이렇게 앞을 짧게, 뒤를 길게 묘사하는 것은 역원근법의 원리다. 따라서 언뜻 보기에 선원근법 같아도 c 역시 역원근법이다. 이를 '위장한 역원근법' 이라 부른다. 러시아 장인들은 b와 c를 교차로 사용한다.

직선을 곡선으로

러시아 원근법의 이상함(?)은 여기서 그치지 않는다. 두 개의 시점을 하나로 합치면 종종 직선이 곡선으로 휘어지는 현상이 발생한다. 예를 들어 그림 a에서 보는 직사각형이 유연한 고무로 되어 있다고 하고, 그것의 좌측면과 우측면을 향하는 시선을 커다란 포크라고 상상하자. 두 개의 포크로 양 측면을 찍어 포크의 두 손잡이를 중앙으로 모으면, 그림 b에서 보듯이 대상이 둥글게 휘어질 것이다. 러시아 장인들이 곧은 대상을 구부려 묘사하는 것은 이 때문이다.[5]

대상이 세로로 서 있을 때도 마찬가지다. 그림 6에서 a와 b는 대상이 수직으로 세워져 있을 때, c와 d는 수평으로 누워 있을 때의 모습이다.[6] 이 두 곡면을 합치면, 그림 7에서 보는 것처럼 우리의 망막에 비친 듯한 구면의 시야(a)가 형성되고, 거기에 비친 사각형은 마치 TV 브라운관처럼 둥글게 각이 진 모습(b)을 하게 될 것이다.[7] 실제로 러시아 성화에서

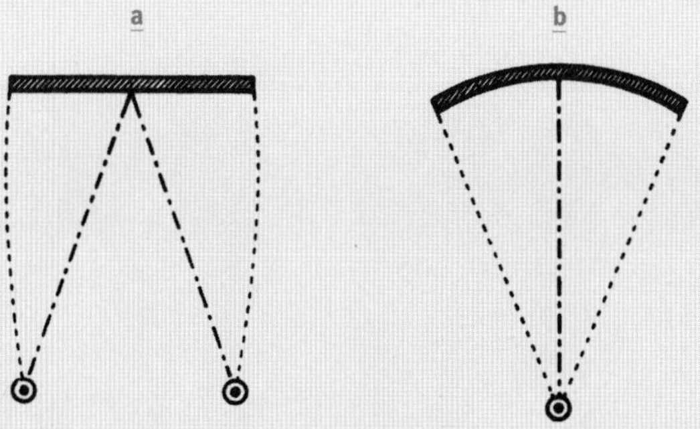

5

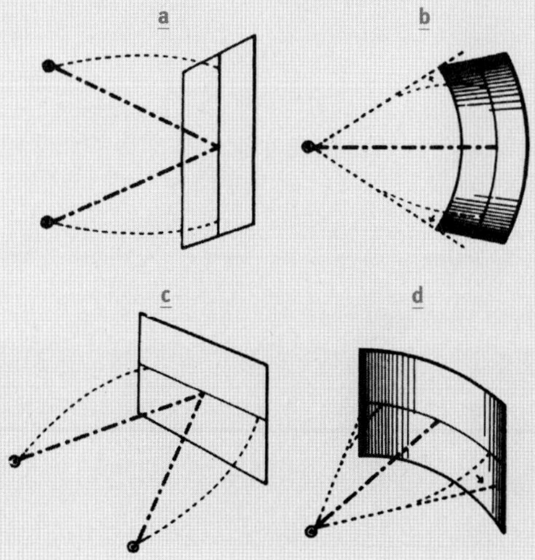

6

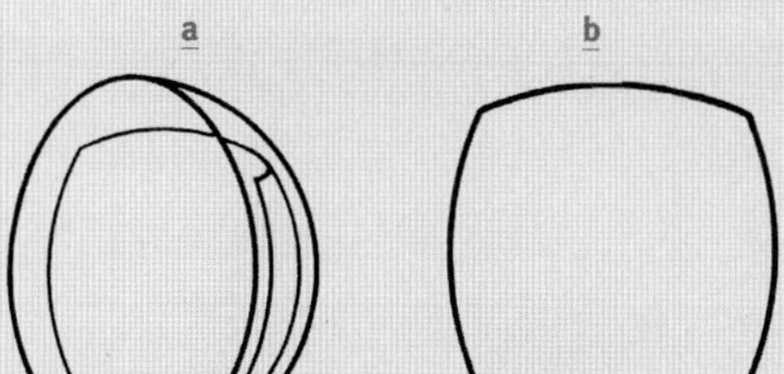

7

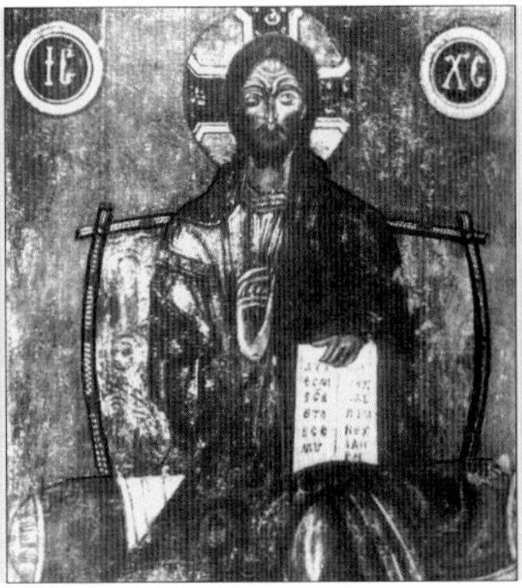

8
보좌에 앉으신 구세주, 13세기 성상의 세부

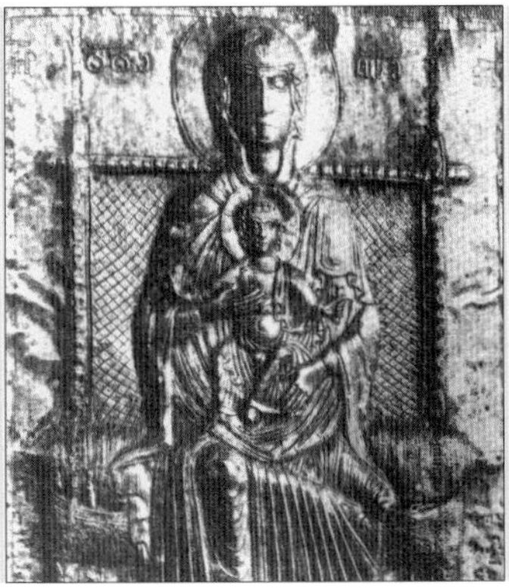

9
아기 예수를 안은 성모, 베니스 산 마르코 성당 예배실 부조의 세부, 12~13세기경

는 이렇게 사각형이 브라운관처럼 곡선으로 묘사되는 예를 쉽게 찾아볼 수 있다. 가령 위의 그림을 보라.[8, 9]

예수가 앉아 있는 의자의 테두리가 수평, 수직으로 모두 둥글게 굽어 있다. 앞서 이야기한 역원근법의 효과이다. 그런데 그 옆에 성모 마리아의 의자를 보라. 똑같은 의자인데도 여기서는 테두리가 직선으로 묘사되어 있다. 무엇이 이런 차이를 낳았을까? 간단하다. 예수의 이미지는 벽화인 반면, 마리아의 이미지는 부조이기 때문이다. 회화는 2차원 평면의 예술이기에 '투시법'을 요하나, 아무리 평평해도 부조는 3차원 예술인 조각이라서 굳이 투시법이 필요 없다는 이야기다.

a

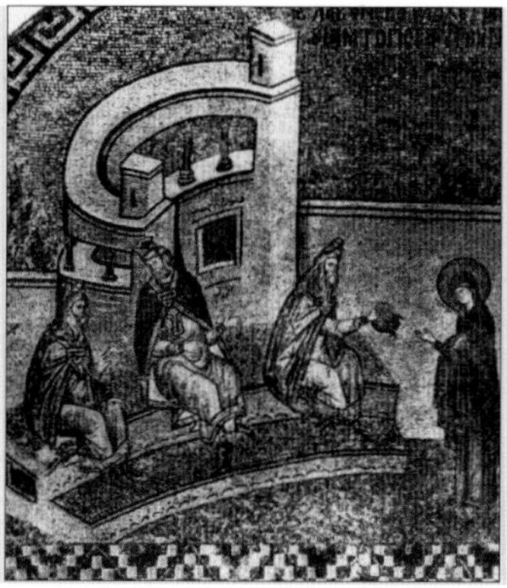

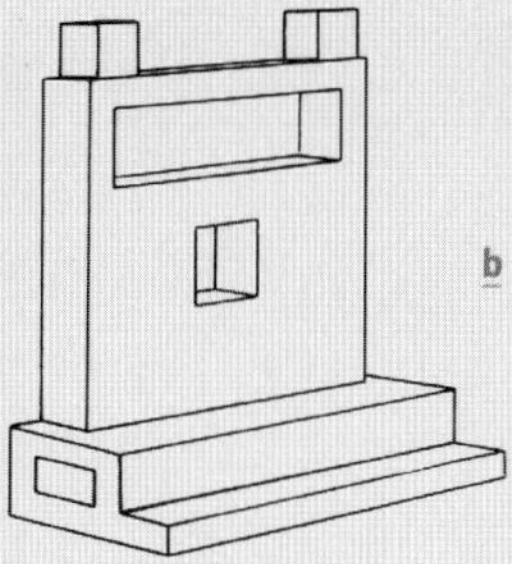

b

10
사제복을 나눠줌, 콘스탄티노플 카흐리예 교회의 모자이크, 1304년경

11
옆의 구조물을 선원근법으로 표현했을 때의 모습

a

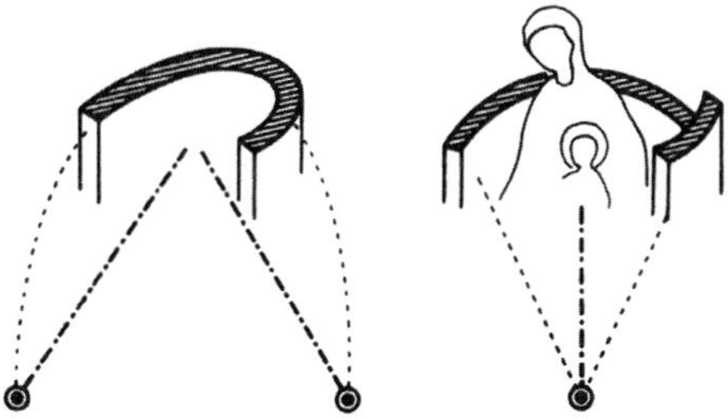

b

12

이미 굽은 곡선은?

둥글게 굽은 구조물 앞에 세 명의 사내가 앉아 있다.[10] 서구 원근법에 익숙한 눈에는 저 구조물이 반원형으로 보이겠지만, 러시아 사람들은 저 반구형의 구조물을 그 옆의 그림처럼 직선으로 해석할 것이다.[11] 서구 원근법에 익숙한 우리야 "왜 b를 보고 a처럼 그릴까?" 하고 의아해

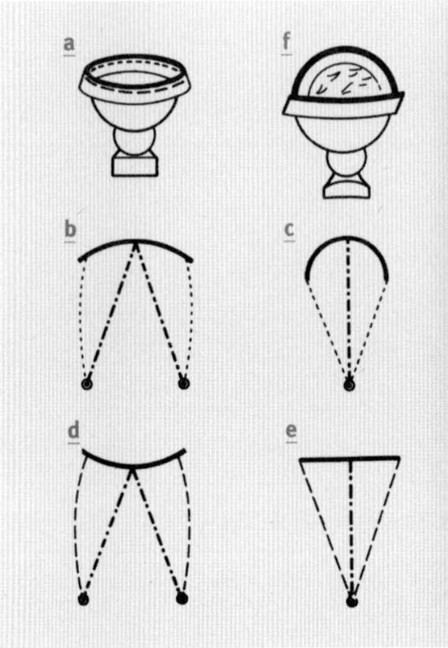

13

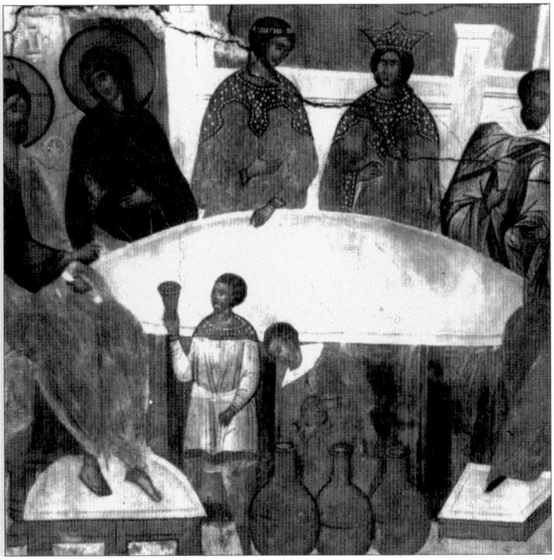

14 갈릴리 가나의 혼인잔치, 테라폰토스 수도원 프레스코의 세부, 디오니시, 1500~1502년

하겠지만, 러시아 사람들은 거꾸로 우리에게 '왜 a를 보고 b처럼 그리지?" 하고 물을 것이다. 둘 사이에 우열이란 있을 수 없다. 이탈리아어와 러시아어가 다르듯이, 선원근법과 역원근법은 그저 서로 다른 예술의 언어일 뿐이다.

어느 출판사에 이에 관한 글을 보냈더니, 편집부에 있는 이들이 내 말을 안 믿는다. 저 구조물이 애초에 둥글게 굽어 있는 게 아니냐는 거다. 여기서 저절로 한 가지 물음이 떠오른다. 직선을 곡선으로 그린다면, 애초에 곡선으로 굽은 구조물은 어떻게 그려야 할까? 러시아의 장인들은 해답을 갖고 있었다. 처음부터 말굽처럼 생긴 구조물을 한 번 더 굽힐 때는, 그림 12에서 보듯이 굽은 벽을 두 쪽으로 잘랐다. 즉 둥글게 굽은 벽이 중간에 뭉텅 잘려져 있으면, 그 구조물은 애초부터 굽어 있었던 것으로 해석하면 된다.[12]

그럼 동그라미는 어떻게 그려야 할까?[13] 원형을 약간 떨어진 거리에서 보면 타원형으로 보인다. 역원근법의 원리에 따라 그 타원형의 윗부분을 한 번 굽히면(b), 곡률이 상승해 거의 반원처럼 될 것이다(c). 반면 타원형의 아랫부분은 반대로 휘어 있기에 역시 역원근법의 원리에 따라 그것을 안쪽으로 굽히면(d), 외려 평평하게 펴질 것이다(e). 이 둘을 위아래로 합쳐놓으면 어떻게 될까? 결국 반원형의 도형이 얻어질 것이다(f). 따라서 러시아 성화에서 종종 보는 반원형의 탁자는 실제로는 원형이라고 해석해야 한다.[14]

중심에서 주변으로

아래의 두 그림을 보면 뭔가 이상한 점이 금방 눈에 들어올 것이다.[15] 식기들이 아슬아슬하게 탁자의 끝에 걸려 있다는 것. 그릇들은 금방이라도 아래로 떨어질 것만 같다. 하지만 걱정할 것 없다. 저 식기들은 실은 탁자 안쪽 안전한 곳에 놓여 있으니까. 우리 눈에는 그것들이 가장자리에 놓인 것처럼 보이지만, 러시아 사람들은 식기가 탁자 안쪽 깊숙한 곳에 있다고 생각할 게다. 그런데 왜 탁자 안쪽의 식기들을 가장자리로 몰아놓은 걸까? 거기에는 심오한 이유가 있다.

앞에서 역원근법에서는 곧은 대상을 휘어지게 묘사한다고 배웠다. 자, 이제 그 원리를 정사각형에 적용해보자. 정사각형의 양 측면이 보

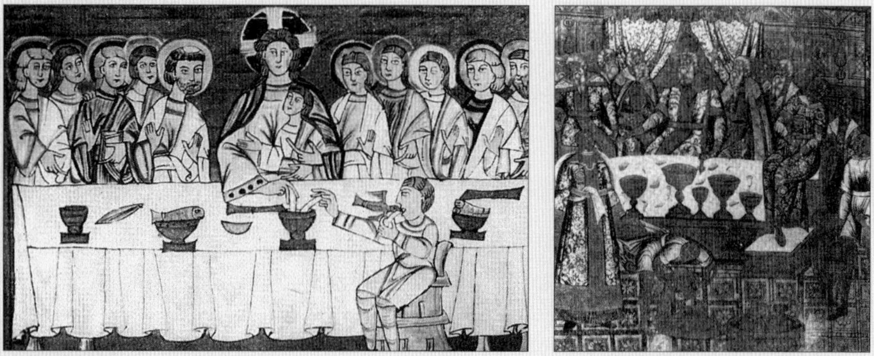

15

성 만찬, 〈비셰그라드 코덱스〉 속의 세밀화의 세부, 11세기(왼쪽) 헤롯의 만찬, 볼고다 소피엔 성당 프레스코화의 세부, 1688년(오른쪽)

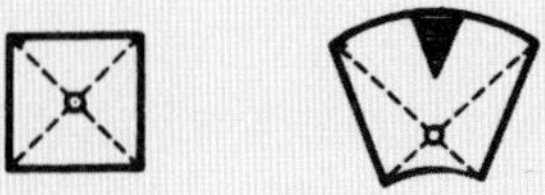

16

이도록 안쪽으로 둥글게 굽히면, 아마 아래가 뭉텅 잘려나간 부채꼴 모양이 될 것이다. 그 상태에서 두 대각선을 그어 중심점을 표시해보라.[16] 그럼 가운데에 있던 중심점이 앞쪽으로 급격히 쏠리는 현상을 볼 수 있을 것이다. 넉넉하게 식탁 안쪽에 있는 식기들이 위태롭게 가장자리에 걸려 있는 것처럼 묘사되는 것은 바로 이 때문이다.

마름모꼴에 대해서도 마찬가지다. 양 측면을 바라보는 두 개의 시선(a)을 하나로 합쳐놓으면(b), 중심이 앞쪽으로 쏠리게 된다.[17] 자, 이제

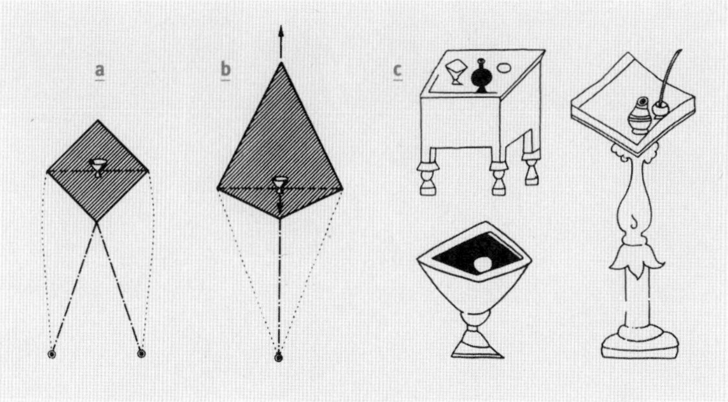

17

탁자 안쪽에 놓인 물건들이 왜 가장자리에 걸려 있는 것처럼 묘사되는지 알았을 게다. 러시아어 문장을 이탈리아 문법으로 읽을 수 없듯이, 역원근법으로 그려진 그림을 선원근법의 문법으로 읽어서는 안 된다. 그림을 읽을 때는 그것을 그릴 때 사용했던 그 코드로 읽어야 한다.

공중부양

러시아 성화에서 우리는 종종 발의 받침대가 45도 각도로 비스듬히 세워져 있는 모습을 본다. 심지어 죽은 성자의 사체마저 마치 허공에 떠 있는 듯한 모습으로 묘사될 때도 있다.[18] 이 역시 투시법의 차이에서 비롯된 현상이다. 마치 공중부양을 하는 듯이 보이는 저 대상들을 러시아 사람들이라면 수평으로 누워 있는 것으로 해석할 것이다. 우리 눈에

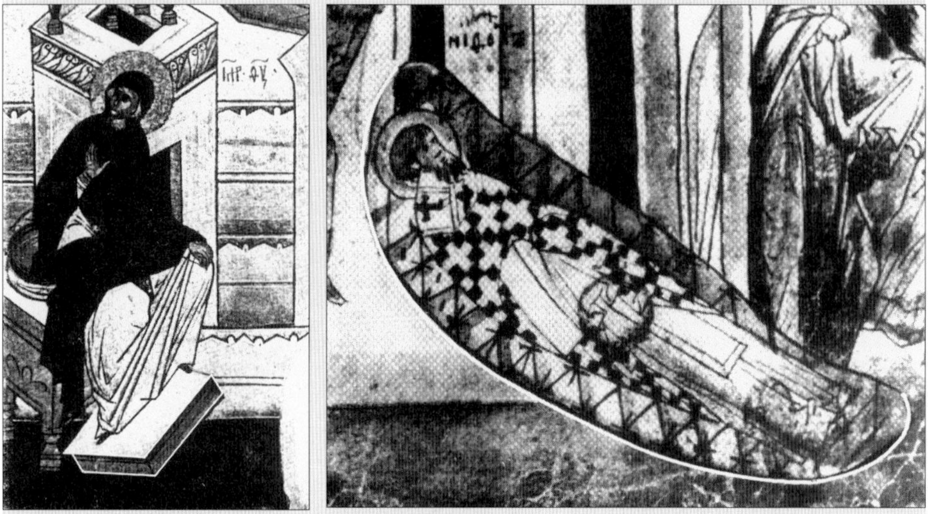

18

수태고지, 어느 문짝의 세부, 15세기(왼쪽)　《니폰트의 일생》에 수록된 세밀화의 세부, 16세기(오른쪽)

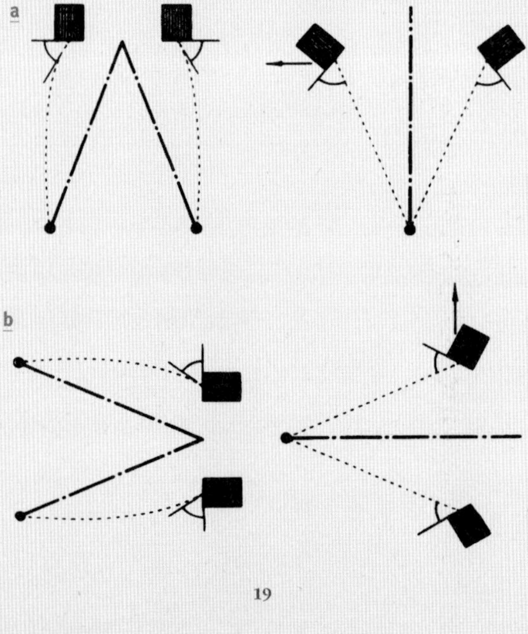

19

는 기이해 보이지만, 실은 이 역시 자기들의 투시법을 매우 수미일관하게 적용한 결과이다.

옆의 그림을 보라.[19] 먼저 두 개의 정육면체를 서로 떨어진 두 개의 시점에서 바라본다. 이어 벌어진 가위의 손잡이를 오므리듯이 두 시점을 가운데로 모으면, 두 정육면체는 옆으로 비스듬히 눕게 될 것이다. b를 보면, 러시아 성화에서 수평으로 누운 대상들이 왜 45도 정도 들린 채로 묘사되는지 알 수 있을 것이다. a의 경우에도 공간 처리와 관련하여 재미있는 현상이 발생한다.

아래의 그림은 러시아 성화에서 종종 배경으로 사용되는 암산의 묘사이다.[20] 우리 눈에는 봉우리들이 두 쪽으로 나뉘어 있고, 그 사이에 커다란 공간이 있는 것처럼 보인다. 하지만 러시아 사람들은 저것을 '공간'으로 읽지 않았을 것이다. 저 빈틈은 실제로는 존재하지 않는다. a에서 볼 수 있듯이, 그것은 두 시점을 하나로 모으는 역원근법의 규약 때문에 생긴 공간의 가상일 뿐이다.

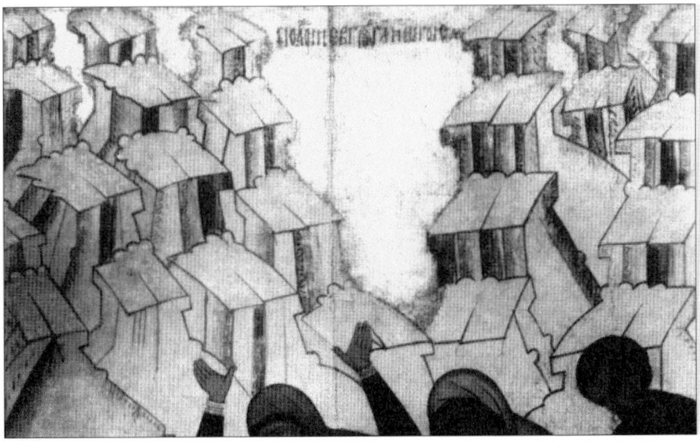

20
예수의 입관, 15세기 말경에 제작된 이콘의 세부

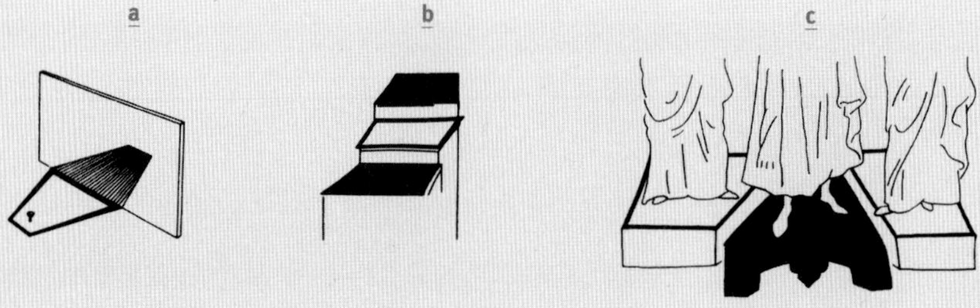

21

감추어진 역원근법

이제 역원근법의 '감추어진' 형태에 대해 살펴보자. 원리는 간단하다. 역원근법으로 그려진 대상을 거울에 비친 역상으로 묘사하는 것이다.[21] 가령 a를 보라. 바닥에 놓인 대상은 앞이 짧고 뒤가 길게 묘사되는 역원근법을 따랐다. 하지만 거울에 비친 역상을 보라. 앞이 길고 뒤가 짧아 첫눈에는 마치 서구 원근법을 따른 것처럼 보인다. 역원근법을 한 번 더 뒤집어놓았기에 결과적으로 그렇게 보이는 것이다. 하지만 그 역시 '감추어진' 형태일 뿐, 실은 역원근법의 일종이다.

그런데 왜 역원근법을 한 번 더 뒤집어놓았을까? '공간 처리' 때문이다. 서구의 원근법의 공간은 등질적이다. 거기에는 시점이 하나밖에 없어 모든 대상이 서로 충돌하지 않고 한 화면 안에 가지런히 들어온다. 반면 러시아의 원근법은 다르다. 역원근법에서는 대상에 따라 시점이 바뀌고, 때문에 한 화면 안에 여러 개의 이질적인 공간들이 공존하

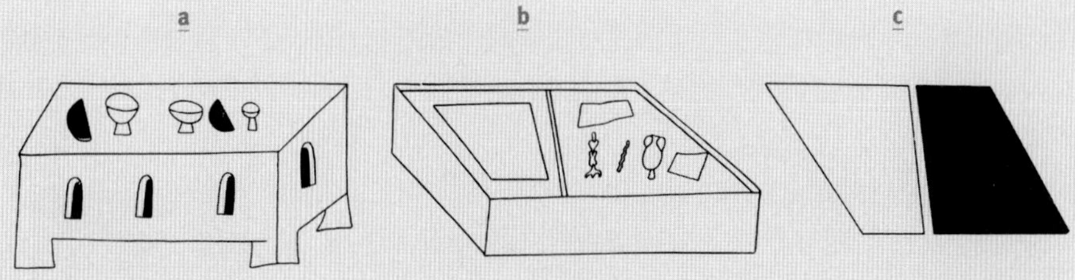

22

게 된다. 문제는 이 공간들이 서로 충돌한다는 데 있다. 역원근법의 '감추어진' 형태는 이 충돌을 해결하기 위해 도입된 것이다.

가령 b를 보라. 수직으로 배열된 세 개의 지붕에 역원근법의 '드러난' 형태와 '감추어진' 형태가 교대로 사용되고 있다. 안 그랬다면 한쪽 끝에서 지붕의 폭이 과도하게 늘어났을 게다. c에서는 사각형들이 수평으로 배열되어 있다. '드러난' 형태로 그려진 두 개의 사각형 사이에 '감추어진' 형태로 그려진 놈을 끼워 넣지 않았다면, 그 위에 선 세 인물의 사이가 너무 멀어졌을 것이다. 때로는 '한' 대상 안에서도 드러난 형태와 감추어진 형태를 교차해서 사용하기도 한다.[22]

오목거울과 볼록거울

대상을 곡선으로 묘사할 때도 '감추어진' 형태가 사용된다. 먼저 그림을 보라.[23] 대상을 두 개의 시점에서 바라보는 것은 동일하나, 이번에

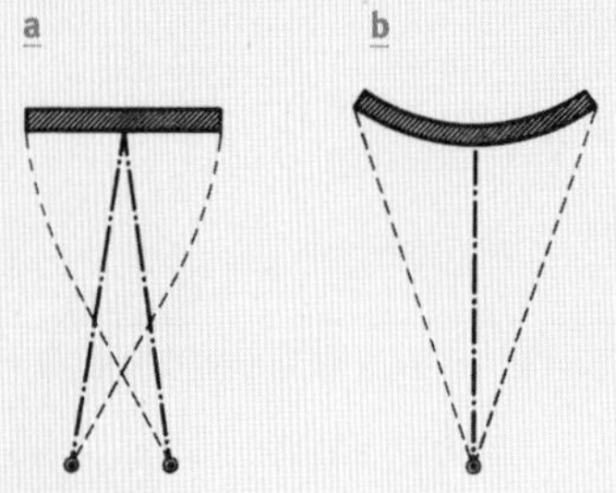

23

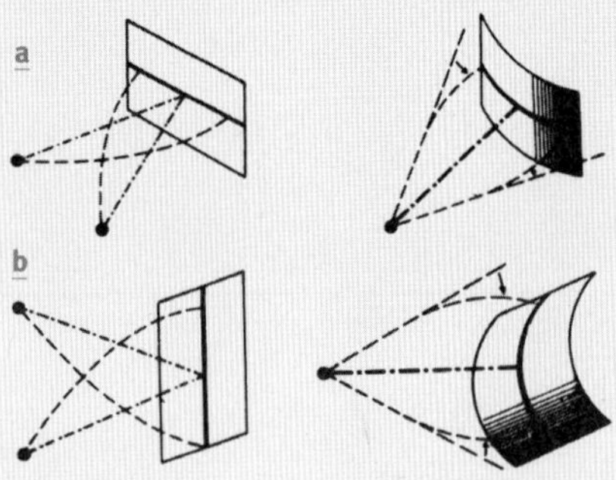

24

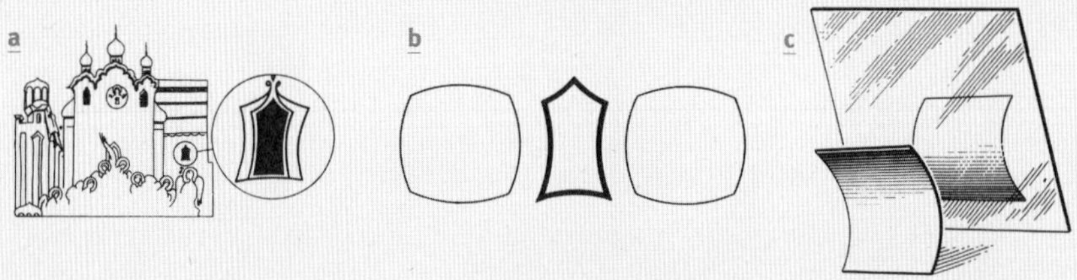

25

는 방향이 바뀌었다. 즉 오른쪽의 시점에서 대상의 왼쪽 끝을 보고, 왼쪽의 시점에서 대상의 오른쪽을 보는 것이다. 좌우로 교차해서 바라보기 때문에 시선을 나타내는 점선은 중앙에서 교차하게 된다. 그 두 시점을 이제 하나로 모아보자. 그러면 이번에는 대상이 앞쪽이 아니라 거꾸로 뒤쪽으로 휘어질 것이다.

이제 이 원리를 평면에 적용시켜보자.[24] a는 가로로 누운 평면이 뒤쪽으로 휘어지는 모습을 보여준다. b는 세로로 선 평면이 역시 뒤쪽으로 굽어지는 모습을 나타내고 있다. 이제 이 둘을 합치면 앞으로 불쑥

튀어나온 볼록거울과 같은 렌즈가 만들어질 것이다. 거기에 직사각형을 투사하면 상하와 좌우로 배가 홀쭉하게 들어간 모습이 될 것이다. 옆의 그림의 a를 보라.[25] 마치 별 모양처럼 보이나 실은 직사각형의 창문을 그린 것이다. 대체 왜 이런 묘사가 필요했을까?

역시 공간의 충돌을 피하기 위해서이다. b에서 양옆의 볼록한 도형들은 역원근법의 드러난 형태로 그린 것이다. 세 개의 창문을 모두 다 이렇게 그리면, 창문을 품은 공간이 좌우로 너무 길어졌을 것이다. 이를 피하려고 장인은 가운데 것을 '감추어진' 역원근법을 이용해 홀쭉하게 그려 넣었다. 이 홀쭉한 도형이 두 개의 볼록한 도형이 늘여놓은 공간을 원래 길이로 단축시켜준다. 서로 너무 달라 보이지만, 실제로는 저 세 개의 창문 모두 똑같은 직사각형 모양으로 읽어야 한다.

투시법의 천재지변

사물을 볼 때 우리의 안구는 대상들 하나하나를 좇아 부지런히 움직인다. 그런 의미에서 사물들마다 시점을 바꾸는 러시아 성화야말로 어떤 의미에서는 우리의 일상적 지각에 더 가까운 투시법을 사용하는 셈이다. 하지만 한 화면에 시점이 여러 개 존재하면, 아무래도 각각의 시점이 품은 공간들 사이에 충돌이 생길 수밖에 없다. 이 충돌로 인한 혼돈을 피하려고 러시아의 장인들은 역원근법의 '드러난' 형태와 '감추어진' 형태를 교대로 사용해야 했다.

하지만 가끔 그것만으로는 해결이 안 될 때도 있다. 러시아 성화에서 나란히 서 있는 성자들은 가끔 서로 발을 밟고 있는 듯이 묘사된다. 각

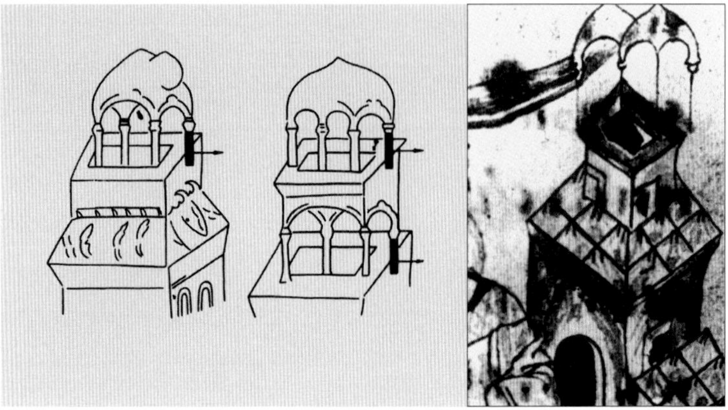

26 《니폰트의 일생》에 수록된 세밀화의 일부, 16세기

인물마다 시점이 달라 공간들 사이에 충돌이 일어나기 때문이다. 이 충돌이 때로는 직관적으로 납득하기 힘든 묘사를 낳는다. 위의 그림을 보라.[26] 역원근법의 원리에 따라 건물의 앞부분이 짧게 묘사되는 바람에 그 위의 기둥 하나가 설 자리를 잃고 허공에 떠 있다. 러시아의 장인들이 자신들의 투시법을 얼마나 철저하게 적용했는지 이로써 짐작할 수 있다. 앞에서 역원근법을 적용한 결과 그림의 배경을 이루는 암산이나 풀숲의 한가운데가 찢어지는 현상에 대해 이야기한 바 있다. 그때 사용됐던 도식들을 거울에 비친 모습으로 반대로 뒤집어보자. 이렇게 역원근법의 뒤집어진 형태, 즉 감추어진 형태를 사용하면, 이번에는 배경이 아니라 화면의 앞부분이 찢어질 것이다. 이를 감추기 위해서 러시아의 장인들은 종종 화면의 앞부분에 지진을 일으키곤 했다. 러시아 성화에 천재지변이 자주 등장하는 것은 이 때문이다.[27]

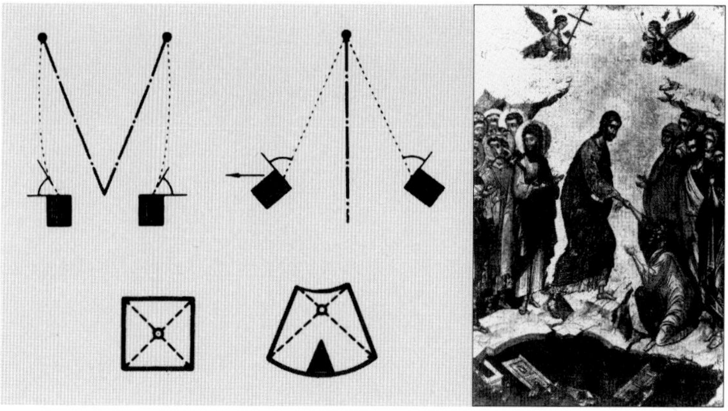

27 예수의 지옥 방문, 15세기 초

큐비즘

서구 원근법의 공간은 하나의 등질적인 공간이다. 때문에 화면에 아무리 많은 대상을 집어넣어도 그것들 사이에 충돌이 일어나는 경우는 없다. 이것이 바로 하나의 시점만 사용하는 선원근법의 장점이다. 반면 러시아 역원근법은 다르다. 거기에는 다수의 시점이 동원되기 때문에 화면 안에 다수의 이질적인 공간이 존재하여 서로 충돌을 일으키게 된다. 그 충돌이 빚어내는 시각적 민망함(?)을 러시아의 장인들은 별로 개의치 않은 듯하다. 그들은 배경을 버젓이 양쪽으로 찢어놓거나, 화면 앞에 지진을 일으키거나, 기둥을 그냥 허공에 띄워두었다.

하지만 17세기쯤이면 서구 르네상스의 물결은 결국 러시아에까지 당도하게 된다. 서구의 선원근법의 묘사를 접한 러시아의 장인들은 자신들의 묘사 방식이 낙후됐다고 느낀 모양이다. 그리하여 투시법의 철저한 적용에서 비롯된 균열들을 화면에 그대로 드러내던 당당함을 잃어버리고, 시각적 민망함을 피하기 위해 공간의 충돌로 생긴 균열들을 여러 가지 대상을 이용해 슬쩍 가려놓기 시작한다. 이 과도기를 거친 후에는 러시아의 장인들도 서구의 선원근법을 받아들이게 된다.

공간의 균열을 슬쩍 가리는 트릭은 세잔을 연상시킨다. 널리 알려진 바와 같이 세잔은 일찍이 서구 원근법의 규약이 우리의 일상적 지각과 다르다는 것을 예민하게 의식하고 있었다. 그리하여 정물을 그릴 때 그는 대상 하나하나마다 시점을 바꾸어 그리곤 했다. 그리고 거기서 비롯되는 공간의 충돌을 피하기 위해 균열이 생기는 부분에 꽃병이나 테이블보로 슬쩍 덮어 가리곤 했다. 그 균열을 가리지 않고 과감하게 드러내려 했을 때 바로 큐비즘이 탄생했다는 것을 우리는 알고 있다.

프리미티비즘인가

20세기 초에 일군의 미술사학자들은 러시아의 성화에서 아직 원근법을 모르는 '소박한 시각'을 보았다. 당시는 마침 고전 예술이 생명력을 다하고 현대 예술의 운동이 일어나던 시대였다. 예술을 보는 사람들의 취향도 바뀌어 아프리카 미술 같은 서구 원근법의 바깥에 있는 예술들을 찬양하는 분위기였다. 원근법적 묘사에 식상한 사람들은 외려 원근법을 모르는 러시아 성화의 소박함을 찬양하려 했다. 그들은 러시아 성화에 원근법이 없다고 믿었던 것이다.

하지만 세긴은 이를 반박한다. 러시아의 성화에 원근법이 없었던 게 아니다. 그저 서구와 같은 선원근법을 사용하지 않았을 뿐 러시아의 장인들 역시 나름대로 아주 엄격한 원근법의 체계(역원근법)를 갖고 있었다는 것이다. 위에서 본 것처럼 셰긴의 주장은 대단히 설득력이 있다. 파노프스키의 말대로 서구 원근법은 유일하게 과학적인 재현 방식이 아니다. 그 역시 문화적으로 상대적인 하나의 '상징 형식'일 뿐이다. 러시아의 역원근법은 그의 말을 입증해주는 강력한 증거이다.

20세기에 추상 예술이 시작되면서 르네상스의 선원근법은 회화에서 자취를 감추었다. 오늘날의 눈에는 외려 러시아의 역원근법이 더 현대적으로 느껴질 것이다. 하지만 21세기에 들어와 여기에 다시 역전이 생기는 듯하다. 디지털 시대는 선원근법을 부활시켰다. 모니터의 평면 위에 3D의 환영을 창출하는 컴퓨터 그래픽 아티스트들은 수백 년 전에 르네상스의 화가들이 했던 그 일을 반복하고 있다. 다만 이번에는 묘사의 수단이 펜과 붓에서 마우스와 키보드로 바뀌었을 뿐이다. 그렇다면 러시아의 역원근법은?

최근에 등장한 디지털 재현은 언뜻 보면 서구 원근법만 따르는 것처럼 보인다. 하지만 거기에는 러시아 역원근법의 요소 역시 작용하고 있음을 놓치면 안 된다. 왜? 우리가 컴퓨터 모니터 위에서 보는 3차원 공간의 환영은 관찰자가 가상의 공간 안에서 움직일 때마다 시시각각 달라지는 운동지각을 구현하고 있기 때문이다. 다시점을 도입하여 움직이는 지각을 표현하는 것이야말로 러시아 원근법의 가장 중요한 특징이 아닌가. 그런 의미에서 컴퓨터 그래픽은 두 개의 원근법 체계의 종합인지도 모른다.

왜곡상

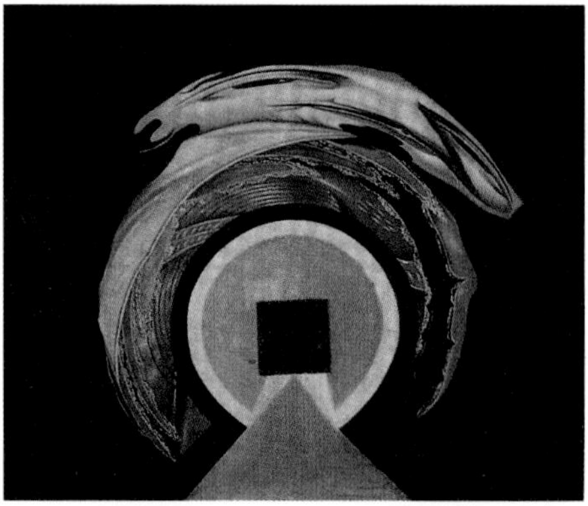

〈루이 13세의 초상〉 장 프랑수아 니세롱, 1635년

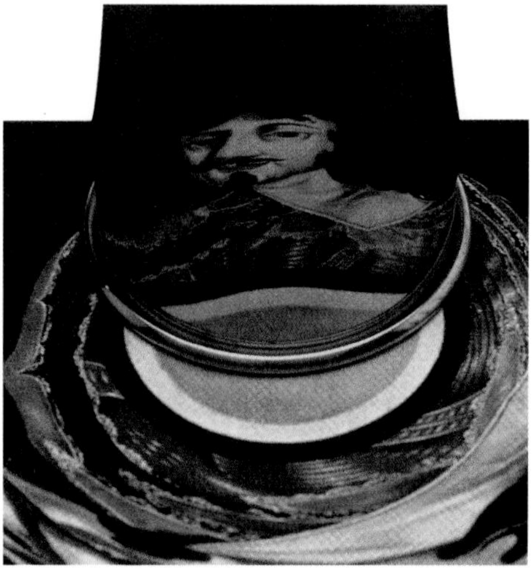

실린더 거울에 비친 루이 13세의 초상

선 원근법의 전제조건 가운데 하나는 시점을 고정시키는 것이다. 하지만 이 전제를 깨고 움직이는 시점을 도입하면, 러시아 성상에서 볼 수 있는 역원근법이 성립한다. 하지만 선원근법에는 또 다른 전제조건이 있다. 그것은 알베르티가 말했듯이 '시각 피라미드의 횡단면을 절단' 한다는 것이다. 시각 피라미드를 자를 때, 대상과 절단면은 물론 평행을 이룬다. 하지만 그것을 다르게 절단하면 어떨까? 가령 평행을 깨고 비스듬하게 자르는 것이다. 그러면 아마도 그 횡단면 위에 대상의 길게 늘어진 형상이 나타날 것이다.

이를 '왜곡상(anamorphosis)' 이라 한다. 사실 왜곡상은 우리 일상에서 흔히 볼 수 있는 현상이다. 가령 고속도로의 아스팔트 위에는 속도나 방향을 지시하는 글자들이 씌어 있다. 하늘을 나는 새의 시각으로 이 글자들을 본다면 길게 늘어져 있다. 하지만 운전석에 앉아 있는 운전자의 시각은 도로와 예각을 이루게 되고, 그로써 실은 길게 늘어진 글자가 정자체로 들어오게 된다. 도로 위에 정자체로 글자를 썼다면 짧게 단축이 되어 운전자가 미처 알아보기 전에 스쳐 지나갈 것이다. 이 단축을 고려하여 일부러 글자를 길게 늘여 쓴 것이다.

이 이상한 원근법은 누가 처음 발명했을까? 누구겠는가. 바로 르네상스 전인의 화신 레오나르도 다 빈치다. 그가 쓴 코덱스의 한쪽에는 좌우로 길게 늘여진 두 개의 이미지가 그려져 있다. 종이 오른쪽 귀퉁이에 눈을 바짝 갖다대고 이미지를 짧게 단축시키면, 미소 짓는 소년의 얼굴과 인간의 눈이 나타난다. 내가 아는 한 이것이 역사상 최초의 왜곡상이다. 하지만 이보다 더 잘 알려진 것은 한스 홀바인의 〈대사들〉이라는 작품이다. 두 사내의 사이에 비스듬히 놓인 물체를 옆에서 바짝

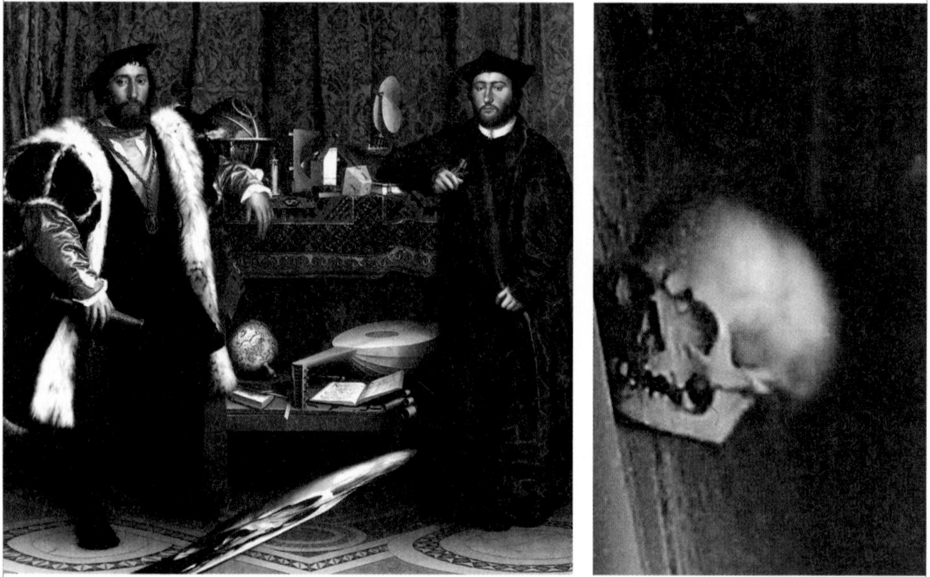

〈대사들〉 한스 홀바인, 1533년

다가가 비스듬히 올려다보면, 인간의 두개골이 나타난다.

저 그림이 제대로 효과를 발휘하려면, 물론 계단 옆에 걸어놔야 한다. 계단을 오르려면 벽에 바짝 붙어야 하고, 또한 시선을 계단의 각도만큼 위로 쳐들어야 한다. 계단을 오르면서 관찰자는 저절로 저 긴 물체를 단축시키는 위치와 각도를 취하게 된다. 이 그림에 대해서는 이미 많은 언급이 행해졌지만, 한 가지 빠진 것이 있다. 그것은 관찰자를 엄습하는 저 그림의 충격 효과이다. 그림은 벽면에 붙어 있지만, 계단을 오르는 관찰자에게 두개골은 마치 마주 선 양 정면으로 육박해오게 된다. 계단을 오르다 눈앞에 갑자기 두개골이 나타난다고 생각해보라.

그 효과가 어떨지는 헝가리의 디자이너 이스트반 오로스의 작품을 보면 대충 짐작이 갈 것이다. 계단의 왼쪽에서 볼 때나, 계단의 정면에서 볼 때는 별 감흥이 없을 것이다. 하지만 계단의 오른쪽으로 시선을 옮기면, 갑자기 계단 위에 벌거벗은 사내의 하반신이 나타난다. 불현듯 나타난 이 입체 효과는 관찰자로 하여금 순간적으로 놀라게 만든다. 홀바인의 두개골도 이와 비슷한 입체 효과를 낸다고 생각하면 된다. 허공에 떠서 정면으로 육박하는 두개골. 산 자들에게 '죽음을 기억하라(memento mori).' 고 경고하는 데 이보다 효과적인 방법이 또 있겠는가?

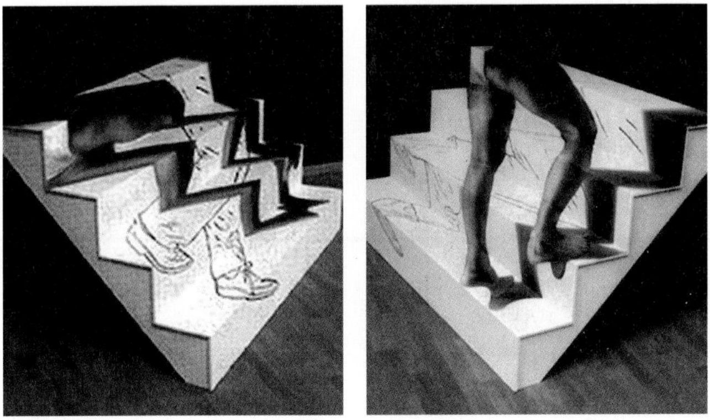

〈계단〉, 이스트반 오로스, 1992년

르네상스 후기에 나타난 왜곡상은 17세기에 들어와 널리 유행하게 된다. 이를 이론화한 것은 프란체스코 성당의 수사이자 수학 교수였던 니세롱(Jean Françons Nicerons, 1613~1646)이다. 그런 의미에서 그를

'왜곡상의 알베르티' 라고 부를 수 있을 것이다. 《신기한 원근법 혹은 인공적 마술 혹은 놀라운 효과의 인공적 마술》(1638)이라는 책에서 그는 왜곡상을 크게 세 가지로 분류했다. 비스듬하게 봐야 제 모습으로 보이는 '단축 왜곡상', 원통이나 원뿔, 또는 피라미드 거울에 비춰봐야 하는 '반사 왜곡상', 그리고 프리즘이나 다이아몬드 같은 특수한 렌즈를 통해 봐야 제 모습이 보이는 '굴절 왜곡상'이 그것이다.

왜곡상에 대해서는 이미 다른 책(《놀이와 예술, 그리고 상상력》)에 상세히 쓴 적이 있다. 따라서 여기서는 같은 이야기를 반복하기보다 독자들이 집에서 직접 왜곡상을 만드는 방법을 소개하는 것으로 그치려 한다. 왜곡상은 철저하게 굴절광학, 반사광학과 같은 과학적 원리에 기초해 만들어진다. 이것은 왜곡상의 제작 과정을 기계화할 수 있음을 의미

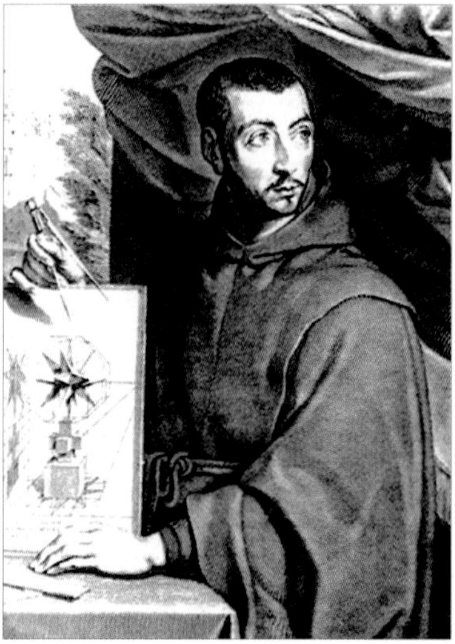

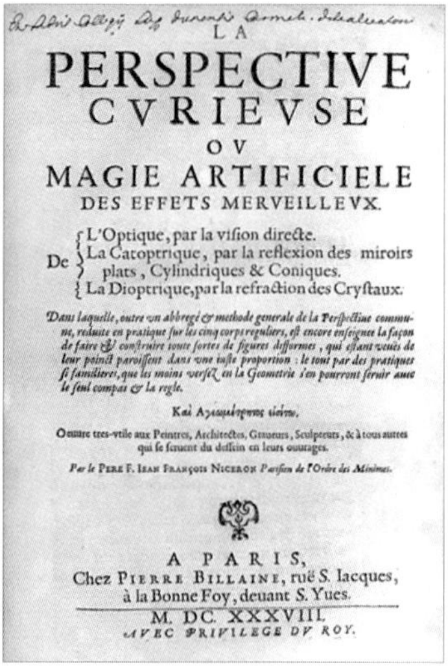

LA
PERSPECTIVE
CVRIEVSE
OV
MAGIE ARTIFICIELE
DES EFFETS MERVEILLEVX.

De
L'Optique, par la viſion directe.
La Catoptrique, par la reflexion des miroirs plats, Cylindriques & Coniques.
La Dioptrique, par la refraction des Cryſtaux.

Dans laquelle, outre vn abbregé & methode generale de la Perſpectiue commune, reduite en pratique ſur les cinq corps reguliers, eſt encore enſeignee la façon de faire & conſtruire toute ſortes de figures difformes, qui eſtant veuës de leur poinct paroiſſent dans vne iuſte proportion : le tout par des pratiques ſi familieres, que les moins verſeZ en la Geometrie s'en pourront ſeruir auec le ſeul compas & la regle.

Oeuure tres-vtile aux Peintres, Architectes, Graueurs, Sculpteurs, & à tous autres qui ſe ſeruent du deſſein en leurs ouurages.

Par le PERE F. IEAN FRANÇOIS NICERON *Pariſien de l'Ordre des Minimes.*

A PARIS,
Chez PIERRE BILLAINE, ruë S. Iacques, à la Bonne Foy, deuant S. Yues.
M. DC. XXXVIII.
AVEC PRIVILEGE DV ROY.

장 프랑수아 니세롱과 그의 책 《신기한 원근법 혹은 인공적 마술 혹은 놀라운 효과의 인공적 마술》

한다. 실제로 18세기에 이르면 왜곡상을 만드는 기계들이 발명된다. 기계로 제작되면서 왜곡상은 더 이상 소수의 인텔리들만의 놀이가 아니라, 누구나 할 수 있는 대중의 오락이 된다. 오늘날 디지털 기술은 왜곡상의 제작을 더욱 간편하게 만들어주었다.

해외의 인터넷 사이트(가령 http://www.anamorphosis.com/software.html)에 들어가면, 이미지를 왜곡상으로 바꿔주는 다양한 소프트웨어들을 무료로 다운로드할 수 있다. 이 프로그램들만 있으면 어떤 이미지라도 왜곡상으로 바꿔놓을 수 있다. 왜곡상의 발명자 다 빈치를 기리는 의미에서 그의 대표작 〈모나리자〉를 취해보자. 왜곡상 소프트웨어로 처리하면, 〈모나리자〉의 이미지는 저렇게 변형이 된다. 저 왜곡된 이미지들을 원기둥 거울(왼쪽)이나 원뿔 거울(오른쪽)에 비춰보면 거울의 표면 위에서 원래의 이미지로 돌아온다. 남은 것은 저것들을 비춰볼 원뿔이나 원기둥 거울을 구하는 것인데, 그것은 각자 알아서 구해보시라.

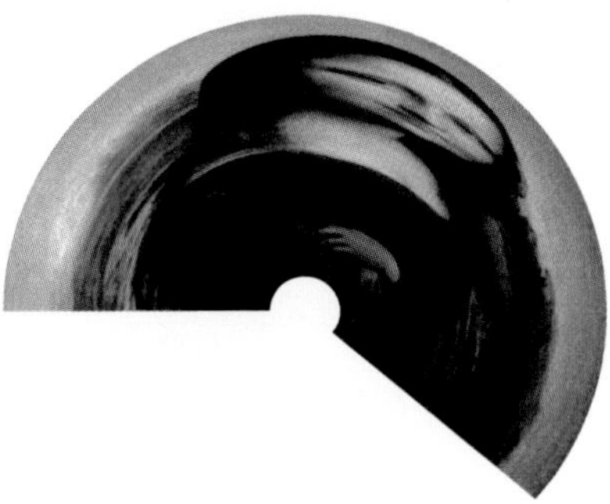

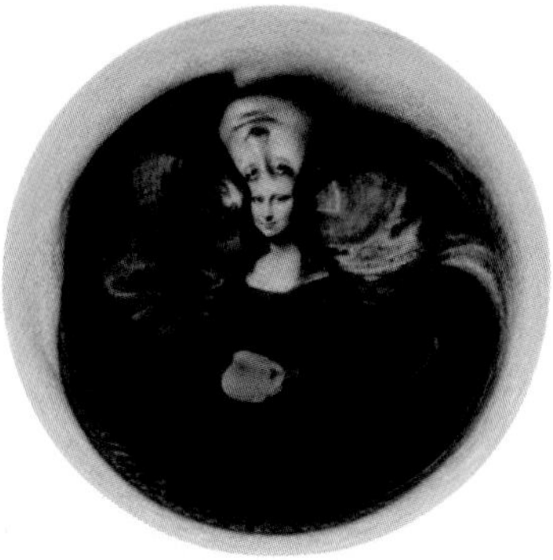

6

현대 예술은 내용보다 형식을 강조하는 경향이 있지만, 19세기 이전만 해도 형식은 여전히 내용에 종속되어 있었다. 즉 그림에서 보는 형태와 색채는 인물과 사물의 재현에 사용되었고, 이는 다시 종교적, 정치적 메시지를 전달하기 위한 것이었다. 한마디로 그림은 '보는' 것이기 이전에 '읽는' 것이었다.

한 그림의 의미는 당대인에게는 직관적으로 알려진다. 하지만 오랜 세월이 흐르면, 그 그림에 의미를 주었던 사회적 맥락도 사라져버린다. 그러다 보면 어느 순간 그림을 봐도 더 이상 의미를 직관적으로 이해할 수 없는 상황이 찾아온다. 바로 이 때문에 그림을 읽는 학문이 필요한 것이다.

이 장에서는 에르빈 파노프스키의 논문을 토대로 그림의 의미를 읽어내는 절차에 대해서 살펴보게 된다. 파노프스키에 따르면, 그림 읽기는 전(前)도상학적 단계, 도상학적 단계, 도상해석학적 단계의 세 계단을 거친다고 한다. 마지막 도상해석학적 단계에서 그림은 자신의 최종적 의미를 드러낸다.

■ 참고문헌

Erwin Panofsky, Ikonographie und Ikonologie (1939/1955) in : *Sinn und Deutung in der Bildenden Kunst* (*Meaning in the Visual Arts*), Köln, 1996.

에르빈 파노프스키, 이한순 옮김, 《도상해석학 연구》, 시공사, 2002.

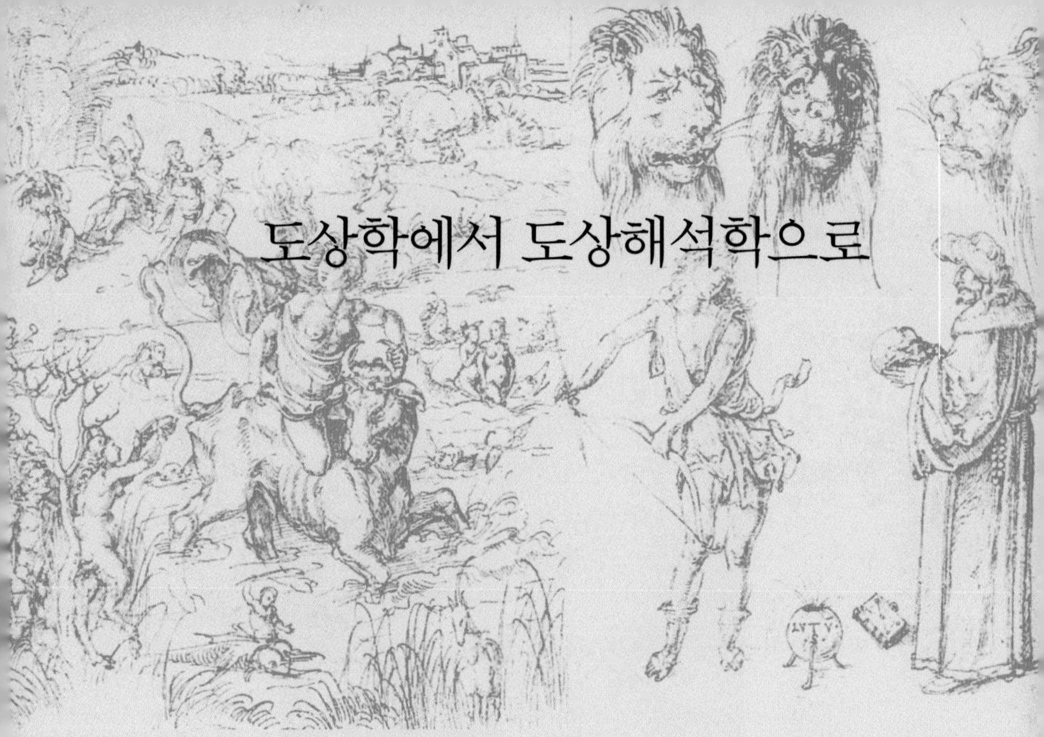

도상학에서 도상해석학으로

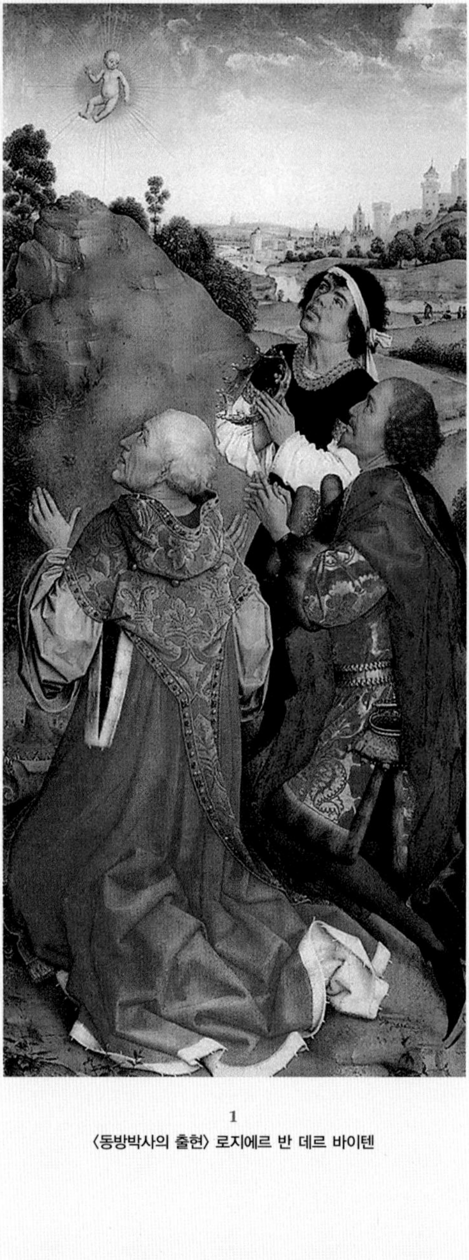

1
<동방박사의 출현> 로지에르 반 데르 바이텐

맞은편에서 낯익은 얼굴이 걸어온다. 나와의 거리가 점점 가까워진다. 얼굴을 맞댈 거리에 도달하자, 사내가 오른손으로 머리에 쓴 중절모를 들었다가 다시 내려놓는다. 모든 게 분명하다. 내 쪽으로 걸어오는 것은 '사내'이고, 그가 머리에 쓴 것은 '모자'이며, 그의 행동은 모자를 '들었다가 놓는 것'이었다. 이를 파노프스키는 '사실의미'라고 부른다. 사실의미를 파악하는 데는 많은 것이 필요 없다. 그저 정상적인 지각능력만 있으면 그것으로 충분하다.

다른 한편, 우리는 그의 활기찬 걸음과 확 펴진 표정에서 그가 매우 들떠 있음을 본다. 또 명랑하게 건네는 인사에서 그가 내게 호감을 갖고 있음을 감지할 수도 있다. 이를 파노프스키는 '표현의미'라고 부른다. 이런 심리적 뉘앙스를 파악하는 데는 어느 정도 감수성이 필요하다. 앞에서 말한 '사실의미'나, 여기서 말한 '표현의미'를 파악하는 데는 많은 것이 필요 없고, 그저 자연적 지각과 일상적 감성만으로도 충분하다. 그런 의미에서 이 두 가지를 '일차적, 자연적 의미'라고 부르자.

그런데 왜 사내는 모자를 벗었을까? 서양 문화에 익숙한 눈은 그것을 인사법으로 해석할 것이다. 하지만 조선시대의 양반이라면 어떨까? 그 역시 상대가 모자를 벗어든 것(사실의미)을 보고, 사내의 동작과 표정에서 그가 들떠 있음(표현의미)을 느꼈을 것이다. 하지만 이렇게 일차적, 자연적 의미는 파악했을지라도, 이 해괴한 오랑캐의 관습이 대체 무얼 의미하는지는 도통 이해하지 못했을 것이다. 특히 예법에 민감한 양반이라면, 사내를 향해 "대체 뭐하는 짓이냐?"라고 호통을 쳤을지도 모른다.

모자를 벗어 인사를 하는 관습은 중세에 형성됐다. 즉 전쟁을 직업으로 삼았던 기사들이 상대에게 적의가 없음을 보여주기 위해 투구를 벗은 것이 이 관습의 유래라고 한다. 이렇게 모자를 벗는 행위를 '인사'로 해석하는 데는 자연적 지각이나 감성의 차원을 넘어, 그런 관습이 역사적으로 형성되어온 사회적 맥락에 대한 이해가 따로 필요하다. 이렇게 특정 문화권의 관습적 코드에 대한 학습이 필요한 의미의 층위를 '이차적, 관습적 의미'라고 부르기로 하자.

하지만 의미의 해독은 이런 현상적 수준에서 끝나는 게 아니다. 우리는 인사를 하는 그의 태도에서 그의 내면에서 우러나오는 인성의 향기를 맡을 수가 있다. 한 사람의 인성은 진공에서 형성되는 게 아니기에, 그가 내비치는 인격을 통해 우리는 또한 더 많은 것을 알아낼 수 있다. 즉 그가 밖으로 내비치는 인격을 통해 그가 속한 시대나 국적, 계층, 또는 그의 정신세계를 지배하는 지적 전통 등을 유추해낼 수 있는 것이다. 의미 해독의 최고 단계라 할 수 있는 이 의미의 층위를, 파노프스키는 '본래적 의미'라고 부른다.

그림의 경우도 다르지 않아, 의미를 해독할 때 우리는 위에서 말한 세 단계의 절차를 밟게 된다. 다시 말하면 먼저 '일차적, 자연적 의미'를 읽는 전(前)도상학적 단계에서 시작하여, '이차적, 관습적 의미'를 읽는 도상학적 단계를 거쳐, 그가 그림의 '숨은 내실'이라고 부른 '본래적 의미'를 읽는 데로 나아가는 것이다. 이 마지막 단계를 파노프스키는 도상해석학적 단계라고 부른다. 자연적 제재를 읽는 데서 출발한 해석의 운동은 바로 이 정점에서 비로소 완료된다. 이제 그의 설명을 따라 실제로 그림을 읽어볼 때가 됐다.

전도상학적 단계

화면에 세 사내의 모습이 보인다.[1] 한 사람은 노년, 다른 이는 중년, 또 다른 이는 청년이다. 입은 옷이 화려한 것으로 보아, 특별한 신분의 인물들인 듯하다. 무릎을 꿇고 손을 모은 채 세 사내의 시선이 하늘을 향한다. 그 세 개의 시선은 허공에서 만나고, 그것들이 교차하는 지점에는 벌거벗은 아이가 허공에 떠 있다. 그 아이의 아래로 삭막한 암산이 보이고, 그 뒤로는 흰 구름이 떠 있는 푸른 하늘과 평화로운 전원의 풍경이 아득하게 펼쳐져 있다. 이로써 우리는 이 그림의 '사실의미'를 읽어냈다.

이제 세 사내의 자세를 보자. 공손히 무릎을 꿇고 손을 모으고 있다. 시선은 위로 향하여 조심스레 하늘을 우러른다. 이어서 그들의 표정을 들여다보라. 차분하게 가라앉은 것이 어딘지 경건해 보인다. 사내들의

해석의 대상	해석의 행위	해석의 도구	해석의 교정원리
I. 예술적 모티프의 세계를 이루는 일차적 또는 자연적 제재. 사실적 층위, 표현적 층위	전(前)도상학적 기술 (그리고 준(準)형식적 분석)	실제적 경험 (대상 및 사건들과의 친숙함)	양식사 (변화하는 역사적 조건 아래서 대상과 사건이 형태를 통해 표현되는 방식에 대한 통찰)
II. 이미지, 일화와 우의를 구성하는 이차적 또는 관습적 제재	도상학적 분석	문학 원전에 대한 지식 (특정한 주제와 표상과의 친숙함)	유형사 (변화하는 역사적 조건 아래서 주제 또는 표상이 대상과 사건을 통해 표현되는 방식에 대한 통찰)
III. 상징적 가치를 이루는 본래적 의미 또는 내실	도상해석학적 해석	종합적 직관 (인간 정신의 본질적 경향과의 친숙함) 그 정신은 개인의 심리와 세계관에 의해 형성된다.	상징사 (도상의 본질적인 의미를 해석하기 위한 내용과 형식 간의 관계 체계에 대한 종합적 통찰)

조신한 자세, 엄숙한 시선, 경건한 표정. 거기서 우리는 어렵지 않게 그들의 심리 상태를 짐작할 수 있다. 여기서 그들의 내면이 온통 어떤 대상에 대한 숭배와 경외의 감정으로 가득 차 있음을 모를 사람이 있을까? 이로써 우리는 이 그림이 가진 '표현의미'를 읽어냈다.

그림의 사실의미와 표현의미를 읽어내는 것으로 그림의 '일차적, 자연적 의미'에 대한 해독은 완료된다. 이것이 바로 그림 읽기의 출발점이 되는 전(前)도상학적 단계다. 이렇게 일차적-자연적 제재에 대한 기술에서 출발한 그림 읽기는 그 다음 단계, 즉 이차적, 관습적 제재를 분석하는 도상학적 단계로 나아가야 한다. 하지만 그리로 가기 전에 아직 해결해야 할 문제가 있다. 앞에서 우리는 별 생각 없이 '벌거벗은 아이가 허공에 떠 있다.'고 전제한 바 있다. 하지만 무슨 근거로 그렇게 말할 수 있었을까?

교정 원리로서 양식사

옆의 이미지를 보라.[2] 예수가 죽은 청년을 살려내는 장면을 묘사한 중세의 그림이다. 이 사건이 벌어지는 곳 위로 네 개의 성탑과 성벽으로 이루어진 도성(都城)이 보인다. 이미 원근법에 익숙한 우리 눈에는 그것이 허공에 떠 있는 것처럼 보인다. 하지만 저것은 심판의 그날 하늘에서 내려오는 예루살렘 성이 아니라, 예수가 과부의 죽은 아들을 되살리는 이적을 행한 '나인'이라는 도성이다(〈누가복음〉 7장 11절). 중세 사람들은 물론 저 성을 허공에 떠 있는 것으로 해석하지 않았다. 왜?

중세의 장인은 화면을 '공간의 환영'이 아니라 '구성의 평면'으로

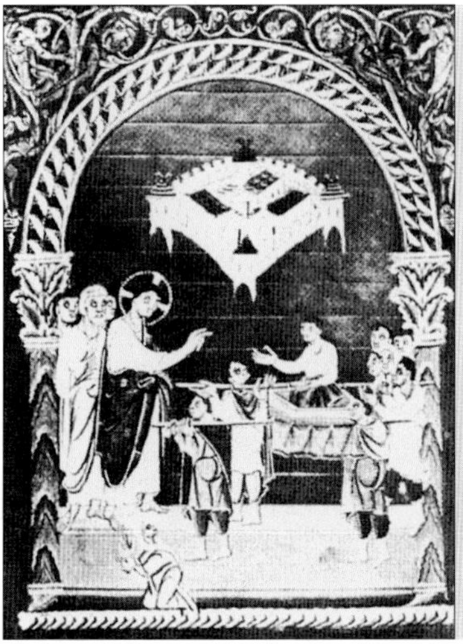

2
그리스도가 나인의 젊은이를 죽은 자들 가운데서 되살려내다, 1500년경

간주했기 때문이다. 즉 그들은 이야기 전개에 필요한 요소들을 3차원 공간 속에 질서 지우는 게 아니라, 2차원 평면의 빈자리에 채워 넣곤 했다. 따라서 저 도성 역시 허공에 띄워놓은 것이 아니라 평면에 채워 넣은 것으로 봐야 한다. 그렇다면 앞에서 본 아기는 어떤가? 우리는 그 그림이 르네상스 양식에 속한다는 것을 안다. 르네상스 시대에 화면은 공간의 환영으로 이해됐다. 따라서 그 아기는 허공에 떠 있는 것으로 읽어야 한다.

가령 그뤼네발트(Matthias Grünewald, 1472~1528)의 이젠하임 제단화를 보라.[3] 그림 속의 인물은 허공에 떠 있는가, 아니면 평면에 배치되어 있는가? 이 그림은 르네상스 양식에 속한다. 때문에 그림 속의 그리

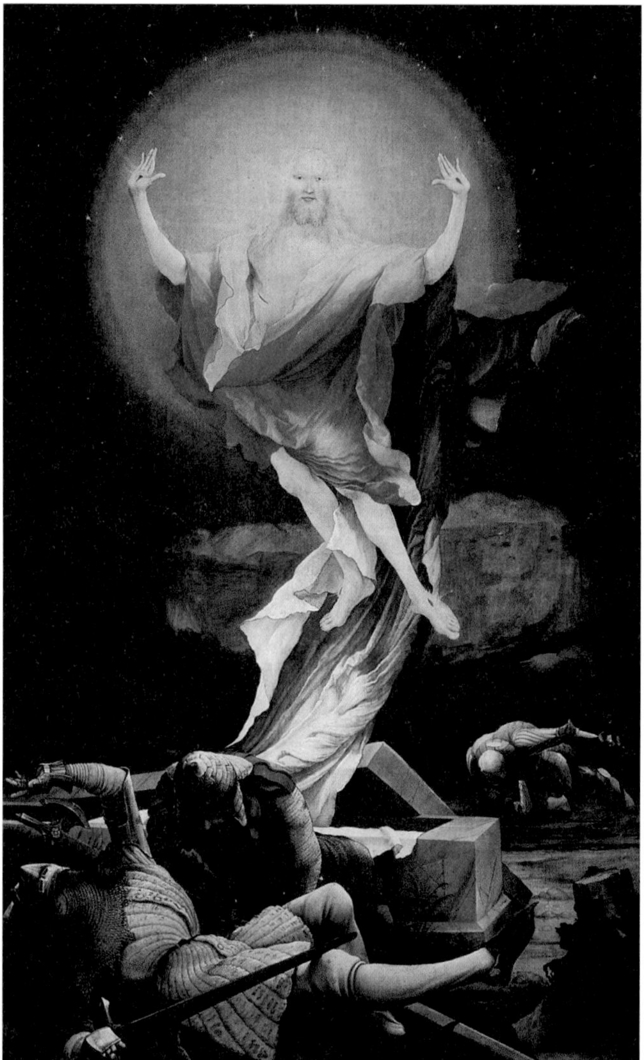

3
〈그리스도의 부활〉, 이젠하임 제단화의 부분, 마티아스 그뤼네발트, 1515년경

스도는 하늘에 떠 있는 것으로, 즉 무덤에서 부활하여 승천하는 장면으로 봐야 한다. 물론 이 그림이 중세에 속한다면 사정이 다를 것이다. 이렇게 양식에 따라 이미지의 현상적 의미가 달라지기 때문에, 그것을 결정하는 데는 별도의 원리가 필요하다. 전도상학적 단계에서는 '양식사(樣式史)'가 그 교정 원리의 역할을 하게 된다.

도상학적 단계

이제 다음 단계로 넘어가 보자. 세 사내의 정체는 무얼까? 기독교 문화를 모르는 사람들은 여기서 독해가 멈출 것이다. 하지만 성서를 좀 아는 사람이라면, 그들이 예수의 탄생을 축하하기 위해 먼 길을 찾아온 '동방박사'이며, 하늘에 떠 있는 것이 왕의 탄생을 알리는 큰 별을 아기 예수의 이미지와 겹쳐놓은 것이라고 짐작하게 된다. 이런 이차적-관습적 제재를 읽는 것은 자연적 지각이나 감성만으로는 불가능하다. 예를 들어 서구 문화를 접해보지 못한 부시맨이라면 '최후의 만찬'이 무엇을 의미하는지 알 길이 없을 것이다.

어느 곳에서나 마찬가지겠지만, 서구의 예술 역시 예로부터 미리 존재하는 텍스트의 시각적 번역이었다. 헤브라이즘은 서구에 성서라는 토대를 제공해주었고, 헬레니즘은 신화와 고대 저술가들의 문헌으로 서구 문명을 다채롭게 해주었다. 서구에서 제작된 대부분의 이미지는 이 문헌들을 바탕으로 하고 있기에, 그 제재들을 해독하는 데는 서구의 문화적 코드에 대한 이해가, 서구 문명을 만들어온 문헌들에 대한 지식이 필요하다. 여기서부터 그림 읽기는 본격적으로 도상학적 단계로 접어들게 된다.

도상학은 옛 문헌에 대한 독해를 바탕으로 그림의 이차적-관습적 제재를 '분석'한다. 예를 들어 17세기 베네치아의 화가로 알려진 마페이

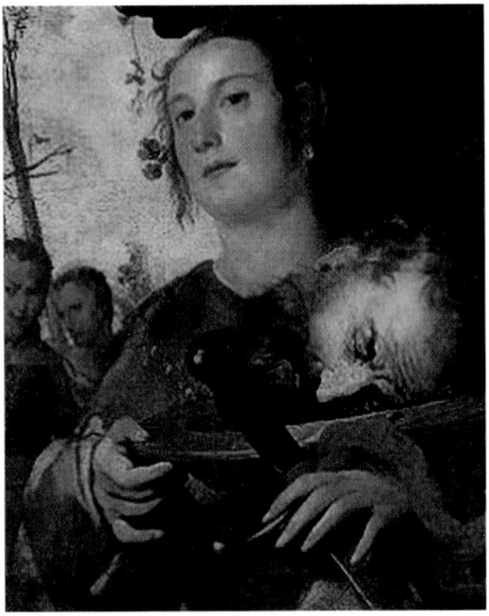

4 〈유디트〉 프란체스코 마페이

가 그린 그림을 보자.[4] 도상학적 단계에서는 문헌을 근거로 이 그림의 제재를 밝히게 된다. 첫눈에 이 이미지는 《신약성서》 〈마태복음〉에 나오는 구절과 관계가 있는 것처럼 보인다.

마침 헤롯의 생일을 당하여 헤로디아의 딸이 연석 가운데서 춤을 추어 헤롯을 기쁘게 하니 / 헤롯이 맹세로 그에게 무엇이든지 달라는 대로 주

겠다 허락하거늘 / 그가 제 어미의 시킴을 듣고 가로되 세례 요한의 머리를 소반에 담아 여기서 내게 주소서 하니 / 왕이 근심하나 자기의 맹세한 것과 그 함께 앉은 사람들을 인하여 주라 명하고 / 사람을 보내어 요한을 옥에서 목 베어 / 그 머리를 소반에 담아다가 그 여아에게 주니 그가 제 어미에게 가져 가니라.

— 〈마태복음〉 14장 6~11절

이로써 저 여인은 살로메로, 쟁반 위에 놓인 목은 세례 요한의 것으로 드러난다. 실제로 마페이의 작품은 한때 '살로메' 이야기를 그린 것으로 발표됐다고 한다. 하지만 정말 그럴까?

교정 원리로서 유형사

여기에는 한 가지 문제가 있다. 《신약성서》에는 살로메가 직접 칼을 들었다는 이야기는 없다. 직접 칼을 들어 사내의 목을 벤 여인은 따로 있다. 바로 《외경》에 나오는 '유디트'이다. 이 유대의 과부는 거짓 항복을 하여 적장과 동침한 후, 그의 목을 베어 유대 진영으로 되돌아왔다고 한다. 그렇다면 저 여인은 유디트일까? 하지만 여기에도 문제가 있다. 성서에 따르면 유디트는 홀로페르네스의 목을 베어 쟁반이 아니라 자루에 넣었다. 그럼 저 여인은 누구일까? 어느 쪽으로도 결정을 내릴 수가 없다.

이 때문에 다시 한 번 교정 원리가 필요해진다. 전(前)도상학적 단계에서는 양식사가 그 역할을 해주었다. 도상학적 단계에서는 같은 역할을 해주는 것이 바로 '유형사(類型史)' 이다. 이미지가 중의성을 갖고 있어 어느 쪽으로도 결정할 수 없을 때는, 서로 다투는 두 제재가 다른 그림들 속에서는 역사적으로 어떻게 묘사되어왔는지 살펴봐야 한다. 두 제재의 유형사를 훑어보면, 유디트가 적장의 목을 쟁반에 올려놓은 경우는 종종 있는 반면, 살로메가 직접 칼을 들고 나오는 예는 거의 찾아볼 수 없다. 이는 저 여인이 살로메가 아니라 유디트일 가능성을 강하게 시사한다.

여기서 당연히 이런 의문이 떠오른다. 저 여인이 정말 유디트라면 왜 쟁반을 들고 서 있단 말인가? 거기에는 이유가 있다. 파노프스키에 따르면, 14~15세기경에 쟁반에 놓인 세례 요한의 목을 그린 경배화가

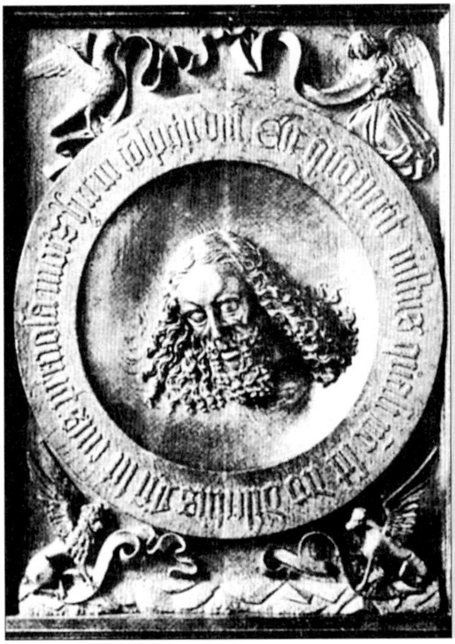

5
성 요한의 머리, 1500년경

북부 이탈리아와 알프스 이북에 널리 퍼져 있었다고 한다.[5] 이 이미지가 대중의 의식에 워낙 강하게 각인되어 있다 보니, '잘린 사내의 목'이라고 하면 곧바로 쟁반을 떠올리게 됐고, 이 연상 작용의 결과로 유디트가 벤 홀로페르네스의 목까지도 덩달아 쟁반 위에 올려놓고 묘사하는 전통이 생겼다는 것이다.

여기서 또 다른 의문이 생긴다. 홀로페르네스의 목이 쟁반 위에 놓일 수 있다면, 왜 살로메의 손이 칼을 잡고 있을 수 없단 말인가? 거기에도 이유가 있다. 예로부터 칼은 '정의'나 '불혹'과 같은 덕목의 상징으로 통했다. 때문에 살로메처럼 '욕정으로 꿈틀대는 여인의 이미지'와는 어울리지가 않는다. 그렇기 때문에 홀로페르네스의 목을 주저 없이 쟁반 위에 올려놓았던 화가들도 살로메의 손에 미덕의 상징을 들려주는 데는 거부감을 느낄 수밖에 없었다는 것이다. 이로써 애초에 살로메로 잘못 알려진 여인은 유형사라는 교정 원리를 통해 유디트로 확인됐다.

도상해석학적 단계

도상학적 단계가 이미지의 관습적 제재를 분석하기 위해 주로 문헌에 대한 지식에 의존했다면, 그것을 넘어 작품의 정신적 내용을 해석하는 도상해석학적 단계에서는 그보다 차원이 높은 '종합적 직관'이 필요하다. 문헌적 근거를 들어 제재를 밝히는 데 그치는 도상학과 달리, 도상해석학은 작품에 담긴 정신적 의미를 해석하기 때문이다. 유감스럽게도 파노프스키는 도상해석학적 단계에 관해 구체적인 예를 제시하지 않는다. 하지만 그가 그로써 무엇을 의미하는지는 분명하다. 설명을 위해 앞에 나온 그뤼네발트의 이젠하임 제단화로 돌아가 보자.

제단화의 중앙 패널에 그려진 그림의 일부이다.[6] 그리고 옆에 있는 것은 뒤러의 작품이다.[7] 도상학적 관점에서 이 두 작품은 같은 제재('십자가 책형')를 다루고 있다. 게다가 뒤러와 그뤼네발트 모두 독일의 르네상스를 대표하는 작가이다. 그래서인지 그뤼네발트의 작품이 17세기에는 뒤러의 것으로 오인되기도 했다. 하지만 두 작품을 비교해보면 현저한 차이가 있음을 알 수 있다. 둘 다 고통 받는 그리스도의 모습을 그렸으나, 그뤼네발트의 예수는 온몸이 만신창이가 되어 있어 뒤러의 것보다 훨씬 표현이 강렬하다. 이 차이를 어떻게 해석해야 할까?

여기서 우리는 두 거장의 인성의 차이를 추측할 수 있다. 표현성이 강한 그뤼네발트의 영혼이 아무래도 뒤러보다는 어둡지 않았을까? 십자가 책형의 장면을 묘사하면서, 화가들은 예수에게 자신의 감정을 이입했을 것이다. 그렇다면 예수의 고통을 극한까지 끌어올린 그뤼네발트가 아무래도 뒤러보다는 종교적 심성이 더 강하지 않았을까? 물론 이런 식의 해석은 '퍽 주관적이고 비합리적인' 추측에 불과할지도 모른다. 하지만 문헌적 근거를 넘어서 해석을 해야 하는 도상해석학적 단계에서 어느 정도 주관성의 개입은 피할 수가 없다.

여기서 한 걸음 더 나아가 두 작품에 담긴 세계관의 차이를 지적할 수도 있을 게다. 르네상스 인문주의의 세례를 흠뻑 받은 뒤러의 경우에는 종교성의 표현에서도 휴머니즘이 느껴진다. 반면 같은 시대를 살았던 그뤼네발트는 휴머니즘과 거리를 두고 있어, 그의 작품의 정신성은 여전히 후기 고딕의 세계에 머문다. 십자가에 달린 예수의 몸을 저렇게 갈기갈기 찢어놓는 것은 페스트가 창궐하던 중세 후기의 전통이다. 그

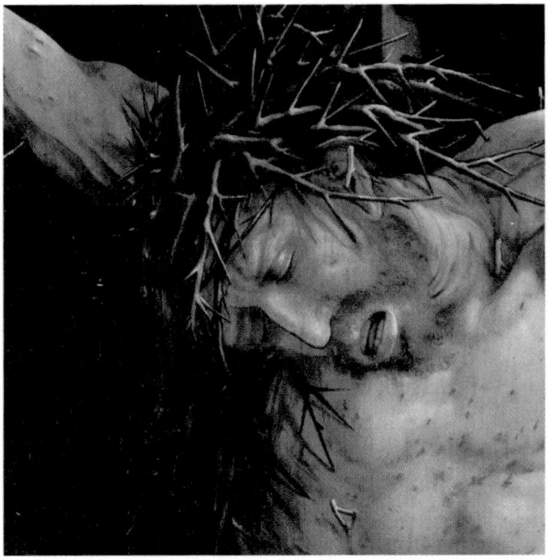

6
이젠하임의 제단화 중 예수의 머리 부분, 마티아스 그뤼네발트,
1509~1515년경

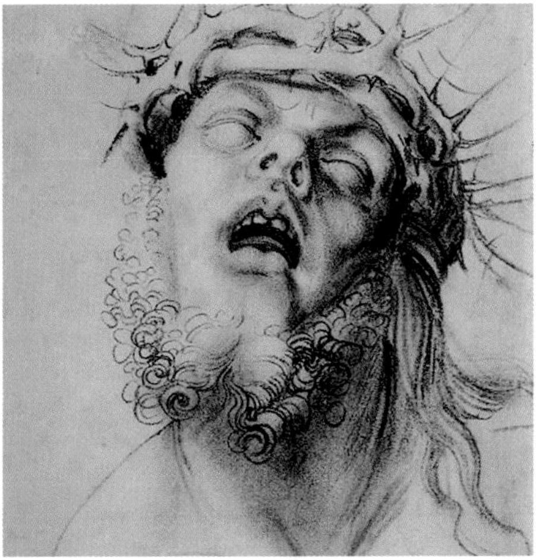

7
십자가에 달린 예수, 알브레히트 뒤러,
1503년

뤼네발트의 작품에서 우리가 느끼는 것은 아마도 저물어가는 종교의 시대가 마지막으로 내지르는 처절한 신앙 고백인지도 모른다.

교정 원리로서 상징사

이로써 우리는 그림 읽기의 종점인 도상해석학적 단계에 도달했다. 하지만 이것으로 해석이 끝나는 것은 아니다. 도상해석학적 단계에서도 때로 교정 원리가 필요하기 때문이다. 가령 앞에서 본 뒤러와 그뤼네발트는 개인적 성격과 신념이 서로 달라도, 두 사람의 작품은 동일하게 여전히 기독교적 전통의 세계관의 테두리 안에 있다. 즉 '십자가 책형'은 성서에서 비롯된 제재로 기독교적 세계관을 표현한다. 하지만 때로는 제재와 주제가 서로 현저하게 어긋나는 경우가 있다. 다음의 이미지들을 보라.

베네치아의 산 마르코 대성당의 벽에는 비슷한 모티프를 사용한 두 개의 부조가 붙어 있다. 하나는 서기 3세기경 로마 시대의 것이고,[8] 다른 하나는 그로부터 천 년 후에 베네치아에서 제작된 것이다.[9] 로마의 것은 헤라클레스의 일화를 묘사한다. 광기에 휩싸여 자식을 죽인 헤라클레스는 이를 뉘우치기 위해 신탁에 따라 12년간 미케네의 왕 에우리스테우스에게 봉사하며, 그가 맡긴 열두 가지의 과업을 수행한다. 부조는 헤라클레스가 에리만토스의 멧돼지를 잡아오는 과업을 수행하는 장면을 보여준다.

이를 그대로 베낀 중세의 장인은 인물의 어깨에 멧돼지 대신에 사슴을 들려주고, 에우리스테우스 왕의 자리에 발에 밟힌 사악한 용을 새겨

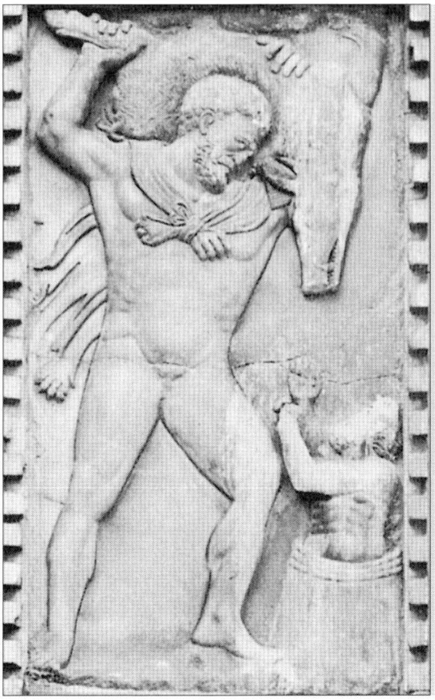

8
에리만토스의 멧돼지를 나르는 헤라클레스,
산 마르코 대성당, 3세기경

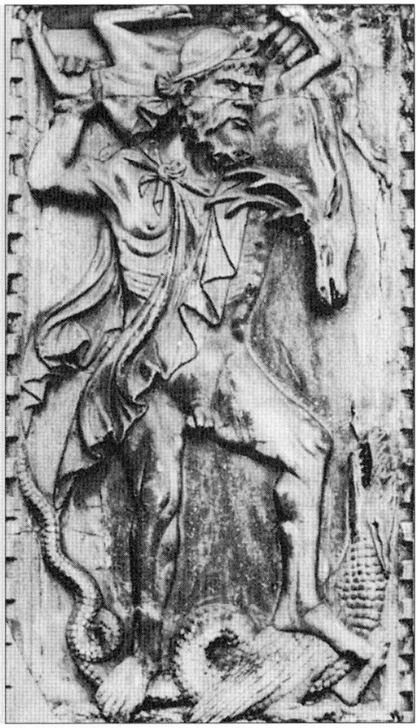

9
구원의 알레고리,
산 마르코 대성당, 13세기경

넣었다. 이로써 헤라클레스는 예수 그리스도가 되고, 고대 영웅의 무용담은 '악에 대한 승리'와 '인류의 구원'의 알레고리로 의미가 바뀌게 된다. 고대의 이교적 모티프가 중세의 기독교적 주제를 표현하는 데 사용된 것이다. 12~13세기에 이탈리아와 프랑스 예술에서는 이처럼 고대적 모티프를 취해 중세적 세계관을 표현하는 예가 많았다고 한다. 가령 리라를 연주하는 오르페우스의 모티프를 따서 하프를 연주하는 다비드를 표현하는 식이다. 물론 구성의 편리함 때문이었을 게다.

중세 속의 프로토-르네상스

기베르티, 알베르티, 바사리와 같은 르네상스의 저자들은 기독교의 시대가 시작되면서 고대가 완전히 잊혔다고 보았다. 하지만 사실을 말하면 중세 천 년 동안 사람들의 머릿속에서 고대는 한 번도 완전히 사라진 적이 없었다. 위에서 본 것처럼 중세의 장인들도 여전히 고대의 제재를 차용했다. 때로는 모티프만 차용하는 게 아니라 고대의 이교적 주제 자체에 관심을 갖기도 했다. 그리하여 중세인이라고 성서만 읽었던 것은 아니다. 그들도 디도와 아이네이아스, 티스베와 피라무스의 비극적인 사랑 이야기에 감명을 받을 줄 알았다.

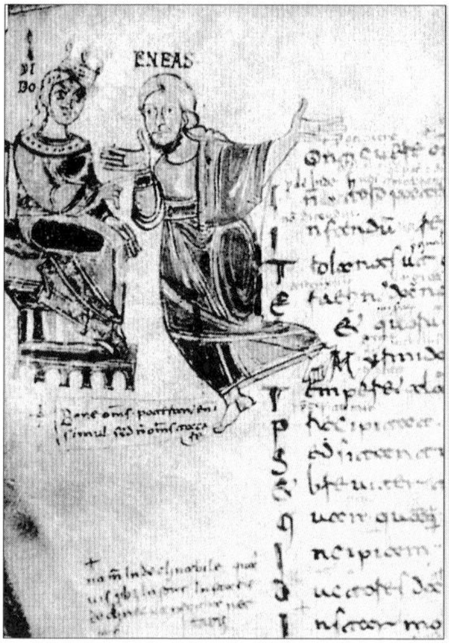

10 디도와 아이네이아스, 10세기

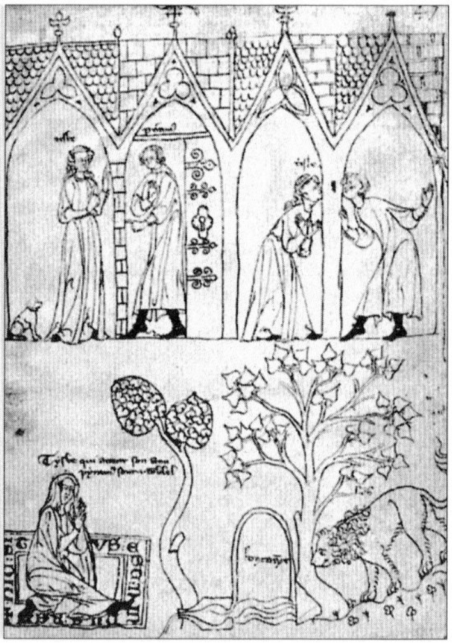

11 티스베와 피라무스, 1289년

중세에 없었던 것이 있다면, 그것은 바로 모티프와 주제 사이의 일치다. 가령 디도와 아이네이아스의 이야기를 담은 중세의 필사본은 이 고대의 인물들에 유대의 복장을 입혀놓는다.[10] 그리하여 카르타고의 여왕 앞에 선 로마의 시조가 마치 다윗 왕 앞에 선 선지자 나탄처럼 보인다. 티스베와 피라무스의 비극적 사랑 이야기를 담은 중세의 필사본에서 이 고대의 로미오와 줄리엣은 중세의 옷을 입고 있다.[11] 티스베가 피라무스를 기다리며 앉아 있는 무덤에도 고딕식 비명이 적힌다. 한마디로 고대의 이교적 주제가 중세의 기독교적 모티프로 묘사되는 것이다.

반대의 경우도 있다. 그림 속의 인물들은 거대한 지구를 어깨에 짊어지고 있다.[12] 물론 고대 신화에 나오는 아틀라스의 도상이다. 하지만 이

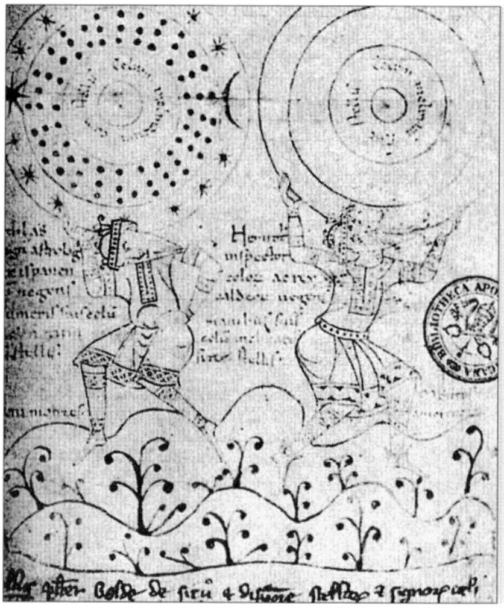

12 아틀라스와 님로드, 1100년경

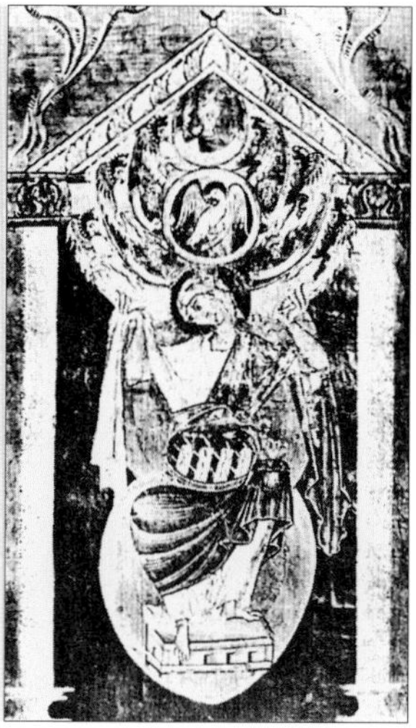

13 사도 요한, 1000년경

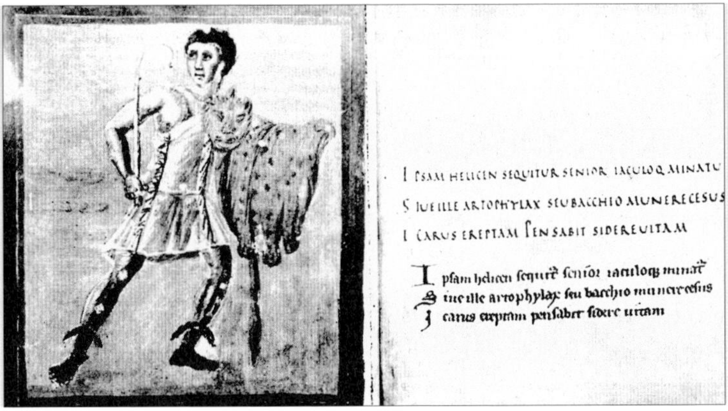

14 사우좌(飼牛座), 라이덴, 9세기

렇게 고대의 모티프를 취했다고 해서 성급하게 저들이 아틀라스라는 결론을 내리면 안 된다. 아틀라스의 도상을 차용해서 그렸지만, 저들은 실은 복음서의 저자들이기 때문이다. 이렇게 중세의 장인들은 고대의 모티프로 기독교적 세계관을 표현하곤 했다. 중세에도 고대는 잊히지 않았다. 다만 제재와 주제가 서로 어긋났을 뿐이다.[13]

카롤링거 르네상스

중세라고 해서 고대적 모티프와 고대적 주제가 동시에 나타나는 경우가 아주 없었던 것은 아니다. 널리 알려진 바와 같이 샤를마뉴 대제는 고대 제국의 부활을 꿈꾸었다. 그리하여 카롤링거 왕조 시대에는 먼 훗날 르네상스 시대에나 볼 수 있는 현상이 벌써 나타난다. 가령 서기 9

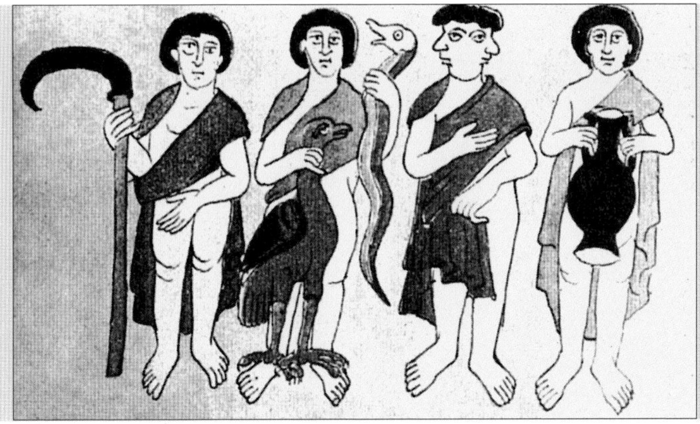

15 《몬테 카지노 수고》 중 사투르누스, 유피테르, 야누스, 넵투누스, 1023년

세기경의 천문학 책에 수록된 삽화는 큰곰자리의 감시자 보외테스의 모습을 보여준다. 그런데 재미있게도 이 신화 속의 인물은 완벽한 고대인의 복장을 하고 있다. 이는 카롤링거의 장인들이 고대 후기에 그려진 이미지들을 직접 참조해 충실히 베꼈음을 의미한다.[14]

서기 1023년으로 표기된 〈몬테 카지노 수고〉에는 사투르누스, 유피테르, 야누스, 넵투누스라는 이교 신들의 모습이 담겨 있다.[15] 스타일이 너무나 다른 것으로 보아, 앞의 것처럼 장인이 고대의 이미지를 직접 보고 그린 것 같지는 않다. 이 그림은 너무나 중세적이다. 비록 묘사가 엉성하기는 하지만, 적어도 여기서 고대의 신들은 아직 고대의 복장을 하고 있다. 고대적 주제가 여전히 고대적 모티프로 묘사되고 있는 것이다. 하지만 이렇게 고대의 주제를 고대의 모티프와 결합시켜 묘사하는 전통은 13~14세기에 이르러 완전히 사라진다.

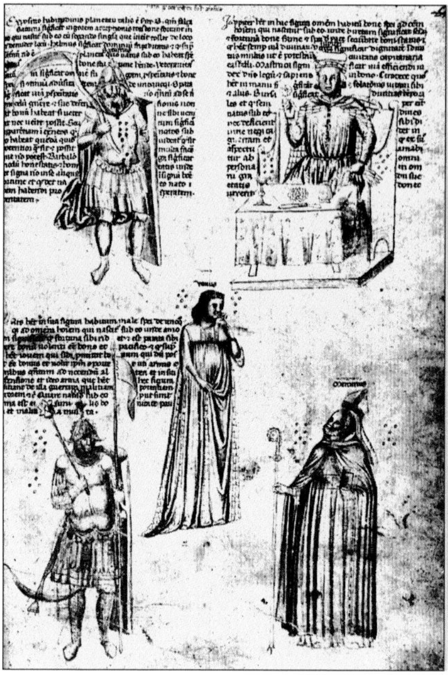

16
사투르누스, 유피테르, 비너스, 마르스, 메르쿠리우스, 14세기

300년 후에 그려진 그림을 보라.[16] 묘사는 상당히 세련되어갔다. 이 그림 역시 앞의 것처럼 사투르누스, 유피테르, 비너스, 마르스, 메르쿠리우스 등 이교의 신들을 묘사하고 있으나, 앞의 것과 한 가지 면에서 차이를 보여준다. 여기서 고대 신들은 다시 중세의 복장을 하고 있다. 짧았던 카롤링거 르네상스가 끝나자, 장인들의 묘사가 다시 모티프와 주제가 따로 노는 중세의 전통으로 되돌아간 것이다. 고대의 주제를 고대의 모티프와 결합시키는 전통을 다시 보려면 이제 르네상스 시대까지 기다려야 한다.

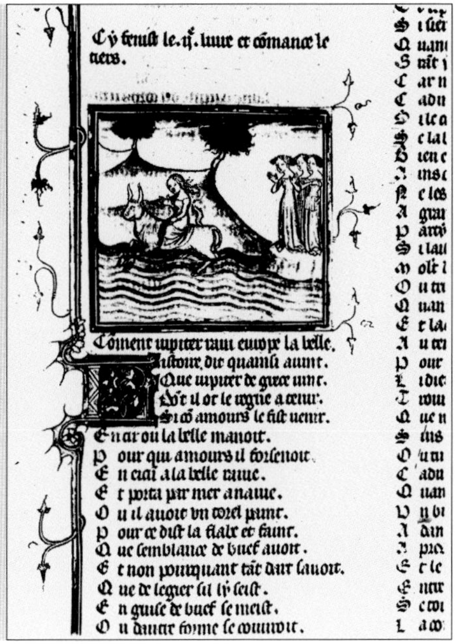

17
에우로파의 납치, 14세기

고대의 부활

14세기에 그려진 세밀화를 보자.[17] 한 여인이 소를 타고 물을 건너고 있다. 무슨 장면일까? 고대의 신화를 읽은 사람이라면 당장 이 그림이 '에우로파의 납치'라고 생각할 것이다. 하지만 그림을 보면 위급한 상황인데도 급박함이 느껴지지 않는다. 납치되는 왕녀나 지켜보는 시녀나 모두 평정하다. 왜 그럴까? 제재만 고대를 차용했을 뿐 완전히 중세적 주제를 표현했기 때문이다. 여기서 황소는 그리스도를, 그 위에 탄

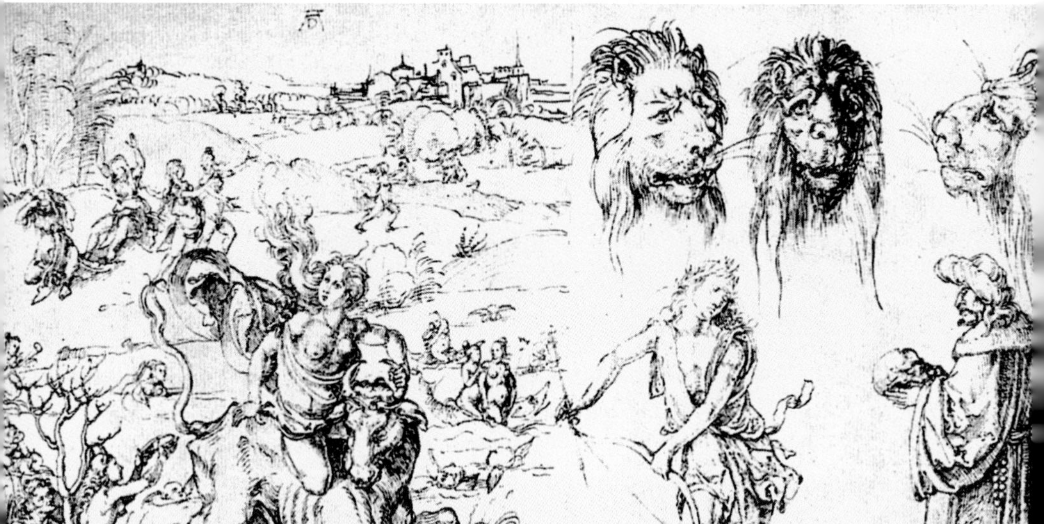

18 에우로파의 납치, 알브레히트 뒤러

여인은 인간의 영혼을 가리킨다. 그리스도를 통해 영혼이 구원받는 장면에 당연히 울부짖는 설정은 어울리지 않는다.

한편 같은 제재를 다룬 뒤러의 스케치는 이와 사뭇 다르다.[18] 위급한 상황에 처한 인물들의 감정이 생생히 살아 있다. 에우로파는 뒤를 돌아 애타게 육지를 바라보고, 시녀들은 커다란 동작으로 안타까움을 격렬히 드러낸다. 여기에는 아무런 신학적 의미도 없다. 이 그림을 그릴 때 뒤러는 오비디우스의 원시(元詩)를 그대로 참조했다. 따라서 인물들의 동작과 표정에 다급함이 살아 있을 수밖에. 이렇게 뒤러의 그림에서 고대적 모티프는 비로소 고대적 주제와 하나로 결합된다. 드디어 르네상스가 시작된 것이다.

르네상스를 흔히 고대의 부활이라고 하나, 중세에도 고대는 완전히 잊히지 않았다. 중세의 장인들 역시 고대의 모티프를 차용했고, 때로는 직접 고대적 주제를 다루었다. 그저 모티프와 주제가 서로 엇갈렸을 뿐이다. 이렇게 제재와 주제가 엇갈릴 수 있기에, 도상해석학적 단계에도 교정 원리가 필요하다. 고대적 제재에서 곧바로 고대적 세계관으로 비약하거나, 중세적 모티프에서 곧바로 중세적 세계관을 도출해서는 안 된다. 하나의 제재를 특정한 세계관의 표현으로 읽으려면 '문화적 징후와 상징의 역사' 를 이해해야 한다. 그림의 의미를 읽는 긴 여정은 여기서 끝난다.

트롱프뢰유

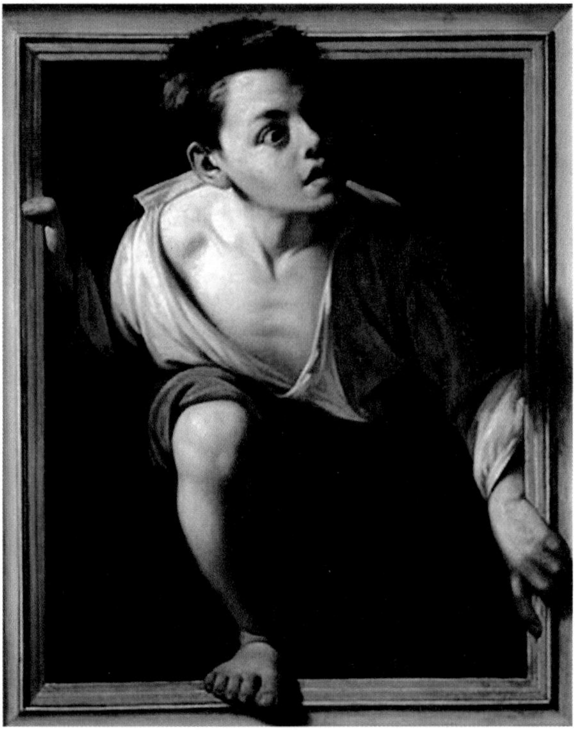

〈비평에서 도망가기〉 델 카소, 1874년

실물과 구별할 수 없는 그림, 그것의 역사는 미술의 역사만큼이나 길다. 가령 제욱시스와 파라시오스의 경쟁을 생각해보라. 제욱시스는 포도 넝쿨의 환영으로 새의 눈을 속였으나, 파라시오스는 작품을 덮은 가리개의 환영으로 '새의 눈을 속인 화가의 눈'을 속였다. 이런 전설은 서구에만 있는 게 아니다. 우리나라에도 소나무로 참새의 눈을 속인 솔거의 전설이 전해져 내려온다. 여기서 재미있는 것은 눈속임이라는 모티프. '눈을 속이다'를 불어로 '트롱프뢰유(trompe l'oeil)'라고 한다. 미술에서 이 말은 동시에 실물로 착각할 정도로 정교한 그림을 가리킨다.

회화 속의 눈속임

트롱프뢰유의 역사는 물론 길지만, 미술사에서 널리 알려진 최초의 예는 아마도 1504년에 그린 바르바리(Jacopo de Barbari)의 〈자고새가 있는 정물〉일 것이다. 석궁의 화살에 목을 꿰인 자고새가 갑옷의 장갑과 더불어 벽에 걸려 있는 장면인데, 마치 벽면처럼 보이는 저 평면은 실은 목판이다. 이 그림은 선제후 프리드리히 3세의 사냥용 별장의 벽 위에서 사람들의 눈을 즐겁게 해주었다고 한다. 물론 저 정도로 우리의 눈까지 속일 것 같지는 않지만, 16세기 초만 해도 저 정도의 환영 효과로 사람들에게 경이로움을 줄 수 있었다.

환영 효과에는 트릭도 동원된다. 가령 아래의 그림에서 화가는 화면 아래쪽에 쪽지를 그려 넣었다. 이것이 관찰자로 하여금 벽면을 실물로 착각하게 만든다. 네덜란드의 화가 기스브레히츠의 작품에서는 쪽지들이 그림의 액자 밖으로 삐져나온다. 그리하여 액자 자체가 실은 그림이라는 사실을 깜빡 잊게 된다. 호흐스트라텐의 작품은 어떤가? 정교한 묘사로 테두리의 나무 패널이 실은 그려진 것임을 깜빡 잊게 만든다. 그 결과 그 안쪽에 있는 대상 모두를 실물로 착각하게 만든다.

16세기 마니에리스모부터 그려지기 시작한 트롱프뢰유는 17세기 바로크에 이르러 절정기에 도달한다. 하지만 전성기가 지난 18~19세기에도 트롱프뢰유는 여전히 그려졌다. 그것의 아주 뒤늦은 예 가운데 하나가 스페인 작가 카소(Pere Borrel del caso)의 〈비평에서 도망가기〉다. 제목을 그렇게 풍자적으로 붙인 것으로 보아 평론가들에게 꽤나 시

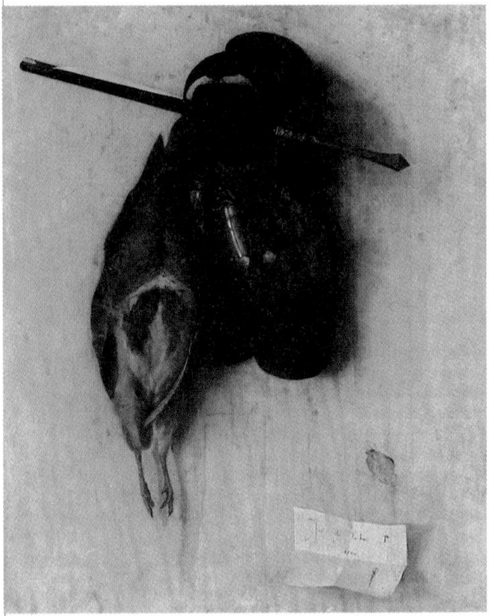

〈자고새가 있는 정물〉 야코포 데 바르바리, 1504년

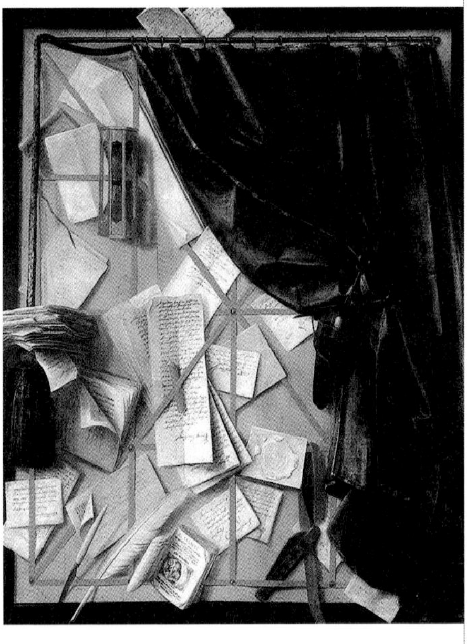

〈트롱프뢰유〉 코넬리스 기스브레히츠, 17세기

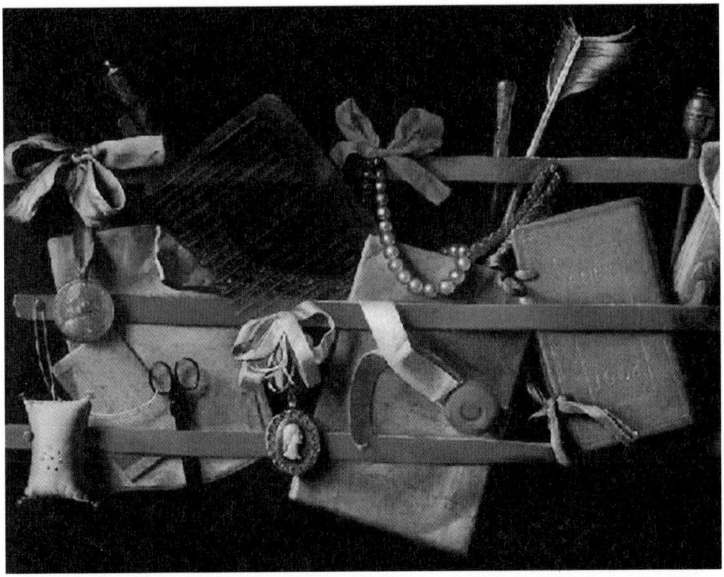

〈정물〉 사뮤엘 반 호흐스트라텐, 1666~1668년

달렸던 모양이다. 여기서도 환영 효과는 액자를 활용한 트릭에서 나온다. 저 그림에는 액자가 없다. 저 액자로 보이는 것은 실은 그림이다. 이를 잊을 때 가상의 안은 밖으로 튀어나와 현실이 된다.

건축 속의 눈속임

알베르티는 회화를 '자연을 향해 난 창(窓)'으로 규정했다. 회화는 창문을 통해 밖을 내다보는 효과를 내야 한다는 이야기다. 이 경우 그림의 액자는 곧 창틀이 된다. 물론 이는 그저 비유에 불과하다. 하지만

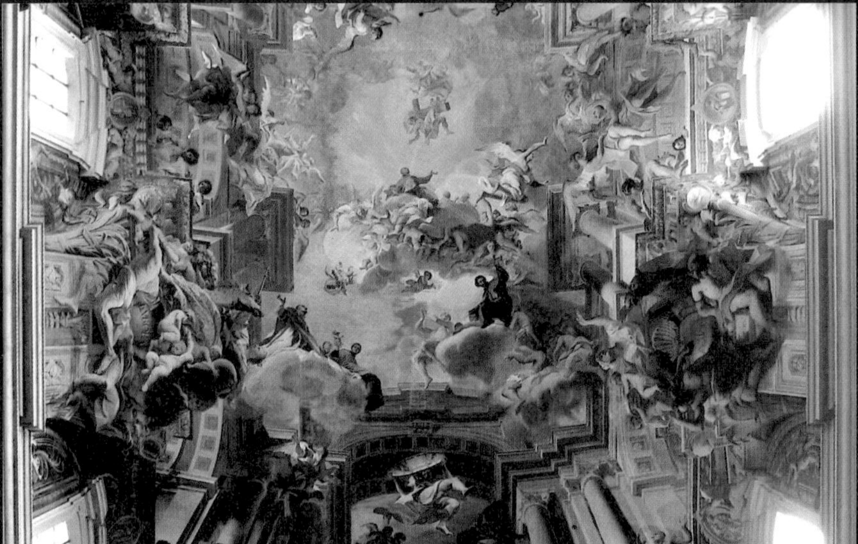

〈산티냐조 디 로욜라의 영광〉, 산티냐조 디 로욜라 성당, 안드레아 포조, 1684년

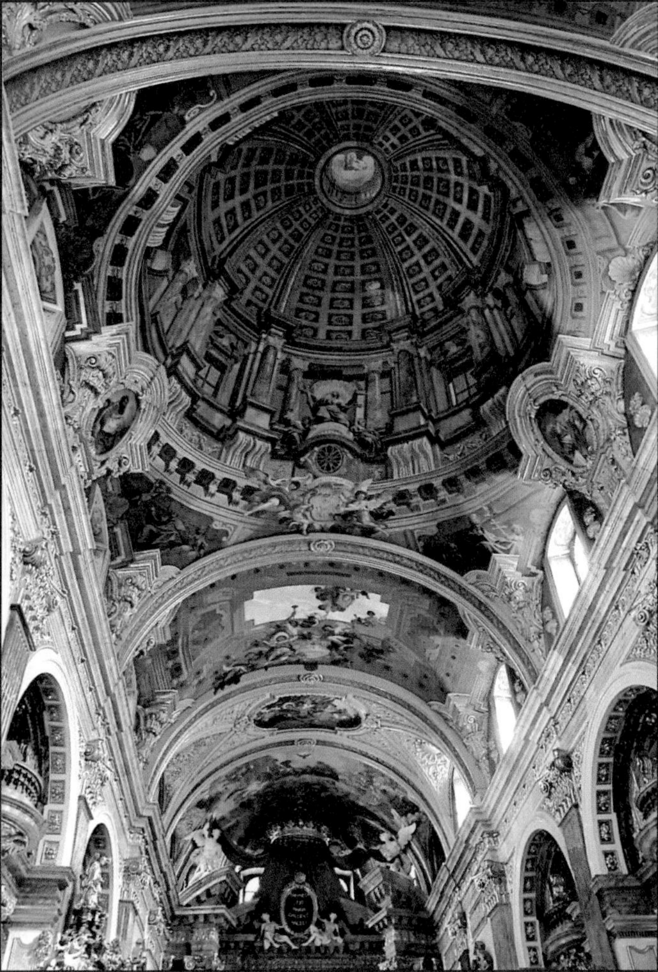

제수이트 교회, 16~17세기경

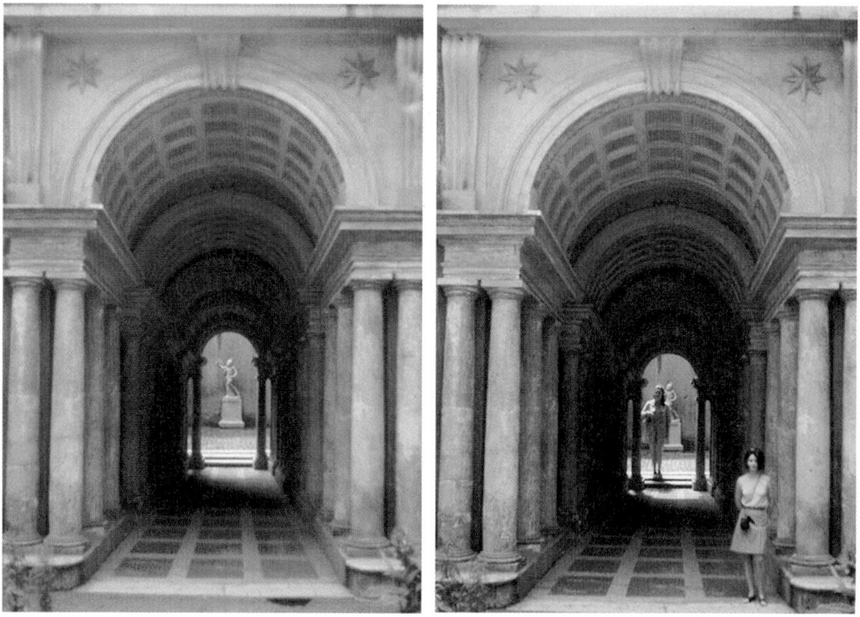

산 카를로 알레 콰트로 폰타네 성당, 프란체스코 보로미니, 1633~1667년경

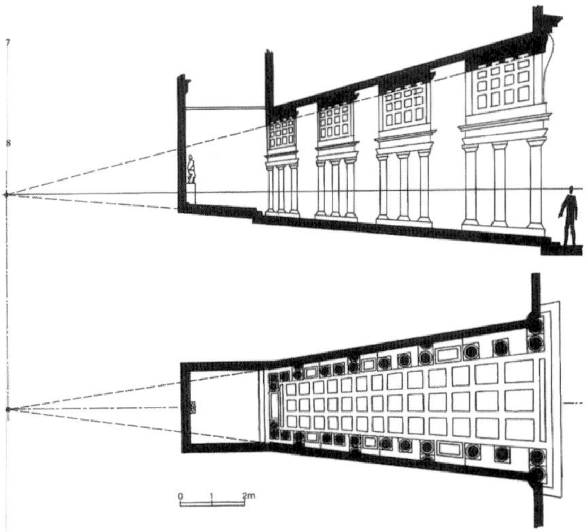

알베르티의 비유를 글자 그대로 받아들여, 정말로 건물에 벽을 뚫어놓는 효과를 내는 경우도 있다. 트롱프뢰유를 이용해 건물의 천장이 마치 하늘을 향해 트인 것처럼 연출하는 것이다. 그 가상의 하늘에는 대개 성모나 성자들이 승천하는 장면이 그려지는데, 그 장관을 16~17세기에 마니에리스모나 바로크 양식으로 지어진 제수이트 교회 안에서 종종 볼 수 있다.

건물의 천장에 환영의 공간을 연출하는 것, 이를 흔히 '소토 인 수(sotto in su)'라고 한다. 이탈리아어로 '아래에서 위로'라는 뜻이다. 소토 인 수의 대가(大家)는 역시 포조(Anderea Pozzo)이다. 로마의 산티냐조 성당의 천장에 프레스코로 그려진 벽화를 보라. 정말로 승천하는 인물들을 아래서 올려다보는 듯하다. 하지만 저 하늘은 가상이다. 그곳은 실은 막혀 있다. 빈의 제수이트 교회의 천장 벽화는 위로 굽어 올라간 돔으로 보인다. 물론 그 역시 실은 평면이다. 복도를 따라 걸어 들어가 반대편에서 올려다보면 그려진 환영이라는 게 드러난다고 한다.

그런가 하면 회화적 수단이 아니라 건축을 이용한 트롱프뢰유도 존재한다. 프란체스코 보로미니는 로마의 명물인 '콰트로 폰타네'를 만든 것으로 유명하다. 그가 지은 팔라조 스파다에 가면 누구나 거인이 될 수 있다. 사진을 보라. 앞에 선 여인의 키와 아치의 높이에 비례하여 뒤에 선 여인의 키를 추측해보라. 마치 일반인보다 몇 배의 거구인 것처럼 느껴질 게다. 물론 착각이다. 건물을 지을 때는 원근법이 필요 없을 터이나, 회화처럼 건축에도 원근법적 단축을 이용하여 착시 효과를 연출한 것이다.

예술인가 오락인가

트롱프뢰유가 마니에리스모 시기부터 본격적으로 그려지기 시작한 것은 우연이 아니다. 르네상스 시대 이후 화가들에게는 더 이상 발명할 것이 없었다. 중요한 것들은 이미 콰트로첸토의 대가들이 발견해놓은 상태였기 때문이다. 정신이 결여된 곳에 남는 것은 기교뿐, 이 시기의 많은 화가들은 정신적 창안 없이 낡은 것을 반복하는 가운데 오로지 기교만으로 승부하려는 경향을 보였다. 이 시기가 오늘날의 '매너리즘'에 해당하는 부정적 명칭을 얻은 것도 실은 그와 관련이 있다.

트롱프뢰유가 네덜란드에서 유행한 것도 우연이 아니다. 고전주의자들은 '정물화'를 저급하게 여겼지만, 진보적인 네덜란드에서는 정물화의 가치를 널리 인정했다. 고전주의자라면 트롱프뢰유가 예술이 아니라 오락이라고 경멸했겠지만, 일찍이 풍속화와 같은 장르를 발전시킨 세속적인 나라에서 그림의 오락적 기능은 결코 흠이 아니었다. 18~19세기에 트롱프뢰유의 전통을 계승한 것이 하필 미국이었던 것도 이와 관련이 있다. 당시에 미국은 결코 예술적인 나라가 아니었다. 그리고 지금도 대중적 오락이 발달한 나라이다.

트롱프뢰유는 어쩌면 예술이 아니라 오락일지도 모른다. 실제로 그것은 정신성의 표현보다는 기교의 과시에 적합하다. 하지만 그것의 의의를 폄하할 필요는 없다. 미국 트롱프뢰유의 오락적 전통은 1960년대 팝아트로 이어진다. 디지털 시대의 컴퓨터 그래픽 역시 그 본질은 인간이 그린 그림을 실물로 착각하게 하는 트롱프뢰유 효과에 있다. 게다가 포조의 천장 벽화, 실물로 착각하게 하는 돔이나 가로막힌 천장에 승천의 환영을 투사하는 것은 오늘날의 가상현실에 해당하지 않는가. 트롱프뢰유는 예술의 과거가 아니라 미래인지도 모른다.

7

왜 시대와 문화마다 양식이 달라지는 것일까? 어떤 이들은 그 원인을 재료나 기술의 차이에서 찾고(젬퍼), 어떤 이들은 그것을 경제적, 정치적 토대의 변화로 돌리고(하우저), 어떤 이들은 그것의 원인으로 지각 방식의 변화를 제시한다(뵐플린). 또 하나의 유력한 가설은 그것이 사회의 정신적 분위기의 변화와 관계가 있다는 것이리라.

예를 들어 고딕의 첨탑이 하늘로 올라가고 싶은 인간의 염원을 담고 있고, 르네상스의 자연주의가 현세에 대한 긍정을 담고 있으며, 근대의 사실주의가 마침 일어나던 과학 정신과 관계가 있다는 것을 모를 사람이 있을까? 이렇게 양식의 원인을 정신에서 찾는 방법을 미술사학에서는 '정신사로서 예술사'라 부른다.

여기에서는 막스 드보르작의 저서에서 '마니에리스모'에 관한 장을 취하여, 사회의 정신적 분위기가 어떻게 회화의 묘사에 영향을 끼치는지 추적하게 된다. 범람하는 물질주의에 반발하는 엘 그레코의 정신이 어떻게 현실 공간을 오늘날의 가상현실(VR)과 비슷한 곳으로 바꾸어놓았는지 주목하라.

■ 참고문헌

Max Dvorăk, Manierism in : *Kunstgeschichte als Geistesgeschichte.* Studien zur abendländischen Kunstentwicklung. München, 1924.

엘 그레코, 신학적 가상현실

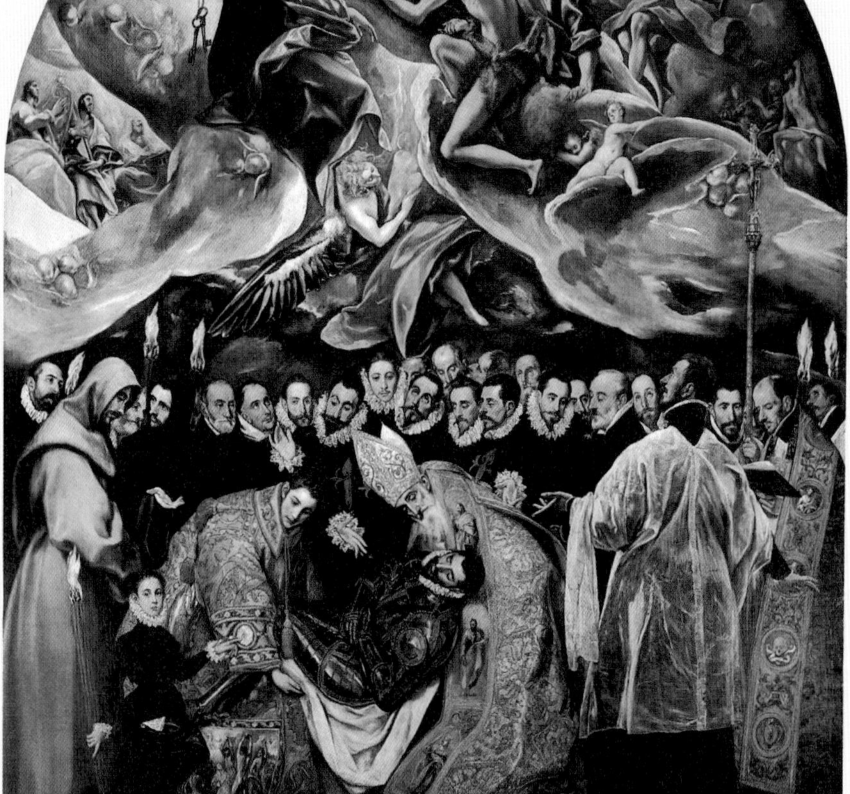

1
〈오르가스 백작의 매장〉 엘 그레코, 1586~1588년

화가로서 엘 그레코(El Greco, 1541?~1614)의 명성은 이 한 장의 그림에서 비롯된다.[1] 크레타 출신으로 스페인에서는 그냥 '그리스인' 으로 불렸던 이 마니에리스모의 거장. 그는 이 그림이 아직도 걸려 있는 그 장소, 즉 톨레도의 산토 토메 성당에서 일어났던 어떤 기적의 장면을 묘사하고 있다. 전승에 따르면, 이 교회의 후원자였던 돈 곤잘로 루이스를 매장할 때, 스테파누스와 아우구스티누스, 이 두 성자가 나타나 친히 백작의 사체를 입관했다고 한다.

초월적 세계로

3.6×4.8미터 크기의 캔버스 속에서 인물들은 관람자를 향해 등신대의 크기로 다가온다. 화면은 크게 위아래의 두 부분으로 나뉜다. 하단은 실제로 이루어지고 있는 매장 의식(儀式)을 보여준다. 백작의 사체를 입관하는 두 성자는 찬란한 복장을 입고 있어, 검은 상복을 입은 세속의 인물들과 시각적으로 구별된다. 상단은 백작의 영혼이 천국에 받아들여지는 '상상' 을 보여준다. 천사 하나가 구름 사이의 비좁은 틈으로 백작의 영혼을 집어넣는다.

하단은 다시 두 부분으로 나뉜다. 하나는 의식의 현실, 다른 하나는 기적의 환영이다. 저 놀라운 사건은 세인의 눈에 보이지 않는다. 기적을 보는 것은 오직 두 사람, 성자들 바로 왼쪽의 어린아이와 그 반대편에 등을 돌리고 있는 신부뿐이다. 아이는 그림 밖의 관람자에게 시선을 돌리며 손가락으로 이적의 현장을 가리키고, 신부는 이 믿을 수 없는 광경을 보고 놀라 두 팔을 벌린 채 놀라운 은총을 내려준 하늘을 바라본다.

아마도 아이는 천진난만함 때문에, 신부는 독실한 신앙심 때문에 남의 눈에 뵈지 않는 것을 볼 수 있었을 것이다. 아이의 손가락이 향한 곳, 그리고 신부의 눈이 향한 곳에는 세인이 보지 못하는 세계가 있다. 죽은 백작의 영혼은 지금 그리로 들어간다. 감각의 눈으로 보는 물질적 세계에서 영혼의 눈으로 보는 초월적 세계로. 백작의 영혼이 향하는 길은 또한 르네상스에서 마니에리스모로 넘어가는 시기에 예술이 걸었던 길이기도 하다.

영혼을 보는 자

당시 사람들은 엘 그레코를 '영혼을 보는 자'라 불렀다. 백작의 매장을 다룬 그림 앞에서 여행 가이드들은 종종 엘 그레코를 이렇게 소개한다고 한다. "그는 미쳤다(Ya era loco)." 세인의 눈에 이상하게 비친 엘 그레코의 광기(?)는 아마도 그가 로마로 간 1570년과 톨레도에 나타난 1577년 사이에 일어난 변화와 관련이 있을 게다. 이 7년 사이에 그의 행적은 묘연하지만, 우리가 아는 그의 스타일이 바로 이 시기에 형성된 것만은 분명하다.

엘 그레코가 태어난 크레타는 베네치아의 지배를 받고 있었다. 티치아노의 공방에서 그림을 배운 그는 당시 아흔 살인 르네상스의 거장에게서 베네치아 특유의 뛰어난 색채 감각을 배웠다. 그 밖에 명암 콘트라스트에 능한 바사노, 섬세한 은빛 색조로 유명한 베로네제 같은 거장의 영향을 받기도 했으나, 그것도 그를 만족시키지는 못한 모양이다.

당시 이탈리아 회화는 이미 르네상스의 정점을 지나 전환기를 맞고 있었다.

변화의 물결은 로마에서 흘러나오고 있었고, 베네치아의 젊은 화가들은 곧 그 영향을 받아들이기 시작했다. 엘 그레코가 1570년 로마로 간 것도 이와 무관하지 않을 것이다. 거기에서 7년을 머물고 그가 톨레도에 모습을 나타냈을 때, 그의 작풍은 베네치아에서 보낸 젊은 시절의 흔적이라곤 거의 찾아볼 수 없을 정도로 철저히 달라져 있었다. 영원의 도시에서 '영적 거듭남'을 체험했던 것이다. 대체 로마에서 무슨 일이 있었을까?

얼마나 많은 피가 드는지

그 변화의 단초를 제공한 것은 미켈란젤로였다. 이 거장이 말년에 제작한 작품들은 당시 비평가들의 이해력을 넘어섰다. 르네상스의 자연주의를 고집하던 비평가들의 눈에 그것들은 그저 '미완성' 또는 '노망기'로 보였을 뿐이다. 실제로 1499년에 제작된 바티칸의 〈피에타〉, 1550년경에 제작된 피렌체의 〈피에타〉, 그리고 1564년에 제작된 이른바 〈론다니니 피에타〉를 비교해보라. 르네상스 예술의 격률인 '자연의 모방과 형식의 이상화'가 서서히 파괴되어 가는 것을 볼 수 있다.[2, 3, 4]

같은 시기에 제작된 〈책형〉을 위한 습작 시리즈를 보자. 초기의 초인적이며 영웅적인 르네상스 인간은 사라지고,[5] 그 자리에 돌덩이처럼 보이는 무정형의 덩어리가 들어선다.[6, 7] 언뜻 보면 길바닥에 아무렇게나 널린 바위덩이처럼 무차별해 보이나, 다른 한편으로는 매우 격동적

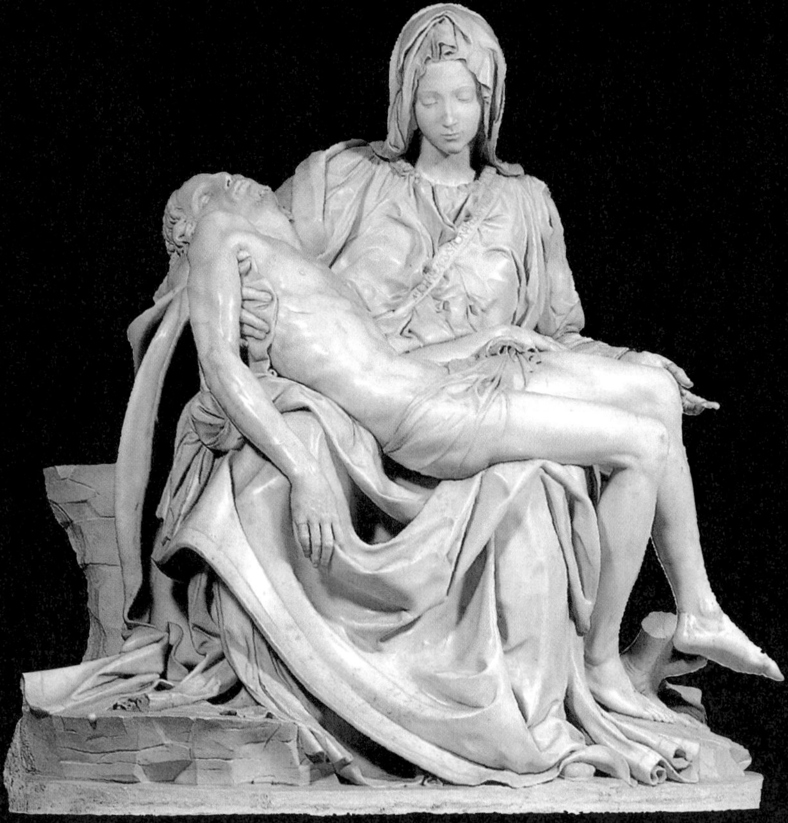

2
〈피에타〉 미켈란젤로 부오나로티,
1499년

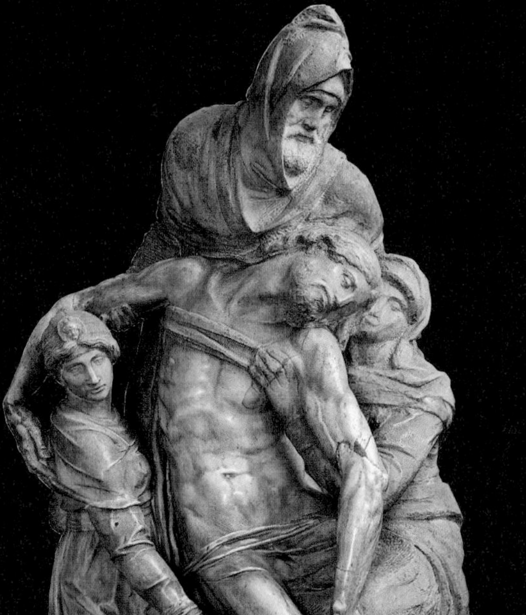

3
〈피에타〉 미켈란젤로 부오나로티,
1550년

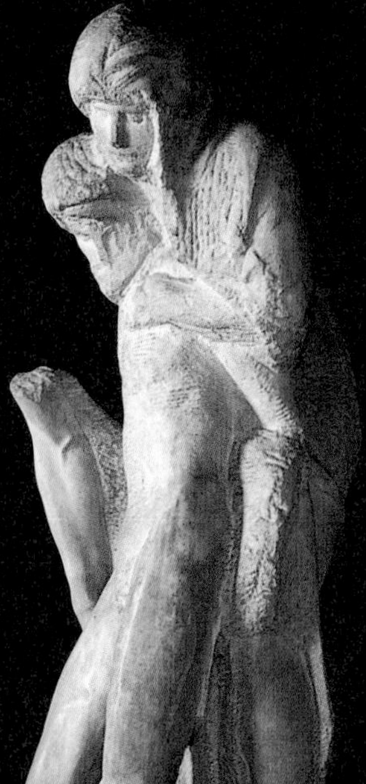

4
〈론다니니 피에타〉 미켈란젤로 부오나로티,
1564년

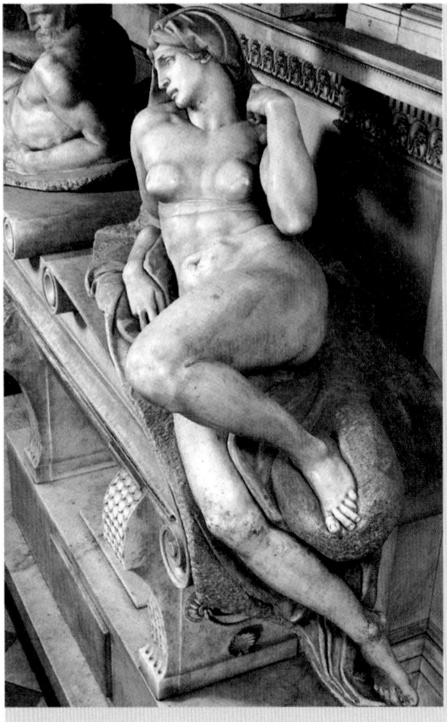

5 〈새벽〉 미켈란젤로 부오나로티, 1524~1531년

6
〈성모와 성 요한 사이에서 십자가에 못 박히신 예수〉
미켈란젤로 부오나로티(아래 왼쪽)

7
〈성모와 성 요한 사이에서 십자가에 못 박히신 예수〉
미켈란젤로 부오나로티(아래 오른쪽)

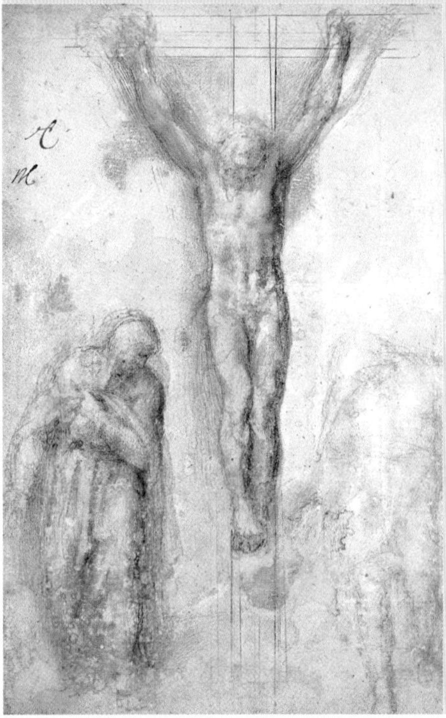

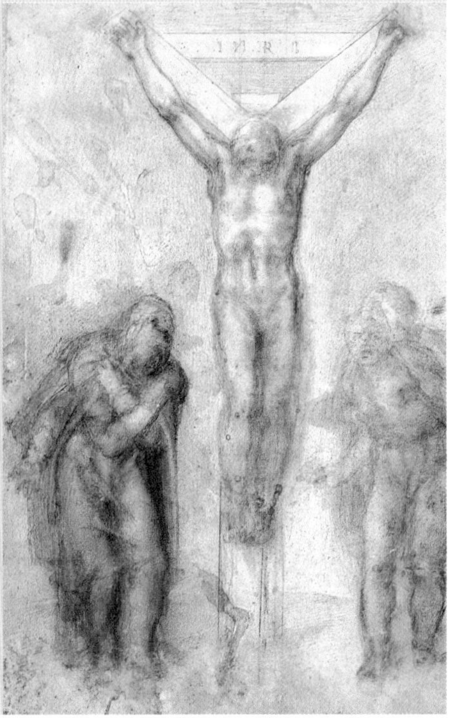

이고 폭발적이어서 영혼 깊숙한 곳에서 흘러나오는 비극성이 느껴진다. 여기서 "영감의 근원은 기술적 솜씨가 아니라 그리스도의 죽음, 세계를 구원한 그 죽음의 신비에 대한 심원한 내면적 반응에서 흘러나온다."

이 시기에 자신의 상황을 묘사하는 데 미켈란젤로는 종종 단테의 《신곡》에 나오는 구절을 사용했다. "사람들은 거기에 얼마나 많은 피가 들어갔는지 생각하지 못한다." 그토록 많은 피를 흘려가며 완벽함에서 기껏 엉성함으로 전환하려 했다는 게 재미있다. 회화와 조각, 건축의 모든 영역에서 르네상스 최고의 자리에 오른 미켈란젤로. 이 모든 세속적 성취 뒤에서 그는 위대한 승리자가 아니라 가련한 애원자가 되었다.

"이 세상 덧없는 것들이 신을 명상하기 위해 내게 주어진 시간을 빼앗아갔습니다. …… 하늘로 오를 수 있는 길은 반으로 줄어들었으며, 이 반만 남은 길을 오르기 위해서라도 주여, 당신의 도움이 필요합니다. 세상 사람들이 좋아하는 것을, 내가 사랑하고 찬미하는 세상의 모든 아름다움을 증오하게 해주소서."

비전의 현현

엘 그레코에게 영향을 준 또 한 사람의 화가를 꼽자면, 비슷한 시기에 활동했던 틴토레토(Tintoretto, 1518~1594)를 들 수 있을 것이다. 틴토레토 역시 엘 그레코와 마찬가지로 '영적인 거듭남'을 체험한다. 그것도 엘 그레코에게 그런 일이 생겼던 바로 그 7년 동안에. 이 시기를 전후하여 발생한 틴토레토의 변화를 사람들은 흔히 '금빛 스타일'에서

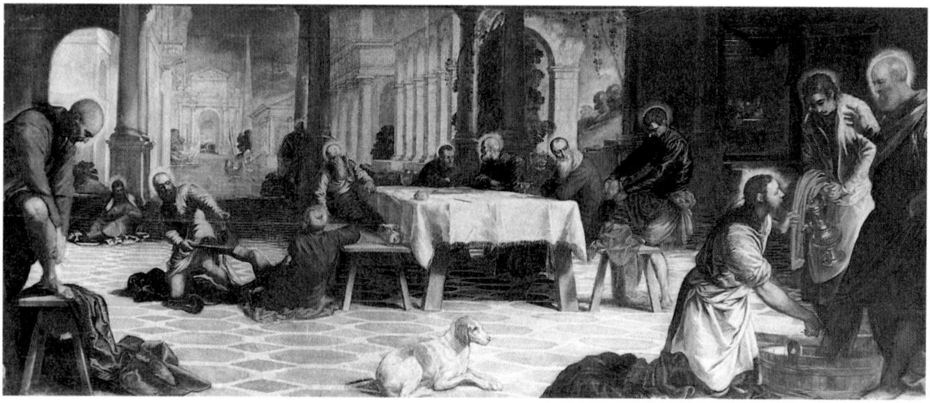

8 〈제자의 발을 씻는 그리스도〉 틴토레토, 1547년

'푸른 스타일'로의 이행이라고 부르곤 한다. 이렇게 표면만 보는 이들은 이 스타일의 변화가 진정으로 무엇을 의미하는지 생각해보려 하지 않는다.

이제까지 베네치아의 화가로서 그의 작품은 자연주의적 색채의 감각적 호소에 의존해왔다. 가령 〈제자의 발을 씻는 그리스도〉를 보자.[8] 초기 작품은 색채의 풍부함이라는 면에서 티치아노에 필적한다. 하지만 영적 거듭남을 겪은 그 7년 사이에 틴토레토의 스타일은 큰 변화를 겪는다. 이제 그의 화폭에서 채도가 높은 색채는 사라지고, 그 대신에 잿빛처럼 푸르스름한 우중충한 색조가 등장한다. 가령 그 시기에 제작된 〈놋쇠로 만든 뱀〉을 보라.[9]

저 우중충한 색조는 사물의 객관적 색조가 아니라, 영혼의 주관적 상태의 표출에 가깝다. 색채만이 아니다. 구성도 뒤틀려 있다. 저것은 정

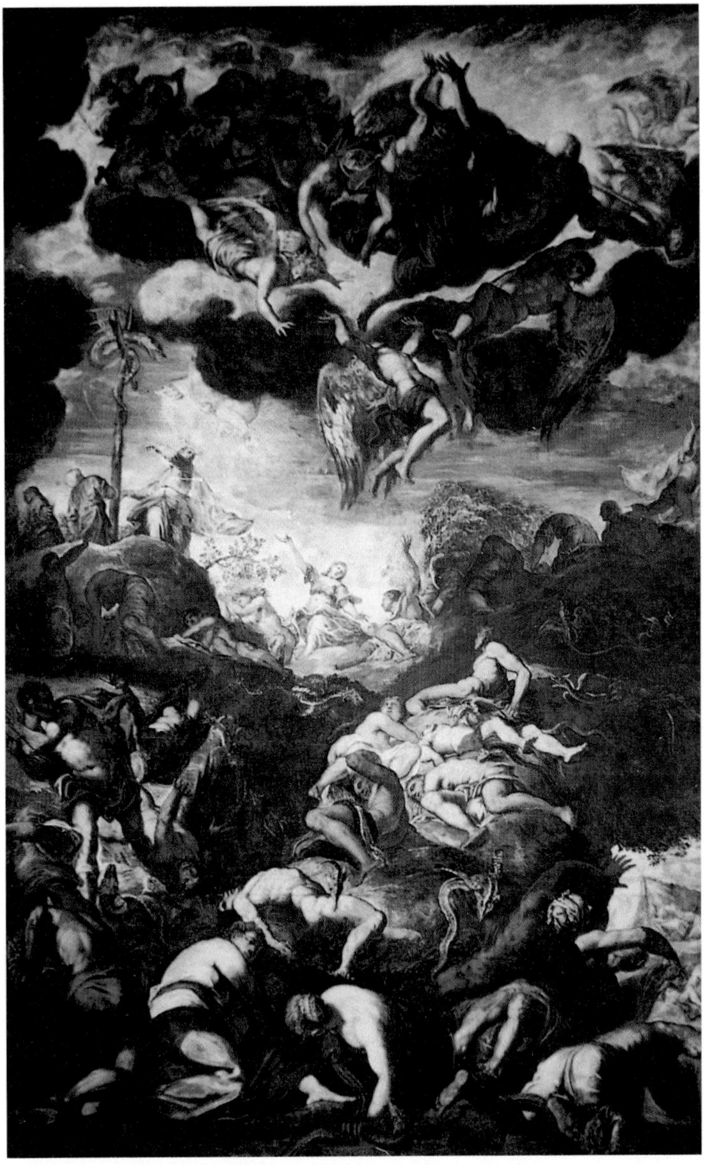

9
〈놋쇠로 만든 뱀〉 틴토레토, 1575~1576년

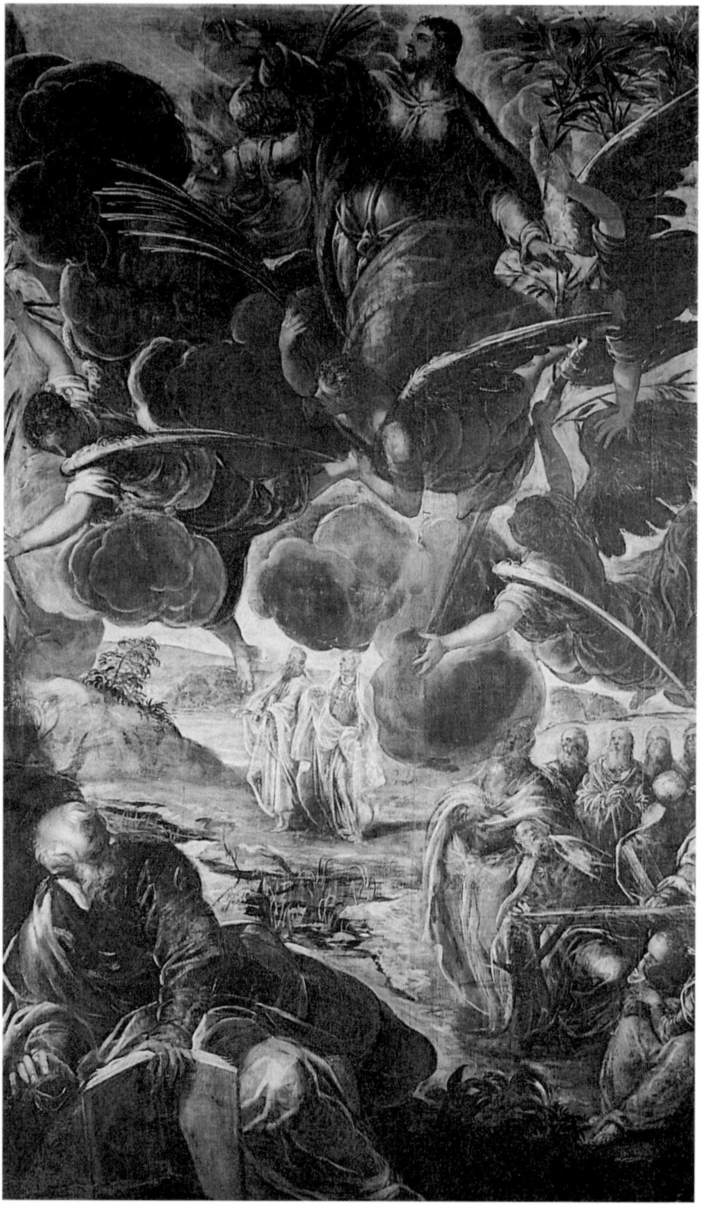

10
〈그리스도의 승천〉 틴토레토, 1576~1581년

상적으로 가능한 공간 배치가 아니다. 인물들의 자세 역시 정상으로 보이지 않는다. 해부학적으로 불가능해 보일 정도로 과격하게 뻗거나 구부린 자세를 취하고 있다. 이는 강렬한 열정에 사로잡힌 이에게만 가능할 것이다. 화면을 비추는 빛도 자연광이라기보다는 어떤 알 수 없는 근원에서 흘러나오는 빛, 즉 이 세상이 아닌 초월적 세계에서 유래하는 가상의 빛에 가깝다.

〈그리스도의 승천〉이다.[10] 이 작품의 공간을 앞에서 본 초기 작품의 그것과 비교해보라. 가령 〈제자의 발을 씻는 그리스도〉는 르네상스 회화가 재현하려 했던 현실의 공간을 보여준다. 반면 〈그리스도의 승천〉 속의 공간은 허구적이다. 여기서 한 명의 제자만 빼고 나머지 인물은 모두 후방으로 밀려난다. 이 독특한 배치 때문에 후방에 묘사된 사건이 마치 (그림 속 복음서의 내용을 스크린으로 투사한) 가상현실처럼 느껴진다. 이것은 실재의 재현이 아니라 비전의 현시다.

물질주의와 정신주의

엘 그레코는 미켈란젤로에게서 형태의 비(非)자연주의, 그리고 틴토레토에게서는 색채와 구성의 비(非)자연주의를 배웠다. 미켈란젤로와 틴토레토를 거치면서 회화는 서서히 자연주의에서 벗어나고, 엘 그레코에 이르러 마침내 형태와 색채, 구성 모두 비현실적으로 변한다. 이제 화가들의 눈은 더 이상 가시적 현실을 향하지 않는다. 미켈란젤로의 기도를 생각해보라. "세상 사람들이 좋아하는 것을, 내가 사랑하고 찬미하는 세상의 모든 아름다움을 증오하게 해주소서."

현세의 포기. 어디서 비롯된 현상일까? 당시의 세상은 물질주의가 범람하고 있었다. 교회도 예외는 아니었다. 물질주의에 빠진 가톨릭교회의 타락은 결국 종교개혁의 물결을 낳는다. 하지만 종교개혁 역시 교회에서 물질주의를 추방하는 데에는 성공했을지 몰라도, 세상의 물질주의와는 쉽게 타협하고 말았다. 개신교의 기독교 윤리가 자본주의 기업가 정신의 토대가 되었다고 하지 않던가. 이 범람하는 물질주의가 화가들로 하여금 현실에서 아예 눈을 돌리게 만든 것이다.

예술양식을 일컫는 다른 이름들처럼 '마니에리스모' 도 원래는 부정적 뉘앙스를 갖는 경멸어였다. '매너리즘' 이라는 말은 여기서 비롯된 것이다. 한마디로 마니에리스모란 화가들이 매너리즘에 빠져 영감을 얻기 위해 자연에 의뢰하기보다는 전적으로 전통 형식들을 재활용하는 데 의존하던 시기라는 것이다. 물론 실제로 그런 측면이 없었던 것은 아니나, 그것을 그저 창의성이 결여된 예술적 타성으로만 보는 것은 마니에리스모의 진정한 본질을 이해하지 못한 것이다.

당시는 고대 그리스의 고전 예술이 붕괴하던 시기와 닮았다. 이 위기의 시기에 예술에서는 두 개의 경향이 발생한다. 하나는 현실에서 시적 분위기를 걷어내고, 위기를 낳은 사회적, 심리적 조건을 냉정하게 파악하는 귀납적 경향으로, 라블레와 브뤼헐, 셰익스피어, 그리고 훗날 발자크와 도스토예프스키가 걷게 되는 길이다. 다른 하나는 현실에서 아예 눈을 돌리고 영적인 세계를 관조하고 명상하며 법열에 빠지려 하는 연역적 경향으로, 프랑스와 스페인의 마니에리스트들이 여기에 해당한다.

도취와 황홀경

엘 그레코는 아마도 이름이 알려지지 않은 프랑스 마니에리스트들의 영향을 받았을 것이다. 예를 들어 벨랑주(Jacque Bellange, 1575~1616)의 작품을 보자.[11] 여기서 마리아는 내면으로 침잠하여 기적적인 것에 완전히 몰입한 표정을 짓고 있다. 그녀는 마치 '나는 더 이상 이 세상에도, 나 자신에도 속하지 않으며, 내 안 깊숙이 살아 있는 것은 진리와 은총'이라고 말하는 듯하다. 내면의 감정을 통한 외부 세계의 완전한 극복. 이는 그가 이탈리아에서는 배울 수 없었던 북유럽 중세 기독교의 잔재다.

엘 그레코가 활동하던 스페인은 르네상스임에도 불구하고 고딕이 여전히 살아 있었고, 중세적 신비주의도 번성하고 있었다. 종종 법열에

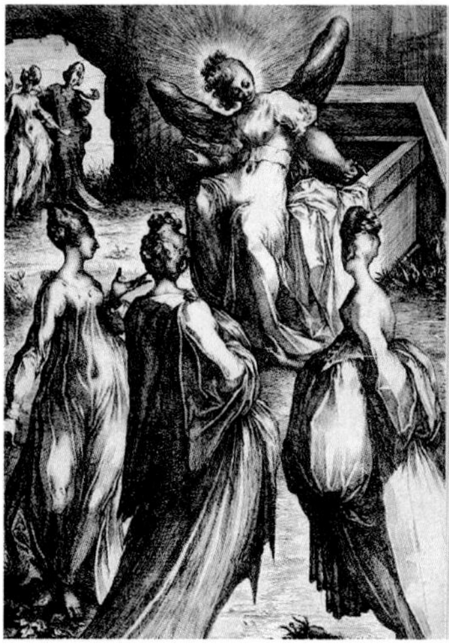

11
〈무덤의 세 여인〉, 자크 벨랑주, 1613년경

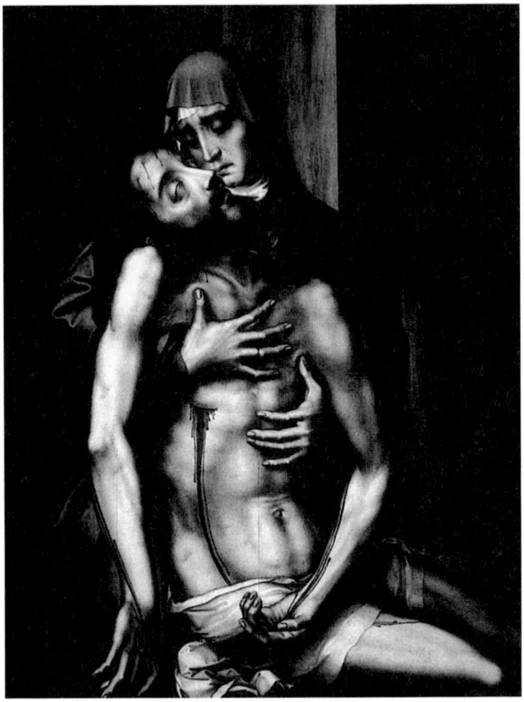

12 〈피에타〉 루이스 데 모랄레스, 1560년대

빠져 신비한 환영을 보았던 테레사 수녀의 말을 들어보자. "눈에 흰색과 붉은색이 보이는데, 자연에서 볼 수 있는 그런 색이 아니다. 정상적으로 보는 것보다 더 휘황찬란하기 때문이다. 내가 본 이미지는 이제까지 화가들이 그려온 그런 이미지가 아니다. 현실에는 그 모델이 존재하지 않으나, 자연과 생명의 본질을 이루는 최고의 아름다움을 가진 것이다."

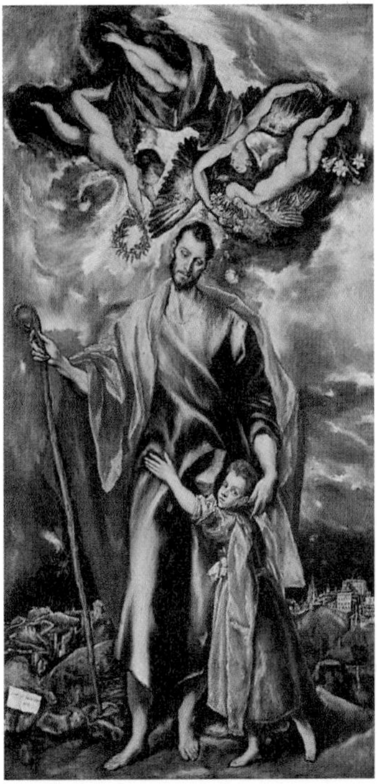

13 〈성 요셉과 어린 그리스도〉 엘 그레코, 1579~1599년

엘 그레코가 그리려 했던 것은 테레사 수녀가 엑스터시에 빠진 동안에 보았다는 그 광경이다. 내면을 지향해도 결코 객관적 묘사의 지평을 떠나지 않았던 이탈리아의 화가들과 달리, 스페인 화가들은 과감하게도 르네상스의 원리를 버릴 줄 알았다. 가령 모랄레스의 〈피에타〉를 보라.[12] 그 정신성과 표현성 때문에 외려 현대 회화 같은 느낌을 준다. 여기서 마니에리스모는 전적으로 스페인적인 열광에 도달한다. 이것 또

한 엘 그레코에게 영향을 주었을 것이다.

가령 톨레도에 있는 그의 〈성 요셉과 어린 그리스도〉를 보자.[13] 여기서 우리가 보는 것은 현실성이 없는 순수한 관념이다. 이 그림은 자연에 의뢰하지 않고 내면적 체험의 삶을 지향한다. 요셉에게는 르네상스 인물에게서 느껴지는 외적 형식미가 없다. 하지만 관람자는 영혼 속에서 저 인물의 완벽한 조화를 느낄 것이다. 미켈란젤로의 〈다비드〉가 르네상스의 영웅적 인간상을 대표하듯이, 엘 그레코의 〈성 요셉과 어린 그리스도〉는 신의 인도하심 아래 초자연적 선함과 겸손함으로써 위대함에 도달한 마니에리스모의 인간을 보여준다.

정신사로서 예술사

신화와 같은 이교적 제재를 포기하고 전적으로 성서에 전념하는 가운데, 엘 그레코는 성서의 장면을 판타지에 가깝게 묘사한다. 예를 들어 '감람산의 그리스도' 같은 제재를 다룬 만테냐의 〈겟세마네 동산의 고뇌〉와 엘 그레코의 〈정원의 고뇌〉 그림을 비교해보라.[14, 15] 만테냐의 감람산에서는 현실의 공간이라는 느낌이 나는 반면, 엘 그레코의 감람산은 마치 동화의 배경처럼 느껴진다. 또 만테냐의 그림에서는 모든 것이 자연광 속에 들어 있다면, 엘 그레코의 작품에서 예수는 어떤 알 수 없는 근원 속에서 흘러나오는 신비한 빛의 조명에 감싸여 있다.

엘 그레코가 보여주는 것은 현실의 재현이 아니라 초현실의 비전이다. 가령 〈요한묵시록의 다섯 번째 봉인의 개봉〉은 그의 작품의 환상성을 잘 보여준다.[16] 당장 눈에 띄는 것은 인물들의 크기의 콘트라스트이

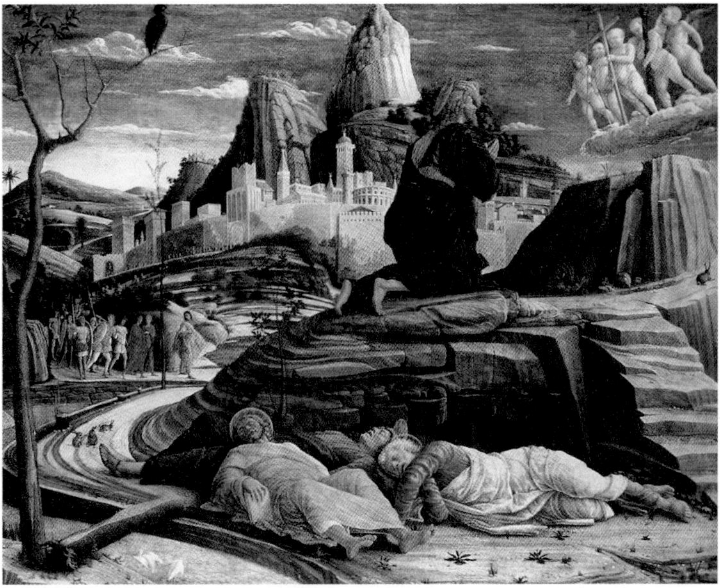

14 〈겟세마네 동산의 고뇌〉 안드레아 만테냐, 1460년경

15 〈정원의 고뇌〉 엘 그레코, 1590~1595년경

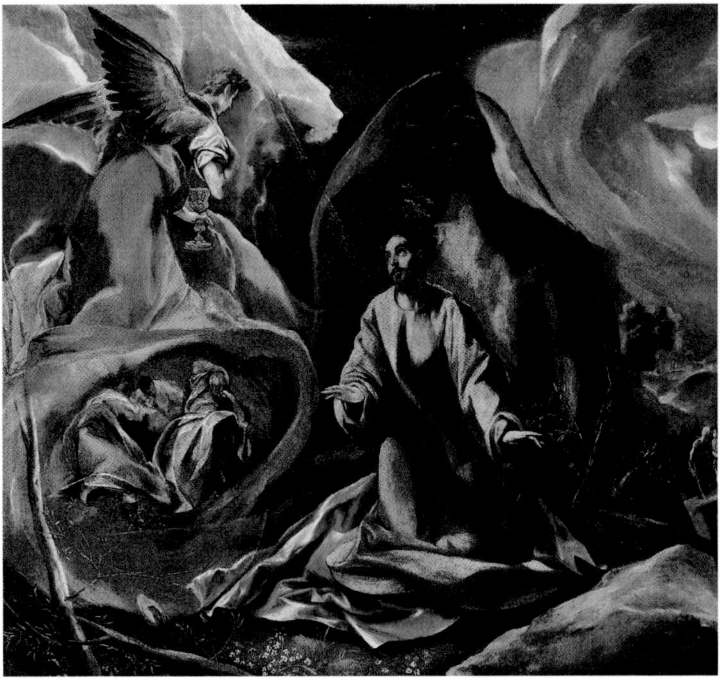

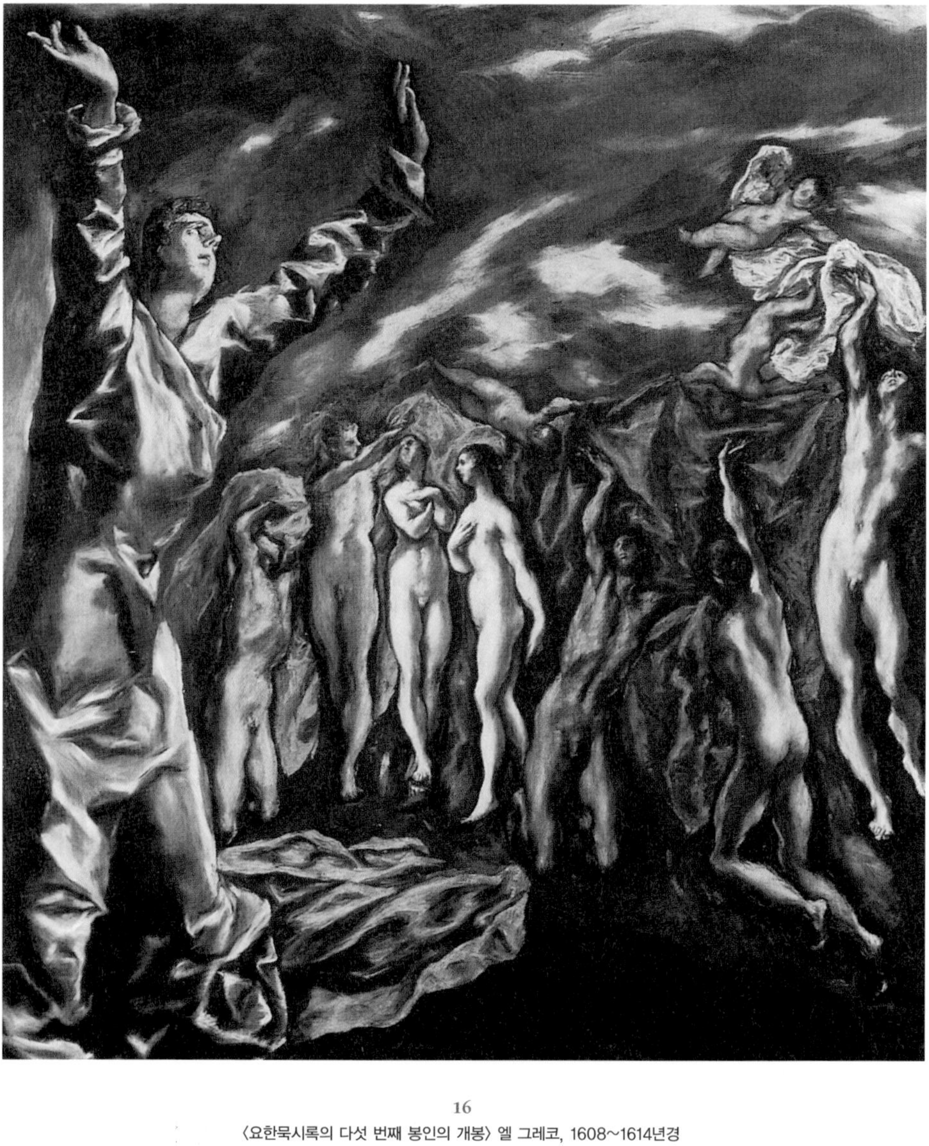

16
〈요한묵시록의 다섯 번째 봉인의 개봉〉 엘 그레코, 1608~1614년경

다. 전면에 요한이 하늘을 우러른다. 비례는 왜곡되어 무릎을 꿇은 그가 마치 서 있는 것처럼 보인다. 르네상스의 형식미, 즉 비례의 완전성은 깨져 있다. 그 뒤로 막 부활한 인간들에게 천사가 옷을 가져다준다. 이것은 현실의 장면이 아니다. 다가올 심판의 환상, 저 황홀경에 빠진 요한의 눈에만 보이는 장면이다.

다시 처음으로 돌아가 보자. 오르가스 백작의 매장이 이루어진 것은 톨레도의 산토 토메 성당이었다. 그 장소는 오늘날 여행자들이 찾아가 볼 수도 있는 현실의 공간이다. 하지만 그림을 자세히 뜯어보라. 저곳이 어디인지 말해주는 단서가 하나도 없다. 심지어 저곳이 건물의 내부인지, 아니면 건물 밖의 야외인지조차 가늠하기 힘들다. 이는 엘 그레코가 현실의 공간의 재현에는 별 관심이 없었음을 보여준다. 감각의 눈으로 보는 세계보다 더 중요한 것은 영혼의 눈으로 보는 초월적 세계다.

백작의 사체를 입관하는 두 성자, 그리고 하늘나라에 받아들여지는 백작의 영혼. 이 두 가지는 오직 '광기'에 가까운 종교적 열정으로만 볼 수 있는 것이다. 그림에서도 이 두 장면은 신심이 돈독한 성직자와 어린아이의 천진난만한 눈에만 보이는 것으로 설정되어 있다. 하지만 그 두 사람 외에도 저 초월적 세계의 비전을 보는 이가 또 있다. 누구? 바로 관람자이다. 엘 그레코는 관람자로 하여금 자신의 환상을 체험하게 함으로써, 그들의 영혼을 구름에 난 좁은 틈새로 하늘나라에 들어가게 만든 것이다.

그는 미쳤다

“그는 미쳤다.” 사람들은 종종 그를 이렇게 불렀다. 교회의 물질주의를 반성하는 반동 종교개혁도 결국은 세속의 물질주의와 타협을 하고 만다. 교회와 세속에 범람하는 물질주의를 참을 수 없었던 영혼은 ‘광기’에 사로잡힌 이들만 볼 수 있는 초월적 비전의 세계로 거처를 옮겨야 했고, 그 때문에 오로지 물질의 세계만 볼 수 있는 사람들에게 ‘미쳤다’는 소리를 들어야 했으리라. 그런 의미에서 그는 순수한 이상주의의 화신, 세르반테스의 돈 키호테와 같은 존재였다고 할 수 있다.

그 짧은 기간 동안 예술은 눈에 띄게 변화했다. 마니에리스모의 작품들에서 형태의 아름다움이라는 르네상스의 이상은 파괴된다. 비례의 완벽함이 포기되어 인물의 형태는 해부학적으로 불가능할 정도로 왜곡된다. 원근법으로 재현하던 3차원 공간의 자리에 현실을 넘어선 초월적 세계의 비전이 들어선다. 엘 그레코의 인물들은 그렇게 아름다워 보이지 않는다. 하지만 아름다움을 물질적 세계가 아니라 초월적 세계에서 찾은 이들에게 엘 그레코의 인물들은 완벽한 영혼의 조화를 보여준다. 이런 변화는 어디서 비롯된 것일까?

마니에리스모는 창안 없이 르네상스의 기법을 이리저리 고쳐 반복하는 매너리즘이 아니다. 그것은 르네상스와는 완전히 다른 세계감정의 표현이었다. 이렇게 양식 변화의 원인을 정신에서 찾는 견해를 미술사학에서는 ‘정신사로서 예술사’라 부른다. 막스 드보르작이 같은 제목의 책을 썼을 때, 마침 세계는 엘 그레코가 살던 당시와 비슷한 상태에 놓여 있었다. ‘광인’으로 여겨져 오랫동안 미술사에서 잊혔던 이 마니에리스모의 거장이 다시 주목을 받게 된 것은 아마 그 때문일 게다.

20세기 초반, 미술은 구상에서 추상으로 넘어가고 있었다. 왜 그래야 했을까? 가령 칸딘스키를 생각해보자. 그 역시 엘 그레코처럼 범람하는 물질주의에 혐오감을 느꼈다. 현실에 대한 이 환멸 때문에 그는 가시적 세계의 재현을 포기하고 이른바 '예술에서 정신적인 것'을 찾아 추상으로 나아가야 했다. 파울 클레가 말한 대로, 현대 예술의 과제는 가시적인 것의 재현이 아니라 '비가시적인 것의 가시화'에 있다고 하지 않던가. 그것이 또한 이미 수백 년 전에 엘 그레코가 하려고 했던 게 아닌가?

8

무엇이 양식의 변화를 낳는가? 뵐플린은 양식의 변화는 시(視) 형식의 변화에서 비롯된다고 말한다. 양식의 변화를 설명하는 여러 이론들이 대개 미술의 바깥에 있는 요인에 주목한다면, 양식의 변화를 지각 방식의 차이로 설명하는 뵐플린의 이론은 철저히 내재적이라는 장점이 있다.

친퀘첸토(1500년대)와 세이첸토(1600년대)의 비교를 통해, 뵐플린은 미술사가 그 자체에 변화의 동력을 갖고 있음을 보여준다. 이 순수 형식주의적 접근은 파노프스키에게 비판을 받기도 했다. 시 형식의 변화라는 것도 알고 보면, 그 바깥의 다른 요인들과 연동이 되어 있다는 것이다.

이 장에서는 하인리히 뵐플린의 대표적 저작을 통해 르네상스 고전 예술과 17세기 바로크 예술의 양식적 차이를 살펴보게 된다. 뵐플린의 형식주의적 접근은, 비록 파노프스키에게 비판을 받기는 했지만, 양식 변화를 예술 내재적 원리로 설명하는 유일한 이론이라는 점에서 다른 것과는 비교할 수 없는 가치를 갖는다.

■ 참고문헌

Heinrich Wölfflin, *Kunstgeschichtliche Grundbegriffe*, München, 1915.
하인리히 뵐플린, 박지형 옮김, 《미술사의 기초개념》, 시공사, (1994/2000).

시(視) 형식으로서 미술사

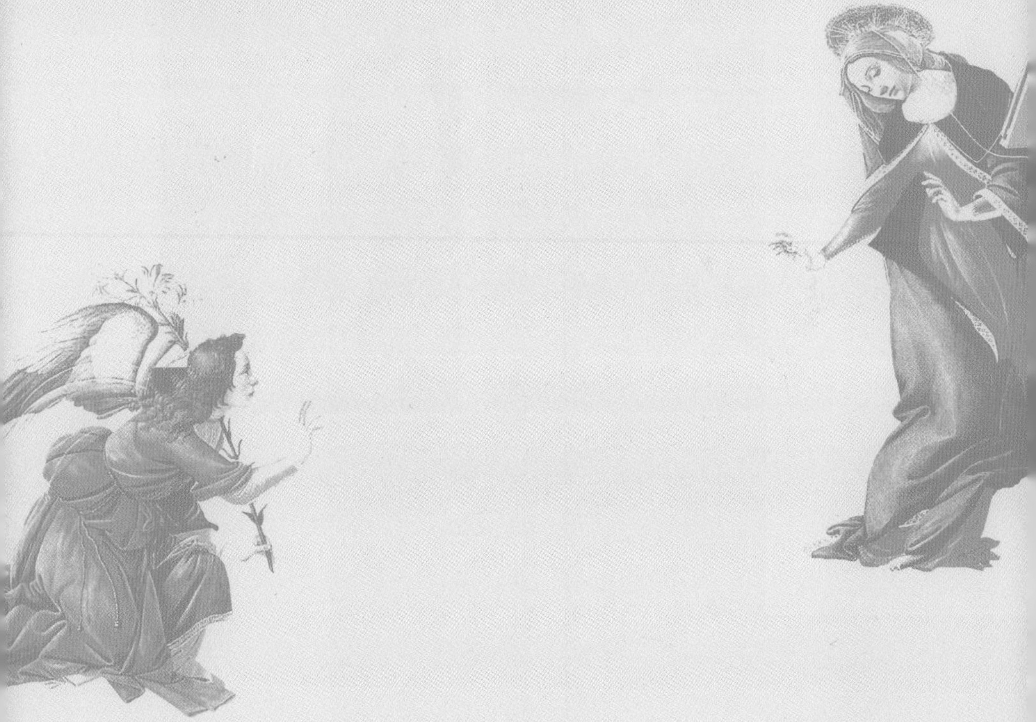

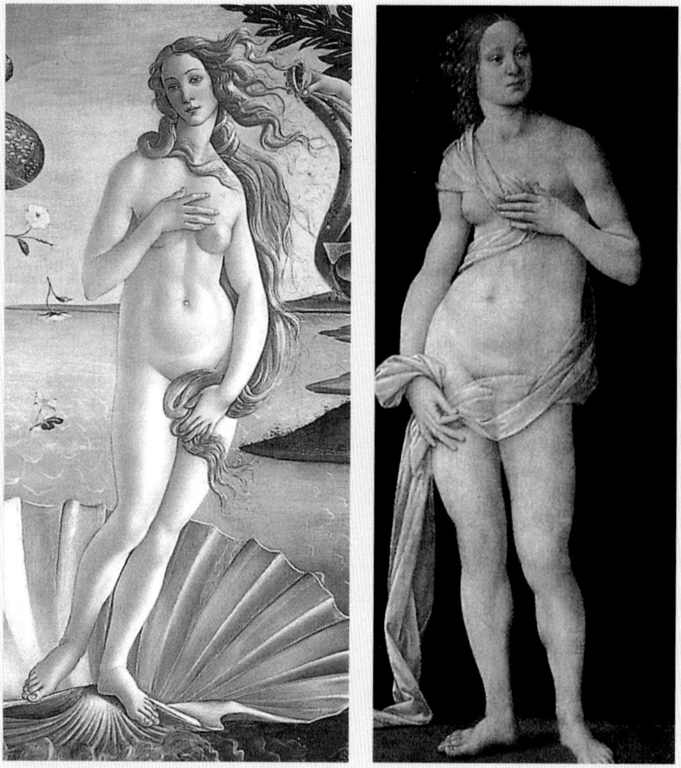

1

〈비너스의 탄생〉 산드로 보티첼리, 1485년 〈비너스〉 로렌초 디 크레디, 1490년

독일의 낭만주의 화가 루트비히 리히터(Ludwig Richter)는 젊은 시절 세 명의 친구와 함께했던 어떤 실험을 회상한다. 네 젊은이는 티볼리라는 곳에서 똑같은 풍경을 그리기로 합의하고, 그림을 그릴 때 상태를 조금도 왜곡하지 않기로 약속을 했다. 하지만 실험의 결과로 나온 것은 네 사람의 성격만큼이나 서로 판이하게 달라 보이는 네 장의 그림이었다고 한다. 이 실험을 통해 그는 "객관적 시각이란 있을 수 없으며, 형태와 색상은 기질에 따라 다르게 파악된다."는 결론에 도달하게 된다.

개인과 민족과 시대

동일한 대상이라도 이렇게 화가의 개성에 따라 현저히 다르게 묘사된다는 것은 미술사의 상식이다. 가령 보티첼리와 디 크레디의 누드를 비교해보라.[1] 둘 다 콰트로첸토의 피렌체 화가로 서로 같은 계통에 속하나, 두 화가의 누드는 '참나무와 보리수의 차이'를 연상시킬 정도로 달라 보인다. 보티첼리의 누드에 활기와 생동감이 넘쳐흐른다면, 크레디의 것은 전체적으로 고요한 인상을 준다. 이렇게 화가 개개인에 따라 달라지는 묘사의 패턴을 '개인양식'이라고 부르자.

하지만 개인은 집단에 속한 존재다. 보티첼리와 크레디가 아무리 달라도, 둘을 베네치아의 화가들과 비교하면 같은 피렌체 화가로서 유사성이 두드러질 것이다. 호베마와 뤼스데일의 풍경화 역시 매우 달라 보인다. 하지만 이 둘을 플랑드르의 루벤스와 비교하면, 차이점보다는 외려 같은 네덜란드 화가로서 유사성이 두드러진다. 네덜란드 화가들이 그린 풍경화는 정적인 느낌을 주나, 플랑드르 화가들의 풍경에서는 격정적 동세(動勢)가 느껴진다. 이렇게 민족마다 달라지는 것을 '민족양식' 이라고 한다.

하지만 상이한 민족도 같은 시대를 사는 법이다. 가령 베르니니와 테르보르흐의 작품은 서로 너무나 달라 보인다. 즉 이탈리아 조각가의 인물상은 매우 격정적인 반면, 네덜란드 화가의 인물은 고요하고 아담하다. 하지만 두 사람의 작품이 아무리 달라 보여도, 전 시대의 작품들, 가령 16세기의 작품들과 비교해보면, 아마도 같은 바로크 양식으로서 유사성이 두드러질 것이다. 이를 '시대양식' 이라고 부르자. 뵐플린의 목표는 개인과 민족의 차이 너머에 존재하는 이 시대양식을 드러내는 것이다.

시 형식으로서 예술사

시대마다 양식이 달라지는 이유는 무엇일까? 이 물음에는 여러 가지 대답이 가능할 것이다. 가령 드보르작은 시대정신의 변화가 예술양식의 변화를 낳는다고 본다. 이런 입장을 앞에서 우리는 '정신사로서 예술사' 라고 불렀다. 드보르작과 달리 뵐플린은 내용보다는 형식의 측면에 주목한다. 예술사에서 양식의 변화를 초래하는 것은 시대마다 달라지는 지각방식의 변화라는 것이다. 이렇게 양식의 변화를 시(視) 형식의 변화로 바라보는 입장을 '형식사로서 예술사' 라고 부를 수 있을 것이다.

'가장 이질적인 예술가들에게조차 공통적으로 드러나는 시각방식의 층'이 있다. 시 형식의 변화가 양식의 변화를 낳는다면, 당연히 그 지각의 층위를 드러내는 게 미술사 서술의 가장 중요한 과제가 될 것이다. 그리하여 뵐플린은 말한다. "모든 예술가는 자기가 속하는 시대의 특정한 시각적 가능성에 묶여 있다. 모든 것이 모든 시대에 다 가능할 수는 없다. 보는 것 그 자체도 고유의 역사를 지니고 있으며, 이 '시각적 층'의 규명이 미술사의 가장 근원적인 과제임을 알아야 한다."

이 근원적 과제를 풀기 위해 뵐플린은 친퀘첸토와 세이첸토, 즉 1500년대의 예술과 1600년대 예술을 각각 하나의 양식 단위로 설정한다. 이는 우리가 흔히 '르네상스 양식'과 '바로크 양식'이라 부르는 구별에 해당한다. 널리 알려진 바와 같이, 이 두 시기 사이에 예술은 커다란 변화를 겪었다. 그 변화는 물론 세계를 보는 지각방식의 변화에서 비롯된 것이리라. 뵐플린은 친퀘첸토에서 세이첸토로 넘어가는 이 시기에 발생한 이 시 형식의 변화를 다섯 가지 개념 쌍으로 포착한다.

선적인 것에서 회화적인 것으로

첫 번째는 '선적인 것에서 회화적인 것으로'. 르네상스의 예술이 '형태를 촉각적으로 파악'한다면, 바로크 양식은 '시각적 겉모습만 좇아 가촉적 소묘를 포기'한다. 그리하여 르네상스의 예술이 여전히 촉각적 느낌을 준다면, 바로크 시대에 이르러 회화는 완전히 시각적 현상이 된다. 가령 뒤러와 렘브란트의 누드를 비교해보라.[2, 3] 뒤러의 것은 선이 분명하여, 마치 조각을 만지듯이 손으로 더듬어 윤곽을 짐작할 수 있을 것만 같다. 반면 렘브란트의 누드는 어떤가? 거친 회화적 터치 때문에

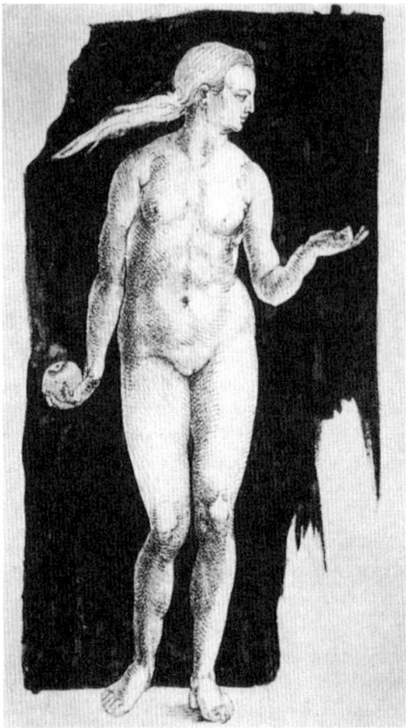

2 〈이브〉 알브레히트 뒤러, 1507년

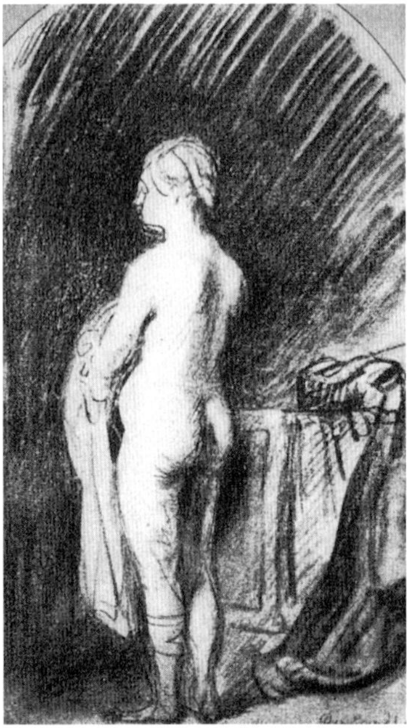

3 〈여인 누드〉 렘브란트 반 레인, 1654년

형과 배경의 구별이 뚜렷하지 않다.

회화에서도 마찬가지다. 가령 브론치노와 벨라스케스의 작품을 비교해보라.[4, 5] 브론치노의 작품 속에서는 의상의 묘사가 매우 정교하다. 원근법에서는 묘사를 할 때 화가의 시점을 고정시키라고 하지만, 실제로 르네상스 화가들은 세부의 묘사를 위해 모델에 바짝 다가가곤 했다. 이를 벨라스케스의 작품과 비교해보라. 떨어져 보면 언뜻 정교해 보이는 것도, 확대해서 보면 붓으로 대충 툭툭 쳐나가는 식으로 묘사한 것임을

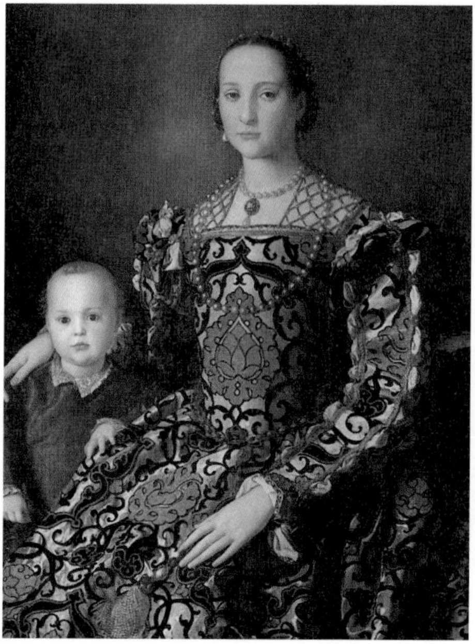

4 〈톨레도의 엘레노아와 메디치의 페르디나르도〉 아그놀로 브론치노, 1545년

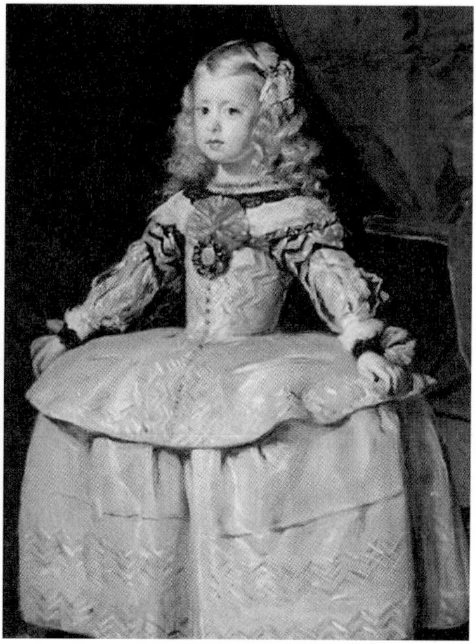

5 〈마르가리타 공주〉 디에고 벨라스케스, 1656년경

알 수 있다. 바로크의 이미지는 '부유하는 가상'이다. 그것은 화폭 위가 아니라 관찰자의 눈 위에서 비로소 완성된다.

이는 소묘나 회화에 국한된 현상이 아니다. 선적인 것에서 회화적인 것으로의 변화는 심지어 조각에서도 나타난다. 가령 다 마이아노와 베르니니의 초상 조각을 서로 비교해보라.[6,7] 르네상스 조각에는 얼굴의 주름과 의복의 무늬가 매우 정교하게 묘사되어 있다. 반면 바로크에 속하는 베르니니의 조각에서는 거친 붓의 터치를 연상시키는 옷 주름이

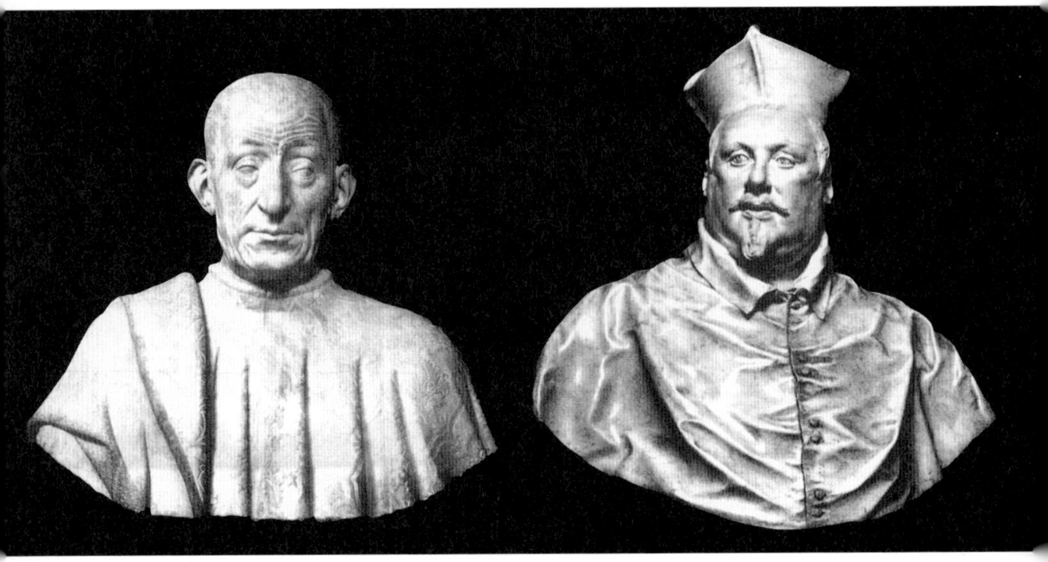

6 〈피어트로 멜리니의 초상〉 베네데토 다 마이아노, 1474년

7 〈보르게제 추기경〉 지안 로렌초 베르니니, 1640~1641년

두드러진다. 마이아노의 인물은 차분하게 가라앉은 정적인 느낌을 준다. 그럼 베르니니의 인물은 어떤가? 옷 주름의 운동과 더불어 들떠 움직이는 듯하지 않은가?

평면에서 깊이로

친퀘첸토에서 세이첸토의 이행기에 시 형식에 일어난 또 다른 변화는 '평면에서 깊이로'라는 말로 표현할 수 있다. '아담과 이브'를 담은 팔마 베키오와 틴토레토의 작품을 비교해보라.[8, 9] 베키오의 작품에서

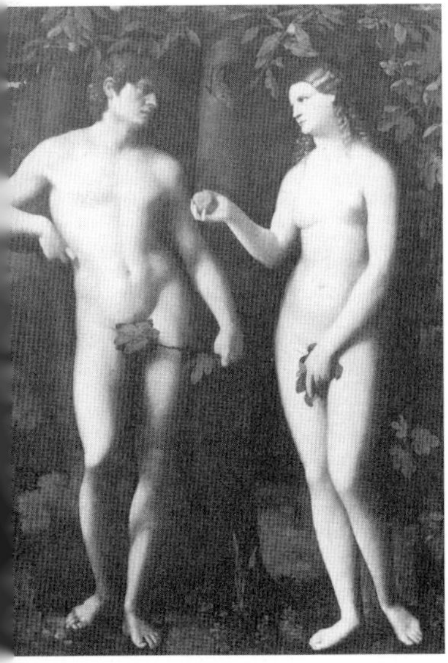

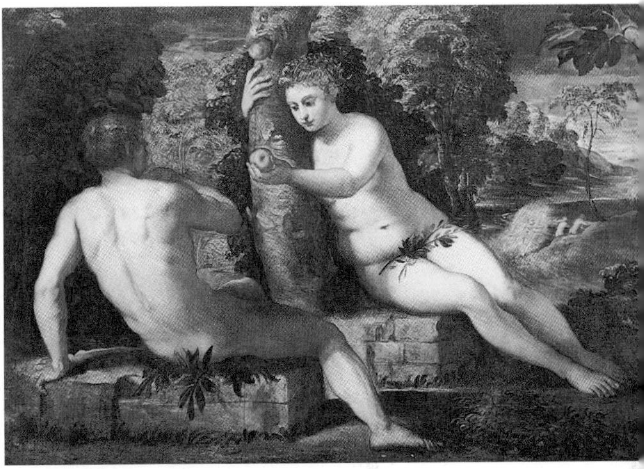

8 〈아담과 이브〉 팔마 베키오(왼쪽), 1512년
9 〈아담과 이브〉 틴토레토(오른쪽), 1550년

아담과 이브는 동일한 깊이에 좌우로 배치되어 있다. 반면 틴토레토의 작품 속에서 인류의 아버지와 어머니는 서로 다른 깊이의 공간 속에 전후로 배치된다. 아담이 관객을 향해 등을 드러내고 있는 것이 인상적이다. 앞뒤로 배치된 인물들이 서로 시선을 교환하려면, 한 사람은 당연히 등을 보여야 할 게다.

'어부의 기적' 을 다룬 라파엘로와 반 다이크의 작품은 이 차이를 더 극적으로 보여준다.[10, 11] 라파엘로의 작품에서는 두 척의 배가 동일한 깊이에 배치되어 거의 일직선을 이룬다. 반면 반 다이크의 작품에서는 두 척의 배가 앞뒤로 배치된다. 거기에 맨 앞에 어부들이 그물을 끌어

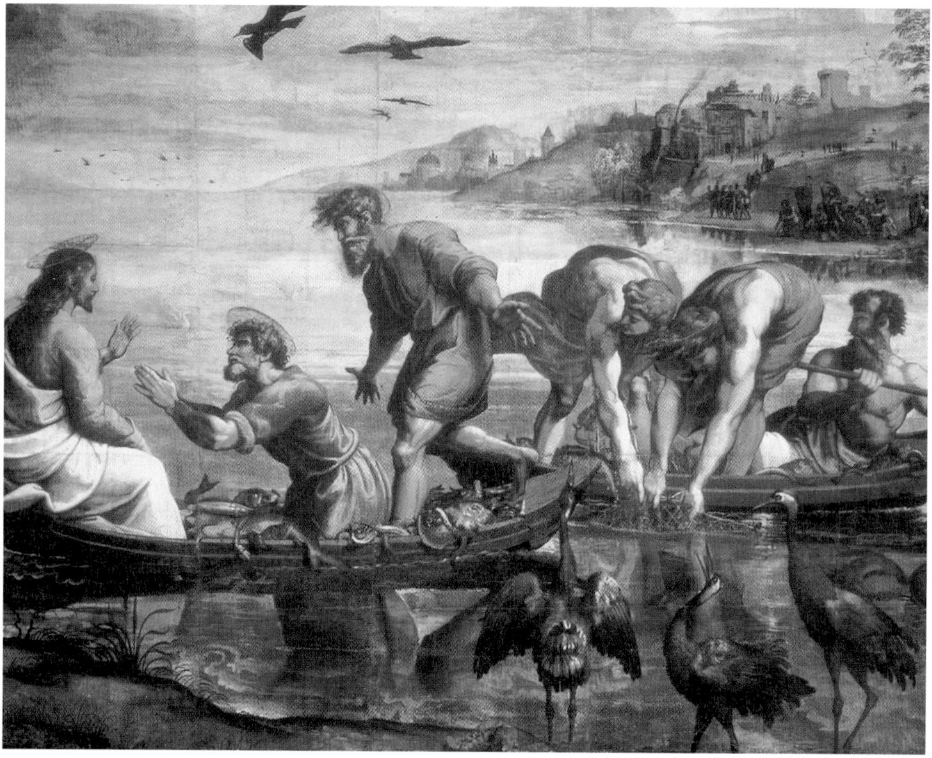

10 〈어부의 기적〉 라파엘로 산치오, 1515년

올리는 장면까지 삽입함으로써 작품은 세 겹의 층위를 갖게 된다. 이것이 반 다이크의 작품에 라파엘로의 것에는 없는 깊은 공간감을 부여한다. 인물들이 전후로 배치되면서 포개지는 것 역시 그림에 깊이감을 더해준다.

르네상스의 수평선 구도가 바로크에 들어와 대각선 구도로 바뀌는

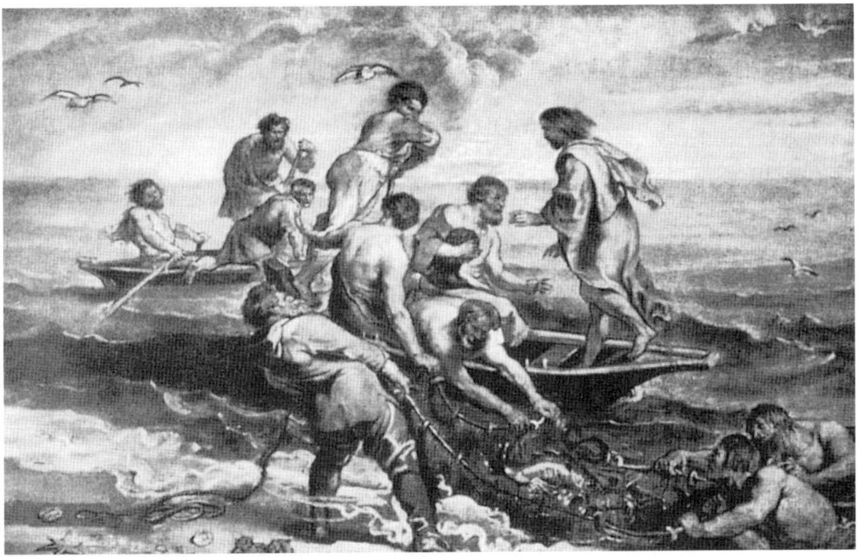

11 〈어부의 기적〉 안토니 반 다이크, 1621년

것도 이와 관련이 있을 것이다. 바우츠 계열에 속하는 어느 화가의 그림을 보라.[12] 성(聖) 누가가 성모 마리아의 초상을 그렸다는 6세기 그리스의 전설을 다루었다. 실은 콰트로첸토에 속하는 작품이나, 인물의 배치가 좌우 수평을 이룬다는 점에서는 친퀘첸토와 크게 다르지 않다. 이를 그와 비슷한 상황을 담은 세이첸토의 그림과 비교해보자.[13] 페르메이르의 작품에서 모델과 화가는 전후로 배치되고, 이로써 모델과 화가를 잇는 선은 수평선이 아니라 대각선을 이루게 된다.

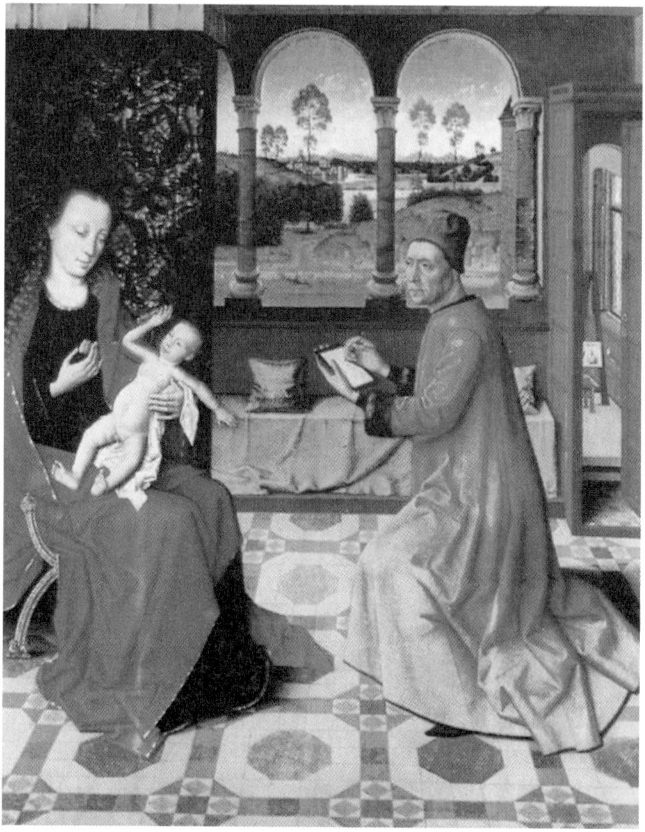

12
〈성모 마리아를 그리는 성 누가〉 바우츠 계열의 화가

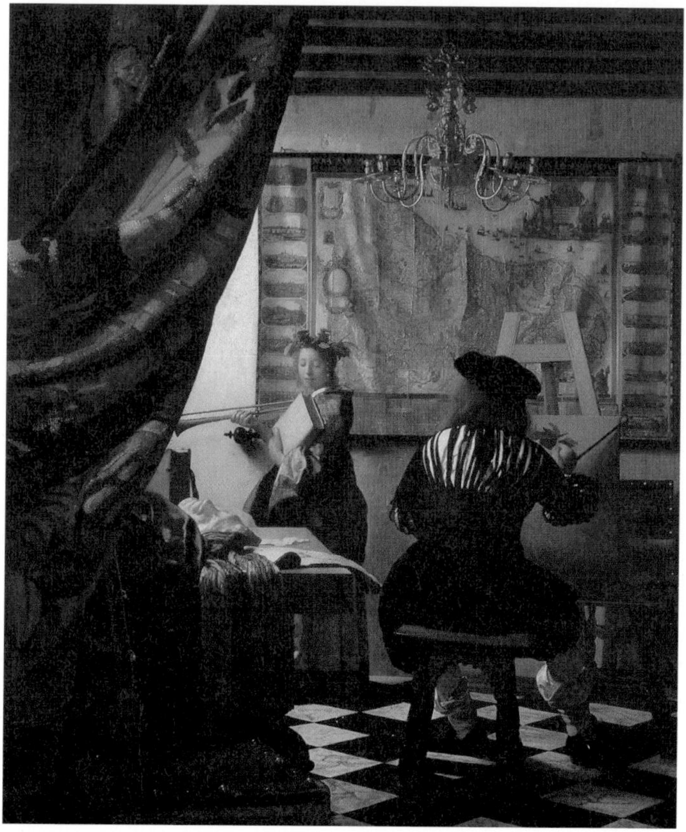

13
〈아틀리에의 화가〉 얀 페르메이르, 1666년경

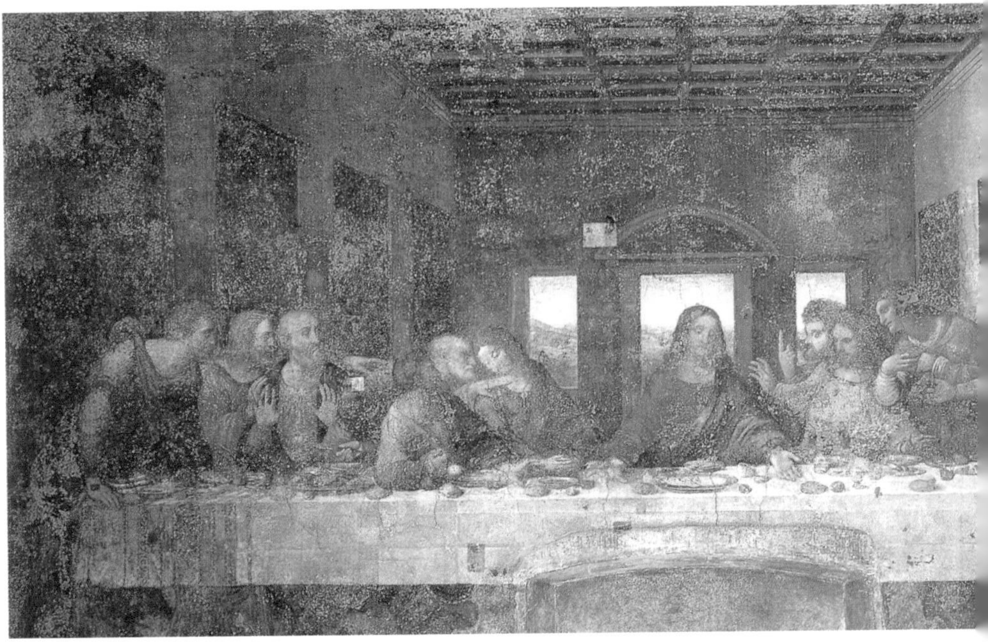

14
〈최후의 만찬〉 레오나르도 다 빈치, 1495~1498년

닫힌 형태에서 열린 형태로

16세기의 고전 예술은 수평이나 수직의 대비, 화면 좌우의 대칭과 같은 구도로 인해 화면이 그 자체로 완결된 느낌을 준다. 17세기 바로크 예술에서는 이 기하학적 엄격함이 완화되어 화면 전체가 어딘지 열려 있는 것 같은 인상을 준다. 가령 다 빈치의 〈최후의 만찬〉을 보라.[14] 화면이 거의 수직과 수평으로 나누어지고, 그 두 선이 만나는 곳에 예수

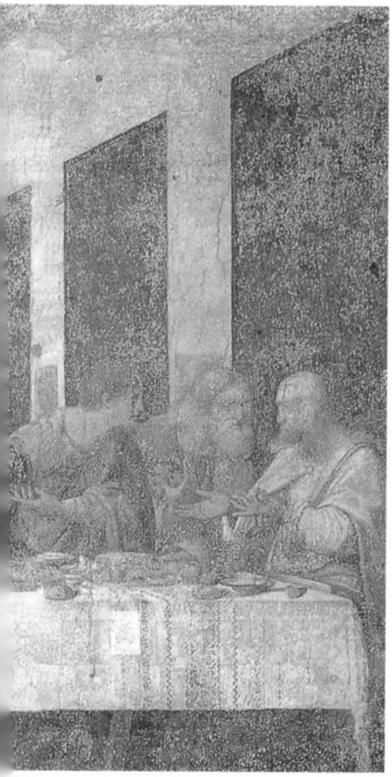

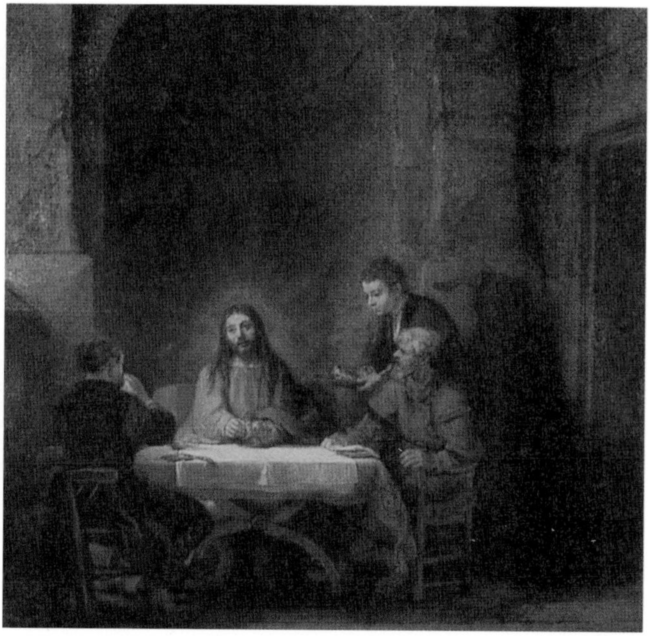

15
〈엠마오의 그리스도〉 렘브란트 반 레인, 1648년

의 머리가 놓인다. 반면 렘브란트의 〈엠마오의 그리스도〉는 어떤가?[15] 여기서도 예수는 벽감의 중앙에 배치되어 있으나, 벽감의 중앙 축이 왼쪽으로 치우쳐 있어 예수의 머리가 상하로도, 좌우로도 중심에서 벗어난다. 규칙의 완화와 형식의 해체를 이보다 더 극명하게 보여주는 예가 있다. 먼저 라파엘로의 〈디스푸타〉를 보자.[16] 상하로는 천상과 지상으로, 좌우로는 인물들이 마치 논쟁을 벌이는 두 축인 양 예수의 양편으로 갈린다. 화면에 수평선과 수직선을 그으면, 두 선은 거의 중앙에서

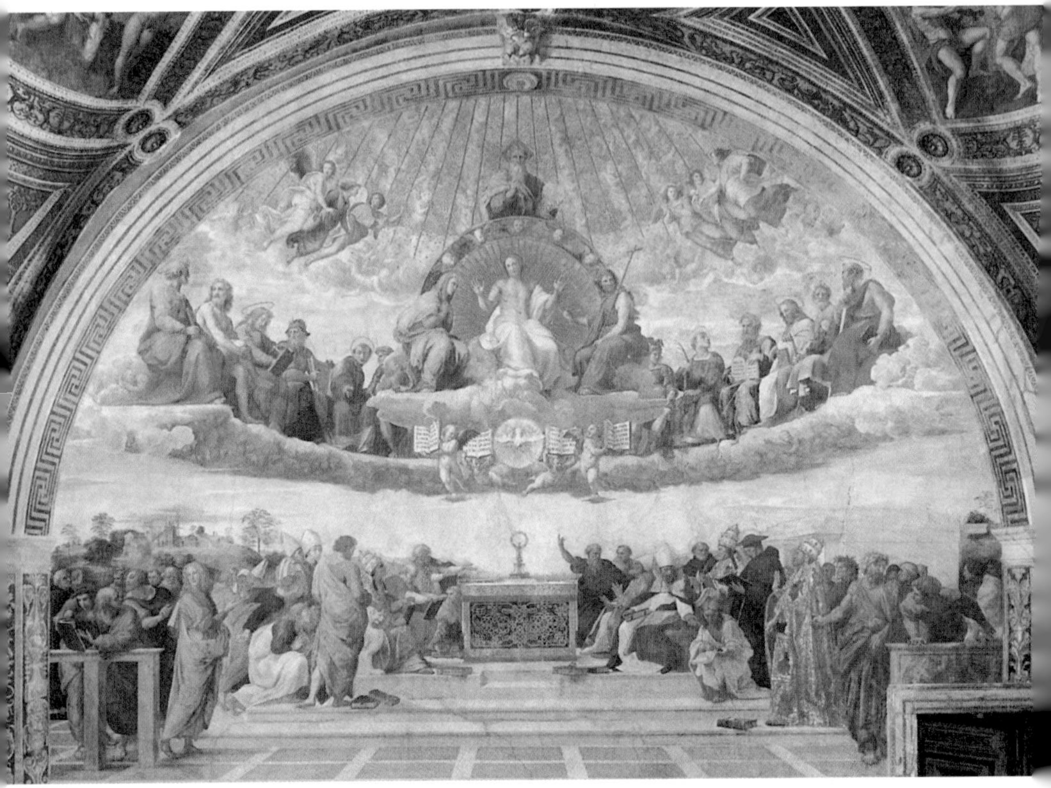

16 〈디스푸타〉 라파엘로 산치오, 1508~1509년

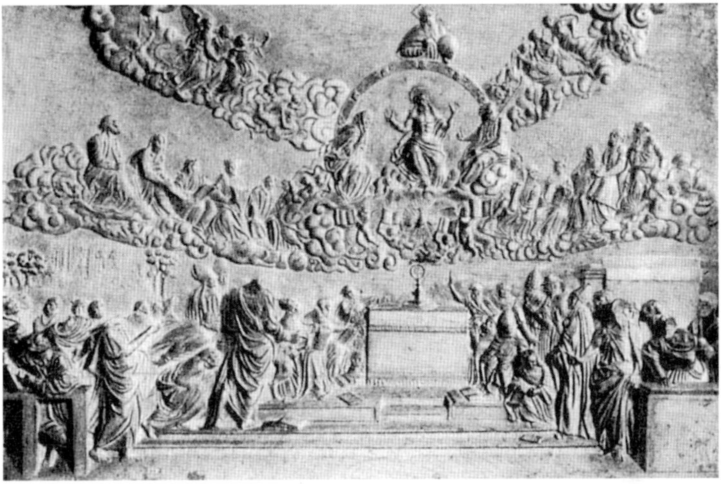

17 라파엘로의 〈디스푸타〉에 기초한 바로크 시대의 부조

교차하게 된다. 하지만 이를 그대로 본떠 만든 바로크 시대의 부조를 보자.[17] 예수의 위치가 오른쪽으로 크게 치우쳐 있다. 이 일탈로 인해 화면에 생동감이 생긴다. 이것만 보아도 우리는 이 시기에 정(正)대칭에 대한 반감이 어느 정도였는지 어렵지 않게 짐작할 수 있다. '막달라 마리아'를 그린 반 스코렐과 레니의 작품을 비교해보자.[18, 19] 두 그림의 차이점이 첫눈에 들어온다. 반 스코렐의 마리아가 단정하고 조신하게 앉아 있다면, 레니의 마리아는 방탕한 여인처럼 자세가 형편없이 흐트러져 있다. 하지만 그게 중요한 것은 아니다. 반 스코렐의 작품에서는 모든 요소가 마치 사각의 프레임을 반사하듯이 수직이나 수평의 직각으로 배치된다. 반면 레니의 작품은 어떤가? 마치 그는 화폭이 사각의 프레임이라는 사실을 잊어버린 듯하다. 막달라 마리아의 몸은 수직을

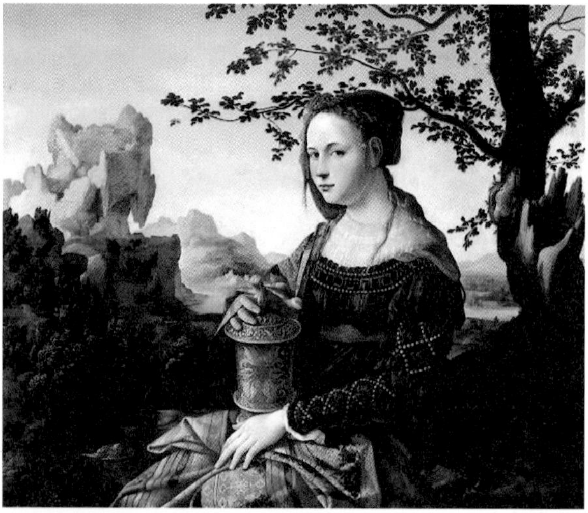

18
〈막달라 마리아〉 얀 반 스코렐,
1528년

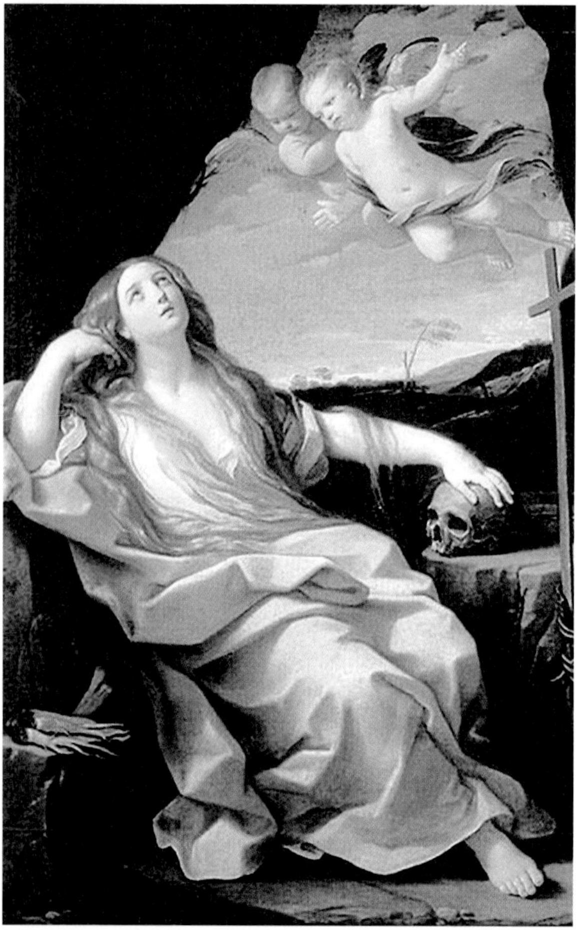

19
〈막달라 마리아〉 귀도 레니,
1635년

피해 비스듬히 기울어지며 45도의 대각선 구도를 만들어낸다.

다원성에서 통일성으로

르네상스 회화에서는 인물이나 사물이 각자 뚜렷한 형과 색을 가지고 자신의 독립성을 주장한다. 반면 바로크 회화에서는 각각의 요소가 자신의 독립성을 잃고 전체적 효과 속으로 녹아 들어간다. 가령 '성모 마리아의 임종'을 다룬 두 작품을 비교해보라.[20, 21] 뒤러의 작품에서는 인물들이 자기 독립성을 갖고 있다. 이 다원성에 질서를 부여하는 것은 구도이다. 마리아는 화면의 중앙에 배치되어 있다. 렘브란트의 작품은 어떤가? 인물들은 뚜렷이 구별되지 않아 마치 하나의 띠로 이어진 것처럼 보인다. 여기서는 통일성, 말하자면 하나의 전체적 효과가 강조된다.

이렇게 화면에 통일적 효과를 주는 데 결정적 역할을 하는 것이 빛의 사용이다. 다시 렘브란트의 〈성모 마리아의 임종〉을 보라. 마리아는 중심축에서 벗어나 있지만, 그의 임종은 특히 밝은 빛을 받아 화면의 중심으로 부각된다. 고전적 회화에서는 화면 전체에 광선이 균등하게 분포하나, 바로크 회화에서는 광선이 중심적 역할을 하는 하나 또는 몇 개의 지점으로 집중된다. 가령 뒤러와 오스타더의 작품을 비교해보자.[22, 23] 뒤러의 서재에는 빛이 고르게 퍼져 있으나, 오스타더의 화실은 전체적으로 어둠에 잠긴 채 오직 중심 사건만이 밝은 빛을 받는다.

다원성 대신에 통일성이 강조되는 것은 색채의 경우에도 마찬가지다. 가령 고전적 회화에서는 각각의 색이 자신을 주장하여 화면이 울긋불긋해 보인다. 반면 바로크 회화에서는 색채들까지도 통일적 효과에

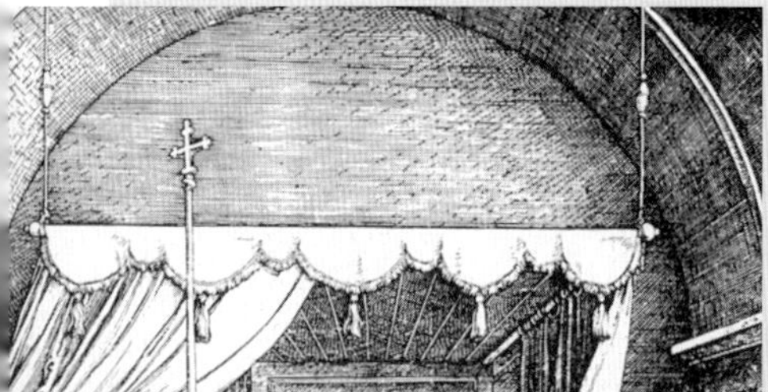

20
〈성모 마리아의 임종〉 알브레히트 뒤러, 1510년

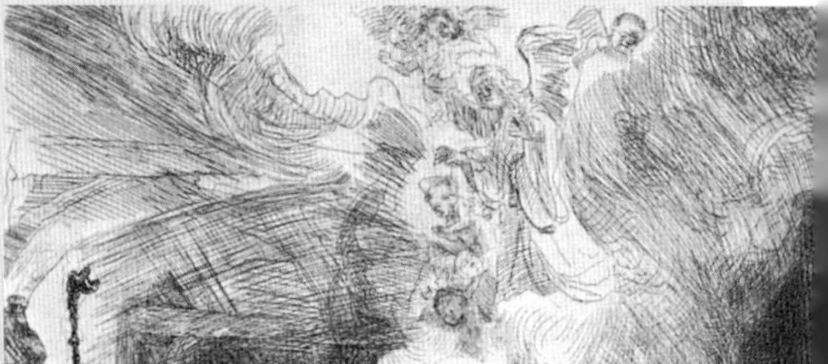

21
〈성모 마리아의 임종〉 렘브란트 반 레인, 1639년

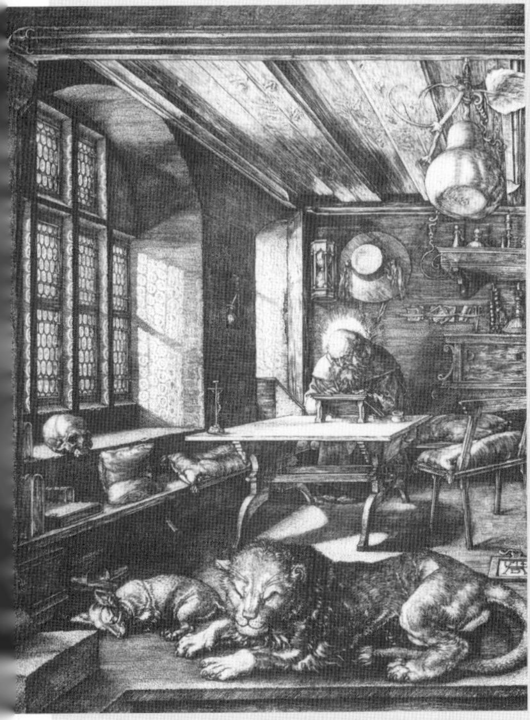

22
〈서재의 성 히에로니무스〉 알브레히트 뒤러, 1514년

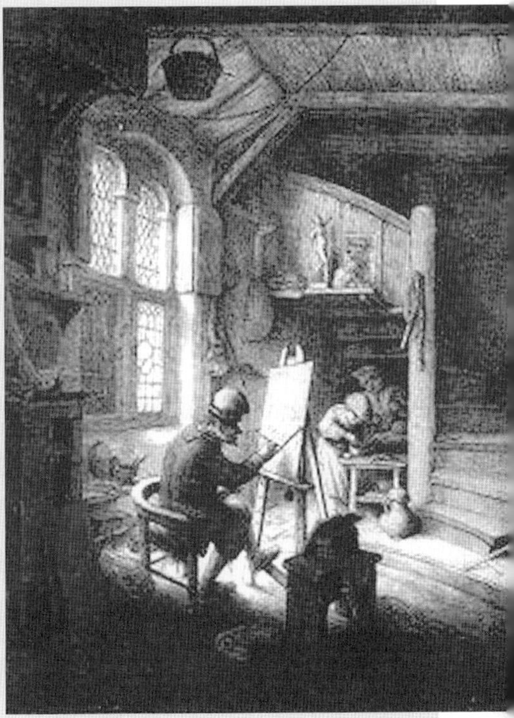

23
〈아틀리에의 화가〉 아드리안 판 오스타더, 1663년

종속되어 전체적으로 모노크롬한 느낌을 준다. 가령 앞으로 돌아가 다 빈치의 〈최후의 만찬〉과 렘브란트의 〈엠마오의 그리스도〉를 비교해보면, 그 차이를 분명히 알 수 있을 것이다. 물론 흑백에 가까운 모노크롬의 시기는 단명하여 바로크 회화 역시 곧 강렬한 색채를 사용하기에 이르나, 그때조차 하나의 주도적인 색조가 화면 전체를 지배하게 된다.

명료성에서 불명료성으로

바로크 시대에 "명확한 형태에 대한 열광은 윤곽이 뚜렷하지 않은 움직이는 듯한 가상에 대한 열광에 압도당한다." 가령 '피에타'를 다룬 클레베의 작품을 보라.[24] 인물들의 형태가 모두 명료하게 표현되어 있다. 같은 제재를 다룬 틴토레토의 작품은 어떤가?[25] 윤곽선이 흐르다가 이내 어둠에 묻혀버린다. 심지어 예수의 얼굴에조차 짙은 그림자가 드리워져 있다. "바로크의 기준에서 볼 때 아름다움이란 결코 완벽하게 파악되는 형태가 아니라, 모호한 기운을 품고 있는, 그래서 감상자에게 늘 새로운 여운을 남기는, 그런 형태에서 발견된다."

이 불명료함 때문에 관찰자는 어둠 속에 묻혀버린 대상의 윤곽을 자유로이 상상할 수 있게 된다. 때로는 이 불명료함이 수학적 성격을 띠기도 한다. 다 빈치의 〈최후의 만찬〉을 보자. 거기에는 등장인물의 손이 거의 모두 화면에 등장한다. 반면 렘브란트가 그린 직물 조합원들의 집단 초상을 보라.[26] 거기에는 모두 여섯 명의 인물이 존재하나, 화면에 묘사된 손의 수는 다섯 개에 불과하다. 관찰자가 알아서 추측할 수 있는 것은 굳이 그리지 않고 과감하게 생략해버리는 것이다. 이처럼 "바

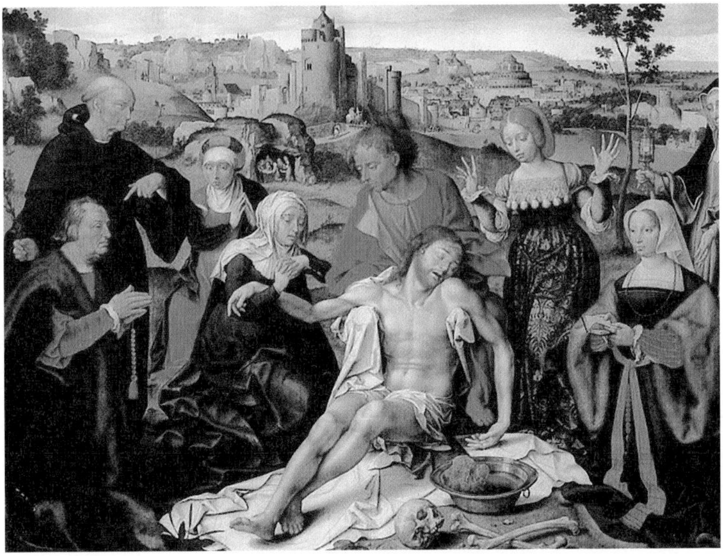

24 〈피에타〉 요스 반 클레베, 1530년경

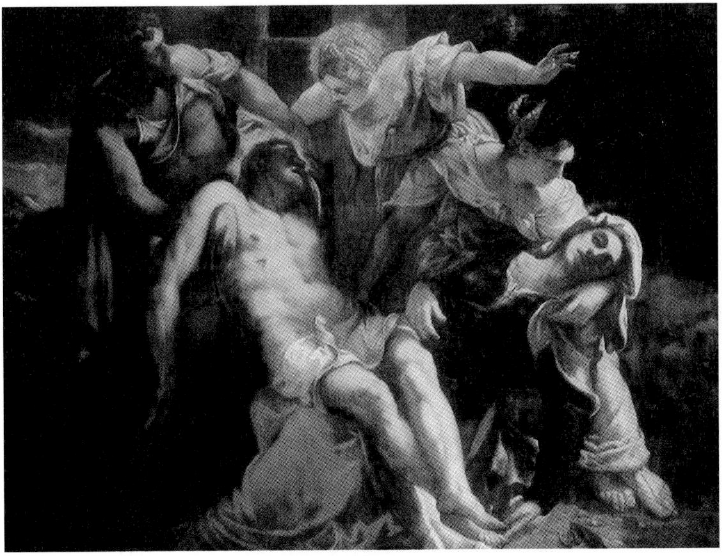

25 〈피에타〉 틴토레토, 1559년

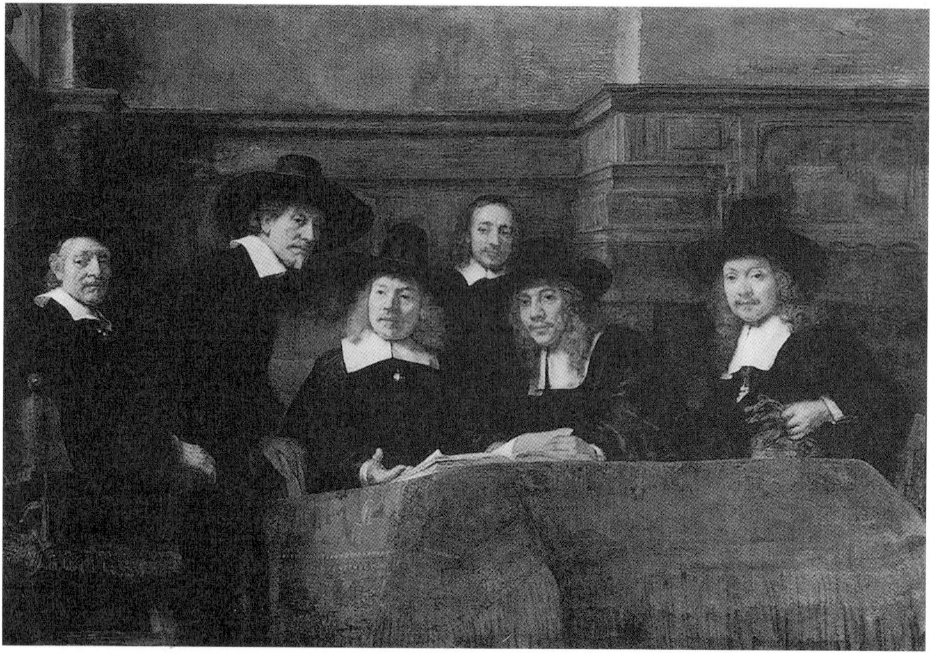

26 〈의류 제조업자 길드 평의원들(포목상인조합 임원들)〉 렘브란트 반 레인, 1662년

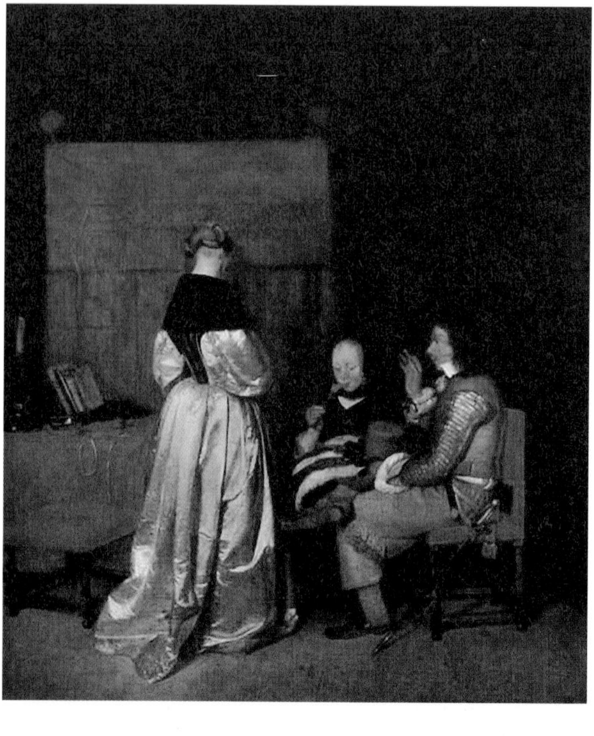

27
〈아버지의 훈계〉 게라르트 테르보르흐,
1654~1655년

로크 양식은 추측이 가능한 모든 것을 드러내지 않는다."

형태만 불명료해지는 게 아니다. 색채마저 불명료해진다. 이 '불확정성에 대한 취향'은 형식의 차원을 넘어 의미론의 수준으로 확장되기도 한다. 테르보르흐의 〈아버지의 훈계〉를 보자.[27] 여기서 중심 인물은 아버지에게 훈계를 듣는 소녀일 게다. 하지만 정작 주인공은 관찰자에게 등을 돌리고 서 있다. 이런 과감한 묘사는 바로크 이전에는 불가능했던 것이다. 아무튼 이 불명료성 덕분에 관찰자는 소녀의 얼굴을 자유로이 추측하는 해석의 자유를 누리게 된다. 바로크의 감상자는 "단순한 것에 식상한 나머지 대상을 복잡하게 해야만 매력을 느낀다."

외적 미술사와 내적 미술사

이처럼 뵐플린은 양식의 변화를 다섯 쌍의 '직관형식'으로 설명한다. 이 형식주의적 접근은 매우 각별한 의미를 갖는다. 예술작품에 '내재적으로' 접근하는 길을 처음으로 열어주었기 때문이다. 뵐플린 이전의 이론들은 양식 변화의 원인을 재료나 기술과 같은 물질적 조건, 또는 정신이나 사상과 같은 관념적 조건에서 찾곤 했다. 양식의 근원을 예술의 외부에서 찾는다는 의미에서 그것들은 모두 '외적 미술사'였다. 그러나 뵐플린은 다르다. 그는 양식의 근원을 예술 내부에서, 예술 고유의 법칙성에서 찾는다. 그의 서술은 어디까지나 '내적 미술사'라고 할 수 있다.

이는 앞에서 본 '정신사로서 예술사'와 분명히 구별된다. 가령 드보르작은 예술에서 시대정신을 읽어내려 한다. 하지만 뵐플린이 보기에 예술은 '변모하는 세계상을 그저 반영하기만 하는 거울' 이 아니다. "조형 예술은 시각을 통한 예술로서 그 나름대로의 전제와 법칙을 지닌다." 예술을 그저 예술의 외부를 비추는 거울로만 볼 때, '가시적 표상을 그 핵심으로 삼는 미술 고유의 영역이 간과될 위험' 이 발생한다. 사실 그림에서 뭔가를 읽어낼 게 아니라 그림 자체를 보려 할 때에는, 실제로 예리한 관찰에 토대를 둔 뵐플린의 형식 분석만큼 유용한 것이 없다.

뵐플린의 형식주의에도 한계는 있다. 파노프스키에 따르면, '한 시대는 선적으로, 다른 시대는 회화적으로 보는 것은 양식의 근원, 양식의 원인이 아니며, 설명이 아니라 외려 설명을 요하는' 명제에 불과하다. 왜 16세기에는 선적으로 보던 사람들이 17세기에는 회화적으로 보게 되었는가? 뵐플린은 이 물음에 답변하지 못한다. 파노프스키에 따르면, 시 형식도 결코 내용 없는 순수한 형식일 수는 없고 이미 그 자체가 특정한 표현적 가치를 갖는다고 한다. 뵐플린이 말하는 '시각적 태도' 라는 것도 알고 보면 '시각적인 것에 대한 정신의 태도' 를 가리킨다는 것이다.

역사에서 체계로

미술사에서 뵐플린 이론은 또 하나의 각별한 의미를 갖는다. 예를 들어 《미술사의 기초 개념》의 서문에는 이런 구절이 등장한다.

고전적이라는 단어는 여기서 절대로 가치판단을 의미하지 않는데, 그 이유는 바로크에조차 그 나름의 고전성이 있기 때문이다. 바로크는 고전적인 것의 몰락도 아니고 고양도 아닌, 전반적으로 아예 다른 미술이다. 근세 서유럽의 발전은 성장과 정점, 몰락의 간단한 곡선 도식으로는 도저히 환원될 수 없다. 오히려 그것은 두 개의 정점을 지닌다고 볼 수 있는데…….

당시 독일 사회에 팽배했던 신고전주의적 예술 관념을 겨냥한 말일게다. 널리 알려진 바와 같이, 신고전주의의 주창자 빙켈만은 예술의 발전을 유기체의 성장 과정에 비유한다. 예술은 탄생하고 성장하여 절정에 이른 후 점차 쇠퇴하여 소멸해간다는 것이다. 뵐플린은 이 선형적 사관을 부정한다. 그가 보기에 예술의 역사는 두 개의 양식의 교체로 이루어진다. 한마디로 예술의 역사는 일직선의 진행이 아니라, 시계추의 왕복 운동에 가깝다는 것이다. 빙켈만의 사관이 역사적이고 통시적이라면, 뵐플린의 관념은 형식적이고 체계적이라고 할 수 있다.

'예술에 정점이 있다.' 고 보는 관념의 문제는 특정한 양식을 예술의 정점으로 특권화하는 데 있다. 실제로 빙켈만은 고대 그리스 예술과 그것을 전범으로 삼은 고전주의 양식을 절대화하는 가운데에 거기서 벗어난 다른 취향, 가령 바로크를 주변화해버렸다. 하지만 뵐플린이 보기에 바로크는 '고전적인 것의 몰락' 이 아니라, 그것과 더불어 미술사에서 또 다른 정점을 이루는 양식이다. 고전 예술의 절대성을 부정하는 뵐플린의 이론은 아직 신고전주의의 편견에서 자유롭지 못했던 시대에 현대 미술을 이론적으로 정당화하는 역할을 하게 된다.

유화

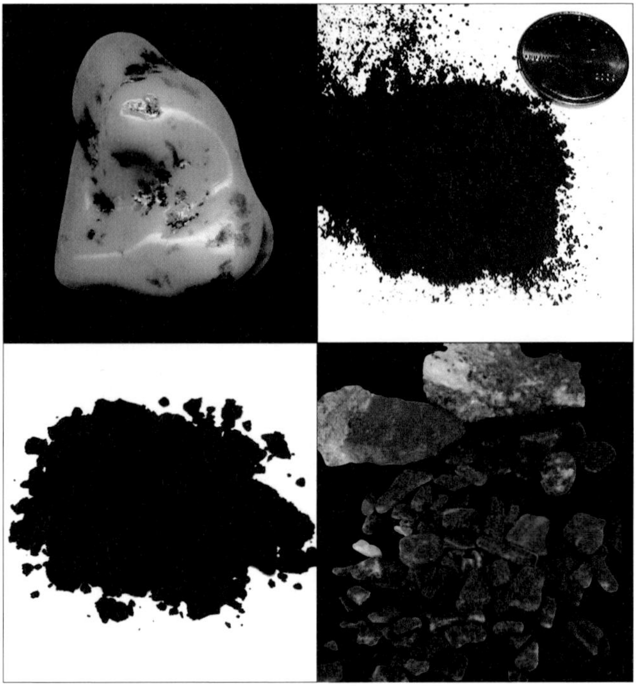

물감을 만드는 데 사용되는 피그먼트

피그먼트

요즘 화가들은 간편하게 튜브에 든 물감을 짜서 색깔을 낸다. 하지만 튜브 물감이 등장하는 19세기 후반 이전만 해도 그림에 색을 칠하는 작업은 매우 번거로운 일이었다. '피그먼트(pigment)'라 불리는 분말을 '결합매체'라 부르는 용매에 일일이 개어서 화판에 옮겨야 했다. 안료를 얻어내는 것도 쉽지 않았다. 오늘날에는 화학적 지식으로 색채를 간단히 기술적으로 합성해낸다. 하지만 아직 화학이 없던 시대에 자연물의 색깔에서 피그먼트를 얻어내는 것은 매우 어려운 일이었다.

피그먼트에는 크게 두 종류가 있다. 하나는 무기적 피그먼트이다. 가령 터키석을 갈아서 옥빛을 얻거나, 쇠에 슨 녹을 벗겨내 짙은 갈색을 얻는 것이다. 조선시대의 장인들도 자기에 문양을 넣을 때 이 안료를 사용한 것으로 알려져 있다. 안료의 대명사로 통하는 울트라마린은 청금석을 갈아서 만든 것이다. 그 명칭은 원래 '바다 건너'라는 뜻으로, 이 안료가 멀리 아시아에서 수입됐음을 의미한다. 돌 자체도 귀하고, 게다가 물 건너온 것이라 당시에는 같은 무게의 금보다 값이 비쌌다고 한다.

또 다른 종류의 피그먼트는 동물이나 식물과 같은 유기물에서 얻는 것이다. 가령 소의 오줌에서 이른바 '인디아 노랑'을 추출하고, 동물의 피 속에서 헤모글로빈을 정제하여 빨강을 추출하는 식이다. 동물의 피와 오줌에 들어 있는 색소만 정제해내는 작업이 얼마나 힘들었을지 상상해보라. 식물성 피그먼트의 경우에도 번거롭기는 마찬가지였다. 예를 들어 제비꽃에서 색깔을 얻어낸다고 하자. 들판에서 몇백 킬로그램의 꽃을 따다가 끓여도, 거기서 정제해내는 것은 고작 몇 그램에 불과했다고 한다.

결합매체

얻어낸 피그먼트는 이제 화판에 발라야 한다. 거기에도 여러 방법이 있다. 그리스-로마인들은 밀랍을 사용했다. 불에 녹인 밀랍에 피그먼트를 개어 바른 후 식혀서 고정시키는 것이다. 그렇게 제작된 그림을 납화(蠟畵)라 하는데, 이것은 특히 보존성이 뛰어났다고 한다. '납화(encaustic)'라는 이름의 어원이 된 그리스어 'enkaios'는 '태워서 집어넣다'는 뜻이라고 한다. 로마 시대에 이집트 지방에서 제작된 파윰(fayum: 미라의 얼굴 부분을 덮은 죽은 이의 초상) 중에는 납화가 많다. 초기 비잔틴 성화도 납화로 제작되었다 하나, 성상 논쟁 당시에 대부분 파괴되었다.

중세인들은 계란 노른자를 정착제로 사용하는 템페라 기법을 발전시켰다. 누구나 설거지 하다가 접시에 눌어붙은 노른자를 떼느라 고생한 적이 있을 게다. 이처럼 노른자를 결합매체로 사용한 템페라는 빨리 마르고, 단단하며, 보존성이 좋고, 균열이 생기는 일도 거의 없다. 하지만 다루기 까다롭고, 굳기 전과 굳은 후에 색깔의 변화가 너무 심해서 웬만큼 경험이 쌓이지 않으면 원하는 색깔을 얻어내기 힘들다. 신속하게 마르는 속성 때문에, 템페라가 유화로 대체된 이후에도 루벤스를 비롯한 몇몇 화가들은 밑그림에 템페라를 사용하기도 했다.

템페라를 대체한 것은 피그먼트를 기름에 개어 바르는 유화이다. 바

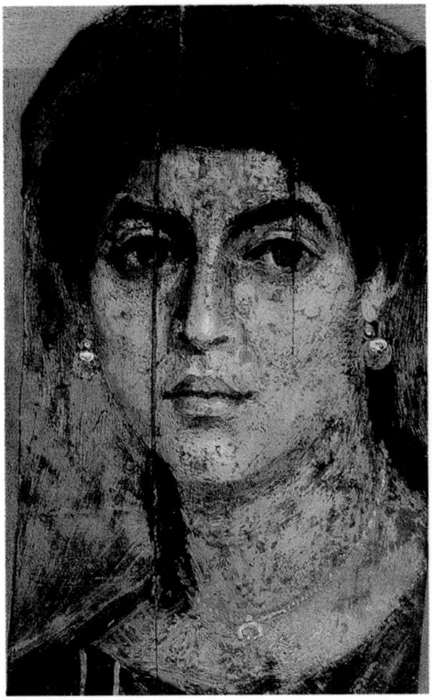

로마 시대 이집트 지방에서 제작된 파윰

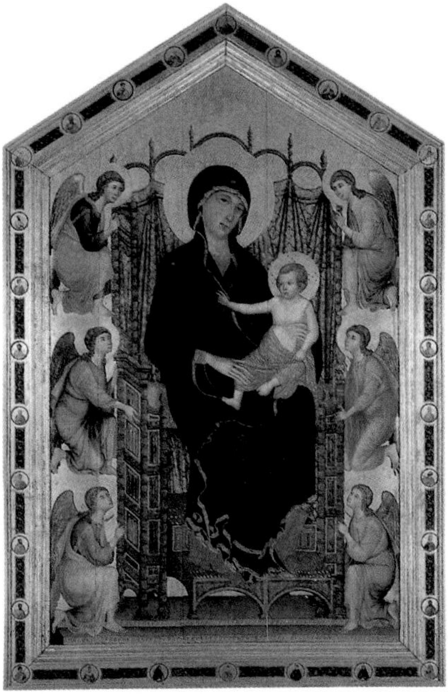

중세의 템페라화

사리는 반 에이크를 '유화의 창시자'로 꼽았으나, 이미 12세기 초에 베네딕트 승단의 테오필루스가 《다양한 예술에 관하여》(1125)에 유화 기법을 자세히 적어놓았다. 하지만 유화가 회화의 일반적 수단이 되는 것은 그보다 늦은 15세기의 일이다. 네덜란드에서 시작된 이 기법은 북유럽의 다른 나라들을 거쳐 15세기 말이면 이탈리아에도 상륙한다. 당시 보티첼리를 비롯한 이탈리아 화가들은 여전히 템페라를 사용하고 있었다. 하지만 16세기 중반에 이르면 이탈리아에서도 템페라는 자취를 감추게 된다.

오늘날 회화의 대명사처럼 통하는 유화에도 단점은 있다. 템페라의 색깔이 반영구적이라면, 유화의 색깔은 시간이 지날수록 어둡게 변한다. 변색과 더불어 유화의 고질적 문제로 꼽히는 것이 균열이다. 그림에 균열이 생기는 이유는 기름이 마르는 시간과 관계가 있다. 물감을 두껍게 칠한 곳에 나중에 얇게 덧칠을 할 경우, 두 층 위에서 기름의 건조 시간에 차이가 생겨 표면이 거미줄처럼 갈라지게 된다. 물론 경험이 많은 화가들은 이 문제를 인지하고 색칠을 할 때 아래는 되도록 얇게, 위는 두껍게 칠하는 방식으로 이 문제점을 피해갔다고 한다.

회화적인 것

이런 한계에도 유화가 회화의 보편적 기법으로 관철된 데는 이유가 있다. 템페라는 너무 빨리 말라버려 물감을 바로바로 섞어서 써야 한다. 너무 적게 갰다가 물감이 떨어지면 난감한 일이 벌어진다. 색을 다시 섞어서 앞서 화면에 발랐던 것과 똑같은 색을 얻기란 거의 불가능하다. 그렇다고 한꺼번에 안료를 너무 많이 개면 귀중한 안료를 낭비하게 된다. 게다가 템페라는 펜화처럼 얇은 선들을 긋고, 얇은 레이어를 겹치듯이 덧칠해야 한다. 이는 엄청난 시간을 요하는 작업이다. 유화에는 이런 번거로움이 없다.

유화를 선호한 것이 그저 편리함 때문만은 아니었다. 더 중요한 것은 유화야말로 색채감을 가장 잘 드러내는 매체라는 사실이다. 가령 템페라로 그린 보티첼리의 〈수태고지〉를 보면, 색감이 어딘지 비현실적이다. 반면 유화로 그려진 반 에이크의 〈아르놀피니의 결혼〉의 경우 색깔

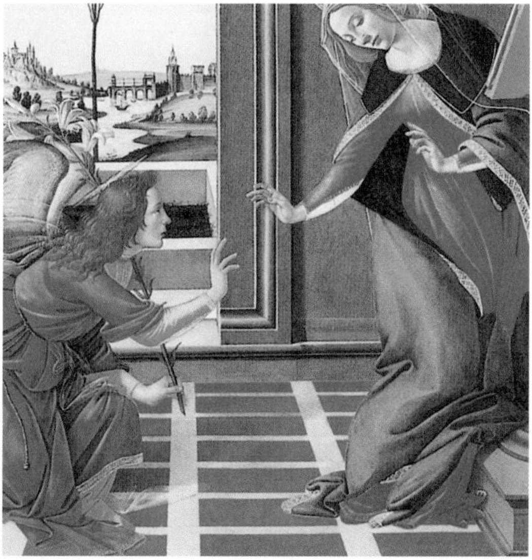

〈수태고지〉 산드로 보티첼리, 1489~1490년

에서 현실감이 느껴진다. 중세의 회화는 주로 성인들을 그렸고, 성인들이야 어차피 세상에 속하지 않기에 템페라로도 충분했다. 하지만 르네상스 이후 회화는 세속의 인물을 그려야 했다. 거기에 필요한 색채의 현실감은 오직 유화만이 연출할 수 있었다.

템페라는 얇은 레이어를 겹쳐 모델링을 해서 그런지 색채가 평면적으로 느껴진다. 반면 유화로 칠한 표면은 물감의 층이 두꺼워서 색채에 깊이가 있다. 또 템페라는 빨리 마르기 때문에 얇은 선을 나란히 그어 가듯이 칠을 해야 한다. 그래서 하나의 색에서 다른 색으로 부드럽게 넘어가는 효과를 내기 힘들다. 반면 유화는 아직 마르지 않은 기름 속

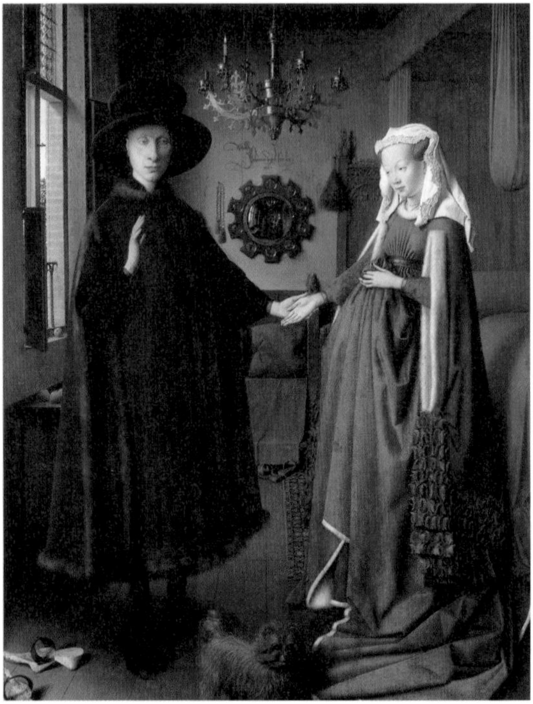

〈아르놀피니의 결혼〉 얀 반 에이크, 1431년

에서 하나의 색이 다른 색으로 점진적으로 바뀌는 효과를 부드럽게 연출할 수 있다. 한마디로 템페라의 효과가 선적이라면, 유화의 효과는 회화적이다.

독일의 건축가이자 미술사학자인 젬퍼는 양식 변화의 요인으로 재료와 기술을 꼽는다. 실제로 유화라는 매체 없이 루벤스의 색채 효과가 가능했겠는가? 루벤스 작품의 회화적 효과는 유화라는 매체의 특성을

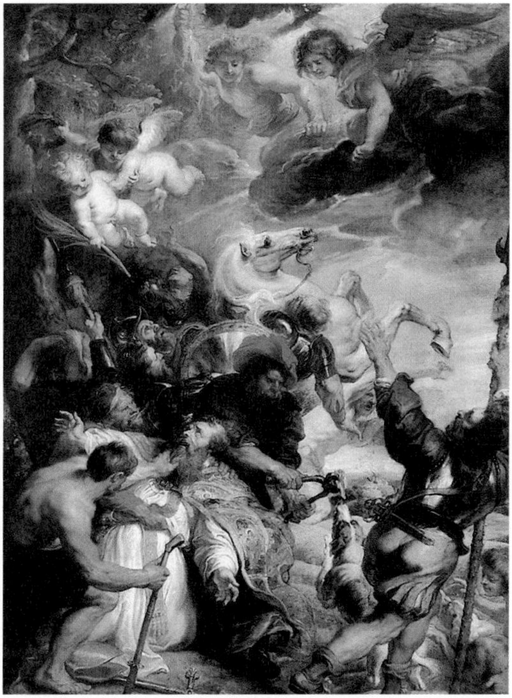

〈성 리비누스의 순교〉 페테르 파울 루벤스, 1633년

의식하고, 그 특성을 최대한 살린 데서 비롯됐을 것이다. 매체는 결국 자기 고유의 특성을 찾아나가게 마련이다. 뵐플린에 따르면, 양식의 변화는 지각방식의 변화에서 나온다. 그렇다면 이 지각방식의 변화는 어디서 비롯되는 것일까? 이 물음에 뵐플린은 답하지 못한다. 시 형식의 변화를 낳은 요인에는 여러 가지가 있겠지만, 그 가운데 하나는 분명히 매체의 변화일 것이다.

9

미술사는 화가나 조각가만의 것이 아니다. 위대한 예술운동의 배후에는 종종 위대한 비평가가 있었다. 예술가와 대중 사이에서 비평가는 예술가에게 대중의 취향을 전달하고, 대중에게는 예술가의 메시지를 이해시키면서 사회의 예술적 취향을 형성하는 데 결정적 역할을 한다.

유럽의 다른 나라에서 바로크가 발흥하던 시절, 프랑스만은 여전히 고전주의의 중요한 근거지로 남아 있었다. 하지만 프랑스도 바로크의 물결을 피해갈 수는 없었다. 프랑스에서 고전주의의 아성을 무너뜨리는 데 결정적인 역할을 한 것은 화가가 아니라 로제 드 필과 같은 아마추어 비평가들이었다.

이 장에서는 알베르트 드레스드너의 저작을 바탕으로 미술사에서 비평가의 역할에 대해 생각해보자. 화가가 아닌 아마추어 딜레탕트들의 비평이 어떻게 견고한 프랑스 아카데미의 고전주의를 무너뜨리고, '로코코'라는 프랑스판 바로크의 관능적 양식을 낳았는지 살펴보게 될 것이다.

■ 참고문헌

Albert Dresdner, *Die Entstehung der Kunstkritik im Zusammenhang der Geschichte des europäischen Kunstlebens*(1915), München, 1968.

예술을 다는 저울

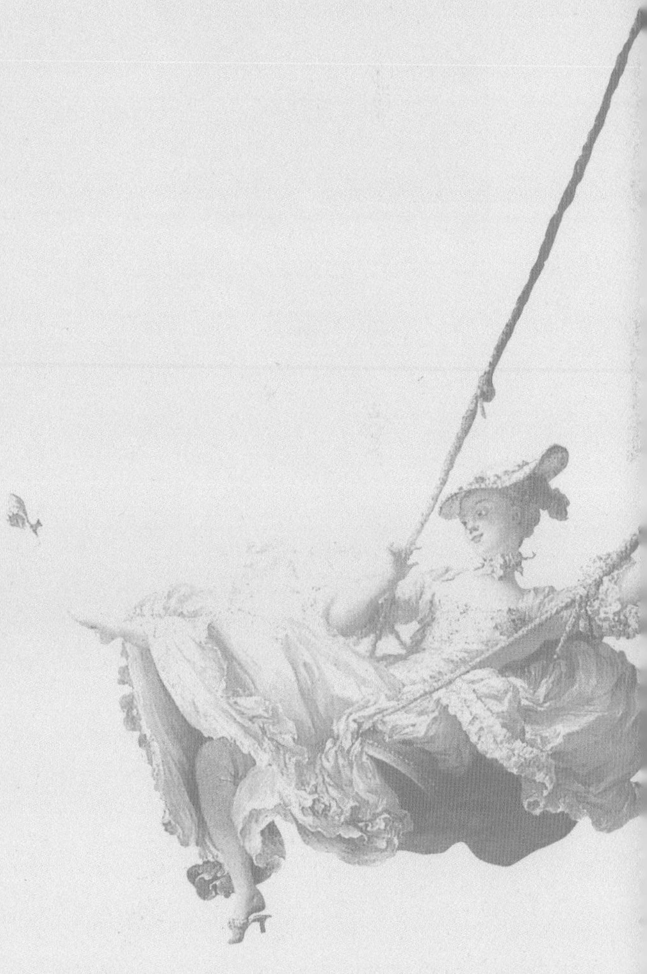

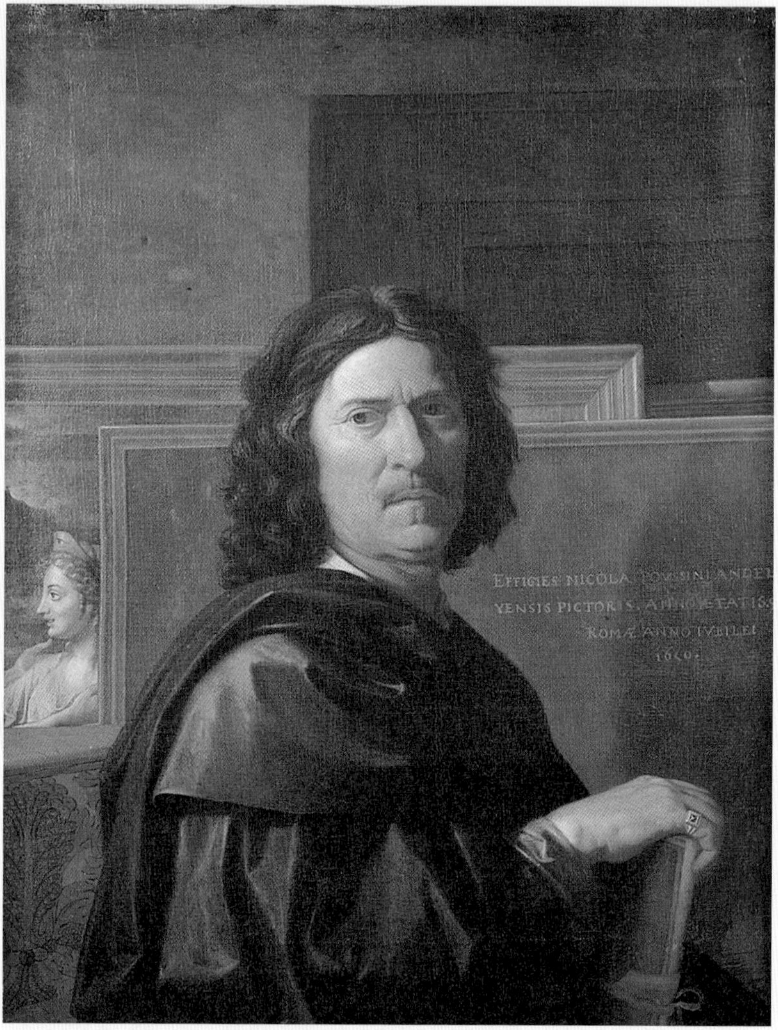

1
〈자화상〉 니콜라스 푸생, 1650년

'예술가를 재는 저울'이 있다. 근대 미술비평의 선구자 로제 드 필(Roger de Pile, 1635~1709)이 고안한 것이다. 그 '저울'은 정확히 말하면 사람을 올려놓는 체중계가 아니라, 예술가들의 능력을 평가하는 원리를 다룬 저 비평가의 저서 이름이다. 이 책에서 그는 미술 작품을 구성, 드로잉, 색채, 표현의 네 측면으로 나누어 다면적으로 평가하는 방법을 제시한다. 이 네 가지 항목에 그는 각각 18점을 부여한다. 네 영역 모두에서 만점을 받은 화가의 점수는 4×18=72점이 되는 셈이다.

재미있는 것은 그가 이 기준으로 당대에 이름이 알려진 모든 화가의 작품에 점수를 매겼다는 점이다. 그는 채점의 결과를 저서에 수록해놓기까지 했다. 아무튼 거기에 따르면, 루벤스는 65점, 렘브란트는 50점, 다 빈치는 49점, 미켈란젤로는 37점, 카라바조는 28점이라고 한다. 미술사의 거장들을 졸지에 시험을 마치고 학교에서 성적표를 받는 학생들 처지로 만들어버린 것이 흥미롭다. 만점이 72점임을 감안해도, 미켈란젤로와 카라바조 학생이 받은 점수는 낙제점에 가까워 보인다.

무엇보다 관심을 끄는 것은 역시 푸생과 루벤스의 점수이다.[1] 이 두 사람은 당대 미술의 양대 산맥으로, 각각 낡은 취향(고전주의)과 새로운 취향(바로크)을 대표했기 때문이다. 로제 드 필은 당시 프랑스 미술을 대표하던 푸생에게는 50점을 준 반면, 국경 너머의 플랑드르 화가에게는 65점이라는 비교적 후한 점수를 주었다. 루벤스가 받은 점수는 그가 채점한 예술가들 중에서 가장 높은 것이기도 하다. 이것만 보아도 로제 드 필의 취향이 어느 쪽에 가까웠는지 가늠할 수 있다.

아카데미의 전횡

바로크의 물결이 유럽을 휩쓸 때에도 프랑스는 여전히 고전주의의 나라였다. 거기에는 예술 아카데미가 결정적인 역할을 했다. 프랑스 고전주의의 대표자 샤를 르 브랭(Charles Le Brun, 1619~1690)은 루이 14세 시대의 유명한 재상 콜베르를 만나 아카데미의 설립을 약속받는다. 당시 화가들에게는 중세적 장인조합의 독점에 대항할 근대적 예술 조직이 필요했다. 반면 모든 권력을 중앙에 집중시키려 했던 절대왕정은 사회의 미적 취향마저 자신의 통제 아래 놓고 싶어했다. 이 둘의 이해관계가 만나는 곳에서 1648년 드디어 파리에 예술 아카데미가 설립된다.

당시에 프랑스의 지성계는 합리주의 사유로 무장하고 있었다. 예술의 영역에서 데카르트주의를 대변한 것은 브왈로와 같은 고전주의 비평가들이었다. 고전주의자들은 예술까지도 철저하게 이성에 종속시키려 했다. 그 결과 이탈리아에서 발생한 예술 이론이 프랑스에 들어와서는 더 교조적이고 반자유주의이며 광신적으로 실천되기에 이른다. 원래 르네상스의 고전주의는 '아래로부터' 올라오는 자유로운 창안의 결과였다. 하지만 프랑스에 들어와 그것은 졸지에 '위로부터' 강요되는 교조로 돌변한다.

그뿐인가? 프랑스 고전주의는 애초에 권력과의 동거관계에서 탄생했기 때문에 강하게 정치색을 띠고 있었다. 절대왕정이 예술에 바라는 것은 분명했다. 군주의 명성, 궁정의 광휘, 국가의 과제를 선전하라는 것이었다. 이로써 예술은 관료주의적 프로파간다(Propaganda, 선전 활동)에 가까워진다. 더욱이 예술이 국가와 몸을 섞은 이상, 이 공식 취향에 반대하는 데는 커다란 모험이 따랐다. 자칫 국가에 반역하는 반국가주의 음모로 내몰릴 수도 있었기 때문이다. 이 숨 막히는 분위기에 통풍구를 뚫은 것은 아카데미에서 발생한 어떤 논쟁이었다.

라파엘로냐 티치아노냐

고전주의자들은 작품 제작의 합리적 규칙을 제정하여 이를 모든 예술가에게 법칙으로 부과하려 했다. 모든 규칙은 아카데미의 총회에서 토론을 통해 제정되었다. 오늘날 국회에서 의원들이 법안을 통과시키듯이, 당시에는 아카데미의 입법 활동(?)으로 (법률만큼이나 구속력을 갖는) 예술의 규칙을 제정했다. 그 논쟁은 바로 이 자리에서 발생했다. 어느 날 회원 가운데 하나가 티치아노의 〈세례 요한과 함께 있는 성 모자〉를 들어, 티치아노가 고전주의자들에게 전범으로 여겨졌던 라파엘로보다 낫다고 주장하고 나선 것이다.[2]

널리 알려진 바와 같이 티치아노는 색채주의자였다. 그 회원의 말에 따르면, 라파엘로가 분명 위대한 화가임에는 틀림없지만 적어도 색감 면에서는 티치아노가 외려 낫다는 것이다. 하지만 고전주의자들은 회화에서 색채보다 형태를 더 중시하는 사람들이었다. 알베르티도 '소묘만 제대로 되어도 이미 훌륭한 그림'이라고 하지 않았던가. 그러니 당연히 논쟁이 벌어질 수밖에 없었다. 이 발칙한 도발에 르 브랭이 나섰다. 당시 그는 루이 14세의 어진(御眞)을 그리는 궁정화가로, 아카데미를 이끌고 있었다.

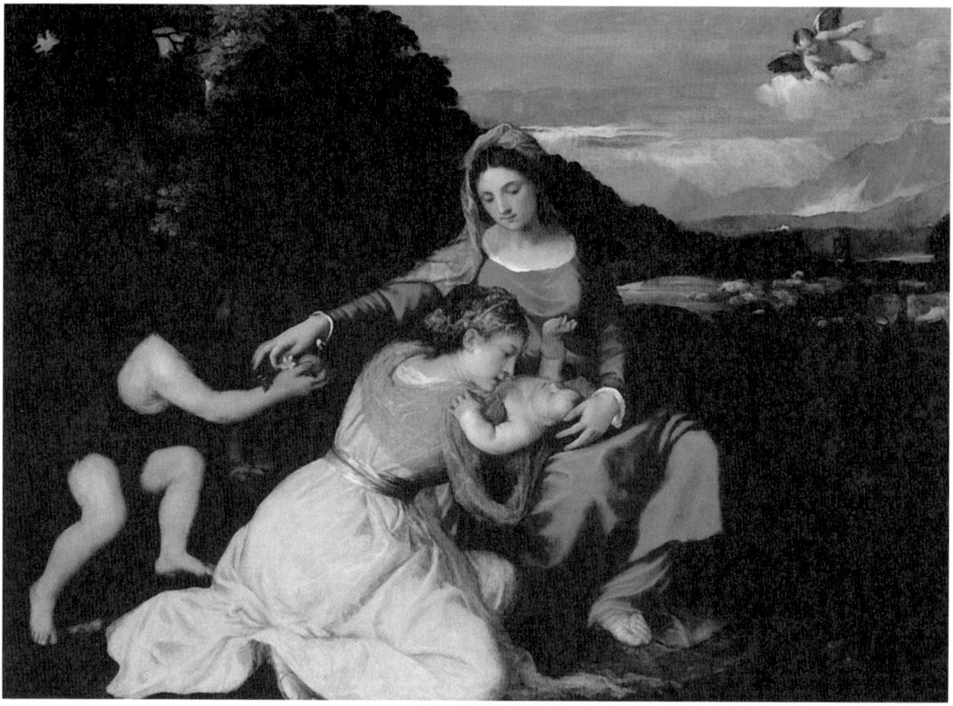

2

〈세례 요한과 함께 있는 성 모자〉 베첼리오 티치아노, 1508년경

르 브랭은 티치아노가 색채의 성취를 위해서 진리를 희생시켰다고 반박했다. 색감을 너무 강조하다 보니 소묘가 망가지고 말았다는 것이다. 수장의 의견에 감히 반론을 펼 사람은 적어도 아카데미 내에서는 아무도 없었다. 그리하여 논쟁은 이것으로 맥없이 끝나는 듯했다. 하지만 반론은 정작 아카데미의 바깥에서 나왔다. 당시 아카데미는 예술에 대한 담론이 이루어지는 유일한 곳이 아니었다. 파리에는 이미 '살롱' 문화가 형성되어 있었고, 거기에 예술에 대한 관심과 소양을 갖춘 무서운 아마추어들이 몰려들었다.

형태냐 색채냐

르 브랭에 반기를 든 것은 로제 드 필이었다. 그는 티치아노의 편을 들어 색채야말로 회화에 고유한 것이라고 주장했다. 윤곽은 다른 장르, 가령 조각과 공유할 수 있는 속성이지만 색채는 오로지 회화에만 있는 회화 고유의 특성이다. 따라서 회화의 위대성을 평가할 때 채색이야말로 가장 중요하게 고려해야 한다는 것이다. 사실 르네상스 회화는 어딘지 조각에 종속되어 있다는 느낌을 준다. 이는 아마도 르네상스의 전범이 된 고대 작품이 모두 조각이라는 사실과 관련이 있을 것이다.

로제 드 필의 두 번째 논거는 한마디로 '색채 없이는 형태도 없다.'는 것으로 요약할 수 있다. 소묘라는 것도 채색이 되어야지, 채색이 되지 않는 한 독립적 존재를 가질 수 없다. 왜? 실제로 윤곽선은 그저 형태와 배경 사이의 경계일 뿐 그 자체로 실재하는 게 아니기 때문이다. 윤곽 역시 색이 있어야 비로소 존재할 수 있지 않은가. 가령 인간 신체

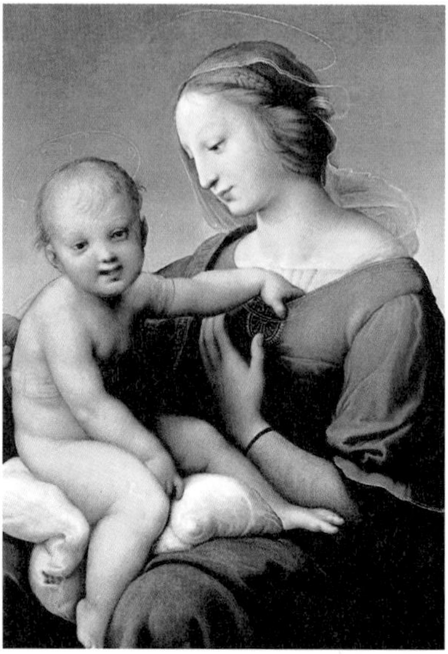

3
〈성 모자〉 라파엘로 산치오, 1508년

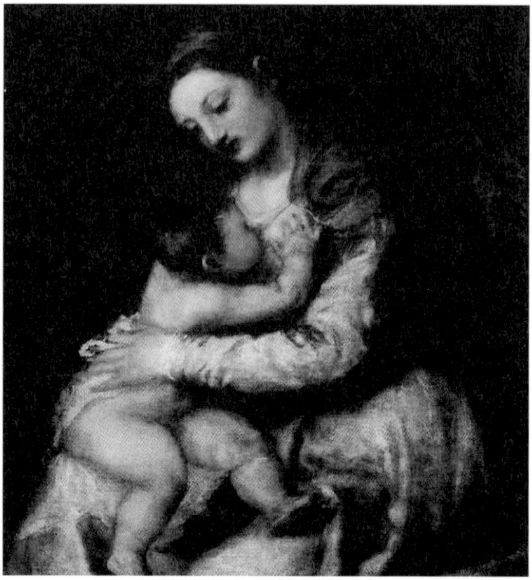

4
〈성 모자〉 티치아노, 1565~1570년

의 윤곽을 생각해보라. 신체와 환경의 경계는 선이 아니라 차라리 면으로 이루어져 있지 않은가. 따라서 회화적 묘사에서 더 근원적인 것은 선이 아니라 색이라는 이야기다.

놀라울 정도로 날카로운 지적이다. 첫 번째 논거는 회화의 매체성을 강조한다. 회화는 어디까지나 회화여야 한다. 한마디로 조각을 따라가는 데서 벗어나 회화는 이제 자의식에 도달해야 한다는 이야기다. 두 번째 논거는 여기서 한 걸음 더 나아가 아예 선에 대한 색의 우위를 선언한다. 사물의 형태는 선묘(線描)가 아니라 거친 붓질의 색면(色面)으로 만들어진다. 이는 훗날 뵐플린이 지적한 것과 많이 비슷하지 않은

가. '선적인 것에서 회화적인 것으로.' 가령 똑같은 제재를 다룬 라파엘로와 티치아노의 작품을 서로 비교해보라.[3, 4]

푸생이냐 루벤스냐

이 아마추어의 비평에 필립 드 샹페뉴가 반박하고 나섰다. 형태는 진리이며, 색채는 우유성(偶有性)이다. 한마디로 형태야말로 사물의 본질이며, 색채는 그저 사물이 우연히 갖는 속성에 불과하다는 이야기다. 이 주장은 데카르트 철학의 뒷받침을 받는다. 데카르트에 따르면, 세계 속의 모든 것은 정신 아니면 물체다. 정신(=사유실체)은 공간을 차지하지 않으나, 사물(=연장실체)은 길이와 넓이, 부피를 갖는다. 이렇게 사물이 연장(延長)으로 정의된다면, 그것의 본질을 표시하는 것은 역시 윤곽, 즉 형태가 될 것이다.

르 브랭도 다시 나섰다. "형태를 모르는 화가는 염료를 만드는 사람과 다르지 않다." 재차 반박에 나선 로제 드 필은 이번에는 새로운 쟁점을 들고 나왔다. 갑자기 푸생과 루벤스를 비교하고 나선 것이다. 당시로서는 매우 도발적인 방법이었다. 고전주의자들 사이에서 푸생은 살아 있는 전범으로 통하고 있었기 때문이다. 피렌체파(라파엘로)와 베네치아파(티치아노)의 충돌은 이제 푸생주의자와 루벤스주의자의 대립으로 번진다. 이 대립은 자연스럽게 고대주의자와 현대주의자의 대립, 이른바 '신구 논쟁'으로 발전하게 된다.[5, 6]

논쟁에도 끝은 있었다. 1683년에 콜베르가 죽는다. 1690년에는 르 브랭마저 사망한다. 이로써 교조적 아카데미즘의 두 기둥이 사라졌다.

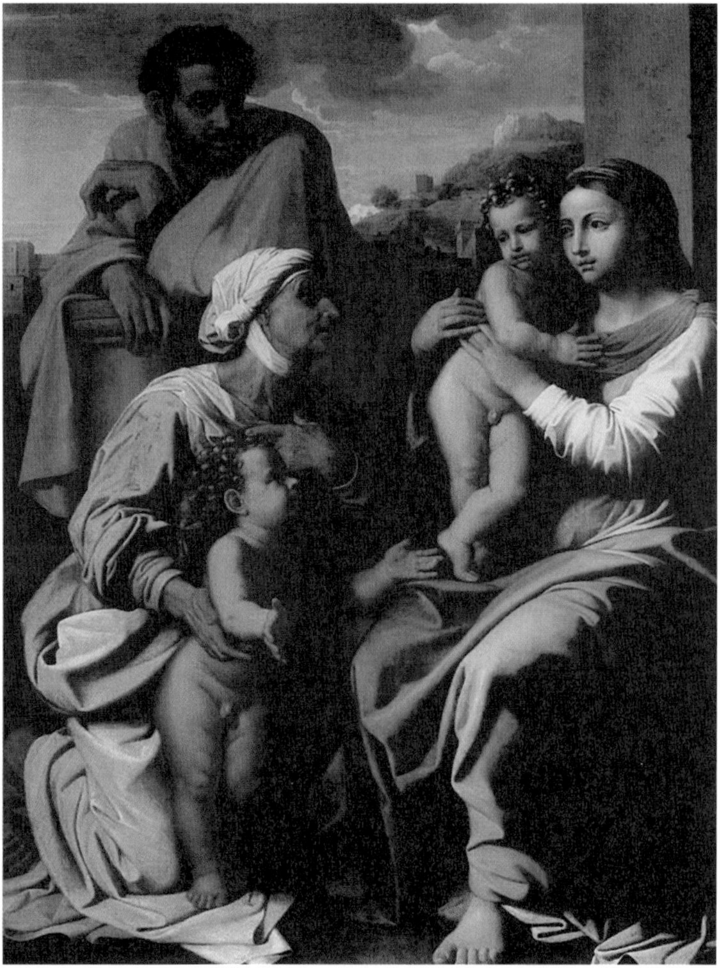

5
〈요한과 성 가족과 성 엘리자베스〉 나콜라스 푸생, 1644~1666년

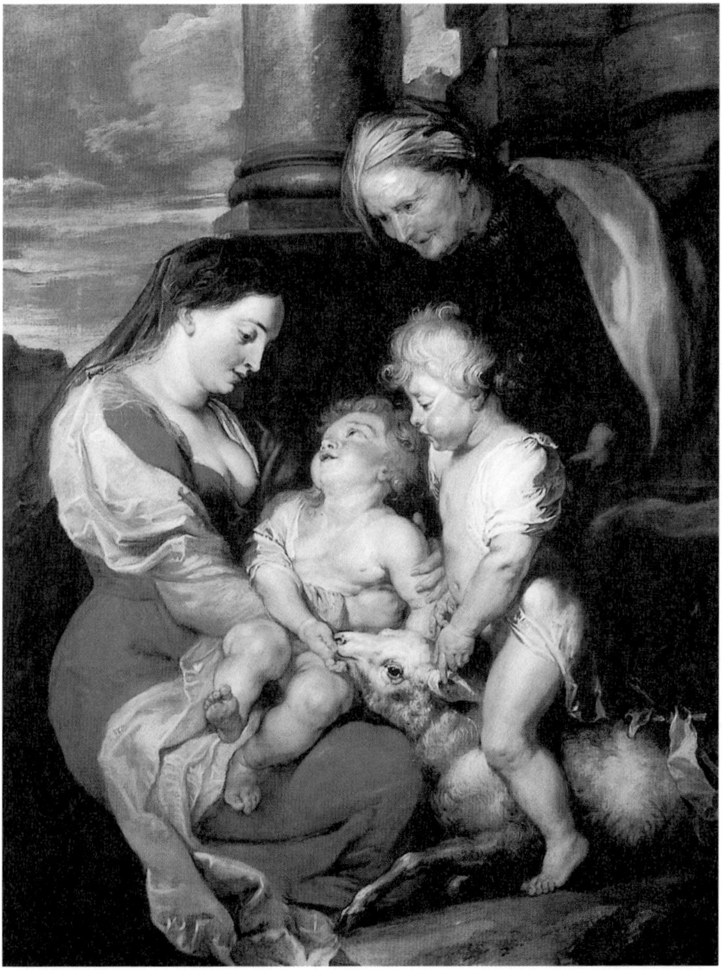

6

〈성 엘리자베스, 성 요한과 함께 있는 성모 마리아와 아기 예수〉 페테르 파울 루벤스, 1614~1615년경

그새 아카데미 내에서는 타협이 이루어진다. '소묘 못지않게 색채도 중요하다.' 어설픈 절충이나, 의의는 지대하다. 이는 아카데미 내에서조차 취향의 절대성에 대한 믿음이 흔들리고, 서서히 취향의 상대성에 대한 인정이 생겨나는 것을 의미하기 때문이다. 그 얼마 후 장 밥티스트 뒤보스는 '색채가 중요한지 소묘가 중요한지는 화가 개인의 취향 문제'라고 간단히 잘라 말하게 된다.

로코코를 향하여

〈색채에 관한 대화〉라는 팸플릿에서 로제 드 필은 데생보다 색채를 강조한 루벤스를 찬양한다. 그의 비평에 힘입어 그동안 고전주의의 아성으로 남아 있던 프랑스에서도 바로크적 경향이 관철되기 시작한다. 취향의 변화는 먼저 수용자들 사이에서 나타났다. 컬렉터들이 푸생이 아닌 루벤스의 그림을 사 모으기 시작한 것이다. 그런 의미에서 로제 드 필의 글에 설득당한 리슐리외 공작이 루벤스의 컬렉션을 만들기 위해 자신이 갖고 있던 푸생의 그림을 팔아치운 것은 매우 상징적이다.

논쟁의 여파는 거기서 그치지 않았다. 비평가들이 화가의 취향을 평가하게 되면서 화가들 역시 이 변화를 수용하지 않을 수 없었다. 그동안 프랑스 회화는 완전히 이탈리아에 종속되어 있었다. 이탈리아보다 이탈리아를 더 광신적으로 수용했던 것이 프랑스 고전주의가 아니었던가. 하지만 논쟁 이후 프랑스의 회화는 이탈리아를 추종하는 데서 벗어나 자신의 길을 걷기 시작한다. 프랑스 회화가 지금 우리에게 알려진 그 특유의 분위기를 갖게 된 것은 바로 격렬한 논쟁 덕분이었다.

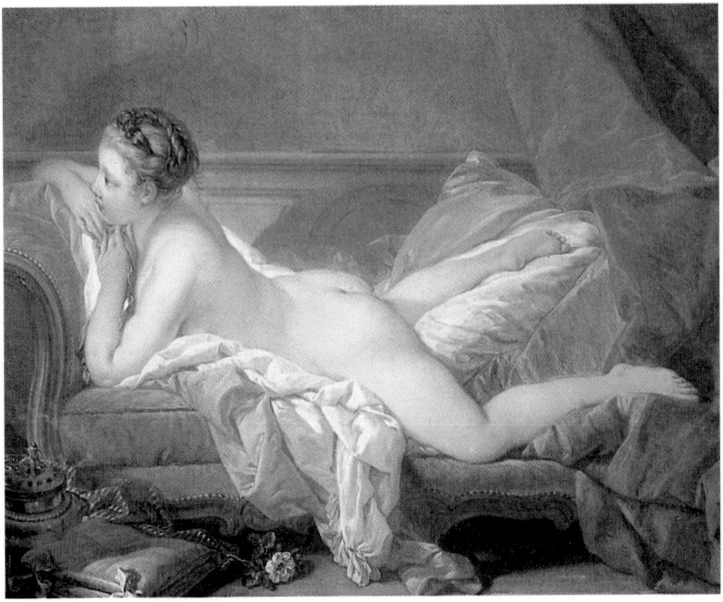

7
〈누워 있는 소녀〉 프랑수아 부셰, 1753년

프랑스에서 바로크적 경향의 관철은 로코코라는 이름의 18세기('dixhuitième') 양식을 낳는다. 예를 들어 부셰나 와토의 작품에서 볼 수 있는 화려하고 경쾌한 관능적 탐미주의.[7,8] 여기에서 프랑스 회화는 독자성에 도달한다. 부셰나 와토만 하더라도 아직 프랑스 회화의 주변적 현상이었지만, 프라고나르에 이르면 로코코는 완전히 성숙한 모습으로 변모하여 프랑스 회화의 주류로 떠오르게 된다.[9] 그런데 이 급격한 분위기의 변화가 한 사람의 비평가에게서 시작됐다고 생각해보라.

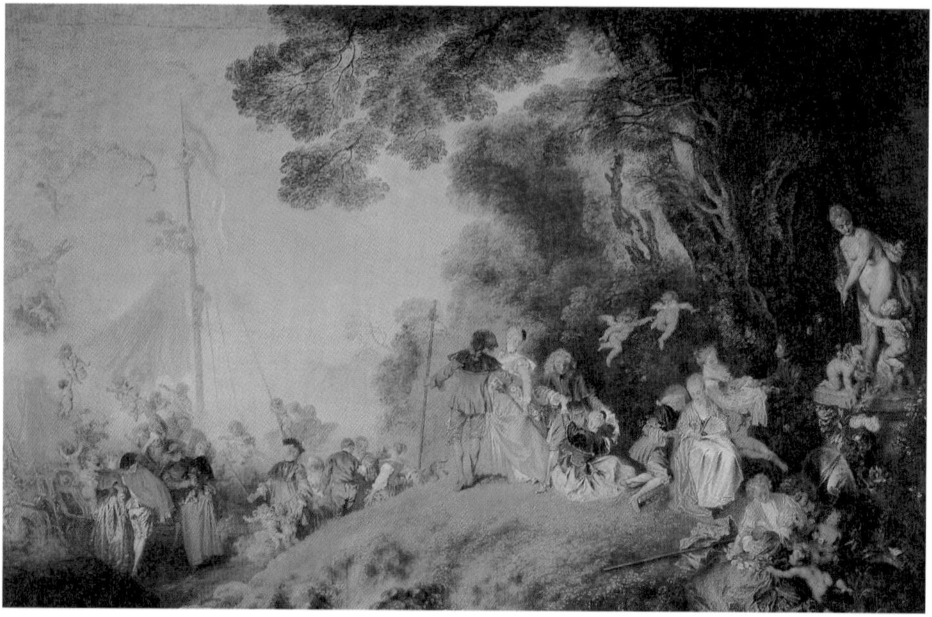

8 〈사랑의 섬으로의 순례〉 앙트완 와토, 1717년

근대적 예술비평의 탄생

로제 드 필은 화가가 아니었고, 아카데미 소속도 아니었다. 화가가 그림을 그리고, 비평가가 평론을 하는 게 오늘날에는 당연하게 여겨진다. 하지만 과거에는 달랐다. '그림을 그릴 줄 모르는 자들이 그림을 논하는 게 말이 되는가?' 이것이 화가들의 생각이었다. 작품에 대한 언급이나 평가 역시 전문가들의 집단인 아카데미 내의 현상이어야 했다. 그런데 한 명의 아마추어(素人)가 예술가들의 절대왕정을 무너뜨렸다.

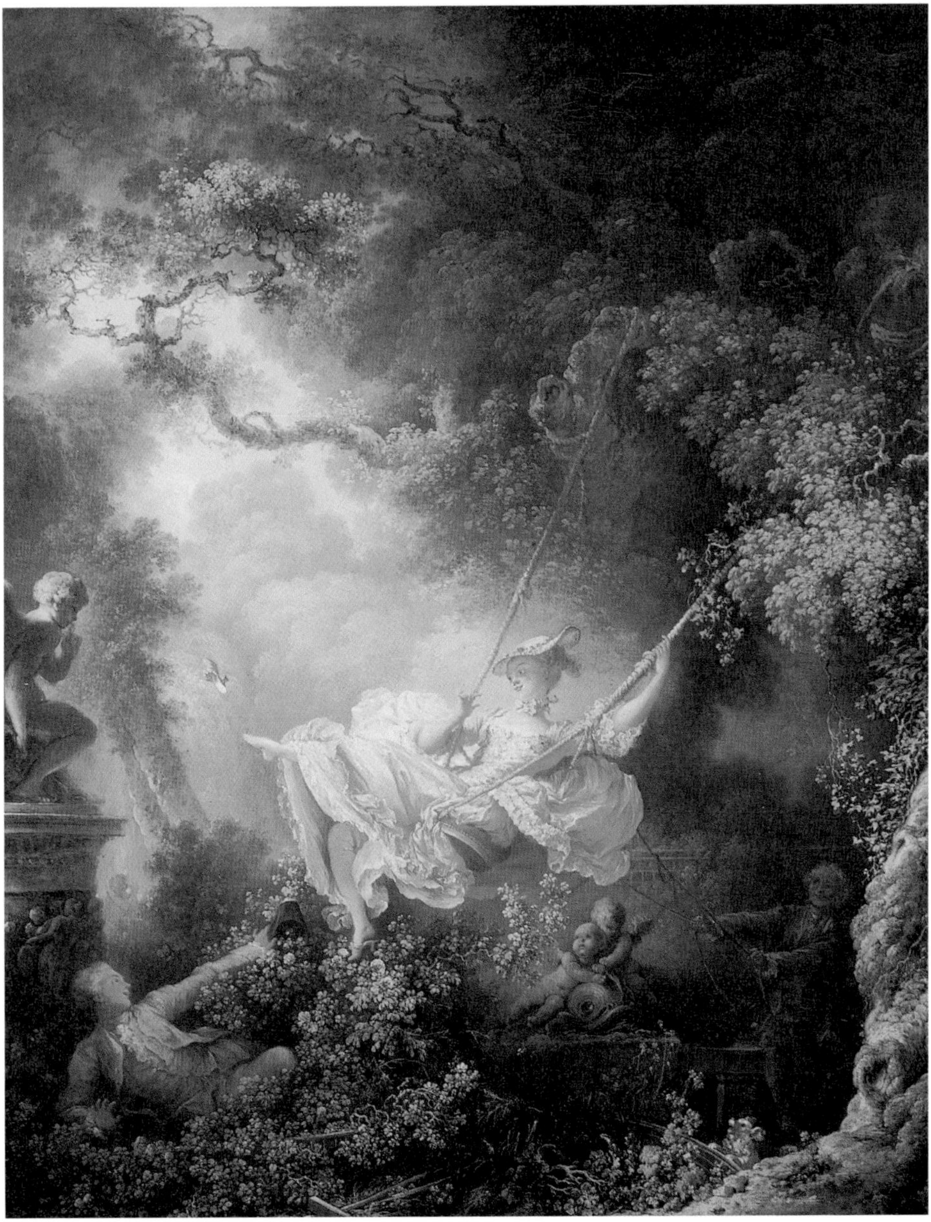

9 〈그네〉 장 오노레 프라고나르, 1768년

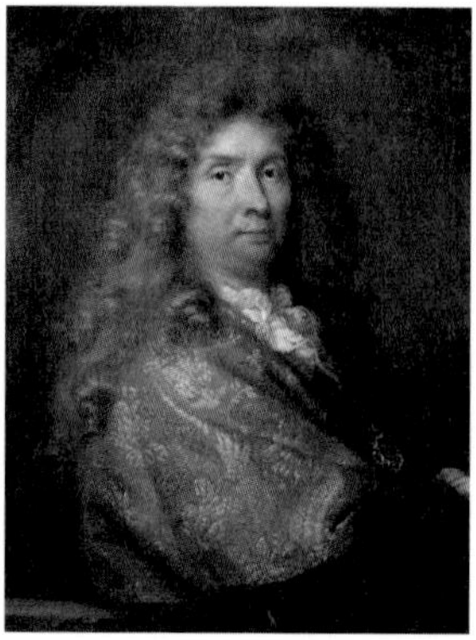

10 샤를 르 브랭

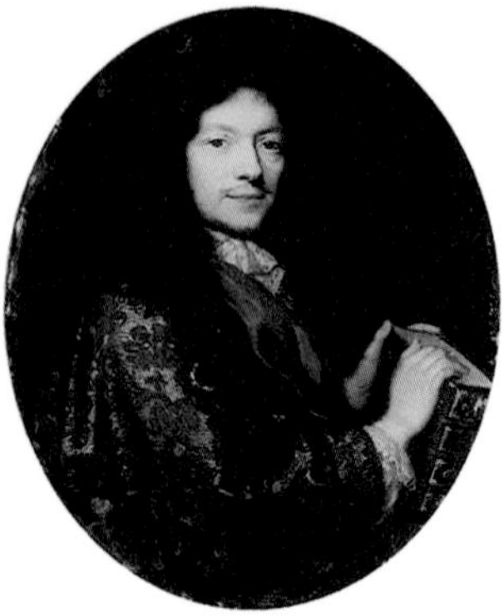

11 로제 드 필

로제 드 필과 더불어 창작과 분리된 평론, 즉 근대적 의미의 소인비평이 시작된 것이다.

이 아마추어 비평가의 역할은 거기서 그치지 않는다. 그의 비평은 그저 티치아노의 베네치아 화풍, 루벤스의 바로크 화풍을 옹호하는 데 그친 게 아니다. 티치아노와 루벤스의 색채 효과를 옹호하기 위해 그는 당대 예술의 고대 귀속성을 정면으로 거부했다. 한마디로 그동안 서구 예술의 흔들리지 않는 전범으로 통하던 고전고대의 예술 이상 자체를 공격하고 나선 것이다. "인간이 항상 신들 아래 있을 필요는 없다." 이런 태도는 본질적으로 근대주의적이라 할 수 있다.[10, 11]

잘 알려진 것처럼 고전주의자들은 예술을 합리적 규칙의 체계 안에 있는 감옥에 가둬놓았다. 로제 드 필은 예술을 규칙의 문제로 보지 않았다. 작품을 만드는 것은 죽은 규칙이 아니라, 본성이나 천재, 재능과 같은 살아 있는 요소이다. 비평도 마찬가지다. 비평은 죽은 규칙을 적용하는 것이 아니라, 시대의 살아 있는 요구들, 사람들의 살아 있는 성향에 응답하는 것이며, 여기에 필요한 것은 인위적 규칙이 아니라 '자연적인 눈'이라는 것이다. 한마디로 훗날 낭만주의자들이 발전시킬 관념을 선취했던 것이다.

문학으로서 비평

로제 드 필이라는 이름의 아마추어가 프랑스 회화의 흐름을 바꾸어 놓았다. 그의 비평 덕분에 프랑스 회화는 맹목적으로 이탈리아를 추종하던 구습에서 벗어나 독자적으로 제 길을 걸을 수 있었다. 여기서 우리는 비평이 가진 힘을 짐작할 수 있다. 널리 알려진 바와 같이, 18세기 후반 이후에는 프랑스가 이탈리아를 제치고 외려 회화의 중심지로 떠오른다. 이 변화는 어디서 비롯된 것일까? 여러 가지 원인이 있겠지만, 거기에 결정적인 역할을 한 요인 가운데 하나가 바로 살롱을 중심으로 한 활발한 비평의 문화였다.

프랑스에서 비평은 그 자체가 하나의 문학적 장르이기도 했다. 예술에 대한 언급이 저절로 비평이 되는 것은 아니다. 근대적 의미의 '비평'이 되려면, 그것은 문학적 텍스트의 형태를 취해야 한다. 예술에 대한 언급을 텍스트로 옮겨놓았다고 저절로 비평이 되는 것도 아니다. 비평문 안에는 반드시, 첫째, 작품의 특성에 대한 기술, 둘째, 작품에 관련된 역사와 이론의 제시, 셋째, 작품의 예술적 수준에 대한 판단이 들어가야 한다. 이 세 가지가 빠진 글은 비평이라 할 수 없다.

하지만 비평이 그저 기술과 평가에 그치는 것은 아니다. 《비평의 탄생》에서 알베르트 드레스드너는 미술비평을 크게 인식과 평가, 영향의 세 측면으로 구별한다. '인식'이란 비평의 기술(記述)적 측면으로, 작품 자체에 대한 객관적 분석을 가리킨다. '평가'란 비평의 평가적 측면으로, 작품의 예술적 가치에 대한 주관적 판단을 의미한다. 그리고 '영향'은 비평의 정치적 측면으로, 창작의 방향에 영향을 끼치려는 비평가의 시도를 의미한다. 어쩌면 이것이야말로 비평의 최종 목적인지도 모른다.

예를 들어 로제 드 필이 작품을 구성과 소묘, 채색, 표현의 네 항목으로 나누어 분석한 것은 비평의 기술적 측면에 해당한다. 그 각각의 항목에 숫자로 점수를 매기는 것은 — 오늘날 우리 눈에는 우스꽝스럽게 보이지만 — 비평의 평가적 측면이라 할 수 있다. 이 평가의 결과 루벤스를 푸생의 위에 올려놓음으로써 그는 프랑스 회화의 흐름을 바꾸어 버린다. 이것이 바로 비평의 정치적 측면이다. 실제로 로제 드 필이 일으킨 논쟁은 당시에 정치 투쟁을 방불케 하는 격렬한 팸플릿 전쟁으로 진행되었다.

화가들의 저울

다시 '화가들의 저울'로 돌아가 보자. 르 브랭의 점수는 얼마였을까? 르 브랭은 자신의 논적에게서 56점이라는 비교적 후한 점수를 얻었다. 구성, 소묘, 표현에서 모두 16점을 받았기 때문이다. 물론 색채에서는 8점이라는 낮은 점수를 받아야 했다. 그럼 논쟁의 시발이 되었던 라파엘로와 티치아노는? 예상과 달리 로제 드 필은 자신이 편들었던 티치아노(51점)보다 외려 라파엘로(65점)에게 높은 점수를 주었다. 티치아노는 오직 색채에서만 18점으로, 12점을 얻은 라파엘로를 앞선다.

소묘에서 상위를 차지한 것은 역시 라파엘로(18점), 미켈란젤로(17점), 다 빈치(16점)와 같은 르네상스의 거장들이다. 하지만 색채에서 다 빈치와 미켈란젤로는 고작 4점을 얻는 데 그친다. 이 분야에서 상위를 차지한 것은 역시 티치아노(18점)와 같은 베네치아 화가, 루벤스(17점), 렘브란트(17점)와 같은 바로크의 거장들이다. 로제 드 필은 색채를 평가의 유일한 기준으로 삼지 않았다. 또한 가장 중요한 기준으로 삼지도 않았다. 그는 그저 색채를 소묘와 동등한 권리를 갖는 회화의 요소로 인정하려 했을 뿐이다.

'푸생이냐, 루벤스냐'의 대결은 사실상 루벤스파의 승리로 끝났다. 그 결과 뒤늦게 프랑스에도 '로코코'라는 이름으로 후기 바로크 양식이 관철된다. 프라고나르와 더불어 로코코는 루이 16세 시대에 절대왕정의 취향이 된다. 하지만 형과 색의 대결이 이것으로 끝난 것은 아니다. 대혁명기에 미적 취향은 고전주의의 미적 이상으로 돌아간다. 다시 고전주의 취향이 사회를 지배하는 상황에서, '푸생파와 루벤스파'의 대립은 새로이 '다비드파와 앵그르파'의 대립으로 재연된다.

화가	구성	소묘	색채	표현	총점
다 빈치	15	16	4	14	49
미켈란젤로	8	17	4	8	37
라파엘로	17	18	12	18	65
티치아노	12	15	18	6	51
루벤스	18	13	17	17	65
렘브란트	15	6	17	12	50
르 브랭	16	16	8	16	56

IO

프랑스에 로제 드 필이 있었다면, 독일에는 요한 요아힘 빙켈만이 있었다. 빙켈만이 활동하던 당시의 유럽은 로제 드 필이 활동하던 시절과는 정반대의 상황에 놓여 있었다. 특히 바로크 취향의 과잉으로 고통을 받던 독일에서는 정점을 지나 몰락으로 치닫는 바로크를 대신할 새로운 취향이 필요했다.
가철본으로 발표한 빙켈만의 짧은 글은 독일은 물론이고 유럽 전역에서 커다란 반향을 불러일으킨다. 이는 물론 빙켈만이라는 개인의 생각이 동시에 시대정신을 대변했기 때문일 게다. 한마디로 당시 유럽은 바로크나 로코코와 같은 감각적이고 관능적인 취향에 싫증을 느끼고 있었다.
이 장에서는 요한 요하임 빙켈만의 에세이를 바탕으로 신고전주의 예술에 대해 살펴보게 된다. 로제 드 필이 고전주의에 대항하여 바로크를 관철시키려 했다면, 빙켈만은 바로크를 극복하고 고전주의를 다시 확립하려 했다. 어느 쪽이든, 이 거대한 취향의 변화에 결정적 역할을 한 것이 비평가들이었다는 사실을 잊어서는 안 된다.

■ 참고문헌

Johan Joachim Winckelmann, Gedanken über die Nachahmung der griechischen Werke in *der Malerei und Bildhauerkunst*, 1755.

요한 요아힘 빙켈만, 민주식 옮김, 《그리스 미술 모방론》, 이론과실천, 1995.

고대인의 자연은 어디로?

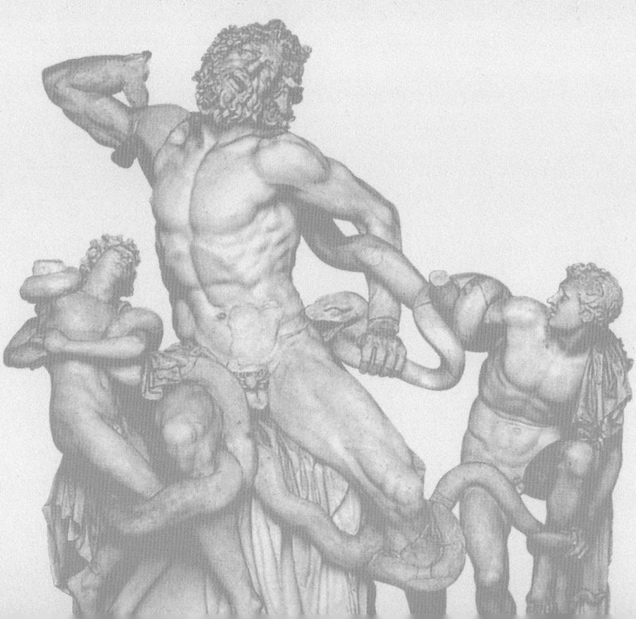

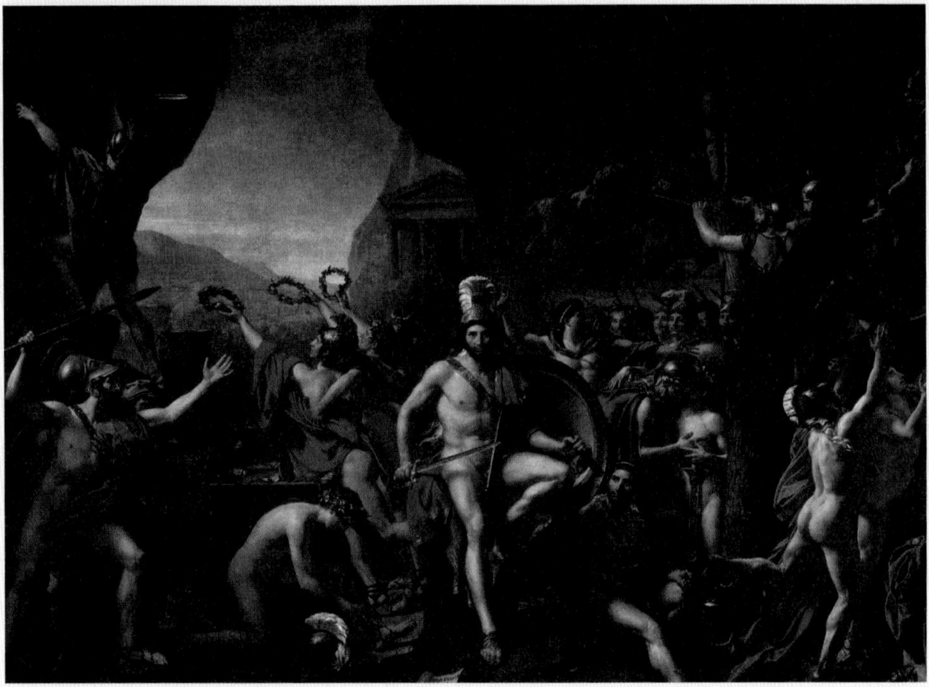

1

〈테르모필레를 지키는 레오니다스〉 자크 루이 다비드, 1814년 여기에 한 젊은 스파르타인이 있다고 하자. 그는 영웅 부부 사이에서 태어나 갓난아이 때부터 한 번도 강보에 싸인 적이 없었고, 7세 때부터는 땅바닥에서 잠을 잤고, 어린 시절부터 투기와 수영으로 육체를 단련시켰다.

영화 〈300〉에서 스파르타의 왕 레오니다스는 어린 시절부터 가혹한 전투 훈련을 받는다.[1] 이 장면에서 빙켈만(Johan Joachim Winckelmann, 1717~1768)의 고대 모방론이 떠올랐다. 그리스인들의 "애매모호한 것도 군더더기도 없는 저 당당하고 남성적인 윤곽"은 물론 거저 얻어진 게 아니다. 그리스에서 "투기에 지원한 청소년들은 훈련 기간 중 유제(乳製) 식품 이외에는 먹지 못했고", 특히 "스파르타의 청소년은 열흘에 한 번씩 행정 감독관 앞에서 나체로 검사를 받았다. 그때 조금이라도 군살이 붙은 징후가 보이면 감독관은 한층 더 엄격한 절식을 명령했다."

육체를 경멸하는 근대인들과 달리 고대인들은 운동과 섭생으로 육체를 건강하고 아름답게 가꾸는 문화를 갖고 있었다. 노예제에 기초한 고대 전쟁국가에서 모든 시민은 유사시에는 병사가 되어야 했기 때문이다. 스파르타 전사들의 육체에 보내는 관객들의 경탄, 이는 언젠가 유럽인들이 그리스의 조각상에 보냈던 찬탄과 닮았다. 요즘 관객들은 스크린 위에서 펼쳐지는 고대적 육체의 향연을 보며 위축감을 느낀다. 200여 년 전 유럽의 근대인들 역시 고대인들의 조각상 앞에서 비슷한 열등의식을 느낀 모양이다.

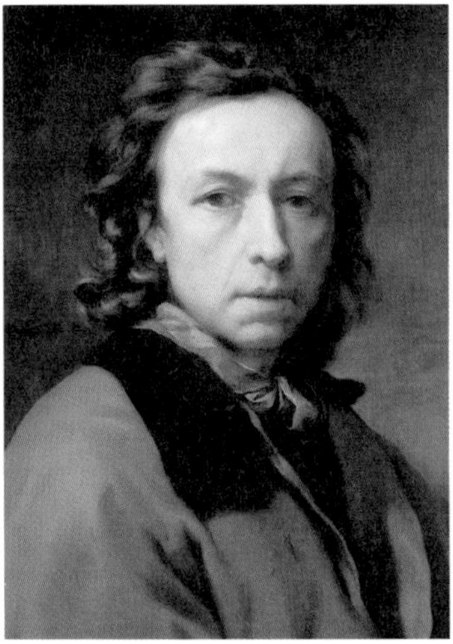

2 안톤 라파엘 맹스
빙켈만에게 영향을 준 신고전주의 화가.

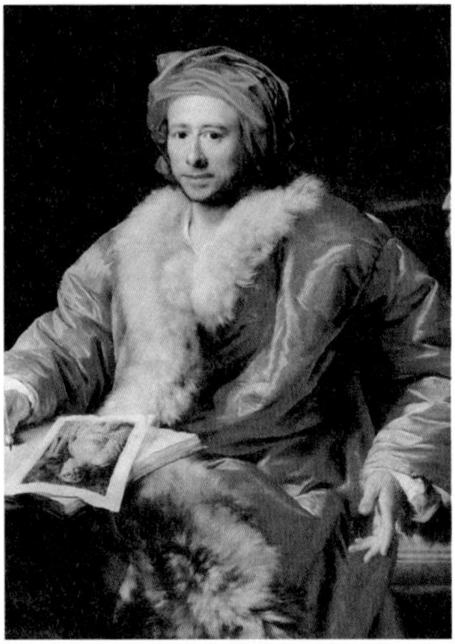

3 요한 요아힘 빙켈만

아름다운 자연

그래서일까? 빙켈만은 우리 귀에 우스꽝스럽게 들릴 정도로 고대인들을 턱없이 이상화한다. 그가 보기에 그리스인들은 '모두가 다 아름답기 때문에 아름답다는 것이 아무 특징도 되지 않는' 그런 종족이다. 그들은 평소에 '자연적인 발육에 조금도 압박을 가하지 않는' 옷을 입고 다녔기에 '아름다운 형체의 성장을 방해' 받지 않았고, 심지어 병에 걸려도 천연두나 구루병처럼 '아름다움을 심하게 손상시키거나 고상한 체격을 망가뜨리는 질병' 은 아예 앓지도 않았다고 한다.[2, 3]

예술을 '자연의 모방' 이라 할 때, 이때 '자연' 은 바깥의 풍경이 아니라 인간의 신체를 가리킨다. '자연의 모방'이란 한마디로 예술미는 자연미의 모방에서 비롯된다는 이야기다. 고대의 예술은 왜 그토록 아름다운가? 그것은 모방의 대상이 되는 고대인의 자연이 근대인의 그것보다 월등히 아름다웠기 때문이다. 예를 들어, "스파르타 청소년을 오늘날 우리 시대의 나약하고 나태한 청소년과 비교해보라. 그리고 예술가가 젊은 테세우스나 아킬레우스 심지어 디오니소스의 모델로서 앞의 두 사람 중 어느 쪽을 선택하겠는가를 생각해보라."

하지만 그토록 아름다웠던 고대인의 자연은 어디로 갔는가? 먼지가 되어 땅속으로 사라진 지 오래다. 그렇다면 예술은 이제 어디서 아름다움을 끌어와야 하는가? 자연은 사라져도 그 아름다움은 남아 있다. 질료는 덧없어도 형상은 영원한 것. 그렇게 사라진 아름다운 자연이 고스란히 보존된 곳이 있으니, 바로 고대의 조각상들이다. 그리하여 르네상스의 저자들이 화가들에게 "자연을 모방하라."고 권했다면, 빙켈만은 차라리 "고대를 모방하는 것이 자연을 모방하는 것보다 우월하다."고 주장한다.

바로크에서 신고전주의로

남을 모방하라는 이야기는 오늘날의 귀에는 모욕처럼 들린다. 빙켈만의 시대에도 크게 다르지 않았다. 도대체 남을 흉내 내는 것으로 어떻게 위대함에 도달할 수 있겠는가? 여기서 빙켈만은 묘한 역설을 제시한다. "우리가 위대하게 되는 길, 아니 가능하다면 모방적이지 않을 수 있는 유일한 길은 고대인을 모방하는 것이다." 한마디로 모방을 통해 외려 독창성에 이른다는 전략이다. 실제로 역사 속에는 이렇게 미래로 나아가기 위해 외려 과거로 되돌아가야 하는 그런 시대가 종종 있었다.

빙켈만이 이 책을 쓰던 18세기 중엽의 유럽은 대륙 전체를 휩쓸었던 바로크 취향의 끝자락에 있었다. 격정적이고 역동적이며 감각적인 바로크 예술은 빙켈만이 보기에 '좋은 취미'가 아니었다. 게다가 마침 이루어진 폼페이와 헤르쿨라네움의 발굴은 유럽인의 의식에 고전고대를 강하게 각인시켰다. 언제나 그렇듯이 새로운 운동은 늘 출발점으로 돌아가게 마련이다. 바로크 예술이 생명력을 다할 즈음, 빙켈만은 새로운 돌파구를 열기 위해 그리스 정신으로 되돌아갈 것을 주장한 것이다.

> 고대를 모방하는 것이 자연을 모방하는 것보다 더 유리하다는 것은 동일한 재능을 가진 두 젊은이를 선발하여 한 사람에게는 고대를, 다른 사람에게는 자연만 연구하게 해보면 아주 명백히 드러난다. 자연만 연구하는 사람은 자연을 그가 본 대로 그릴 것이다. 그가 이탈리아인이라면 카라바조풍으로, 네덜란드인이라면 요르단스풍으로, 프랑스인이라면 스텔라풍으로 그렸을 것이다. 그러나 고대를 연구하는 사람은 …… 라파엘로풍의 인물을 그렸을 것이다.

빙켈만은 바로크를 대표하는 거장들을 부정적으로 평가한다. 플랑드르 바로크의 거장 "루벤스도 결코 그리스인의 윤곽에는 도달하지 못했다." 이탈리아 바로크의 대가 베르니니 역시 자연미를 중시하는 편견에 사로잡혀 있다. 그리하여 오직 미켈란젤로와 푸생, 그리고 무엇보다 라파엘로만이 고대 그리스의 위대함에 근접했다는 것이다. 여기서 우리는 빙켈만이 어떤 취향을 갖고 있는지 읽을 수 있다. 그가 새로이 꺼내든 고전적 취향이 18세기 중엽 유럽에 '신고전주의' 운동의 출발점이 된다.

색채에서 윤곽으로

바로크 예술은 조각과 구별되는 회화의 고유성을 강조했다. 조각이 공간 속의 형태라면, 회화는 평면 위의 색채라는 인식이다. 바로크 회화에서 색채 효과가 두드러지는 것은 이 때문이다. 하지만 고전주의는 색에 대한 형의 우위를 고집한다. 빙켈만이 라파엘로를 높이 평가하는 것도 이와 관련이 있다. "라파엘로는 많은 다양성을 주어 더 풍부한 의복과 더 다양한 색채와 명암을 그림에 사용했다. 그럼에도 그는 작품에서 이 모든 것보다 그리스인에게서 배운 고귀한 윤곽에 더 많은 가치를 부여했다."

그리스 조각에는 색깔이 없다. 그것은 대리석으로 된 순수한 형의 예술이다. 플라톤의 이데아, 아리스토텔레스의 에이도스를 닮은 순수한 윤곽의 예술. 그리하여 고대를 모방하는 고전주의 회화의 이미지는 분명한 윤곽을 갖고 있어 마치 조각을 사진으로 찍은 듯이 보인다. 하지만 빙켈만이 몰랐던 게 한 가지 있었다. 아테네에서 발굴된 어느 젊은이의 두상에서는 머리카락 사이에서 금빛 안료가 발견됐다. 이는 그리스의 장인들이 원래 조상에 채색을 했음을 의미한다. 원래 그리스 조각에는 색깔이 있었다. 그랬던 것이 오랜 세월의 흐름 속에서 색이 벗겨

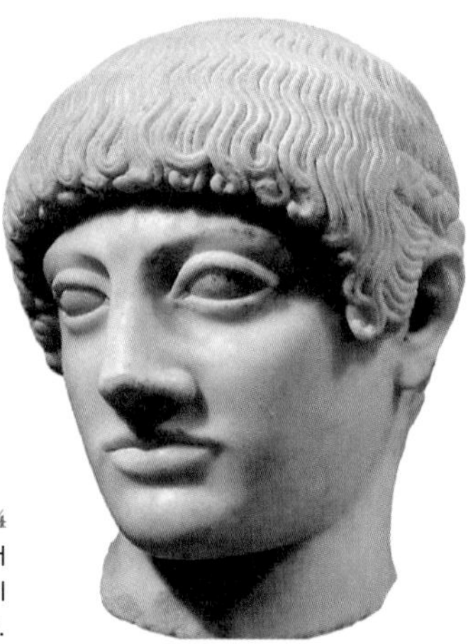

4
고대 그리스에서 제작된 청년상의 머리카락 부분에서
금색 염료의 흔적이 발견되었다. 이는 그리스 조각가들이
조각상에 채색을 했음을 의미한다.

져 하얀 대리석의 순수한 형으로만 남은 것이다.[4]

고대를 한껏 이상화하는 빙켈만도 회화에서만은 근대인의 우위를 인정한다. 왜? 근대인은 고대인이 갖지 못한 원근법과 무엇보다 색채 효과를 내는 데 탁월한 유화라는 매체를 갖고 있기 때문이다. 나아가 제재의 풍부함이나 관찰의 정확함이라는 면에서도 근대인은 고대인들을 능가한다. 다만 한 가지, 그래도 근대인이 고대인을 따라갈 수 없는 분야가 있으니, 그것이 바로 그리스의 조각에서 발견되는 '윤곽'이다. 거기에서만은 고대인이 여전히 근대인을 능가한다.

> 예술가들이 자연을 모방함으로써 모든 것을 배울 수 있다고 하더라도 윤곽의 정확성만은 배울 수가 없다. 왜냐하면 윤곽의 정확성은 그리스인에게서만 배울 수 있기 때문이다.

물론 여기서 말하는 '윤곽의 정확성' 이란 모사의 정확성을 가리키는 게 아니다. 그런 거라면 광학에 관한 온갖 지식과 기술로 무장한 근대인들이 고대인들보다 훨씬 뛰어나지 않겠는가? 그리스의 윤곽에는 단순한 모사의 정교함이나 관찰의 정확성이라는 경험적 측면을 초월하는 요소가 있다. 그렇기에 그 윤곽이 후세 예술의 전범이 될 수 있는 것이다. 그렇다면 그가 말하는 '윤곽의 정확성' 이란 구체적으로 무엇을 의미할까?

자연미와 이상미

> 가장 고귀한 윤곽은 그리스인의 조상 속에 담겨 있는 가장 아름다운 자연과 가장 이상적인 미의 모든 부분을 결합하거나 포괄하는 것이다. 윤곽은 양자의 최고의 개념을 나타낸다고 할 수 있다.

그리스 조각의 윤곽 속에서 자연미와 이상미는 하나로 통일된다. 널리 알려진 것처럼 그리스 장인들의 원칙은 '인물을 닮게 그리되 더욱 아름답게 만드는 것' 이었다. 그리하여 그들은 조상을 만들 때 여러 명의 모델에게서 가장 아름다운 부위만 따서 조합하곤 했다. 그리스 조상의 미가 '자연의 미처럼 흩어져 있는 것이 아니라 하나로 통일되어' 있는 것은 그 때문이다. 그런데 굳이 딴 데로 눈을 돌릴 필요가 있겠는가? '자연의 미보다 그리스 조상의 미가 먼저 발견되어야' 하는 것은 이 때문이다.

게다가 근대인들의 자연은 고대인들만큼 아름답지 않다. 그래서 라

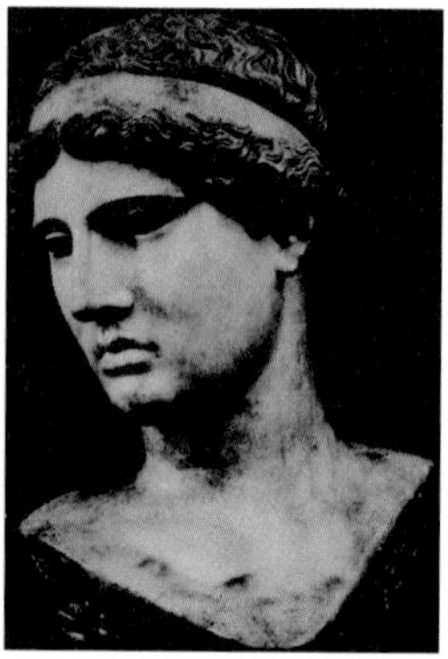

5
아테나 여신

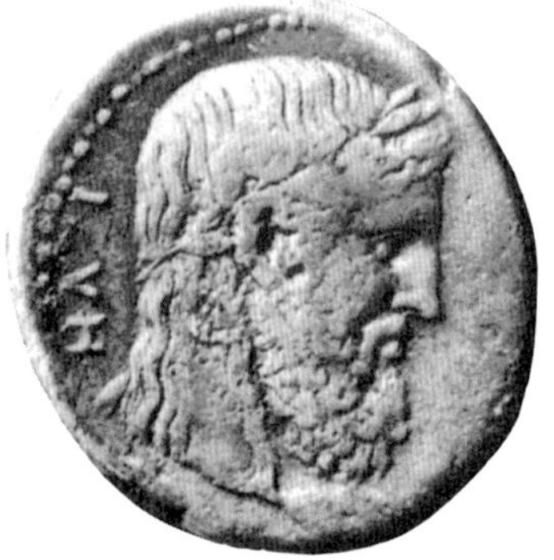

6
올림피아의 제우스

파엘로는 말했다. "여성들에게서는 묘사하고 싶다고 생각되는 미가 드물기 때문에 상상 속에 있는 어떤 관념을 사용한다." 여기서 '관념(idea)'을 소리 나는 대로 읽으면 '이데아'가 된다. 한마디로 자연에는 아름다움이 드물기에 이미지를 만들 때 머릿속에 떠오르는 이상미를 따랐다는 이야기다. 이렇게 '보편적인 미와 이상적인 상'을 지향한다는 점에서, 고전주의는 개별적 미의 관찰과 묘사에 집착하는 자연주의와 구별된다.

그리스인들이 '질료의 평범한 형식을 초월한 개념에 따라서' 조상을 만들었음은 특히 신상의 프로필에서 잘 드러난다. "그리스의 남녀 신들의 이마와 코는 거의 일직선을 이루고 있다." 예를 들어 피디아스가 만든 〈아테나 렘니아〉를 보자.[5] 실제로 이마에서 코로 꺾이지 않고 흐르는 선이 조각상에 어딘지 숭고한 느낌을 준다. 실제 인간의 얼굴에서 이런 특징이 나타날까? 아마 그렇지는 않을 것이다. 이는 그리스 예술가들이 자연의 모사를 넘어 '이상화된 개념'에 따라 작업을 했음을 보여준다.[6]

"감각적 미는 예술가에게 아름다운 자연을 주었고, 이상적 미는 예술가에게 숭고한 특성을 주었다." 고전미는 그저 육체의 아름다움에 불과한 게 아니다. 육체의 감각적 미 아래로 정신과 영혼의 숭고함이 내비칠 때 미는 최고의 경지에 도달한다. 그리고 이때 인간을 모델로 한 조각상은 그 어떤 인간보다 아름다운 신의 몸(신상)이 된다. 감각적 자연미를 숭고한 이상미로 끌어올린 그리스의 조상은 이렇게 신이 되고자 했던 그리스인들의 존재미학을 시각적으로 구현하고 있다.

고귀한 단순함과 고요한 위대함

그리스 걸작들의 일반적이며 탁월한 특징은 결국 자세와 표현에서의 고귀한 단순과 고요한 위대이다. 바다 표면이 사납게 날뛰어도 그 심해는 항상 평온한 것처럼 그리스 조상들은 휘몰아치는 격정 속에서도 침착함을 잃지 않는 위대한 영혼을 나타낸다. 이러한 영혼은 격렬한 고통 속에 있는 〈라오콘 군상〉의 얼굴에 잘 묘사되어 있다. 그 고통은 얼굴뿐만 아니라 육체의 모든 근육과 힘줄에도 나타나 있어서, 우리는 고통으로 움츠러든 하복부를 보는 것만으로도 이러한 고통을 느낄 수 있다. 그러나 얼굴이나 전체 자세에서는 전혀 고통에 찬 격정이 드러나 있지 않다.

고전주의적 인간은 저 라오콘처럼 죽음의 고통 속에서도 결코 영혼

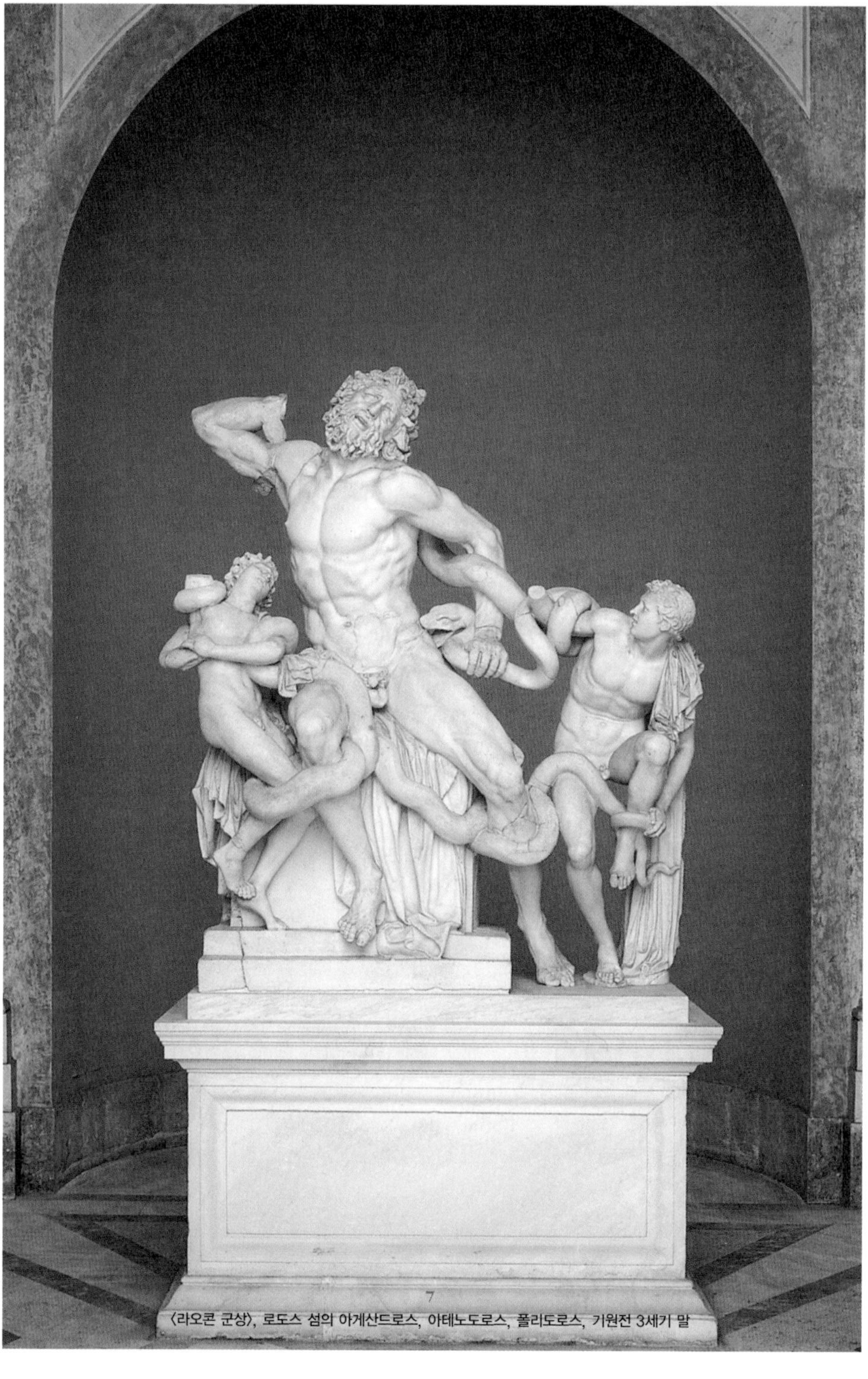

〈라오콘 군상〉, 로도스 섬의 아게산드로스, 아테노도로스, 폴리도로스, 기원전 3세기 말

의 평정을 잃지 않는다.[7] 하지만 빙켈만이 이 글을 쓰던 당대의 예술가들은 이 고전주의적 정신에서 크게 벗어나 있었다. "실로 이것과 정반대의 것, 이러한 특성과 대립되는 극단적인 것을 추구하는 것이 오늘날의 예술가들, 특히 젊은 예술가들의 보편적 취미다." 실제로 바로크 예술에는 육체성이 살아 꿈틀거린다. 바로크의 육체는 황홀한 엑스터시 속에서 전율하기도 하고, 순교의 처형대 위에서 고통에 겨워 짐승처럼 울부짖기도 한다.

빙켈만은 이런 격정의 표출을 고대 수사학의 용어를 빌려 '파렌티르소스의 오류' 라고 부른다.

이는 우리가 일상적으로 경험하는 오류(?)이기도 하다. 가령 밤에 쓴 일기를 낮에 읽으면 얼굴이 화끈거린다. 밤에 격정에 사로잡혀 있던 마음에 낮에는 이성이 돌아오기 때문이다. 빙켈만은 격정의 표출을 미성숙한 예술의 특징으로 꼽는다. '예술도 사람과 마찬가지로 유년기를 갖는데', 이 단계에서는 '예술가들이 과장되고 이상한 것만 선호하는' 경향을 보인다는 것이다. 결국 당대의 바로크 취향은 예술이 유년기로 퇴행한 결과라는 이야기다.

"그의 고통은 우리의 영혼에까지 스며들어 온다. 그러나 우리는 이 위대한 사람처럼 그 고통을 견딜 수 있게 되기를 바란다." 라오콘처럼 정신의 힘으로 육체의 고통을 억누르는 고전주의적 '예술의 이상' 은 동시에 고전주의적 '인간의 이상' 이기도 했다. 빙켈만의 생각은 실러와 괴테를 거쳐 이른바 '바이마르 고전주의' 로 이어지고, 나아가 문학과 예술의 테두리를 넘어 독일 공교육의 이념으로 받아들여진다. 오늘날 독일인 특유의 차가움과 무뚝뚝함은 여기서 비롯된 현상인지도 모른다.

제작의 테크놀로지

고대를 모방해야 한다는 요구는 윤곽에만 그치는 게 아니다. 빙켈만은 고대인들의 제작 기술까지 그대로 재현할 것을 요구한다.[8] 조상을 제작할 때에 조각가들은 먼저 조그만 원형을 만든 후 그 형태를 거대한 대리석에 옮겨 새기게 된다. 이 원형의 제작에 고대인들은 밀랍을 사용했으나, 근대인들은 점토를 사용한다. 어느 쪽이 나을까? 밀랍은 끈적끈적해서 다루기 힘들다. 반면 점토로 만든 원형은 물기가 마르면 형이 뒤틀린다. 여기서 빙켈만은 먼저 점토로 원형을 만든 후 그 원형을 석고로 떠서 다시 밀랍으로 주조하는 방법을 제안한다.

문제는 이 조그만 원형의 윤곽을 그대로 커다란 대리석으로 옮기는 것이다. 근대인들은 여기에 모눈 기법을 사용하곤 했다. 즉 이집트의 장인들처럼 원형과 대리석에 각각 가로 세로로 모눈을 그어놓고, 각각의 모눈 속에 담긴 형을 하나하나 대리석 위에 전사(傳寫)하는 것이다. 하지만 조각은 3차원 예술이고, 평면에 그려진 2차원의 이미지는 깊이를 지시하지 못한다. 때문에 조각가는 매번 표면에서 어느 정도의 깊이로 깎아 들어가야 할지 모르게 된다. 게다가 대리석을 깎을 때마다 그 위의 모눈도 지워지기에 매번 새로 그려 넣어야 하는 불편함이 있다.

또 하나는 로마에 있는 프랑스 아카데미에서 발견한 방법으로, 처음에는 모상의 제작에, 나중에는 원작의 제작에도 사용되던 방식이다. 모각하려는 조상 위에 그 크기에 상응하는 사각형의 틀을 고정시켜놓는

다. 그 사각 틀에 같은 간격으로 추를 단 선들을 매달아 조상의 위로 늘어뜨린다. 그 선의 길이가 지시하는 만큼 깎아 들어가면, 대리석에 원형과 똑같은 형태의 요철이 생긴다. 물론 이것으로 세세한 부분까지 정확히 모각을 할 수는 없다. 하지만 적어도 현저하게 돌출한 부분과 들어간 부분의 비율을 대강은 알 수 있었을 것이다.

미켈란젤로는 다른 방법을 사용했다. 바사리에 따르면, 그는 그릇에 물을 가득 채우고 그 속에 원형을 넣은 후 서서히 수면까지 끌어올리는 방법을 사용했다고 한다. 이 경우 처음에는 원형의 가장 높은 부분만 수면 위로 나오고, 낮은 부분은 아직 물에 잠겨 있게 된다. 일단 물 위로 나온 부분을 모각한 다음, 그것이 끝나면 원형을 조금 더 끌어올려 새로 노출된 부분을 계속 깎아나간다. 이를 반복하면 언젠가 원형 전체의 모상을 얻게 된다. 빙켈만은 오늘날의 컴퓨터 단층 촬영을 연상시키

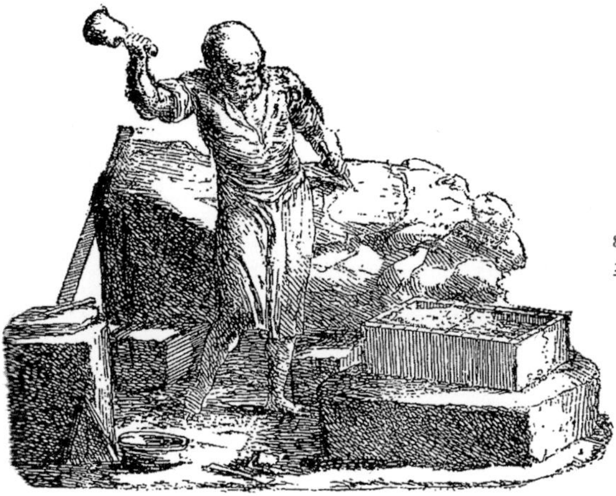

8
조각을 하는 소크라테스 상상도

는 이 방법이 고대인의 방식에 가장 근접했다고 믿는다.

바사리가 전하는 미켈란젤로에 대한 언급은 그저 '은유'에 불과할 뿐, 이 르네상스의 거장이 정말 이런 방법을 사용했을 것 같지는 않다. 그럼에도 불구하고 빙켈만의 상상력은 여기서 더 높은 곳으로 날아간다. 모각해야 할 대상이 클 경우 물 속에서 원형을 들어올리는 게 힘들 테니, 거꾸로 그릇 속의 물을 빼는 쪽이 더 편하지 않았겠느냐는 것이다. 그릇에서 조금씩 물을 빼나가면서 그릇에 새겨진 눈금에 맞춰 정확히 깎아나가는 것을 통해 미켈란젤로는 '불멸의 영역'에 도달했다는 것이다.

그림 속에 숨은 고대의 조각들

빙켈만이 권하기 전에도 이미 서구의 화가들은 르네상스 이후 작품 속에서 고대를 모방하곤 했다.[9] 서구의 회화 속의 인물들이 가끔 어디서 본 듯한 느낌을 주는 것은 그 때문이다. 예를 들어 그 유명한 보티첼리의 〈비너스의 탄생〉을 보자.[10] 오른손으로는 젖가슴을, 왼손으로는 머리칼을 잡아 음부를 가리고 있다. 이른바 '베누스 푸디카'의 자세를 취한 이 작품은 '메디치의 비너스'로 알려진 고대의 작품을 그대로 차용한 것이다. 이 조신한 비너스의 자세를 취한 인물은 르네상스의 다른 화가들의 작품에서도 발견된다.[11, 12]

알베르티의 《회화론》에는 로마 시대에 찬탄을 받았던 어느 석관에 관한 이야기가 나온다. 서기 2세기경에 제작된 이 석관의 부조에 대해 알베르티는 이렇게 말한다. "죽은 자의 무게가 시신을 나르는 사람들

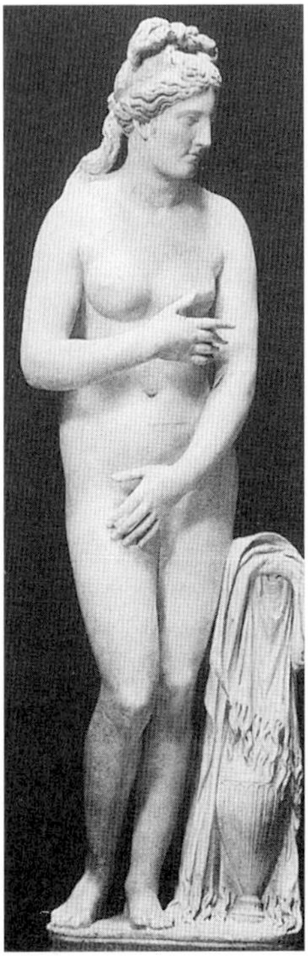

9
베누스 푸티카

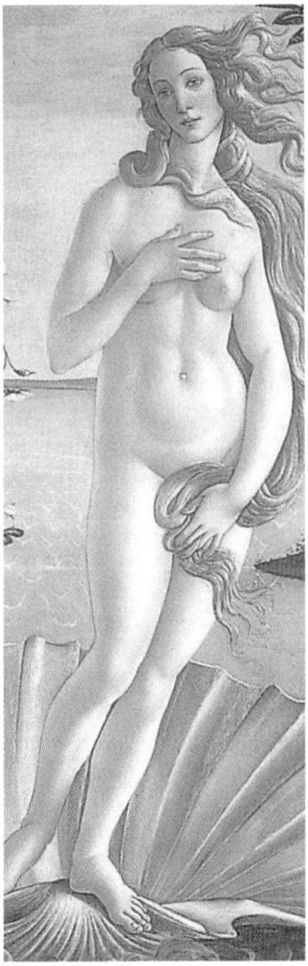

10
〈비너스의 탄생〉 중 일부,
산드로 보티첼리, 1846년

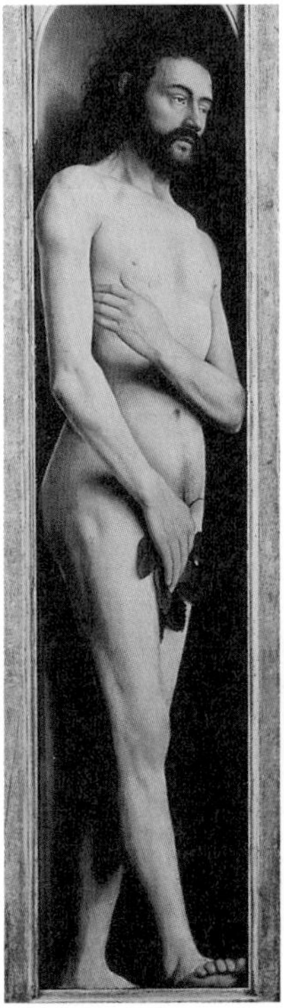

11
〈날개가 펼쳐진 헨트 제단화〉
중 일부(아담), 얀 반 에이크,
1432년

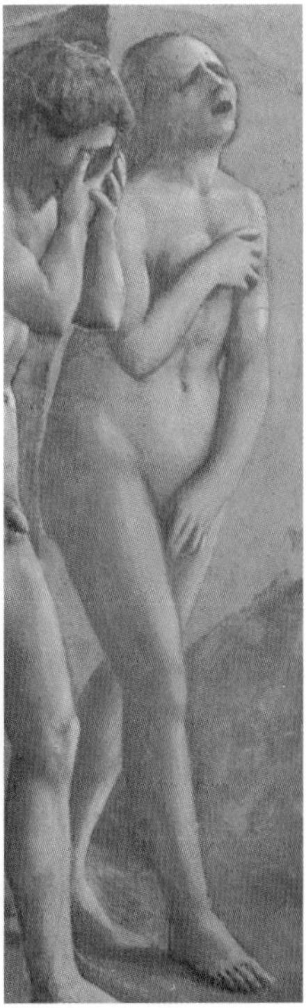

12
〈낙원 추방〉 마사초,
1427~1428년

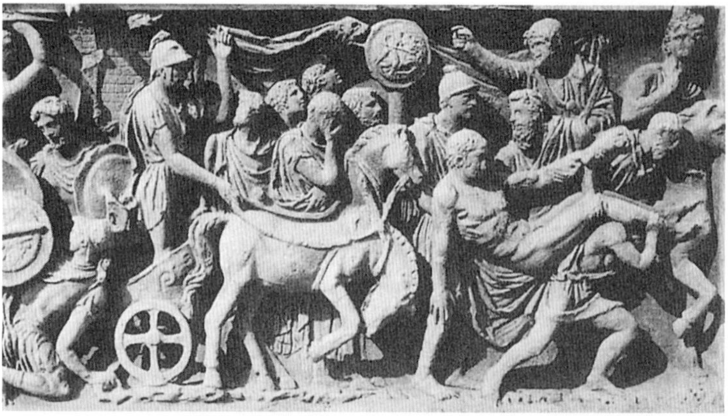

13
죽은 멜레아그로스(로마 석관의 부분),
2세기경

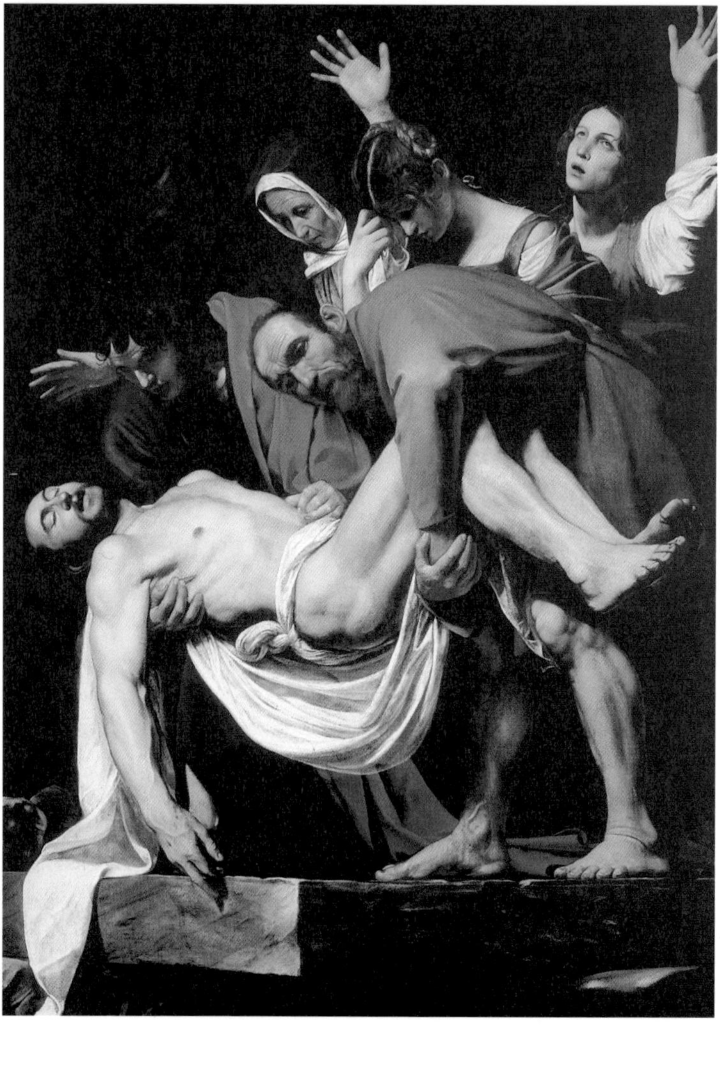

14
〈예수 입관〉
미켈란젤로 다 카라바조,
1602~1603년

15 〈마라의 죽음〉 자크 루이 다비드, 1793년

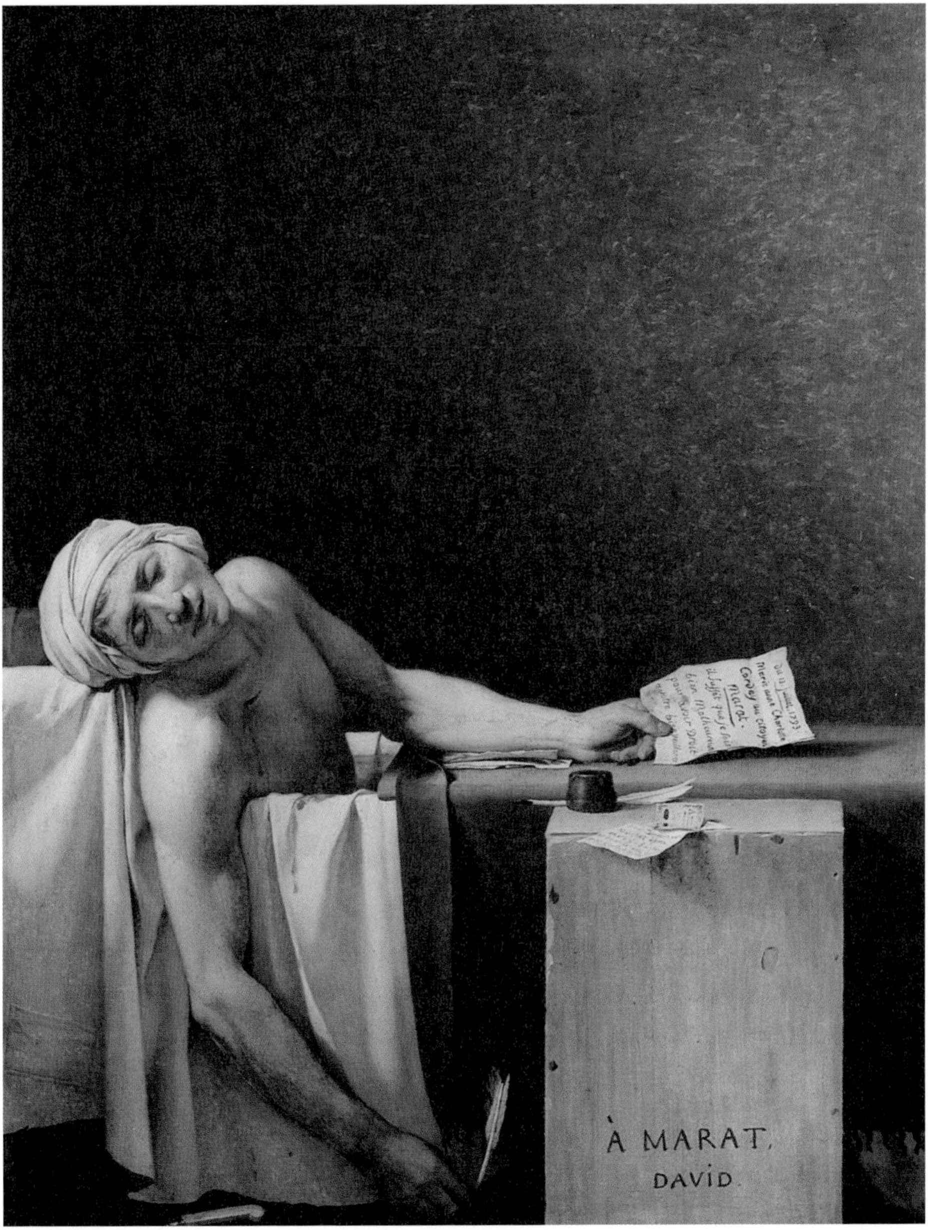

을 억누르고, 시신의 모든 지체(肢體)가 다 죽어 있다는 느낌이 손에 잡힐 듯이 전해집니다. 손, 손가락, 머리 할 것 없이 모든 지체가 뻣뻣하게 굳어서 아래로 늘어져 있습니다." 이 생생함 때문에 죽은 멜레아그로스의 축 늘어진 팔은 수많은 인용의 대상이 되었다.[13] 가령 카라바조의 〈예수 입관〉과 다비드의 〈마라의 죽음〉을 보라.[14, 15]

고대의 조각에서 회화의 모티프를 차용한 예는 그 밖에도 수없이 많다. 예를 들어 프라고나르의 작품 〈코레소스와 칼리로에〉를 보자.[16] 어느 날 신들의 저주를 받아 도시의 모든 사람이 미쳐버리고, 사제인 코레소스는 칼리로에를 제물로 바쳐야 이 저주에서 풀려날 수 있다는 신탁을 받는다. 자신이 사랑하는 여인을 차마 찌를 수가 없어, 코레소스는 단검으로 자신의 가슴을 찔러 자신을 신들에게 제물로 바친다. 프라고나르가 아직 로코코 양식으로 넘어가기 전에 그린 것이라 제재나 화풍에 고전적 분위기가 물씬 풍긴다. 그런데 이 장면, 어디서 많이 본 듯하지 않은가?

당연한 일이다. 코레소스와 주변 인물들의 배치가 좌우만 슬쩍 바뀌었을 뿐 〈라오콘 군상〉의 그것과 거의 같기 때문이다. 이를 다시 바로 뒤집어놓으면, 둘의 유사성이 그대로 드러난다.[17, 18] 먼저 라오콘과 코레소스의 자세를 보라. 서로 놀랍도록 닮았다. 라오콘의 왼쪽에 있는 아들의 몸은 코레소스 오른쪽에 누운 칼리로에의 몸으로 반복된다. 또 오른쪽에 있는 아들은 어떤가? 그의 상체는 코레소스 옆에 있는 사내의 상체를, 그의 머리는 좀 떨어져 쟁반을 든 사내의 머리를 닮았다. 게다가 두 작품 모두에서 인물들은 약간 기울어진 삼각형의 구도로 배치된다.

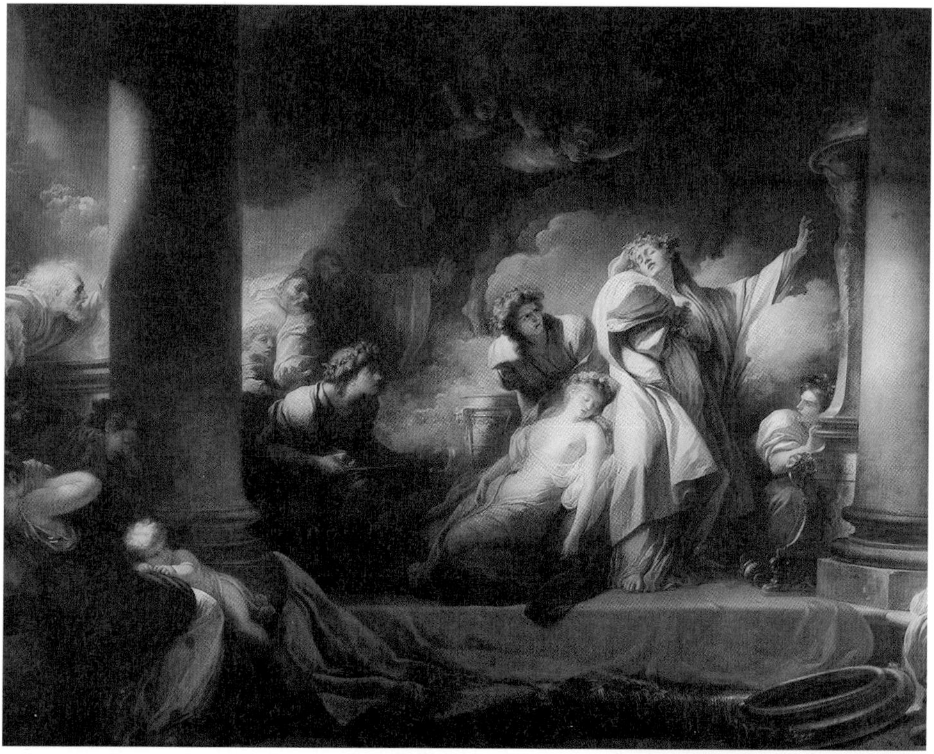

16
〈코레소스와 칼리로에〉
장 오노레 프라고나르,
1760년

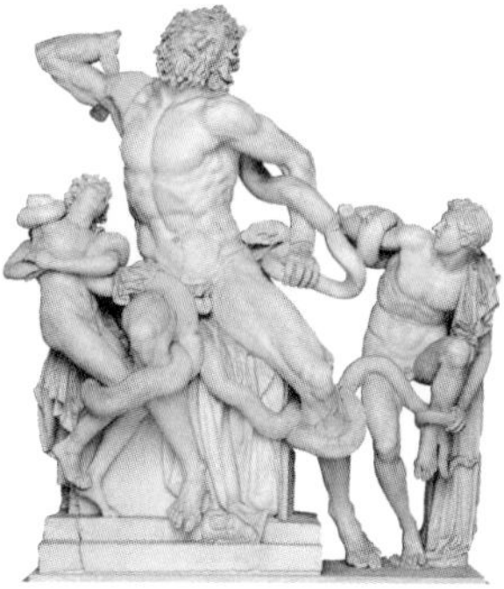

17

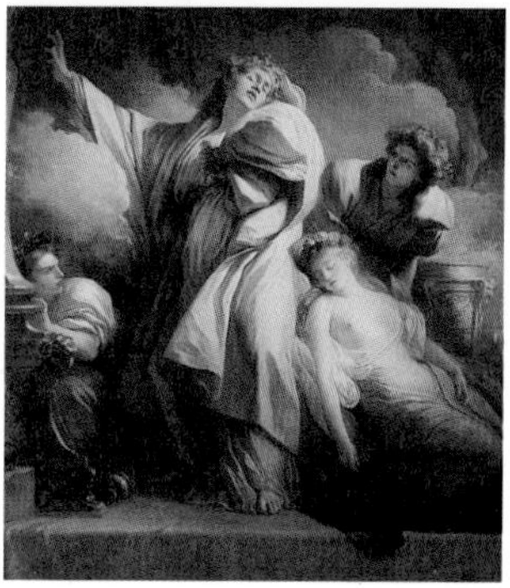

18

남자를 사랑하는 눈으로

영화 〈300〉에서는 스파르타의 전사 리스의 조각에도 원래 색깔이 있었음을 보여준다. 예를 들어 아테네인들을 '소년애자(boy lovers)'라고 비웃는 대목이 나온다. 여기서 그 영화가 남성 이성애자의 시각을 구현하고 있다는 사실을 슬쩍 엿볼 수 있다. 컴퓨터 그래픽으로 뒷받침된 이 영화의 현란한 육체미가 불편하게 느껴지는 데는 이유가 있다. 남성미를 숭배하는 이런 부류의 미감은 새로운 게 아니다. 이미 1930년대에 나치는 베를린 올림픽을 통해 고대 미학을 재연한 바 있다. 예를 들어 레니 리펜슈탈의 베를린 올림픽 기록영화에서 우리는 고대를 모방한 파시스트 육체미학의 시각적 표현을 본다.

물론 고대 그리스인들의 신체를 바라보는 빙켈만의 시각은 이와는 다르다. 파시스트들이 남성 우월주의자라면, 빙켈만은 무엇보다도 동성애자였다. 그는 종종 자신이 가르치던 어린 제자들과 우정을 넘어서는 애정의 관계를 갖곤 했다. 고향을 방문하려다 중단하고 이탈리아로 돌아오는 길에 그를 살해한 것도 여행길에 잠시 동성애의 관계를 맺었던 사내였다. 그가 그토록 열심히 그리스 연구에 몰두했던 것도, 정신적으로나마 동성애를 금지하는 기독교 문화에서 벗어나 동성애를 허용했던 그리스로 돌아가기 위해서였다고 한다.

빙켈만은 "남자를 사랑하는 눈으로 보지 않고서는 그리스 조각상의 아름다움을 제대로 이해할 수 없다."고 말했다. 한마디로 그는 이성애자의 눈이 아니라 동성애자의 눈으로 고대인의 육체를 바라보았던 것이다. 바로크 취향의 물결 속에서 그만이 고대 예술의 가치를 다시 알아볼 수 있었던 것도 바로 이 시각의 남다름 덕분이었다. 다비드의 신고전주의, 괴테의 바이마르 고전주의, 헤겔의 고전주의 미학을 낳은 빙켈만의 혜안이 실은 '남자를 사랑하는 눈'이었다고 생각해보라. 재미있지 않은가?

화면 구성

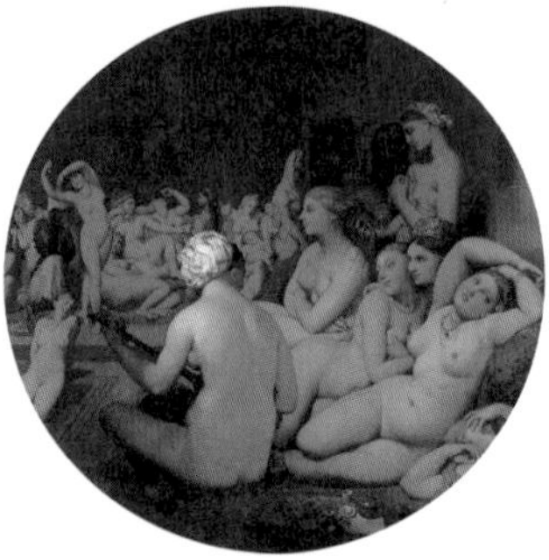

〈터키탕〉 장 오귀스트 도미니크 앵그르, 1852~1863년

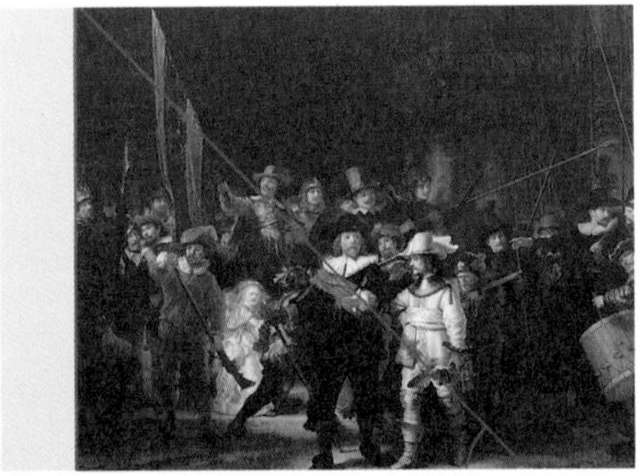

〈야경〉 렘브란트 반 레인, 1642년

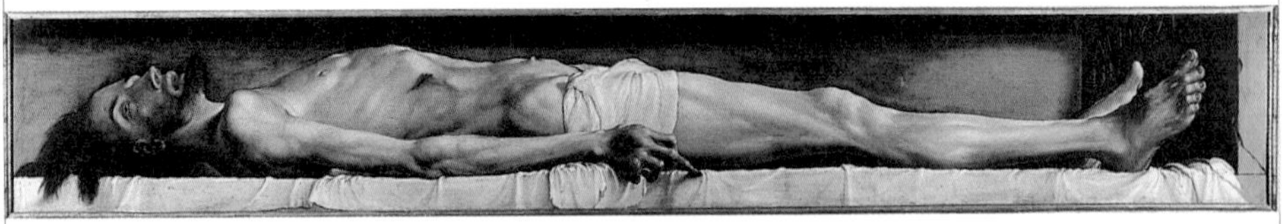

〈죽은 그리스도〉 한스 홀바인(子), 1521년

그림의 콤퍼지션에 관한 연구가 그리 많지 않은 것은 매우 이상한 일이다. 건축에 빗대어 말하면, 콤퍼지션은 이미지의 설계도면, 즉 앞으로 제작될 이미지의 골조와 같은 것이기 때문이다. 그림을 그릴 때 화가가 제일 먼저 하는 것은 드로잉이 아니다. 화폭에 붓을 갖다대기 전에 먼저 화가는 자기가 제작할 그림이 어떤 건축적 구조를 갖게 될지 미리 결정해야 한다. 그리고 이 절차는 당연히 그림의 포맷을 선택하는 데서부터 시작된다. 포맷으로 흔히 사용되는 것이 황금분할. 하지만 정사각형과 다양한 길이의 직사각형, 심지어 앵그르(Jean A. D. Ingres, 1780~1867)의 〈터키탕〉처럼 원형의 포맷을 취하는 것도 있다.

포맷은 대개 제재의 성격에 따라 결정된다. 가령 인물화라면 대개 수직의 포맷을 취하고, 풍경화라면 대개 수평의 포맷을 취할 것이다. 프레스코와 같은 벽화의 경우, 포맷은 당연히 건물의 구조에 따라 결정된다. 하지만 목판이나 캔버스와 같은 화판화의 경우 화가가 포맷을 자유로이 선택할 수가 있다. 하지만 화판화도 결국 건물에 걸리는 것. 그 때문에 포맷이 달라지는 경우도 있다. 그 대표적인 예가 우리가 잘 아는 렘브란트의 〈야경〉이다. 이 그림은 1715년 암스테르담 시청의 벽에 걸리기 위해 왼쪽이 잘려 나가야 했다. 작품의 구도가 어딘지 답답한 느낌을 주는 것은 그 때문이다.

때로 화가들은 포맷 자체를 미적 효과를 내는 예술적 수단으로 활용하기도 한다. 예를 들어 앵그르의 〈터키탕〉을 보라. 이 작품은 원형의 포맷을 이용해 마치 열쇠 구멍으로 여인들의 몸을 훔쳐보는 듯한 관음증의 욕망을 표현하고 있다. 평범하지 않은 포맷으로 미적 효과를 극대화한 대표적인 예가 바로 한스 홀바인(子)의 〈죽은 그리스도〉이다.

삶은 수직이고, 죽음은 수평이다. 한스 홀바인은 극단적인 수평의 포맷을 취함으로써 인간들에게 그리스도의 죽음의 무게를 느끼게 해준다.

소실점

포맷을 선택했으면 이제 시점을 골라야 한다. 소실점을 어디에 두느냐에 따라 당연히 그림 전체의 건축적 구성도 달라진다. 대개 소실점은 화면 내부에 존재하나, 때로는 그림 밖으로 벗어날 수도 있다. 원근법이 최초로 적용된 마사초의 〈삼위일체〉의 경우에도 소실점은 화면을 벗어나 그림 아래쪽에 있다. 그것은 물론 소실점을 관찰자의 눈높이에 맞춤으로써 그림의 환영 효과를 극대화하기 위한 것이다. 하지만 소실점을 극단적인 위치에 배치하여 독특한 미적 효과를 창출할 수도 있다.

그 대표적인 예가 만테냐가 파도바의 에레미타니 교회에 프레스코로 그린 〈성 야곱의 순교〉이다. 여기서 내측선들을 연장해보면, 화면 밖의 아랫부분에서 만나는 것을 볼 수 있다. 이렇게 소실점을 화면 아래에 배치함으로써 관찰자는 〈성 야곱의 순교〉를 아래에서 우러러보는 색다른 시각 체험을 하게 된다. 이 작품을 위한 습작에는 소실점이 여전히 화면 속에 들어와 있다. 이는 만테냐가 작품을 구상해 나가는 가운데 급진적인 원근법의 실험을 작품의 주요 콘셉트로 채택했음을 암시한다.

피에터 데 후크의 〈빵을 가져온 소년〉의 경우에도 소실점은 매우 극단적인 위치에 자리 잡고 있다. 수평선과 내측선을 이으면 화면 좌측 끝에서 만난다. 시점이 완전히 왼쪽으로 치우치는 것이다. 관찰자의 시선은 일단 화면의 중심 사건을 향한다. 소년이 심부름으로 이웃집 아줌

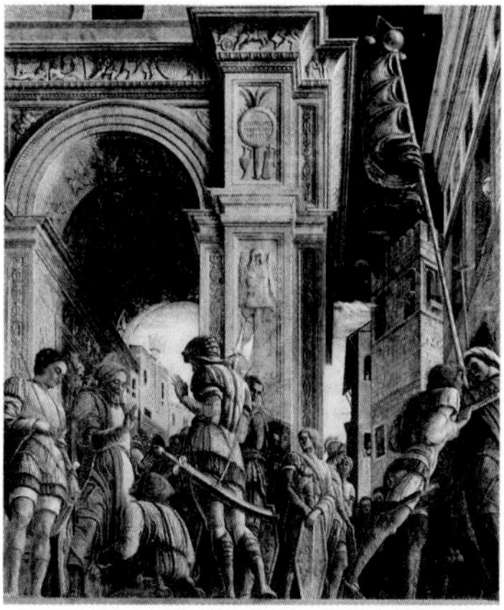

〈성 야곱의 순교〉 안드레아 만테냐, 1455년경

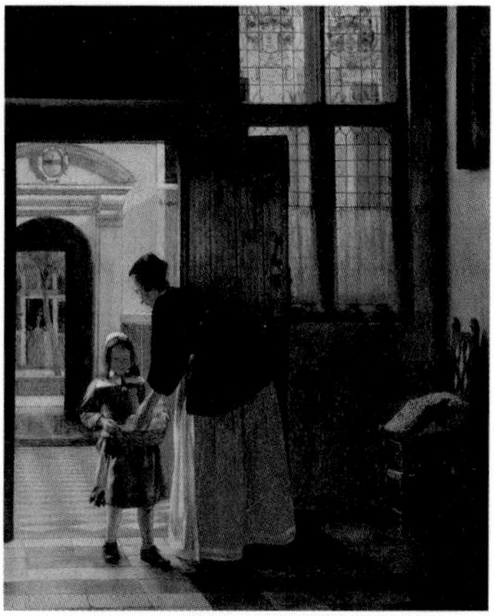

〈빵을 가져온 소년〉 피에터 데 후크, 1664년

마에게 빵을 가져왔다. 이어서 시선은 내측선들을 따라 올라가 소실점을 향하게 된다. 거기에서 관찰자는 아주 희미하지만 열린 문 앞에 선 또 다른 여인을 보게 된다. 우리는 그 여인이 빵을 보낸 소년의 어머니일 것이라 추측하게 된다.

대칭과 균형

포맷을 선택하고 시점을 확정했으면, 이제 화면 속에 형태를 배치해야 한다. '미'의 본질을 대칭에서 찾는 것은 고대 그리스에서부터 전해 내려오는 매우 오래된 견해다. 대칭은 화면 속에 안정감을 부여한다. 예를 들어 안토니오 피사넬로의 〈성 안토니우스와 게오르크 앞에 나타난 성모〉를 보자. 하늘에 나타난 성모를 중심축으로 수도복을 입은 안

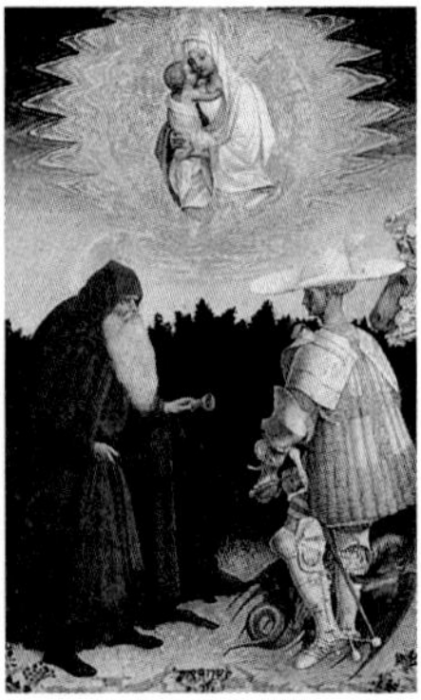
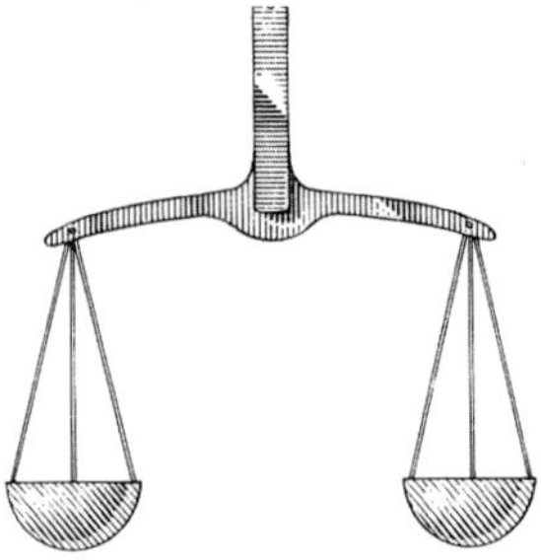

〈성 안토니우스와 게오르크 앞에 나타난 성모〉 안토니오 피사넬로, 15세기 중엽

토니우스와 은빛의 갑옷을 입은 게오르크가 좌우 대칭을 이루고 있다. 이는 좌우로 정확히 대칭을 이루는 천칭을 연상시킨다.

토머스 긴스버러의 〈로버트 앤드루스와 그의 아내〉를 보라. 두 인물이 왼쪽으로 치우쳐 있고, 오른쪽에는 텅 빈 들판이 있을 뿐이다. 대칭은 깨졌다. 하지만 그렇다고 해서 균형까지 깨진 것은 아니다. 화면 오른쪽 끝에 세 그루의 나무가 보일 것이다. 그것이 반대편에서 두 인물

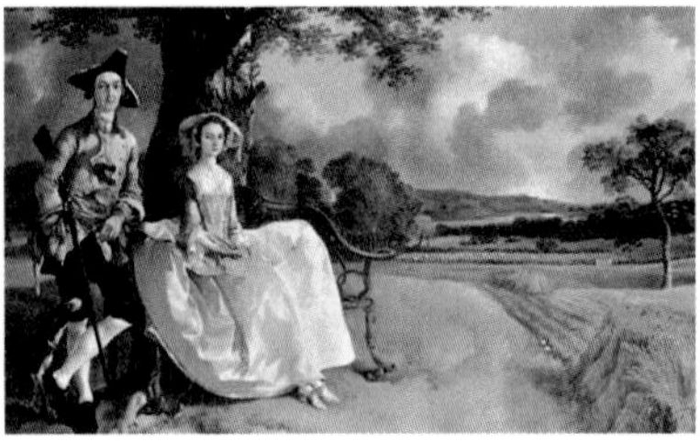
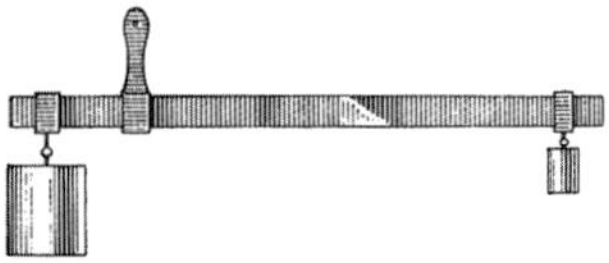

〈로버트 앤드루스와 그의 아내〉 토머스 긴스버러, 1748년

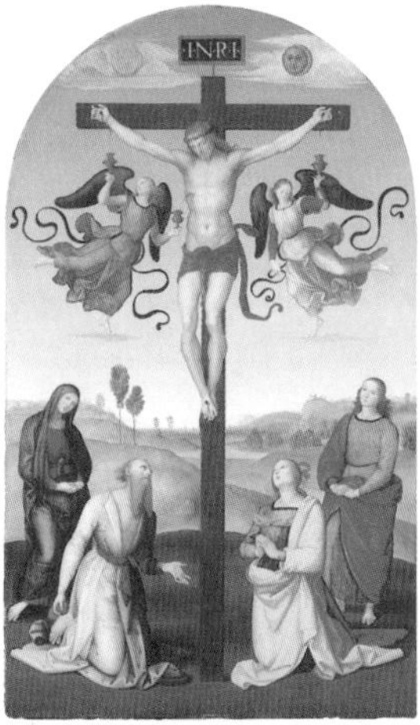

〈십자가에 달린 그리스도, 그리고 마리아, 성인, 천사들〉 라파엘로 산치오, 1502년

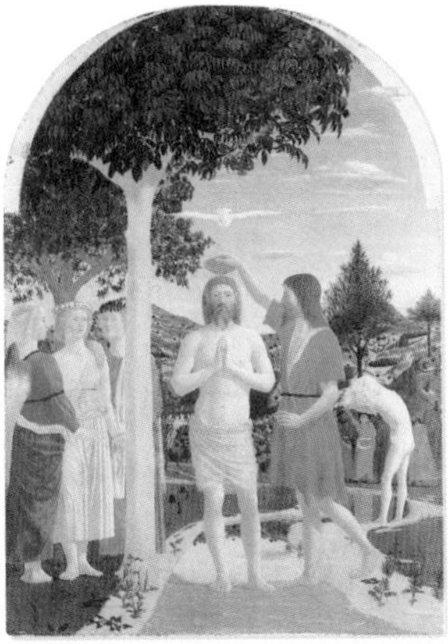

〈예수의 세례〉 피에로 델라 프란체스카, 1440~1445년

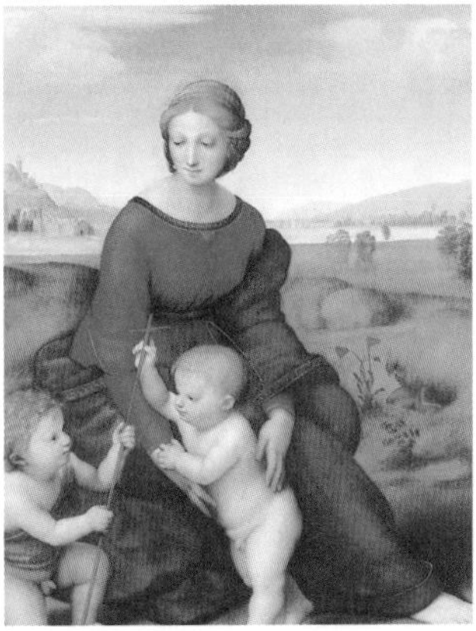

〈초원의 성모〉 라파엘로 산치오, 1505년

과 균형을 이룬다. 이것이 가능한 것은 그림의 중심축(여인 뒤의 커다란 나무)이 왼쪽으로 치우쳐 있기 때문이다. 엿장수들이 갖고 다니던 저울을 생각하면 이 균형의 그 원리를 이해할 수 있을 게다.

대칭은 종종 성스런 종교적 의미를 띤다. 라파엘로의 〈십자가에 달린 그리스도, 그리고 마리아, 성인, 천사들〉을 보라. 마치 데칼코마니처럼 좌우로 완벽한 대칭을 이루고 있다. 이 완벽한 대칭은 신의 완전함의 상징이다. 프란체스카의 〈예수의 세례〉의 포맷은 원과 정사각형으로 이루어져 있다. 여기서 원은 정신(하늘)을 상징하고, 정사각형은 물질(땅)을 상징한다. 화면에 배치된 인물들은 물론 좌우로 대칭을 이루고 있다.

대칭과 기하학적 구도는 화면에 안정감을 준다. 하지만 동시에 너무

정적이어서 지루하게 느껴질 수 있다. 라파엘로의 〈초원의 성모〉를 보자. 정삼각형의 구도로 되어 있다. 하지만 아기 예수와 아기 세례 요한은 정확히 좌우 대칭이 아니라 약간 왼쪽으로 치우쳐 있다. 두 아기의 어깨를 잇는 선은 비스듬하게 수평에서 벗어난다. 질서 속의 엔트로피라고 할까? 이 일탈이 정삼각형이라는 완벽한 대칭의 지루함을 깨고 화면에 생기를 부여한다.

바로크

바로크 회화의 파격은 구도에서도 나타난다. 그 대표적인 예가 바로 대각선 구도이다. 물론 르네상스 회화에도 대각선 구도가 없었던 것은 아니다. 가령 브뤼헐(父)의 〈소경의 비유〉를 보라. 행진하는 장님들의 대각선 구도가 화면에 움직임을 도입하고 있다. 하지만 이런 파격적 구도는 아마도 네덜란드 회화이기 때문에 가능했을 것이다. 틴토레토의 〈최후의 만찬〉은 뵐플린이 '평면에서 깊이로' 라고 부른 것과 관련이 있다. 이를 다 빈치의 유명한 그림과 비교해보면, 화면에 엄청난 깊이감이 생긴 것을 금방 알 수 있을 게다.

루벤스의 〈사슬에 묶인 프로메테우스〉는 대각선 구도의 역동성을 여실히 보여준다. 프로메테우스의 신체만이 아니라, 독수리의 펼친 두 날개도 화면 왼쪽 위에서 오른쪽 아래로 흐르고 있다. 카라바조의 〈예수 입관〉을 보라. 죽은 예수, 그의 시신을 든 두 남자, 그 뒤로 애도하는 두 여인, 그리고 맨 뒤에서 두 팔을 벌리고 슬픔을 표현하는 여인. 움직임이 없는 예수에서 점점 뒤로 갈수록 인물들의 머리의 고도가 높아지고,

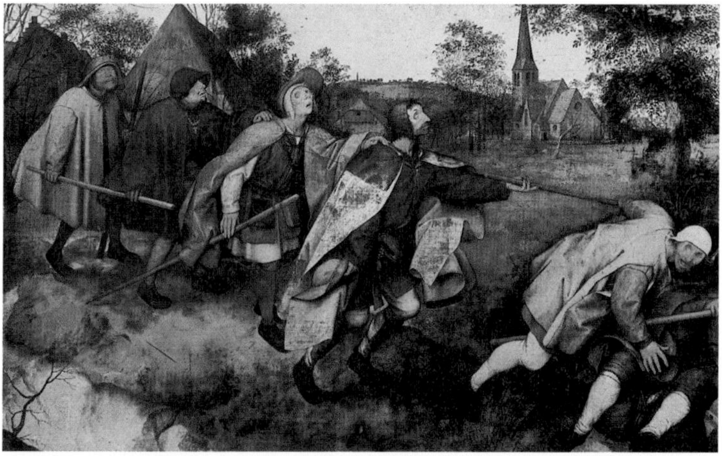

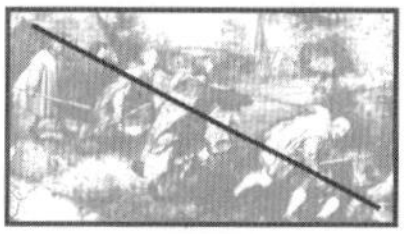

〈소경의 비유〉 페테르 브뤼헐(父), 1568년

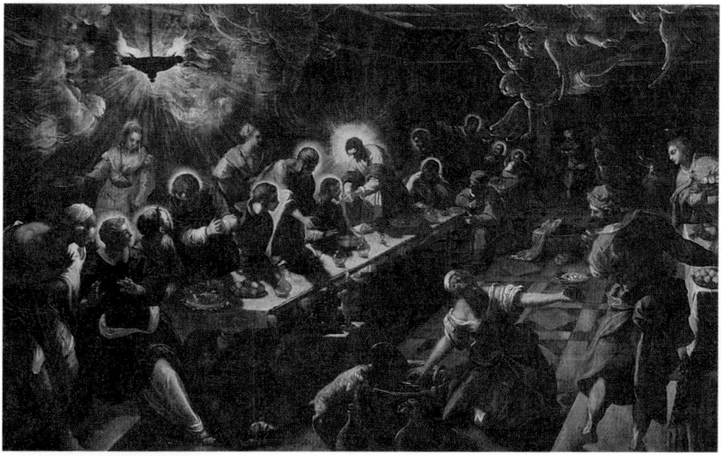

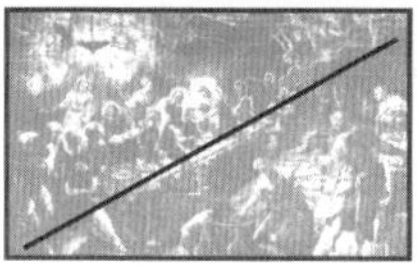

〈최후의 만찬〉 틴토레토, 1591년

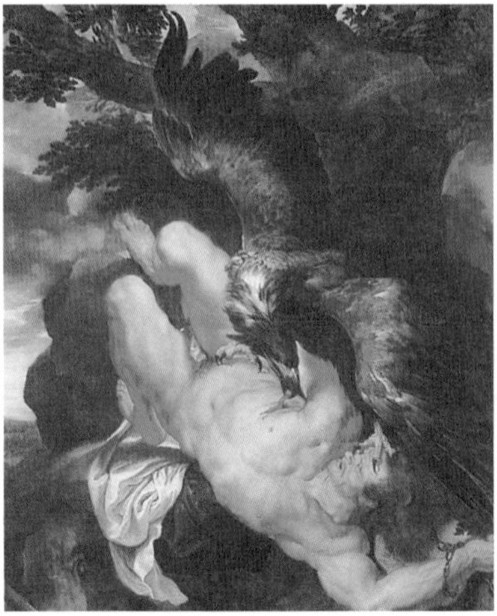

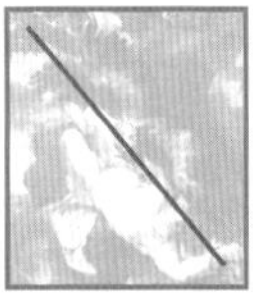

〈사슬에 묶인 프로메테우스〉
페테르 파울 루벤스, 1612~1618년

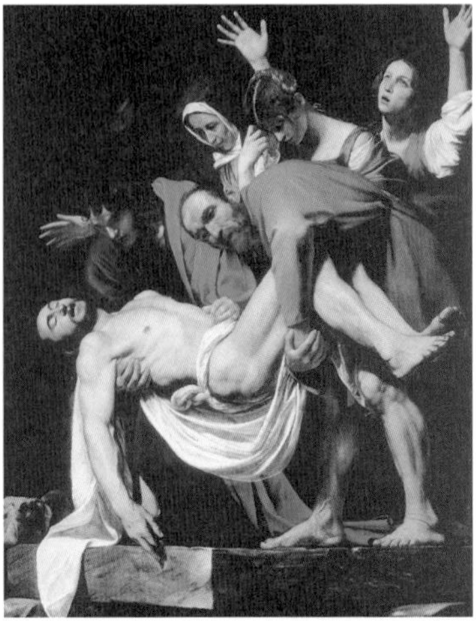

〈예수 입관〉
미켈란젤로 다 카라바조,
1602~1603년

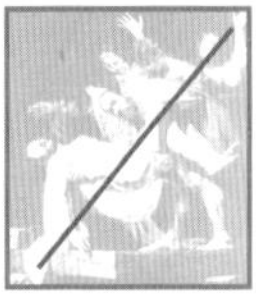

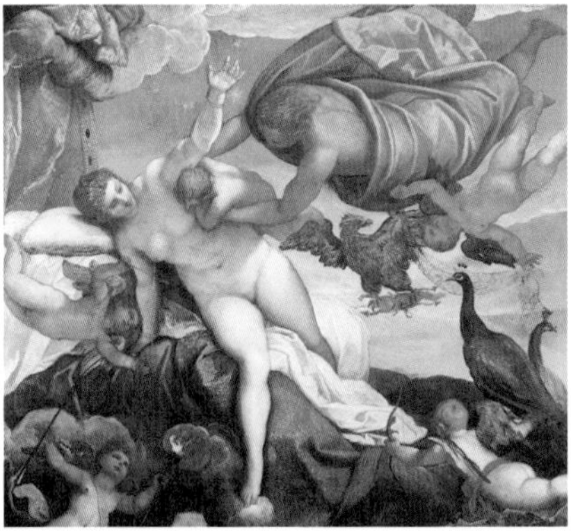

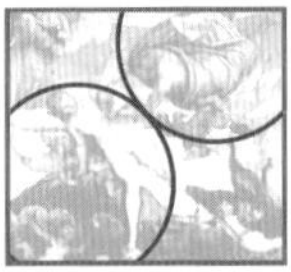

〈은하수의 탄생〉
틴토레토, 1577년

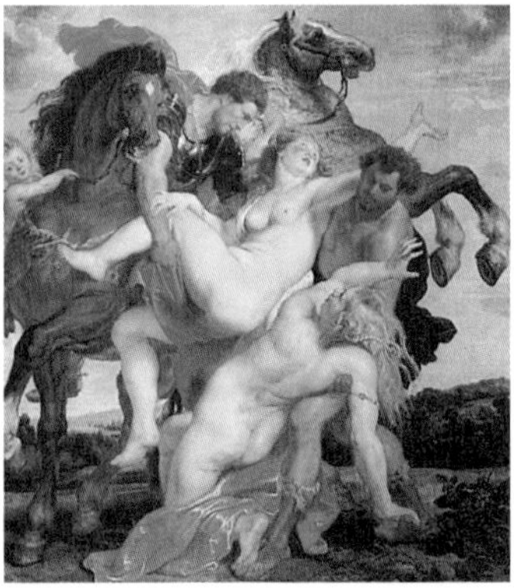

〈레우키포스 딸들의 납치〉
페테르 파울 루벤스, 1618년

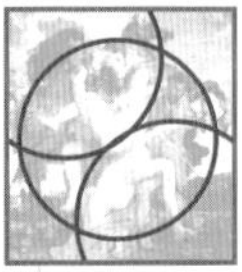

그럴수록 동작도 커지는 것을 볼 수 있다. 대각선 구도가 극적 효과를 강화한다.

하지만 바로크 회화의 특성을 가장 극명하게 보여주는 것은 역시 과감한 곡선과 나선의 구도일 것이다. 루벤스의 〈레우키포스 딸들의 납치〉를 보자. 전체 사건이 동그란 원형의 구도 속에 배치되어 있다. 그 원 안에서도 다시 네 개의 원이 서로 교차하며 지나가는 것을 볼 수 있다. 틴토레토의 〈은하수의 탄생〉을 보자. 유피테르와 천사들이 나선형의 곡선을 이루며 유노의 몸으로 향한다. 유노의 벌거벗은 몸이 마치 블랙홀처럼 다른 인물들을 빨아들이는 듯하다. 이처럼 바로크 회화의 역동성은 르네상스와 확연히 구별되는 구도를 통해 다시 확인할 수 있다.

II

역사는 반복되는가? 르네상스에서 바로크로 넘어가는 운동, 고전주의에서 로코코로 넘어가는 운동, 신고전주의에서 낭만주의로 넘어가는 운동에서 구조적 동형성을 볼 수 있다. 다비드의 신고전주의는 어떤 의미에서는 오래된 고전주의 이념의 부활이나, 거기에는 현대성의 요소가 들어 있다.

나아가 우리는 모더니즘이 신고전주의에 반대하는 낭만주의 운동에서 정신적 자양분을 취했음을 알고 있다. 그런 의미에서 다비드의 신고전주의에서 들라크루아의 낭만주의에 이르는 과정을 우리는 현대가 도래하기 이전에 서서히 예술적 모던을 준비하던 시기로 볼 수 있을 것이다.

이 장에서는 발터 프리들랜더의 저서를 토대로 다비드에서 들라크루아에 이르기까지 프랑스 회화의 역사를 살펴볼 것이다. 프리들랜더는 이 변화를 과거에 미술사에서 일어난 사건들을 연관시키면서, 동시에 이 변화가 그저 과거의 반복이 아니라 현대성을 구현하고 있음을 강조한다.

■ 참고문헌

Walter Friedlaender, *Von David bis Delacroix* (Hauptströmungen der französischen Malerei von David bis Cezanne, I), Bielefeld and Leipzig, 1930, English translation (*David to Delacroix*, Cambridge, 1952).

혁명의 예술, 예술의 혁명

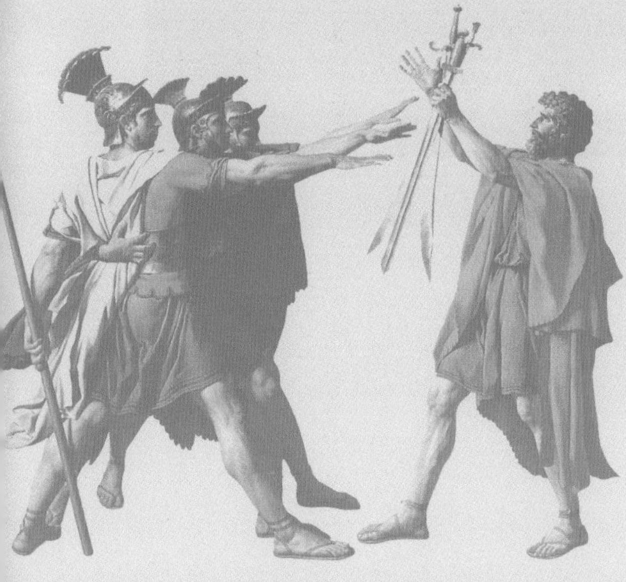

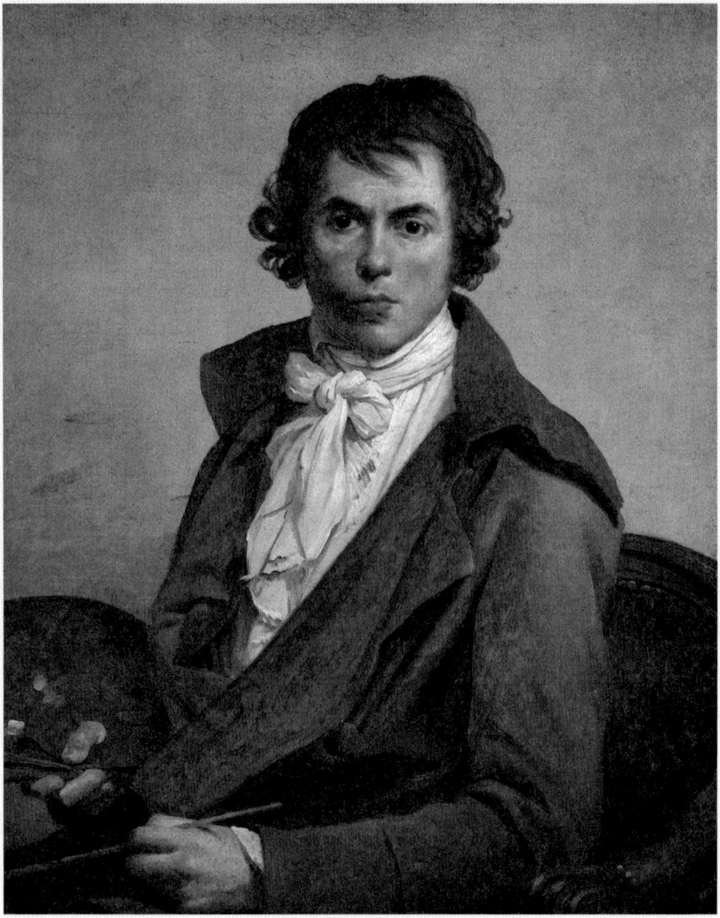

1
〈자화상〉 자크 루이 다비드, 1794년

다시 《미술사의 기초 개념》을 생각해보자. 거기서 뵐플린은 친퀘첸토에서 세이첸토로 넘어가는 시기에 예술에서 발생했던 변화를 다섯 가지 개념 쌍으로 설명한 바 있다. 하지만 고전주의에서 바로크로 넘어가는 변화는 어쩌면 그 시기에만 있었던 게 아닐지도 모른다. 고전고대에서 헬레니즘으로 넘어가는 시기에 그리스 예술에서도 비슷한 변화의 양상을 찾아볼 수가 있다. 그 후로도 마찬가지다. 독일의 미술사학자 발터 프리들랜더는 18~19세기 프랑스 회화의 발전이 16~17세기 회화의 특정 발전 단계와 평행을 이루는 것을 발견한다.

왜 이런 현상이 벌어지는 걸까? 그것은 예술가들이 과거에서 새로운 창작의 전범을 찾기 때문이다. 하지만 "이 선택이 우연히 개개의 예술가 개인의 기분에 따라 일어나는 게 아니다." 예술적 이상을 과거에서 찾을 때 화가의 선택을 좌우하는 것은 개인의 취향이 아니라, '마치 운명처럼 시대의 발전과 결부된 어떤 초개인적 예술 감정'이다. 심지어 특정한 역사적 시기에 "개별 예술가 또는 예술가 그룹이 선호하는 전범의 순서도 우연적으로가 아니라 내재적 발전 법칙을 따라 만들어진다." 그리하여 역사는 반복되는 경향을 보인다.

가령 다비드(Jacques Louis David, 1748~1825)의 제자들이 고전주의에서 벗어나 수스트리스를 베끼는 것은 성기 르네상스에서 마니에리스모로 넘어가던 변화와 평행을 이룬다.[1] 프루동이 코레조를 베끼며 다비드의 고전주의와 들라크루아의 색채주의 사이를 움직일 때, 그의 작업은 초기 바로크를 대표하는 바라치의 작업을 반복하는 셈이다. 제리코가 카라바조를 복제하는 것은 선적 마니에리스모를 극복한 초기 바로크 화가들의 작업에 해당한다. 들라크루아(Ferdinand V. E. Delacroix,

1798~1863)가 루벤스를 숭배할 때, 프랑스의 회화는 제리코의 아직 초기적인 바로크를 극복하고 본격적인 성기 바로크로 넘어간다.

저물어가는 로코코

오래전부터 프랑스의 정신세계에는 두 개의 주요한 흐름이 있었다. 하나는 도덕적, 교훈적 특성을 가진 합리주의로, 17세기에 토대가 마련되어 18세기까지 관철되는 고전주의적 경향이다. 철학에서는 데카르트, 문학에서는 코르네유, 회화에서는 푸생이 이 흐름을 대표한다. 예술에서 '이성'과 '좋은 취향'을 강조하는 이 흐름을 사람들은 흔히 '위대한 취향'이라고 부르곤 했다. 이렇게 합리주의 정신 아래 도덕적 교훈을 전면에 내세우는 것이 다른 나라에서는 찾아보기 힘든 프랑스 예술의 특색이기도 하다.

다른 하나는 도덕성과 경향성이 없는 비합리주의적 흐름으로, 18세기 초반에 처음으로 모습을 드러낸다. 이 흐름에 속하는 이들은 '감정', '마음', '영혼'과 같은 비합리적 술어를 선호한다. 이들이 보기에 예술의 본질은 합리적 규칙으로 설명할 수 없는 '나도 모르는 것'의 영역에 속한다. 예술의 '섬세함'을 강조하는 이 '즐거운 방법'은 와토, 부셰를 거쳐 프라고나르에 이르러 프랑스 사회의 가장 주요한 취향으로 떠오른다.

하지만 이미 18세기 중반부터 로코코에 대한 반동이 시작된다. 루소의 말이다. "색채에 생명과 영혼을 불어넣는 것은 데생이며 모방이다. 관심이나 감정은 결코 색채에서 유래하지 않는다. 감동적인 그림의 데

생은 판화로 그려져도 우리를 감동시킨다. 그림에서 데생을 제거해보라. 그러면 색채는 아무것도 하지 못할 것이다." 디드로 역시 예술의 윤리적 감동을 전면에 내세우며 감각적 즐거움에 부차적 의미만 부여한다. "나를 감동시켜라, 나를 놀라게 하라, 나의 가슴을 찢어라, 나로 하여금 떨고 울고 놀라고 노하게 하라. 그런 다음에 내 눈을 즐겁게 하라."

다비드의 신고전주의

시대의 이 모든 예술적 동경을 만족시켜준 것이 바로 다비드의 〈호라티우스 형제의 맹세〉이다.[2] 다비드는 고대 예술에서 그저 고전적 형식만 되살리려 한 게 아니다. 그는 고대에서 무엇보다 윤리적 내실, 즉 도덕적인 것과 영웅적인 것의 결합을 읽어내려 했다. 그를 사로잡은 것은 그리스 조각의 윤곽이 아니라, 로마의 공화주의 미덕이었다. 고귀한 신체에 순수하고 미덕으로 빛나는 영혼을 가진 인물. 그의 행위가 인간의 모범이 되고 사회의 이상이 되는 사람. 이 작품에서 최초로 '숭고하고 애국적인 감정이 고전주의 이론을 만족시키는 형태 속에서 극단적 집중성'에 도달한다.

〈호라티우스 형제의 맹세〉는 코르네유의 연극에서 영감을 받은 것이나, 원전은 저 멀리 로마의 역사가 리비우스의 기록으로 올라간다. 로마는 알바롱가에 선전포고를 한다. 하지만 두 나라 다 에트루스카의 위협을 받는 처지라, 조건이 비슷한 두 가문의 결투로 전쟁을 대신하기로 한다. 그런데 그렇게 뽑힌 두 가문이 우연히 서로 사돈 지간이었다. 쿠라티우스 가문의 사비나는 호라티우스 형제 가운데 하나와 결혼을 했고, 호라티우스 가문의 카밀라는 쿠라티우스와 연인 사이였다. 어느 쪽이 이기든 두 여인 가운데 하나는 남편이나 연인을 잃을 처지가 된 셈이다.

결정적인 것은 그 다음이다. 결투는 호라티우스 가문의 승리로 끝난다. 두 형제를 잃고 혼자서 승리자로 귀환한 막내는 여동생이 연인의 죽음을 슬퍼하는 것을 보고 격분하여, 칼을 뽑아 그녀를 살해한다. "그 뻔뻔한 사랑을 가지고 너의 죽은 연인에게 꺼져라. 너의 죽은 오빠들과 산 오빠를 잊고, 조국을 잊었느냐? 적의 죽음을 슬퍼하는 로마의 여인은 누구든 죽어야 한다." 조국애의 극단적인 남성적 표현인 셈이다. 이렇게 사적인 것을 압도하는 공적인 것, 그것이 바로 공화국의 어원이 아니던가.

혁명의 화가

다비드 혁명의 본질은 고대의 도덕적 이상으로부터 정치적 메시지를 만들어냈다는 점이다. 여기서 빼놓을 수 없는 것이 〈형리들이 브루투스에게 자식들의 시신을 가져오다〉이다.[3] 로마의 공화정을 수립한 브루투스는 자신의 두 아들이 왕정복고를 위한 음모에 가담한 것을 적발하고 그들에게 사형선고를 내린다. 1789년 혁명이 일어나지 않았다면, 아마 이 그림은 대중에게 공개되지 못했을 것이다. 당시 어느 필자의 말대로, "다비드는 자신의 브루투스 및 호라티우스와 더불어 정권으로부터 분서갱유를 당한 문필가들보다 더 직접적이고 분명하게 연설을

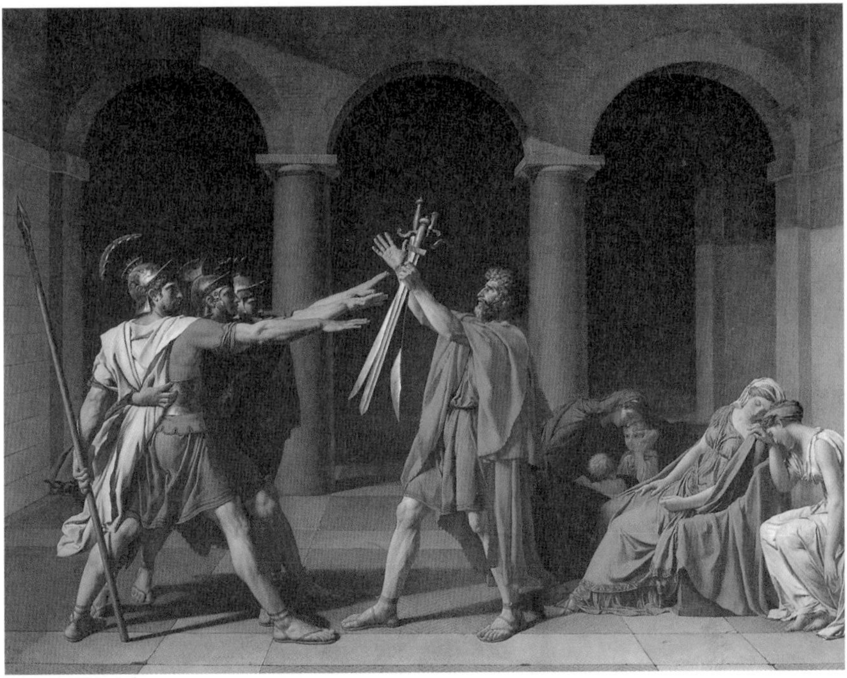

2 〈호라티우스 형제의 맹세〉 자크 루이 다비드, 1784년

3 〈형리들이 브루투스에게 자식들의 시신을 가져오다〉 자크 루이 다비드, 1789년

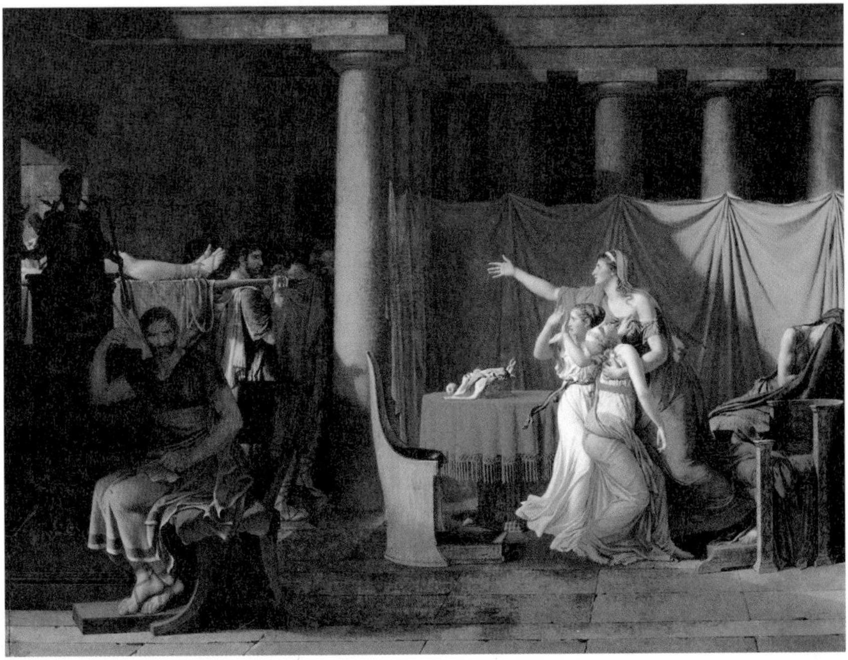

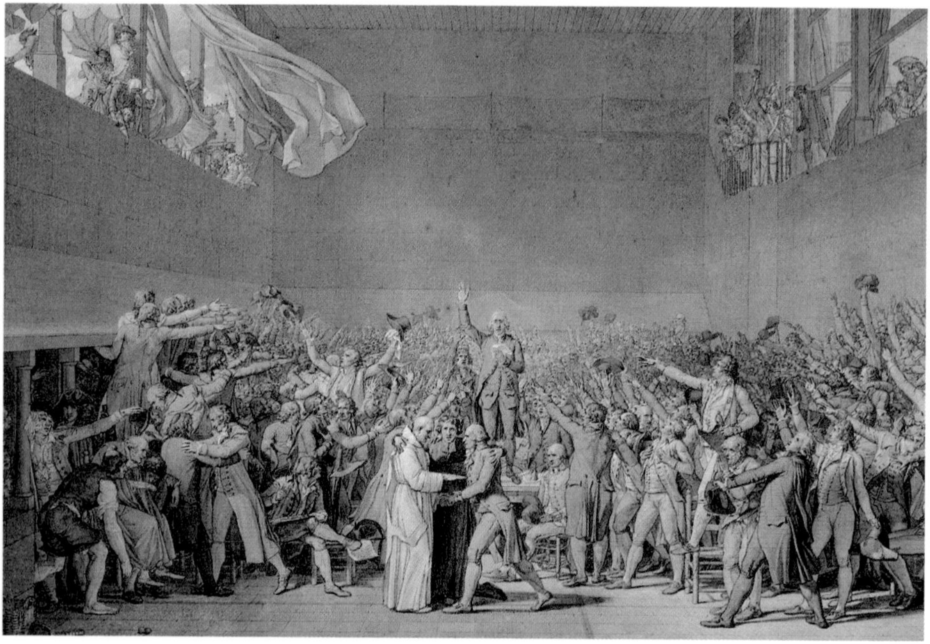

4 〈테니스장의 맹세〉 자크 루이 다비드, 1790년

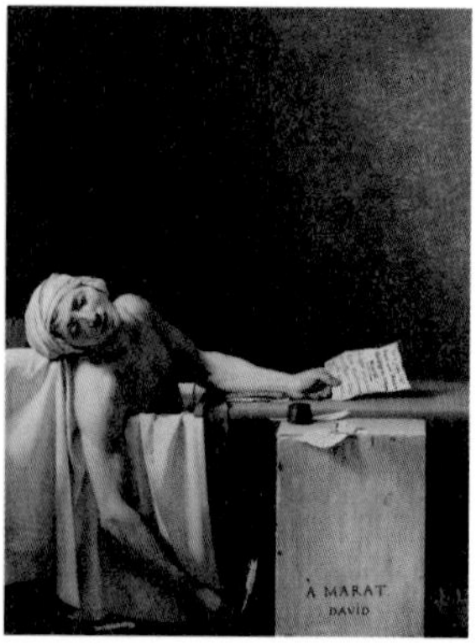

5 〈마라의 죽음〉 자크 루이 다비드, 1793년

한다."

다비드의 신고전주의는 바로 이 당대성에서 생명력을 얻는다. 스케치로만 남은 〈테니스장의 맹세〉.[4] 혁명을 일으킨 제3신분이 자신들을 국가로 선언하고 조국을 방어할 것을 맹세하고 있다. 여기서 놀라운 것은 당시로서는 드물게, 특히 고대의 모방이라는 고전주의 화가로서는 거의 유일하게 당대의 상황을 묘사했다는 점이다. 여기서 다비드는 거의 사실주의 화가 쿠르베에 가까워진다. 고전주의적 형태의 단순함에 당대의 이념을 담는 다비드의 정치적 앙가주망은 혁명의 순교자를 다룬 〈르펠르티에의 죽음〉, 〈바라의 죽음〉, 〈마라의 죽음〉으로 이어진다.[5]

하지만 자코뱅 산악파의 극단적 정치노선을 추종했던 다비드는 로베스피에르의 실각 이후 정치적 위기에 몰린다. '사람이 아니라 이념에 충실'하겠다는 선언과 더불어 현실 정치와 거리를 두면서, 이제 그는 정치성이 강한 로마 취향에서 예술성의 고향인 그리스로 관심을 옮긴다. 석방 직후에 그린 〈사비니의 여인들〉은 집정관 정부 시절(1795~1799)의 세련된 취향을 반영하여 예술적으로는 매우 섬세하고 우아해졌으나, 그의 작품에 생명이나 다름없었던 뭔가가 빠진 듯하다.[6] 〈테르모필레를 지키는 레오니다스〉는 더 생동감이 떨어진다.[7]

다비드의 후예들

〈사비니의 여인들〉의 섬세하고 세련된 묘사는 집정관 정부 시절의 취향을 반영한 것이다. 로마에서 그리스로 관심을 옮긴 것은, 그의 정치적 신고전주의가 당시에 유럽에 팽배하던 의(擬)고전주의의 흐름

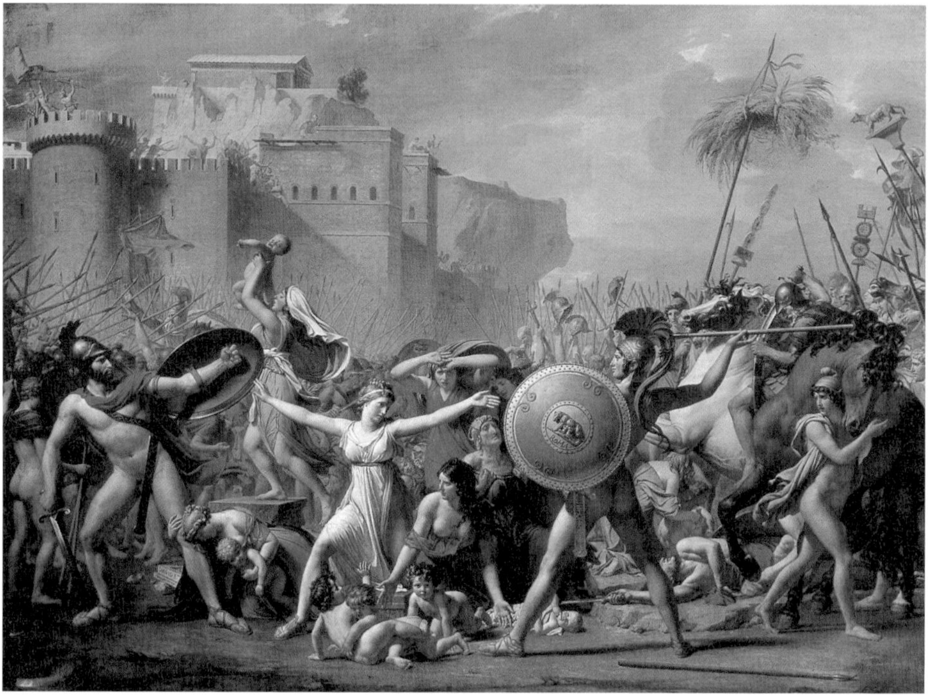

6

〈사비니의 여인들〉 자크 루이 다비드, 1796~1799년

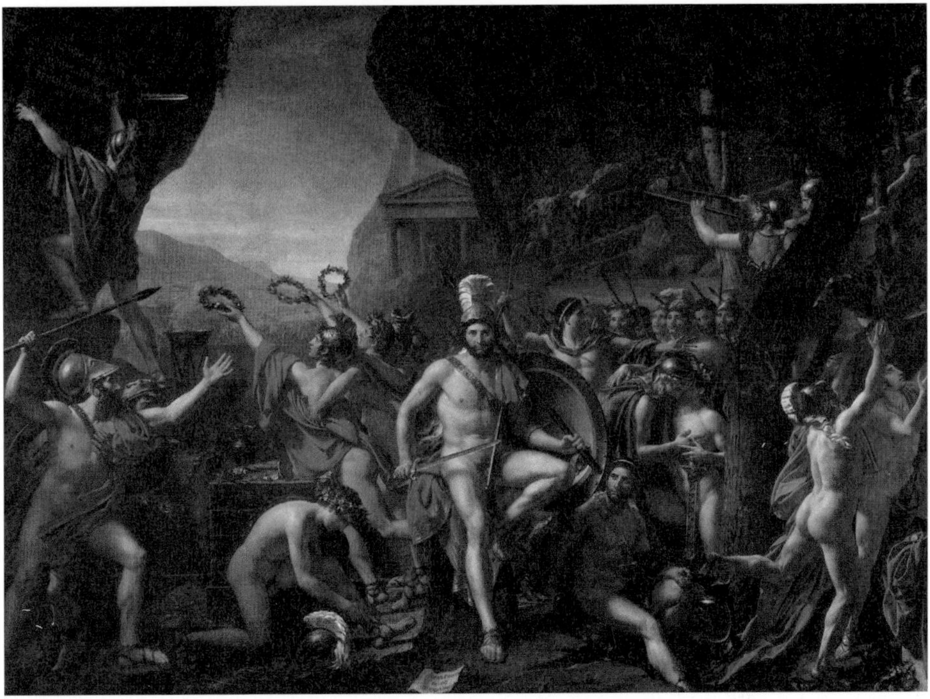

7

〈테르모필레를 지키는 레오니다스〉 자크 루이 다비드, 1814년

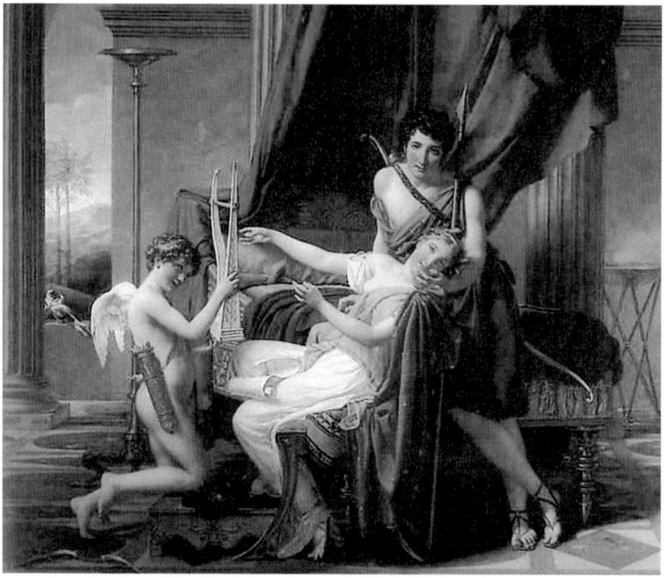

8
〈사포와 파온〉 자크 루이 다비드, 1809년

에 합류하는 것을 의미한다. 의고전주의는 로코코의 섬세함을 가지고 고대화하는 경향을 말한다. 〈사포와 파온〉의 도자기 표면과 같이 매끈한 인물들은 어딘지 박제된 느낌을 준다.[8] 그의 작품의 생명을 이루었던 현실과 도덕의 지반이 사라졌기 때문이다. 그는 정치에서 유리됐고, 혁명의 시대도 이미 지나갔다.

다비드의 제자들은 똑같은 모티프를 약간 변형시켜 무한히 반복하는 매너리즘에 빠지거나(제라르), 파르미자니노를 연상시키는 본격적인 형태의 마니에리스모로 흐르거나(지로데), 아니면 1800년경 다비드가

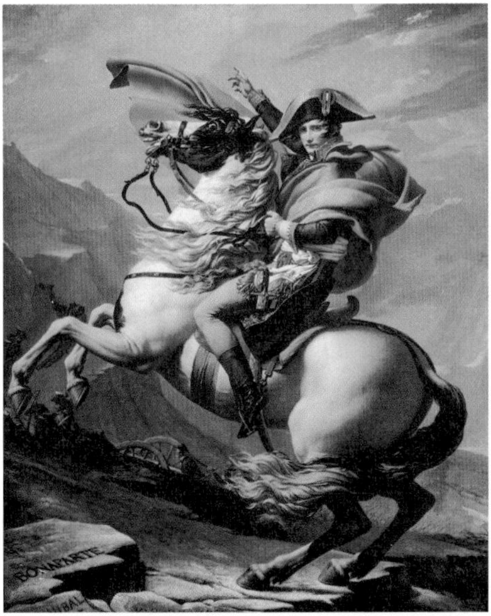

9
〈성 베르나르 고개의 나폴레옹〉 자크 루이 다비드, 1800년

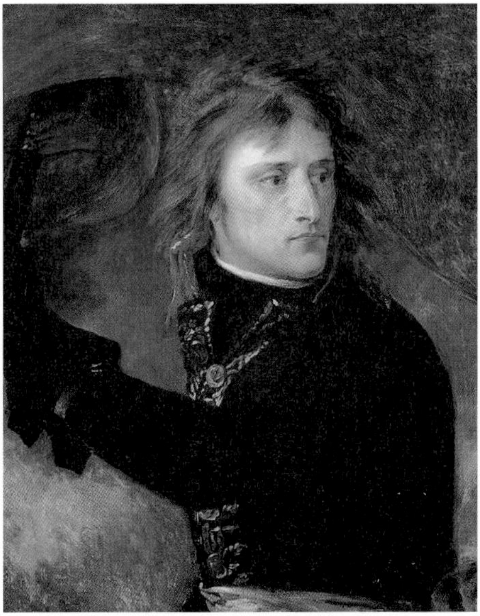

10
〈아르콜의 다리에 선 나폴레옹〉 앙투안 장 그로, 1801년

선보인 순수주의적인 형태의 이상을 극단으로 추구하였다. 앵그르는 이 세 번째 흐름 속에서 탄생한다. 다비드의 〈사포와 파온〉은 이미 앵그르를 연상시킨다. 그런가 하면 그로처럼 다비드의 전통에 머물면서도 색채주의로 나아간 경우도 있었다. 다비드와 그로의 나폴레옹을 비교해보라.[9, 10] 그로의 것은 다비드의 것보다 더 회화적이다.

주도적인 고전주의적 경향에 거의 유일하게 맞섰던 것은 프루동이다. 그 역시 처음에는 의고전주의에서 출발했으나, 코레조를 전범으로 삼는 가운데 색채주의를 강조하는 방향으로 나아간다. 하지만 그가 핍

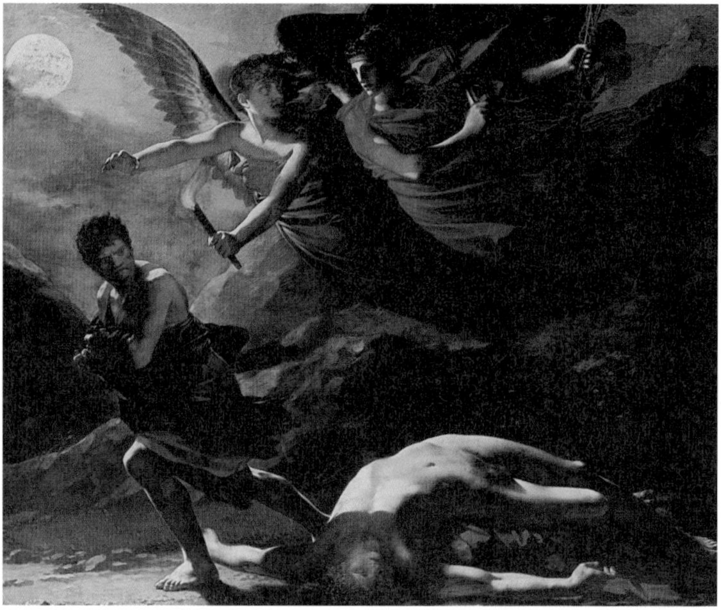

11
〈정의와 신의 보복이 범죄를 추적하다〉 피에르 폴 프루동, 1804~1808년

박 받는 순교자가 될 필요는 없었다. 다비드는 그가 "착각에 빠져 있다."고 말하면서도 그를 '이 시대의 와토 또는 부셰'라 부르면서 그에게 "확실히 재능은 있다."고 평가해주었기 때문이다. 당시 사람들은 그를 '프랑스의 코레조'라고 불렀다. 〈정의와 신의 보복이 범죄를 추적하다〉에서 우리가 보는 것은 이미 '초기 바로크'이다.[11]

낭만주의의 시대

합리주의와 비합리주의의 대립은 저 멀리 17세기에 벌어졌던 푸생주의자와 루벤스주의자 사이의 대립으로 거슬러 올라간다. 이 논쟁은 사실상 루벤스주의자의 승리로 끝나, 프랑스에서도 후기 바로크의 경향이 뒤늦게 '로코코'라는 이름으로 관철되기에 이른다. 하지만 다비드의 등장으로 상황이 달라져 19세기 초반에는 고전주의적 경향이 압도적 우위를 차지하게 된다. 하지만 그렇다고 색채주의 경향이 사라진 것은 아니었다. 다비드 화파 안에는 그로와 같은 색채주의자가 있었고, 밖으로는 프루동이 발전시킨 프로토바로크의 경향도 존재했다.

18세기 중반부터는 여기에 완전히 성격이 다른 새로운 비합리주의의 요소가 나타나기 시작한다. 장 자크 루소의 감성을 닮은 감정 상태가 그것이다. 이 새로운 세계감정은 초기 낭만파 문학의 취향과 세계관과 연결되어 있다는 의미에서 '낭만주의적'이라 부를 수 있을 것이다. 이 새로운 감성은 구체적으로 다양한 형태로 나타났다. 가령 자연에 대한 서정적 관심, 역사에 대한 회고적 접근, 중세와 고딕에 대한 선호, 섬뜩하고 으스스한 것에 대한 취향, 종교적 가톨릭의 물결, 원시적이거나 고졸(古拙)한 것에 대한 집착 등.

'낭만주의'라는 비합리주의를 뒷받침하는 경향이 새로 등장하면서 프랑스 회화에서는 서로 대립해온 두 개의 진영이 또다시 형성되기 시작한다. 하나는 강한 색채주의 경향과 더불어 노골적으로 성기 바로크로 나아가는 경향이다. 이는 제리코라는 전 단계를 거쳐 들라크루아에 이르러 온전히 모습을 드러낸다. 다른 하나는 소묘를 한층 더 강조하면서도 낭만주의적 요소를 받아들인 의고적 성격의 고전주의다. 앵그르가 이 방향을 대표한다. 이 두 방향 사이의 대립은 푸생주의자와 루벤스주의자의 대립보다 더 격렬했다.

낭만적 고전주의

앵그르는 다비드의 제자였지만 다비드주의자가 되기에는 너무나 자립적이었다. 가령 〈디오메드에게 부상당한 비너스〉를 보라.[12] 형태는 평면적이고, 공간에도 깊이가 느껴지지 않는다. 이는 영국의 조각가 플랙스먼(John Flaxman, 1755~1826)의 영향인데, 이 신고전주의자는 당시에 대량으로 출토되던 고대 도자기 그림에서 영감을 얻었다.[13] 모든 것을 선으로 추상화하는 고졸한 양식은 볼륨을 강조하는 정통적 고전주의와 구별되며, 외려 고전고대 이전의 아르케익, 성기 르네상스 이전의 콰트로첸토, 또는 고딕 후기를 연상시킨다. 이는 물론 '근원적인 것'으로 돌아가려는 낭만주의적 욕망과 연관이 있다. 하지만 그저 선으로 추상화하는 데 그쳤다면 아마 그의 작품은 고대의 부조나 도자기 그림처럼 한갓 '장식'으로 전락했을 것이다. 이 추상적 형태에 섬세한 톤으로 준 것이 바로 그가 어린 시절부터 숭배했던 라파엘로였다. 플랙스먼의 스케치와 앵그르의 〈옥좌에 앉은 나폴레옹〉을 비교해보라.[14, 15] 플랙스먼의 제우스가 장식으로 응고한 것 같은 느낌을 준다면, 앵그르의 것은 선적 추상화로 얻어진 뚜렷한 윤곽을 깔고 있으면서도 생동적으로 느껴진다. 앵그르의 이 섬세한 윤곽과 세련된 색채에 필적할 만한 사람은 예술사에서 브론치노밖에 없을 것이다.

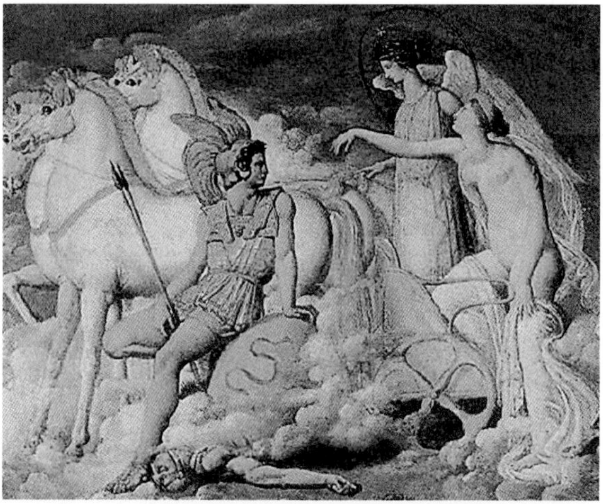

12
〈디오메드에게 부상당한 비너스〉
장 오귀스트 도미니크 앵그르, 1802년경

13
존 플랙스먼의 스케치

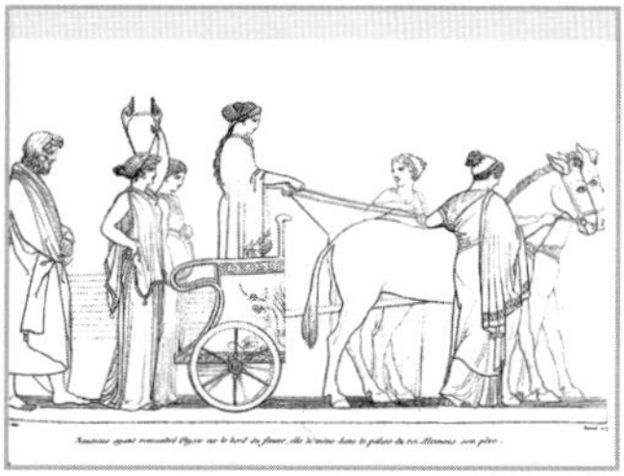

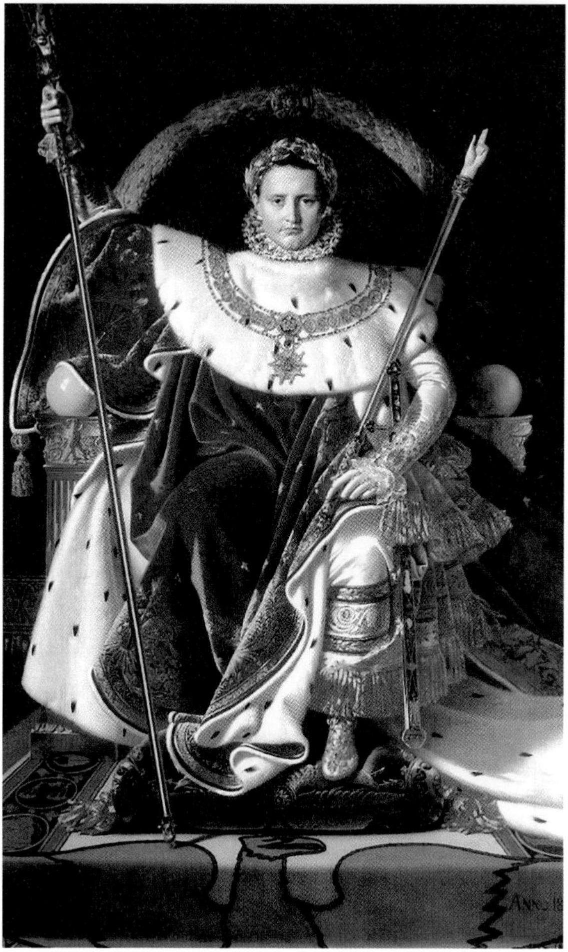

14
〈옥좌에 앉은 나폴레옹〉
장 오귀스트 도미니크 앵그르, 1806년

15
존 플랙스먼의 스케치

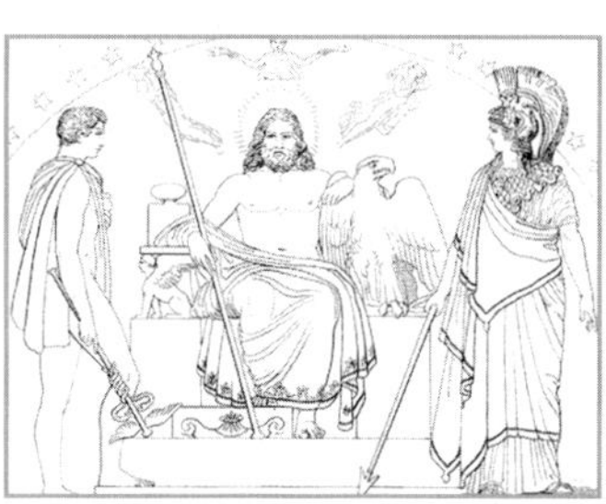

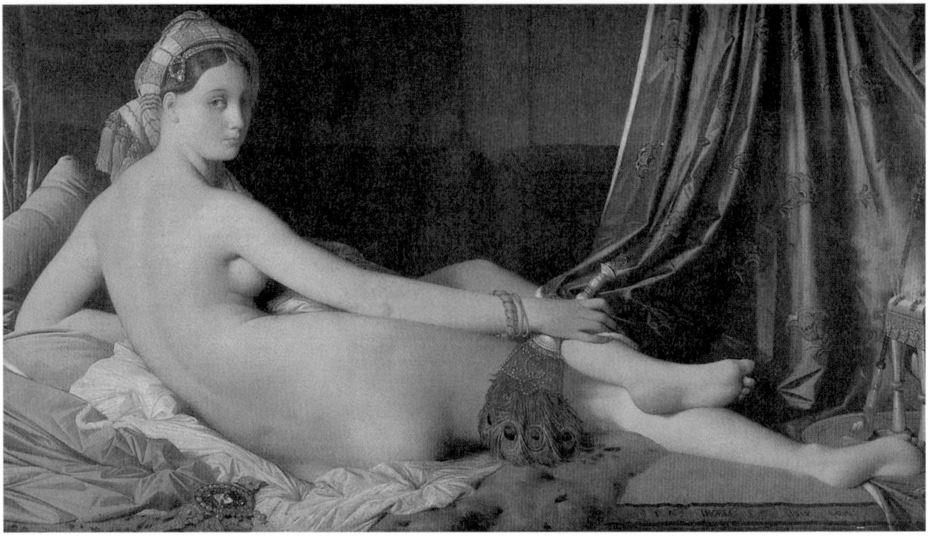

16
〈그랜드 오달리스크〉 장 오귀스트 도미니크 앵그르, 1814년

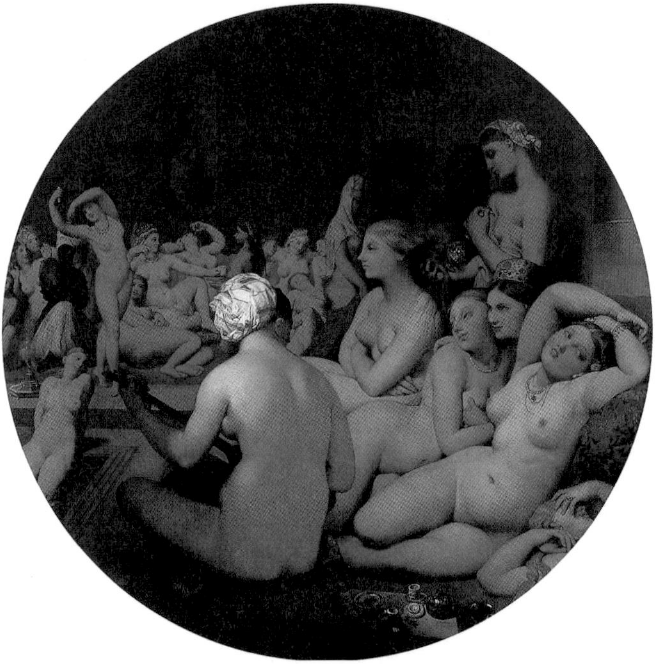

17
〈터키탕〉 장 오귀스트 도미니크 앵그르, 1852~1863년

앵그르에게서는 다비드의 작품에서 볼 수 있는 정치성과 현실성이 사라져버린다. 다비드는 역사적 제재를 당대적 메시지로 바꾸어놓았지만, 앵그르가 역사에 접근하는 것은 그저 회고를 하기 위해서이다. 그에게 역사는 현실이 아니라 과거일 뿐이다. 다비드에게서는 종교적 제재를 거의 찾아볼 수 없지만, 앵그르는 종종 종교적 제재로 그림을 그리기도 했다. 〈그랜드 오달리스크〉나 〈터키탕〉과 같은 이국적 소재도 다비드에게서는 찾아볼 수 없는 것이다. 회고적인 것, 종교적인 것, 이국적인 것, 네오고딕적인 것 등은 모두 낭만주의적 제재에 속한다.[16, 17]

'선적인 고전주의자'로서 앵그르는 들라크루아로 대표되는 색채주의, 바로크 낭만주의와 날카롭게 대립한다. 라파엘로주의 교황으로서 그는 이견을 적대시했다. 제자들에게는 루브르에서 루벤스를 보는 것조차 금지시켰고, 들라크루아를 만악의 근원으로 여기고 그를 마치 루시퍼처럼 두려워했다고 한다. 새로운 것, 현대적인 것이 가진 전복적 위험을 본능적으로 감지했던 것이다. 그런 의미에서 그는 프랑스 회화 속의 합리주의적 경향의 적자로 다비드의 고전주의를 19세기 중반까지 충실히 연장하는 역할을 했다고 할 수 있다.

하지만 '의고적(擬古的) 낭만주의자'로서 앵그르의 고전주의는 또한 다비드의 것과도 현격하게 구별된다. 다비드가 고대적 제재를 당대적 주제로 부활시켜 고대를 되살려냈다면, 이념 없이 그저 고대의 형식만 추구하는 그의 작품은 어딘지 생명이 없는 것처럼 느껴진다. 특히 말년의 작품인 〈스트라토니케〉는 릴리프를 연상시키는 초기 작품처럼 모든 것이 대리석으로 응고한 것처럼 보인다.[18] 그림 이념로서의 성격을 잃어버린 이 '대리석 고전주의'를, 다비드의 신고전주의와 구별하여 '의

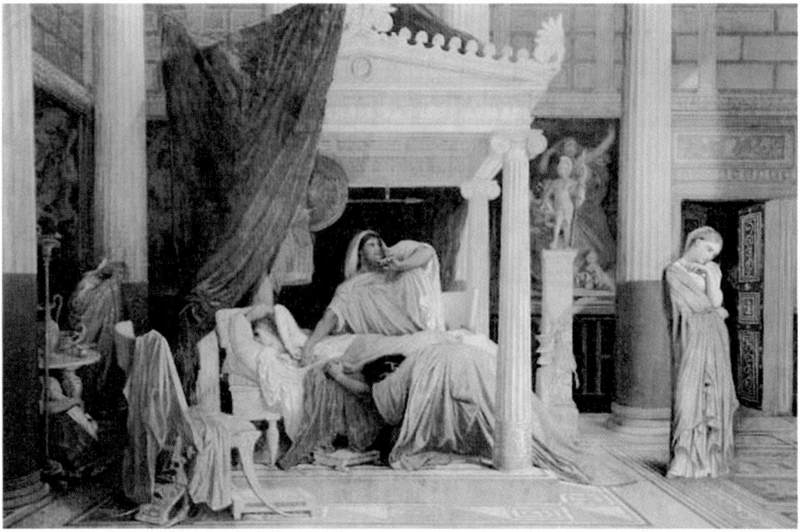

18
〈스트라토니케〉 장 오귀스트 도미니크 앵그르, 1866년

고전주의'라 부를 수 있을 것이다.

낭만적 초기 바로크

앵그르에서 들라크루아로 넘어가는 경계에 서 있는 것이 제리코이다. 그의 작품을 규정하는 것은 이상이나 도덕, 작품이나 이론의 영향이 아니라 말이 뛰노는 모습의 극히 실재적인 인상이었다. 화가로서의 재능이 없었다면, 그는 기사나 사육사가 되었을지도 모른다. 다비드처럼 남성적 미덕으로 가득 찬 《플루타르크 영웅전》을 읽은 것도 아니고,

그렇다고 앵그르처럼 호메로스의 작품을 읽는 의고적 취향을 갖고 있었던 것도 아니다. 그가 읽은 것은 외려 바이런이나 월터 스콧, 타소, 밀턴, 레싱 등 당대의 낭만주의적인 문학작품이었다.

댄디로 행세하는 독창적 낭만주의자로서 역사적으로나 전통적으로 구속 받는 것을 싫어했지만, 그에게 모범이 없었던 것은 아니다. 그를 사로잡은 것은 미켈란젤로의 〈최후의 심판〉이었다. '미켈란젤로는 현대인들이 가진 이상의 발명자' 였다는 보들레르의 말대로, 미켈란젤로의 후기에 속하는 이 작품은 루벤스로 나아가는 길을 예고했다. 그에게 미켈란젤로만큼 강한 인상을 준 사람은 카라바조였다. 앵그르가 라파엘로로 돌아가고, 프루동이 코레조로 돌아간 것처럼, 제리코는 카라바조로 돌아간다. 이탈리아의 1600년대(세이첸토)가 1800년대에 프랑스에서 다시 반복되는 셈이다.

이탈리아에서 불타는 형상화의 욕망을 얻어 파리로 돌아왔지만, 아직 도화선이 될 제재를 찾지 못하고 있었던 그의 눈앞에 마침 '시의적이면서 기념적이고, 정치적이면서 예술적이고, 잔혹하면서 숭고하고, 환상적이면서 모험적인 제재' 가 등장한다. 조난을 당했다가 인육을 먹으며 생존해서 귀환한 메두사 호의 뗏목. 인간의 어두운 내면을 드러내는 이 섬뜩한 이야기는 제리코의 감성에 딱 들어맞는 낭만적 제재였다. 그는 이 장면을 사실적으로 묘사하기 위해 생존자 가운데 두 명의 증언을 확보하고 고소장 작성자들에게서 세세한 내용을 전해들어, 이를 그대로 그림에 옮기려 했다.[19]

화면의 구도는 왼쪽에서 오른쪽으로 올라가는 대각선으로 되어 있다. 그 반대편으로 또 하나의 대각선을 그을 수 있을 것이다. 이는 전형

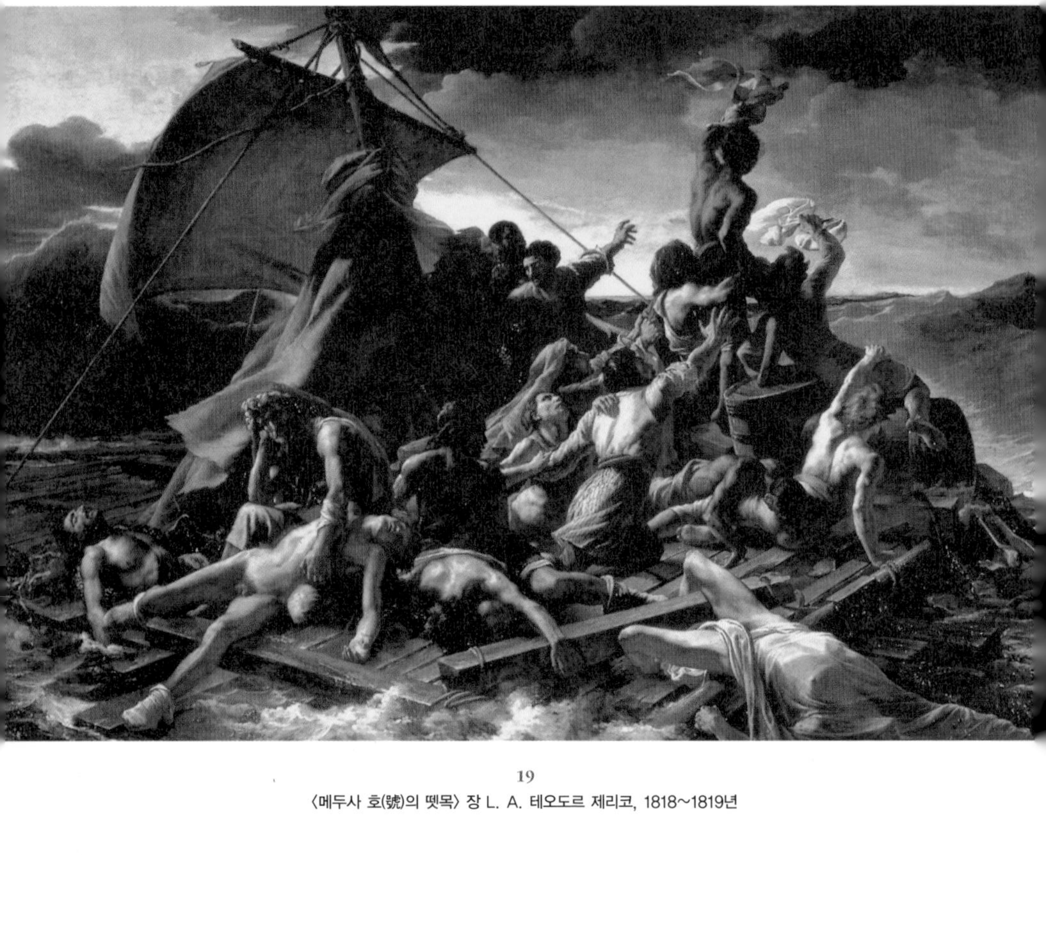

19
〈메두사 호(號)의 뗏목〉 장 L. A. 테오도르 제리코, 1818~1819년

적인 바로크적 특성이다. 하나의 색이 화면을 주도하여 전반적으로 모노크롬한 느낌을 준다. 이 역시 바로크 회화의 특성이라고 할 수 있다. 살아 있는 인간 그룹의 묘사는 미켈란젤로의 〈최후의 심판〉의 저주받은 자들의 군상을 연상시키며, 시체들의 묘사에 드리운 거무스름한 그림자에서는 카라바조의 영향이 느껴진다. 고전주의와 구별되는 이 작품의 바로크적 역동성은 들라크루아를 사로잡기에 충분했다.

앵그르와 비교해보면 제리코가 얼마나 고전주의에서 떨어져 있는지 알 수 있다. 앵그르의 인물이 선적 추상의 결과 어딘지 현실감이 없다면, 제리코의 인물들은 철저하게 사실적이다. 사실적인 묘사를 위해 제리코는 해부학도 마다하지 않았으나, 앵그르는 해부학의 필요성을 느끼지 못했고, 또한 그것을 혐오했다. 제리코는 고전주의적 형식만 파괴한 것이 아니다. 이 작품은 동시에 고전주의적 내용과 감정 역시 파괴해버렸다. 영웅주의는 있으나 영웅은 없다. 고통 받는 이름 없는 인물들에게 제리코는 역사상 그 누구도 성취하지 못한 격정과 파토스를 부여한다.

낭만적 성기 바로크

하지만 앵그르와 더 극적인 대비를 이루는 것은 역시 들라크루아이다. 이 두 사람의 대립은 푸생주의자와 루벤스주의자의 갈등보다 더 격렬했다. 앵그르는 소묘의 급진적 강조와 형의 추상화를 통해 푸생주의자의 이상을 훨씬 넘어버렸고, 들라크루아 역시 루벤스 이상으로 회화적 효과를 극적으로 강조했다. 그러니 간극이 더 벌어질 수밖에 없지

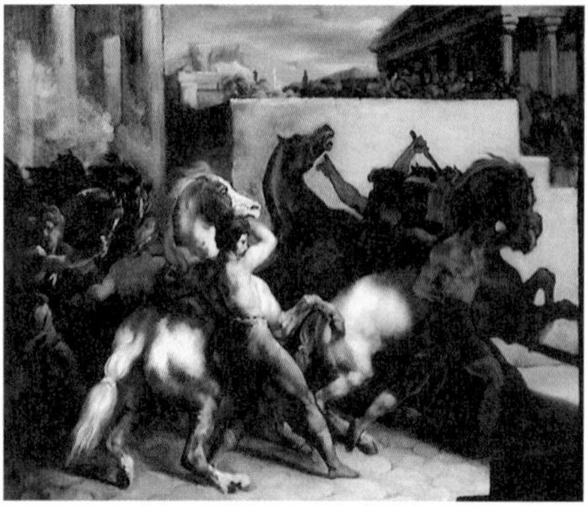

20 〈코르소 데이 바르베리〉 장 L. A. 테오도르 제리코, 1817년

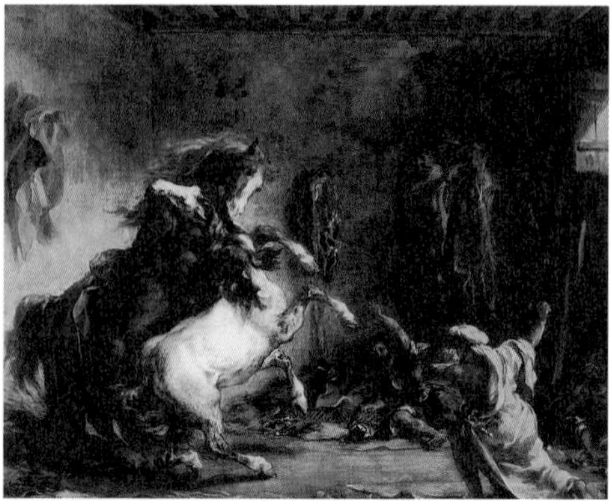

21 〈마구간에서 싸우는 아랍의 말〉 외젠 들라크루아, 1860년

않은가. 들라크루아의 〈마구간에서 싸우는 아랍의 말〉을 제리코의 〈코르소 데이 바르베리〉와 비교해보라.[20, 21] 이것은 프루동의 프로토바로크를 지나, 제리코의 초기 바로크를 넘어, 완전히 무르익은 성기 바로크이다.

루벤스를 숭배했다 하나, 들라크루아의 예술적 이상은 정작 다른 데 있었다. 색채의 종합적 효과를 통해 단테의 《신곡》에 흐르는 감정적 분위기, 그 격렬한 멜랑콜리의 파토스를 연출하고, 나아가 단테가 《신곡》에서 언어라는 수단으로 성취해낸 생생한 시각적 판타지에 접근하는 것이 들라크루아의 이상이었다. 그의 초기작 〈단테의 작은 배〉를 보라.[22] 이는 물론 제리코의 〈메두사 호(號)의 뗏목〉의 영향을 받은 것일 게다. 베르길리우스의 인도를 받아 지옥의 강을 건너는 단테의 발아래서 울부짖는 인간들의 고통과 격정, 이는 물론 전형적인 낭만적 감성

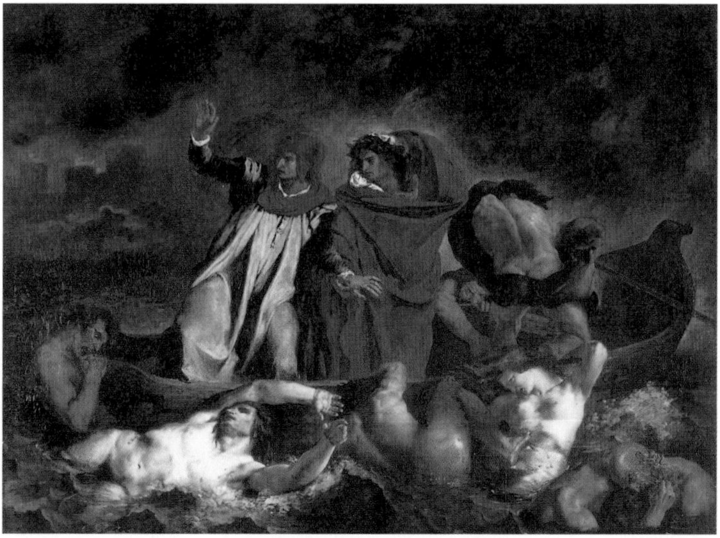

22 〈단테의 작은 배〉 외젠 들라크루아, 1822년

이다.

〈단테의 작은 배〉는 그다지 바로크적이지 않다. 들라크루아 특유의 회화적 바로크는 〈키오스 섬의 학살〉에서 비로소 시작된다.[23] 하지만 여기서도 아직 장면은 정적으로 느껴진다. 하지만 〈사르다나팔루스의 죽음〉에 이르면 색채와 형태의 움직임이 거칠어진다.[24] 이 작품은 내용적으로나 형식적으로나 흐드러진 성기 바로크의 도취연(陶醉宴)이라 할 수 있다. 바이런의 글에서 유래한 이 두 작품은 모두 동양을 배경으로 하고 있다. 거기서 어렵지 않게 나폴레옹 원정의 시대에 프랑스에 팽배해 있던 이국적인 것에 대한 관심을 엿볼 수 있다.

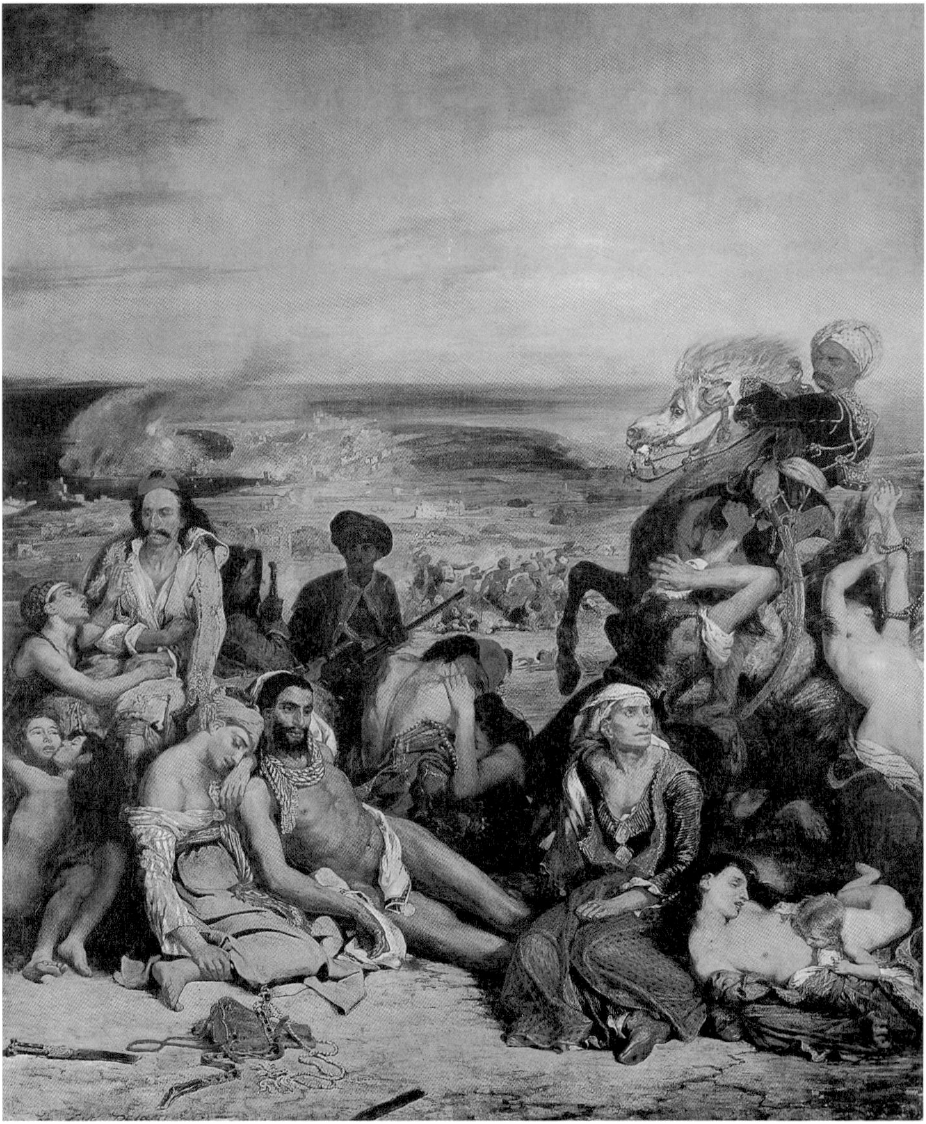

23 〈키오스 섬의 학살〉 외젠 들라크루아, 1824년

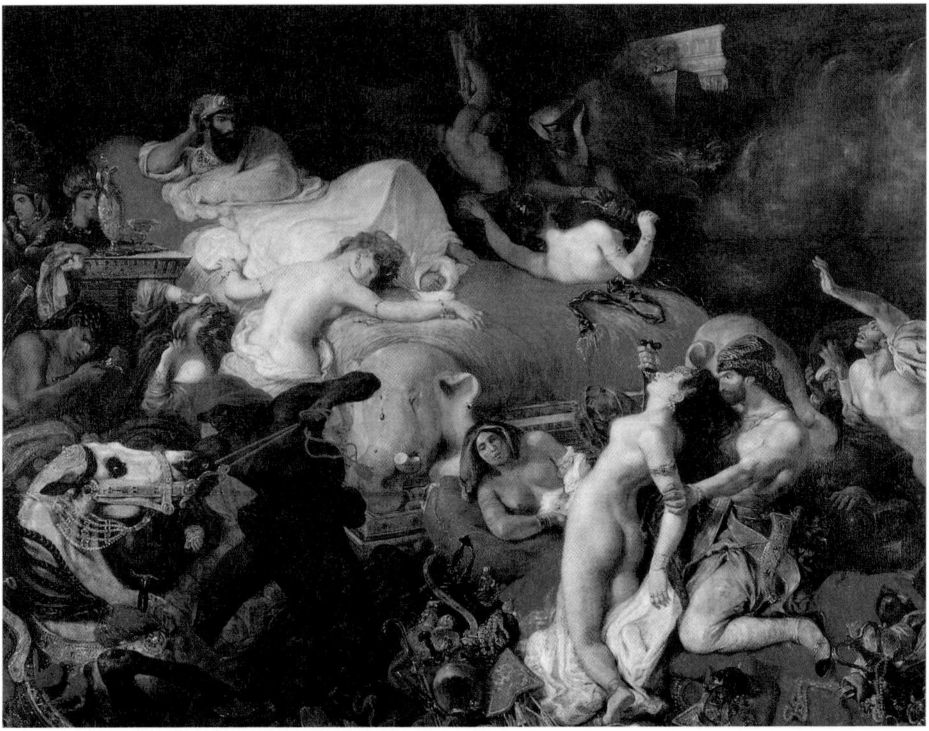

24 〈사르다나팔루스의 죽음〉 외젠 들라크루아, 1829년

하지만 진정으로 낭만주의적인 요소는 정작 따로 있다. 〈키오스 섬의 학살〉은 그리스 독립전쟁 당시 혁명에 가담한 키오스 섬의 주민들이 술탄의 군대에게 보복으로 학살당한 사건이며, 〈사르다나팔루스의 죽음〉은 도시가 적에게 함락되자 자신의 모든 후궁을 죽이고, 자신의 모든 재화를 불에 태운 후 스스로 목숨을 끊은 어느 아시리아 왕의 이

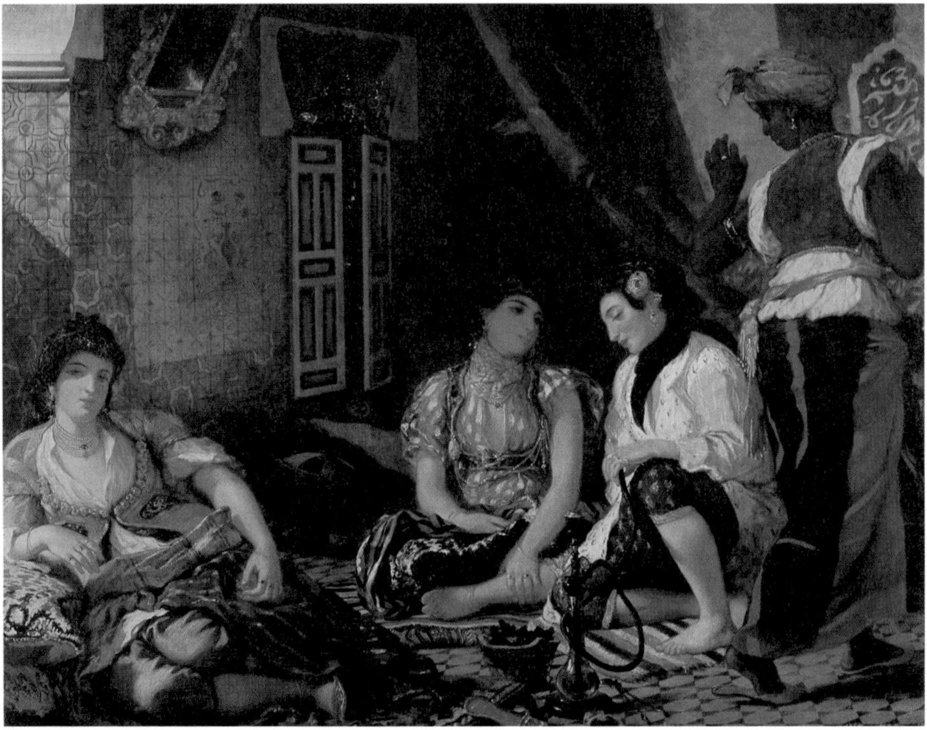

25 〈알제리의 여인들〉 외젠 들라크루아, 1834년

야기다. 이 작품에 나타난 '몰로키즘', 즉 학살과 고문을 보는 즐거움에서 우리는 잔혹한 것, 섬뜩한 것에 대한 낭만주의적 취향을 찾아볼 수 있다. 여기에 나타난 것은 어두운 인간성에 대한 염세주의적 관점이다.

들라크루아는 바로크 효과를 내는 색채 기법을 영국과 모로코 여행을 통해 얻었다. 영국에서는 콘스타블에게서 색채 표면을 상이한 색조

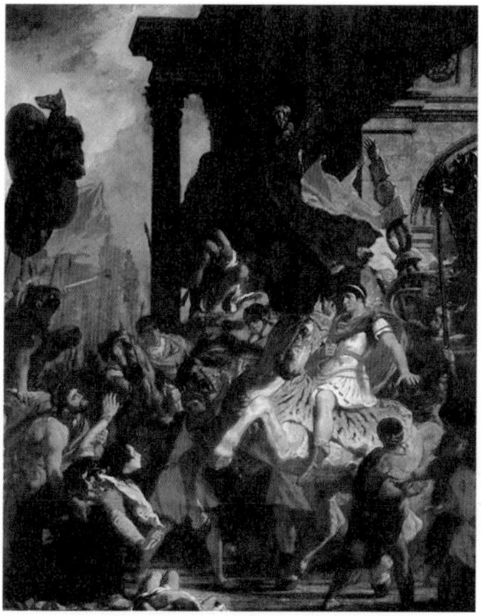

26 〈트라야누스의 정의〉 외젠 들라크루아, 1840년

들로 분할하는 법을 배웠고, 모로코에서는 현지인들로부터 빨강-녹색, 파랑-주황, 노랑-보라를 병치시키는 보색 효과를 배웠다. 〈알제리의 여인들〉을 보자.[25] 그는 왼쪽 구석에 앉은 여인의 붉은 주황색 조끼에 파랑-녹색의 안감을 대고, 벽에 붙은 옷장의 문을 붉은색과 녹색의 줄무늬로 장식한다. 이렇게 해서 얻어지는 색채의 뜨겁고 화려한 디오니소스적 효과는 고전주의의 차갑게 응고한 색감과 확연히 구별된다.

독특한 색채운동, 역동적으로 움직이는 형태, 거기에 낭만주의적 내용을 결합한 것. 즉 네오 바로크적 색채와 형태의 움직임으로 낭만적 내용을 표현하는 것이 들라크루아의 특색이라 할 수 있다. 물론 들라

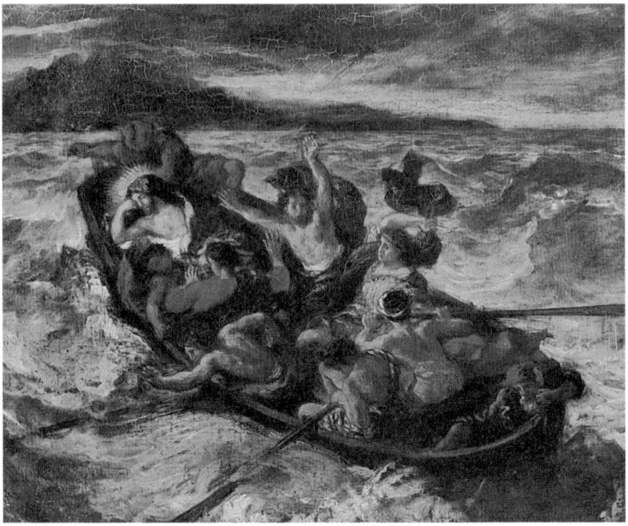

27 〈게네자렛 호수의 그리스도〉 외젠 들라크루아, 1853년

크루아에게도 여전히 바로크 아카데미의 요소는 남아 있다. 가령 〈트라야누스의 정의〉를 보라.[26] 하지만 후기로 갈수록 그의 작품은 '고전적 바로크'에서 벗어난다. 〈게네자렛 호수의 그리스도〉는 앞의 작품과 얼마나 다른가.[27] 이 작품의 거친 터치는 거의 현대 화가의 것처럼 느껴진다.

회화적 현대성

19세기 프랑스 회화에서 벌어진 일을 되돌아보자. 앞에서 살펴본 것처럼 앵그르는 라파엘로(1483~1520)를, 프루동은 코레조(1489~1534)를, 제리코는 카라바조(1571~1610)를, 들라크루아는 루벤스(1577~1640)를 인용했다. 정확하게 세이첸토(1600년대)를 반복하고 있다. 화가들이 과거에서 전범을 찾는 것 역시 그저 개인적이고 작의적인 선택이 아니라는 것을 여기서 알 수 있다. 프리들랜더의 말대로, "개별 예술가 또는 예술가 그룹이 선호하는 전범의 순서도 우연적으로가 아니라 내재적 발전 법칙을 따라 만들어진다."

앵그르와 들라크루아의 대립을 흔히 '고전주의 대(對) 낭만주의'로 설명하곤 한다. 프리들랜더가 보기에 이는 그다지 정확하지 못한 표현이다. 19세기에 낭만주의는 앵그르와 들라크루아가 공유하는 하나의 시대정신이었기 때문이다. 〈그랜드 오달리스크〉에서 볼 수 있듯이 앵그르에게도 낭만적 요소는 존재하며, 〈트라야누스의 정의〉에서 볼 수 있듯이 들라크루아에게도 고전적 요소는 여전히 남아 있다. 따라서 앵그르와 들라크루아의 대립은 차라리 '낭만적 후기 고전주의' 대(對) '낭만적 네오 바로크'의 대립이라 불러야 할 것이다.

다비드는 회화에 당대성과 현실성을 도입했다. 이는 사실주의의 도래를 예고하는 것이다. 제리코는 〈엡섬의 더비 경마〉에서 최초로 말이 달리는 순간을 포착함으로써 이미 인상주의적 경향을 보여주었다. 게다가 그의 말년의 양식은 사실주의에 접근하고 있다. 들라크루아의 〈게네자렛 호수의 그리스도〉는 거의 현대의 표현주의 회화를 방불케 한다. 섬뜩한 것에 대한 취향 역시 '아름다움'을 예술의 본질로 삼는 고전적 예술 이념과는 양립할 수 없는 것이다. 하나의 시대는 이렇게 저물어갔다. 하지만 그 저녁은 다가오는 '현대성'을 예감하게 한다.

12

20세기에 들어와 예술은 고전 예술의 이념을 무너트리고 모습을 크게 바꾸었다. 이 예술적 현대에 반감을 표한 것은 대중들만이 아니었다. 예술학자들 중에서도 예술에 일어난 이 혁명적 변화를 매우 못마땅하게 생각한 이들이 있었다. 그런 이들을 흔히 '문화보수주의자'라 부른다.

시간의 흐름은 돌이킬 수 없다는 점에서, 과거의 예술 이념을 회복하자는 문화보수주의자들의 주장은 가망이 없는 것이다. 하지만 보수주의자이기 때문에 그들은 진보적 모더니즘의 특성을 누구보다 더 예리하게 본다. 현대 예술과 대비되는 고전 예술의 이념을 누구보다 명확하게 의식하는 것도 그들이다.

이 장에서는 한스 제들마이어의 저서를 토대로 고전 예술의 이념이 붕괴되어가는 과정을 살펴보게 된다. 돌아올 수 없는 과거에 대한 향수로 점철된 이 저서에서 제들마이어는 예술적 현대를 독립 자율화와 탈중심화로 특징짓고, 그것을 예술적 퇴폐의 현상으로 규정하며 중심의 상실을 한탄한다.

■ 참고문헌

Hans Sedlmayr, *Verlust der Mitte: Die bildende Kunst des 19 und 20,* Jahrhunderts als Symbol der Zeit, Salzburg, 1948.

한스 제들마이어, 박래경 옮김, 《중심의 상실》, 문예출판사, 2002.

인간, 신을 닮기를 거부하다

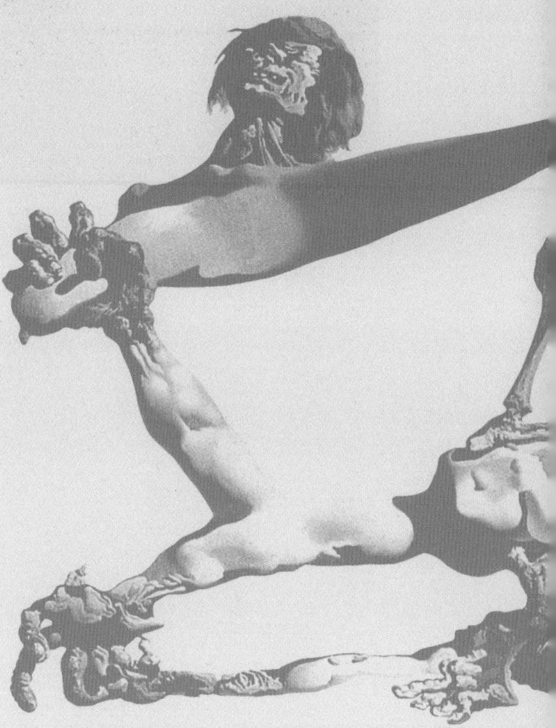

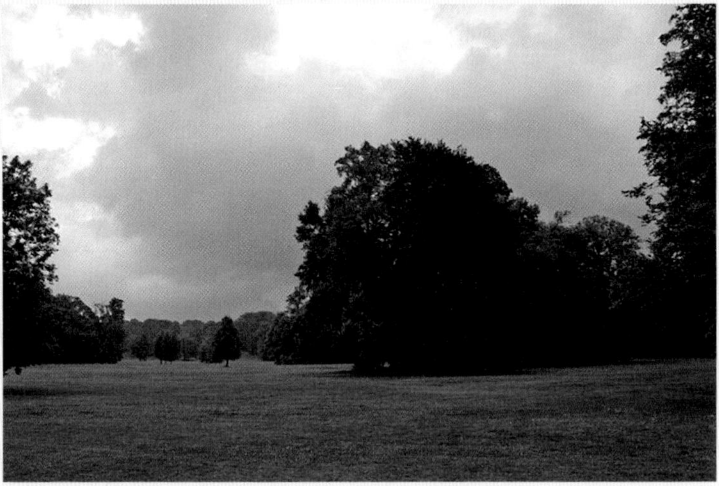

1
무스카우 공원, 헤르만 폰 퓌클러 무스카우, 1830년경

르네상스 이후 이른바 '대(大)이론'으로서 서구의 예술을 이끌어 온 고전 예술의 이념. 그것도 19세기 후반부터 서서히 약해지기 시작하여 20세기에 들어오면 흔적도 없이 사라지기에 이른다. 이 변화는 어지간히 예술을 모르는 사람의 눈에도 보일 정도로 급격한 것이었다. 회화에서는 재현이 사라지고(추상회화), 음악에서는 조성이 사라지고(무조음악), 문학에서는 의미가 사라지고(무의미시), 연극에서는 개연적 연결이 사라지고(부조리극), 이른바 '현대' 예술은 겉으로만 봐도 그 이전의 예술과 현저히 다르다.

예술의 '현대'가 처음부터 환영을 받은 것은 아니었다. 초기의 현대 예술은 전시장을 찾은 관객들로부터 격렬한 항의를 받곤 했다. 이런 분위기에서 '현대'가 하나의 예술적 취향으로 사회적으로 받아들여지는 데는 또한 이론적 준비가 필요했다. 가령 뵐플린은 바로크를 고전 예술과 나란히 예술의 또 다른 정점으로 설정함으로써 고전 예술의 가치를 상대화했고, 보링거는 추상충동을 감정이입과 더불어 예술적 창조의 또 다른 근원으로 설정함으로써 현대 추상예술의 운동을 이론적으로 정당화했다.

하지만 새로 펼쳐지는 이 예술적 풍경에서 불편함을 느끼는 이들도 있었다. 가령 한스 제들마이어(Hans Sedlmayr, 1896~1984) 같은 미술사학자는 현대 예술에서 어떤 건강하지 못한 몰락의 징후를 본다. 그의 진단에 따르면, 현대 예술은 자기 파괴의 길을 걷고 있다. '해체'와 '퇴폐'로 향하는 이 병적인 취향은 이제까지 서구 예술에 생명을 부여해 주었던 중심, 즉 '신을 닮은 인간'이라는 이념이 사라진 데서 비롯되었다는 것이다. 이 문화보수주의자는 이 질병에 대한 처방으로 다시 과거로 돌아가 '영원한 인간의 상'을 회복하자고 주장한다.

해체의 전주곡

위기는 실은 오래전에 시작되었다. 제들마이어가 보기에 오늘날 예술의 해체를 초래한 것은 '자율성'의 이념이었다. 즉 '예술과 예술들의 자율성이 그것의 해체의 필연적 전주(前奏)'였다. 여기서 '예술'이라는 말이 한 번은 단수로, 한 번은 복수로 사용되고 있다. 다시 말해 위기는 한편으로는 예술 자체가 자율성을 얻은 결과이자, 다른 한편으로는 개별 장르들이 자립성을 얻은 결과였다는 이야기다. 그런데 '자율성'이야말로 현대의 가장 핵심적인 기획이다. 한마디로 제들마이어는 문화보수주의자로서 '현대성(modernity)' 자체에 불편을 느끼는 것이다.

과거에 '예술'은 자립적이지 않았다. 르네상스 이후로도 예술은 여전히 종교적 예배와 도덕적 훈시, 정치적 선전과 같은 예술 외적인 기능을 갖고 있었다. 하지만 18세기 이후 사정이 달라진다. 이른바 '미적인 것의 해방'이 시작된다. 이제 예술은 오로지 감상을 목적으로 만들어지기 시작한다. 예술이 미적 목적만 추구하기 시작한 것이다. 널리 알려진 바와 같이 이 시기에 철학자 칸트는 미적 판단을 다른 판단과 분명히 구별하고, 아름다움을 진리나 도덕에 못지않은 독자적 가치로 선언한다. 이로써 예술의 '자율성'은 이론적으로도 뒷받침을 받게 된다.

과거에는 '예술들'도 자립적이지 않았다. 예를 들어 중세의 성당은 일종의 총체예술이었다. 그것은 동시에 건축이자, 조각이자, 회화이자, 음악이자, 연극이자, 문학이었다. 르네상스 이후로도 상황은 크게 달라지지 않았다. 개별 장르들은 여전히 그 총체예술의 한 부분으로서만 존재 가치를 인정받았다. 하지만 18세기 말 이래로 이 전체성은 해체되기 시작한다. 가령 음악은 교회의 예배에서, 회화는 성당의 벽에서 떨어져 나와 20세기에 들어와서는 아예 아무것도 묘사하지 않는 절대음악, 아무것도 재현하지 않는 추상회화로 자립화해버린다.

주도적 과제

과거의 예술에는 '주도적 과제'가 있었다. 중세에 그것은 성당의 건축이었고, 근세에 그것은 궁전의 건축이었다. 그것들은 공동체의 세계관의 표현이자 동시에 문화적 역량의 표출이었기에, 그것들의 건축에는 공동체 전체가 참여하곤 했다. 이 주도적 과제가 또한 개개의 예술 장르에 존재의 의미를 부여해주었으며, 나아가 그것들의 양식적 통일성을 보장해주었다. 가령 18세기에도 여전히 병원과 빈민 구제소, 상이용사의 집은 수도원 양식으로 지어졌고, 마구간은 말의 궁전, 도서관은 책의 궁전, 대학은 학문의 궁전, 박물관은 궁중 갤러리로 여겨졌다.

이후 주도적 과제는 성당과 궁전의 건축에서 풍경정원의 조성으로 넘어간다. 풍경정원은 1720년 프랑스의 기하학적 정원에 대한 반발로 시작했다. 1760년 이후 풍경정원은 유럽의 전역으로 퍼져나가 1830년경이면 모든 지방이 자연공원으로 될 정도가 된다.[1] "원예술은 모든 것을 포괄한다. 마치 건축이 조각과 문양, 회화를 그 안에 포괄하듯이 원예술도 건축과 조각을 그 공간 속에 포함하고 있기 때문이다." 원예술은 건축보다 더 "광범위한 공간을 점유함으로써 건축을 능가하는 웅장하고도 자유스러운 공간을 형성한다."

주도적 과제는 급속한 속도로 다른 장르로 옮겨간다. 혁명을 예감하던 1780년경에 주도적 과제로 떠오른 것은 기념물의 건축. 놀라울 정도로 현대적인 르두나 불레의 기념물 건축을 생각해보라.[2] 제후들의 소장품이 공공 미술관으로 이양되던 1820년경에는 미술관의 건축이 주도적 과제로 떠오른다.[3] 바그너의 시대였던 19세기 중반에는 오페라하우스가 모든 예술을 포괄하는 새로운 판테온이 된다.[4] 비슷한 시기에 전시장 건축이 등장한다. 1851년 런던의 만국박람회가 열린 수정궁을 생각해보라.[5] 그리고 1900년을 지나면서 주도적 과제는 기계의 집, 즉 공장의 건축으로 넘어간다.[6]

'주도적 과제'란 특정 장르가 다른 장르들을 제 안에 포괄하는 것만이 아니라, 그것이 다른 모든 장르에 양식적 통일성을 부여하는 구심점이 되는 것을 의미한다. 가령 '기념물'의 시대에는 용도가 다른 건물들도 모두 기념비적으로 지어졌다.[7] '미술관'의 시대에는 사택마저 박물관처럼 설계되었고,[8] '극장'의 시대에는 궁정이나 사택, 아틀리에가 무대처럼 연출됐다.[9] '전시장'의 시대에는 박물관마저 유리와 철근으로 된 전시장을 방불케 했으며,[10] '공장'의 시대에는 역사적 기념비마저 산업 생산을 연상시키는 기계적 구조물로 디자인되었다.[11]

예술들의 분열

오랫동안 주도적 과제를 담당했던 것은 건축과 원예다. 하지만 이미 풍경정원에서부터 분열이 시작된다. 초기의 풍경정원은 마치 한 폭의

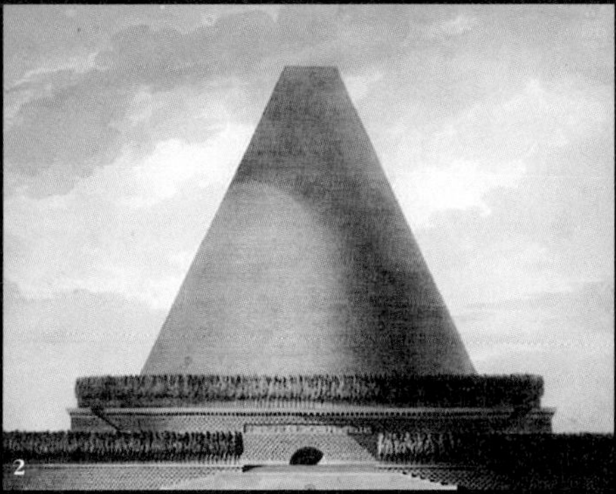

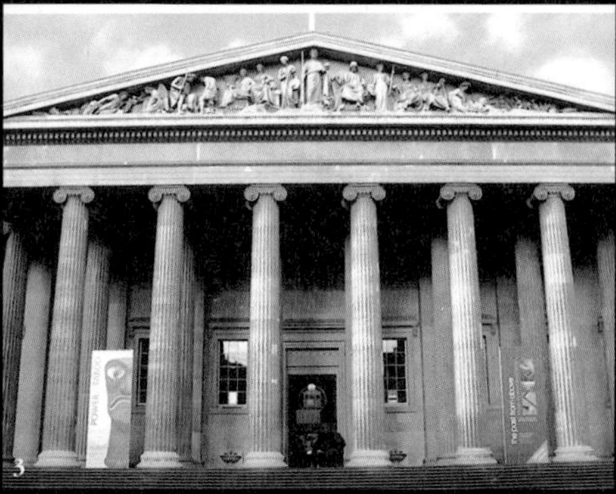

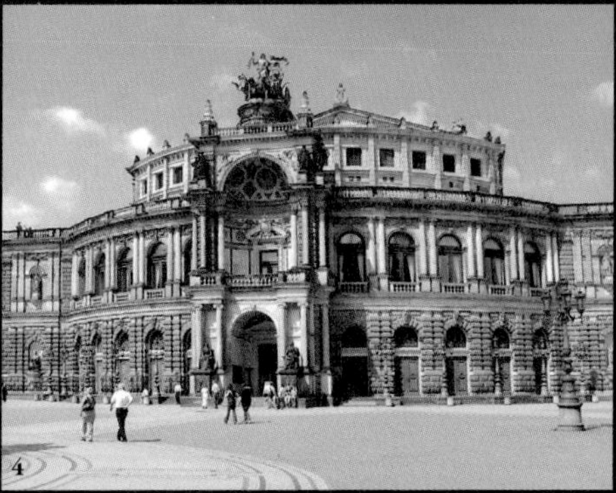

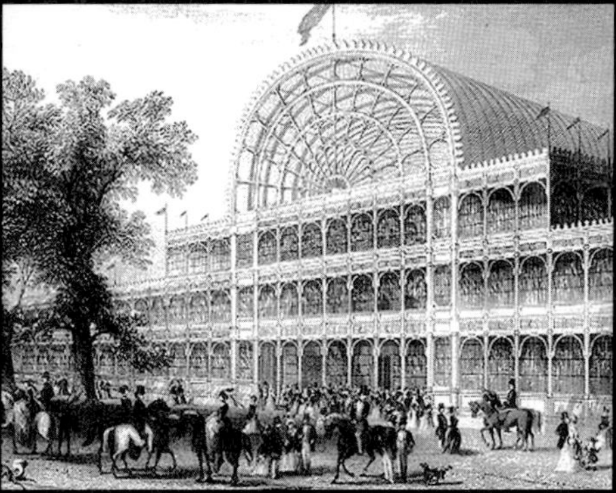

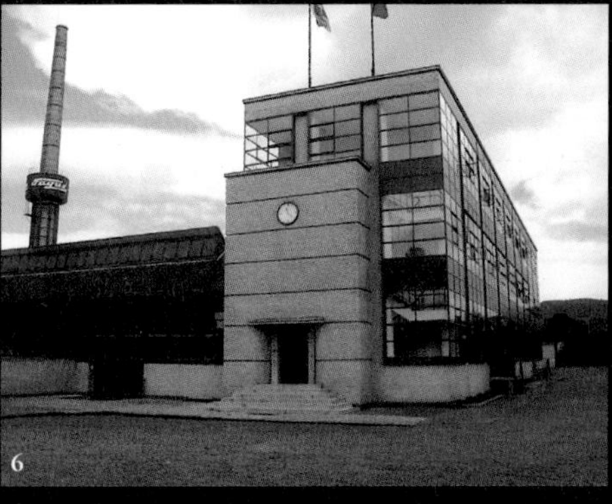

2 세노탑(위인들을 위한 묘소), 에티엔 루이 불레, 1780년

3 대영박물관, 1759년

4 작센주립오페라 고트프리드 젬퍼, 1841년, 1878년

5 런던세계박람회의 수정궁, J. 팩스턴, 1851년

6 파구스 공장, 발터 그로피우스와 아돌프 마이어, 1911년

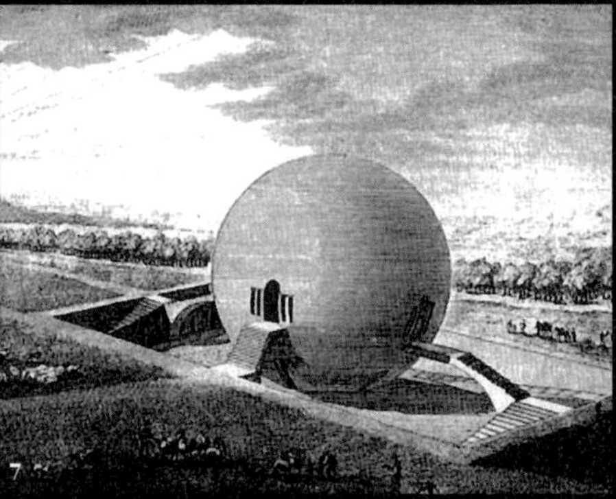

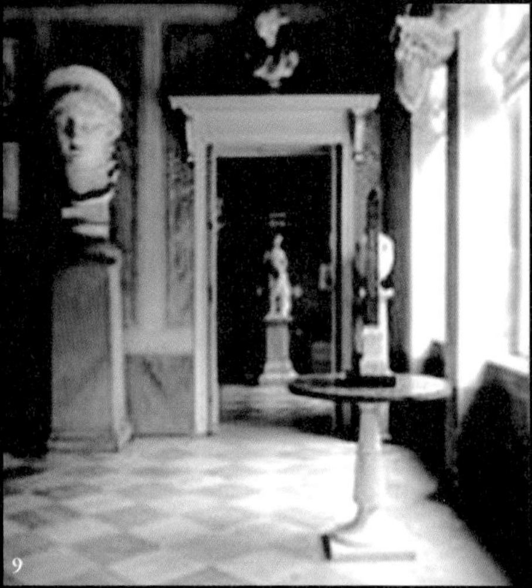

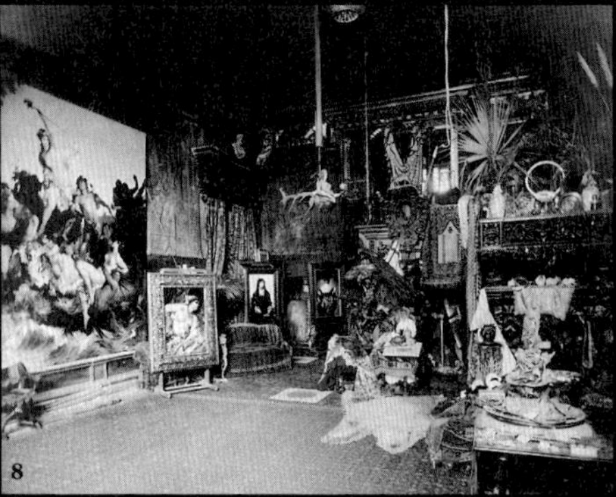

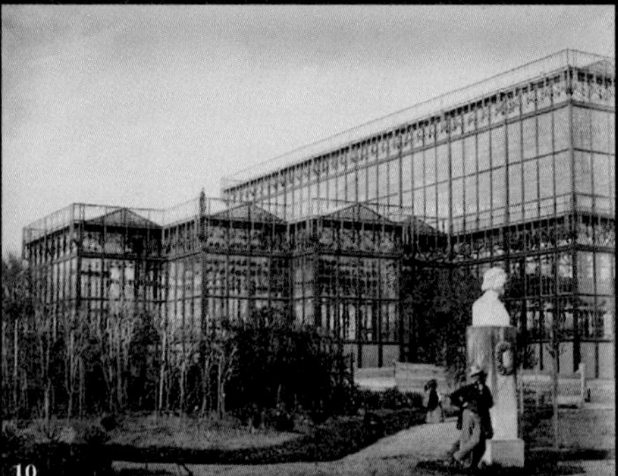

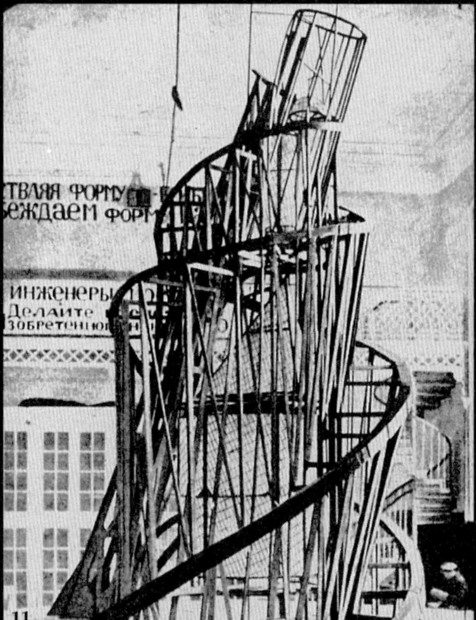

7 원구형 집(경작지 감시자의 집), 클로드 니콜라스 그루, 1773년 이전
8 한스 마카르트(Hans Makart), 연극무대처럼 꾸며진 화가의 아틀리에
9 테겔(Tegel)에 있는 훔볼트의 사택 내부
10 아우구스트 폰 보이트(August von Voit), 뮌헨의 유리궁전, 1854년

풍경화처럼 그 안에 건축과 조각과 자연이 회화적 조화를 이루고 있었다. 하지만 인공이 아니라 자연을 지향하는 과정에서 자연풍경은 '정원의 순수한 형태를 갖추기 위해서 모든 건축적이고 조소적이고 의인적인 요소를 제거' 한다. 이로써 정원 속의 건물들도 서로 연관을 잃어버린 채 자연 속에 파묻혀버린다. 한마디로 원예술이 '순수한 정원' 에 도달한 것이다.

비슷한 현상이 건축에서도 일어났다. 르두나 불레의 건축이 이미 예감하듯이 건축은 과거에 갖고 있던 조각적 특성을 잃어버린다. 창과 문은 틀 없이 벽 속으로 끊겨 들어가고, 풍부한 프로필로 치장된 처마 박공도 사라진다. 인체를 연상시키는 원주들도 사라지고, 남아 있다고 해도 더 이상 유기적인 것의 느낌을 주지 않는다. 특히 제들마이어는 장식이 사라진 것을 징후적 현상으로 본다. '장식은 혼자서 존재할 수 없는 것' , 그리하여 모든 것이 자율화하는 시대에 장식은 소멸할 수밖에 없었다는 것이다. 장식성이 배제되면서 '자율적 건축' 이 성립한다.

회화나 조각도 마찬가지다. 18세기 말 이래로 오래된 교회나 궁성에서 고립된 예술작품들이 수없이 쏟아져 나왔다. '그들을 통합하고 있던 연관성에서 떨어져 나온 이 편린들' 은 '공공 또는 개인 미술관이라는 화려한 빈민 수용소' 안으로 들어간다. 그 안에 작품들이 모여 있으나, 거기서 과거에 개별 장르들을 통합해주었던 유기적 통일성을 찾아볼 수는 없다. 존재하는 것은 그저 기계적 병치뿐.

지금은 건물이 그냥 풍경 속에 서 있고, 조각은 그냥 건물과 그림들 사이에 서 있고, 그림은 그냥 텅 빈 벽에 걸려 있다. 오래전부터 예술들 사이에 존재하던 연관은 병존으로 대체되었다. 병치, 괴테가 싫어했던 낱말.

개별 장르들은 각자 제 길을 걸어 순수회화, 순수음악, 순수문학, 그리고 순수건축이 된다. 예술이 맥락에서 떨어져 나와 독립하면서 '어디에 그림이 놓여 있고, 그 장소가 그 그림에 어떤 의미를 갖는지'를 따지는 것도 무의미해졌다. 그에 따라 "전체 속에서 불가결한 의미를 지니는 그런 뜻 깊은 형상의 세계를 형성하는 일도 불가능하게 되었다." 이로써 "사물의 의미마저 상실된 것이다." 이는 도상해석학의 죽음으로 이어진다. 사실 오늘날 회화나 조각의 의미를 드러내는 데서 과거의 도상해석학은 아무 역할도 하지 못한다.

신을 닮은 인간

'중심의 상실'은 그저 주도적 과제가 사라진 것만 의미하는 게 아니다. 현대에 들어와 인간은 더 이상 미적 생산의 대상이나 척도이기를 멈춘다. 프로이트의 용어를 빌리면, 과거의 예술을 움직인 것은 '에로스의 충동'이었다. 인간의 몸을 아름다움의 극한에서 신의 몸으로 바꾸어놓는 것이 고전 예술의 이상이었다. 예를 들어 미켈란젤로의 〈다비드〉는 르네상스의 영웅적 인간, 즉 마침내 신이 된 위대한 인간의 전형이다. 현대 예술은 어떤가? 그것을 추동하는 것은 그 반대, 말하자면 '타나토스의 충동'인 것처럼 보인다. 에로스는 형성하고, 타나토스는 해체한다.

세잔은 이미 인간을 사물처럼 3차원 공간 속의 입체로 취급한다. 그가 그린 인간의 얼굴에는 감정이 배제되어 있다.[12] 쇠라 역시 인간을 목각인형이나 마네킹처럼 묘사한다.[13] 타락의 경향은 엔소르에 이르러 전면적으로 모습을 드러내더니,[14] "신즉물주의라는 소극(笑劇)과 더불어 가장 천박한 형태에 도달했다." 신즉물주의 회화를 보라.[15] 거기에 나타난 인간의 신체는 참을 수 없을 정도로 역겨움을 준다. "이 '마지막' 예술은 정치적으로 보면 무정부주의 파르티잔이며, 심리적으로 보면 엄청난 공포와 자기 자신을 향해 돌아온 인간 혐오의 표현이라 할 수 있다."

고전 예술이 인간의 상태를 더 높은 존재로 끌어올린다면, 현대 예술은 인간을 외려 인간 이하로 끌어내린다. 초현실주의는 인간을 성적 충동으로 가득 찬 동물로 제시한다.[16] 사람들은 원래 '아래'를 의미하는 '쉬르(sur)'를 '위'라는 의미로 잘못 해석해 초현실주의를 '평범한 일상을 넘어선다는 약속'으로 오해했다. 큐비즘과 미래주의에 이르면 인간의 신체가 아예 유기체 이전으로 돌아가 기계라는 무기물을 지향한다.[17, 18, 19] 인간적인 것으로부터의 탈피. 이미 오르테가 이 가세트도 현대 예술에 비슷한 진단을 내린 바 있다. "예술의 비인간화."

물론 악마적인 것, 혼돈스러운 것의 묘사는 과거에도 존재했다. 예를 들어 보슈, 브뤼헐, 그뤼네발트의 작품에서 우리는 이미 지옥과 같은 장면을 볼 수 있다. 하지만 과거에 이런 묘사는 극복할 수 없는 인간의 유한성에 대한 비탄에서 나왔다. 하지만 현대 예술가들은 외려 이를 쾌락으로 즐기는 듯하다. 그들은 그저 새로운 것을 추구하기 위해 모든 질서를 해체시킨다. 악마적인 것과 혼돈스러운 것의 묘사가 과거에는 비극적이었다면, 오늘날 그것은 악마적이다. 제들마이어는 현대 예술이 연출하는 이 지옥의 풍경을 '묵시록의 왜곡상'이라고 부른다.

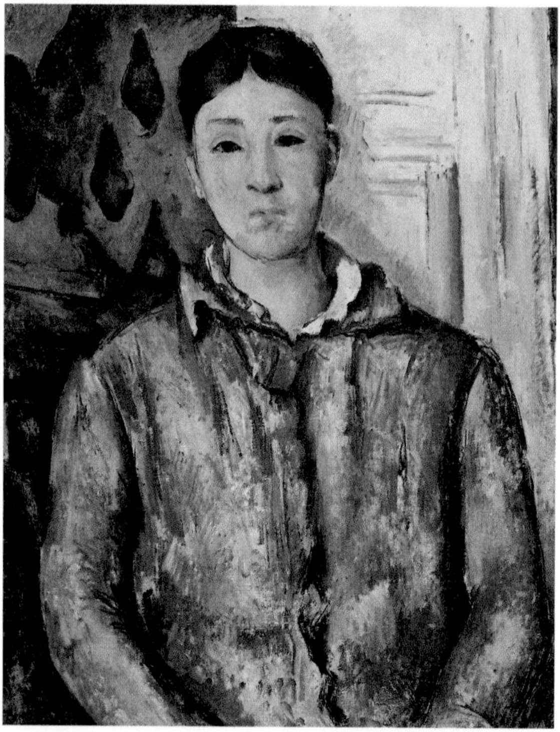

12
〈푸른 옷을 입은 세잔 부인〉 폴 세잔,
1885~1887년

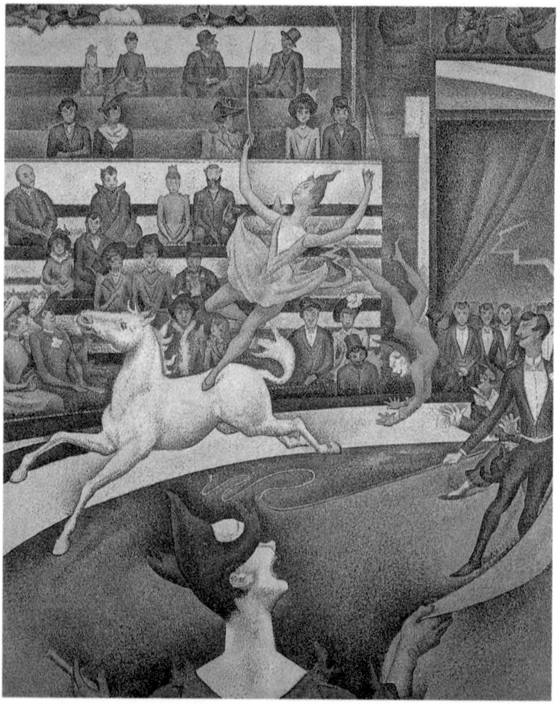

13
〈서커스〉 조르주 쇠라,
1891년

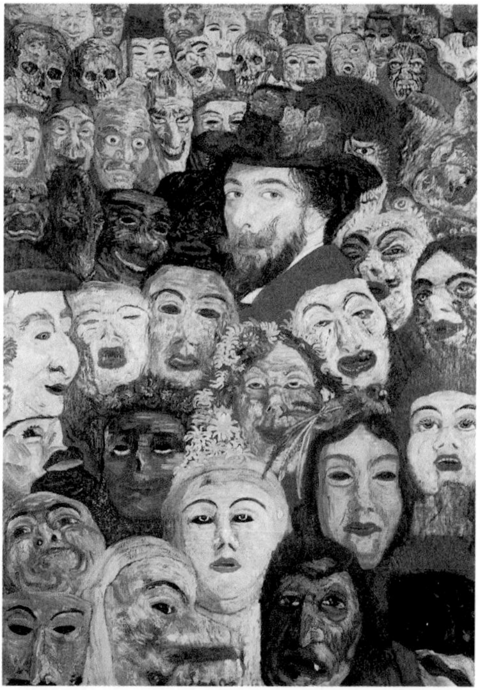

14
〈가면에 둘러싸인 엔소르〉 제임스 엔소르,
1899년

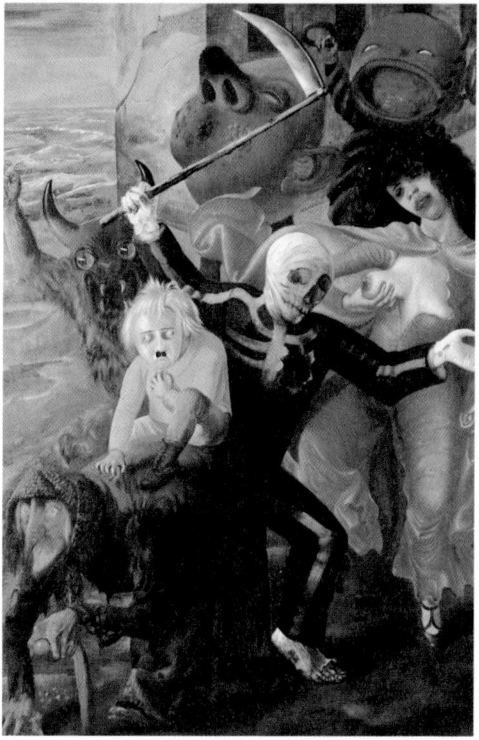

15
〈칠거지악〉 오토 딕스,
1933년

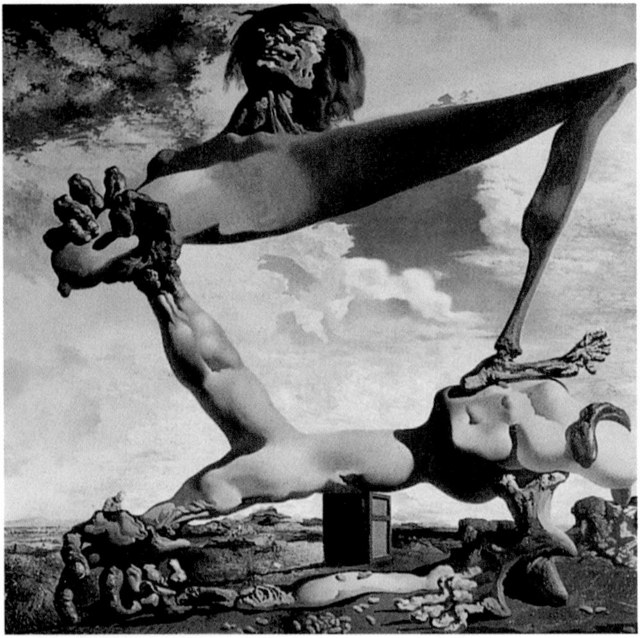

16
〈내란의 예감〉 살바도르 달리,
1936년

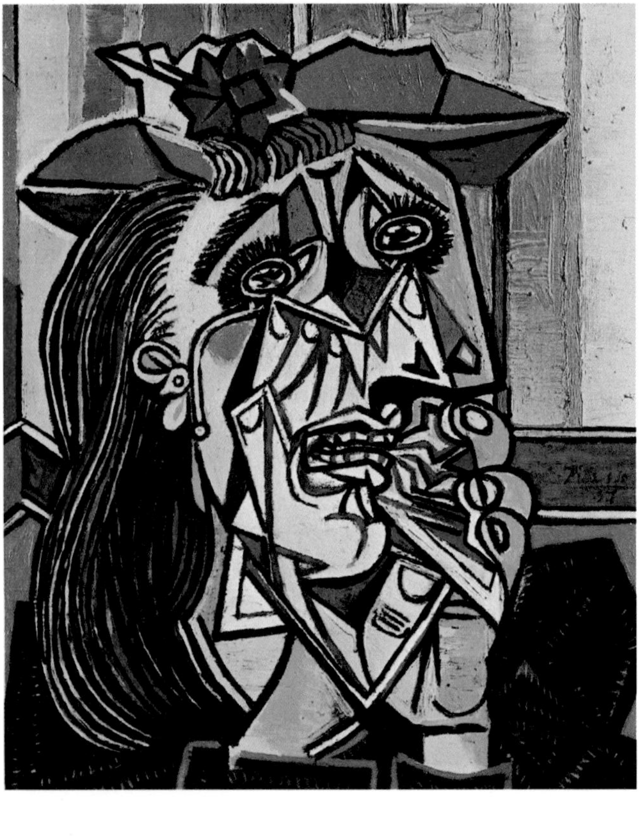

17
〈눈물 흘리는 여인〉 파블로 피카소,
1937년

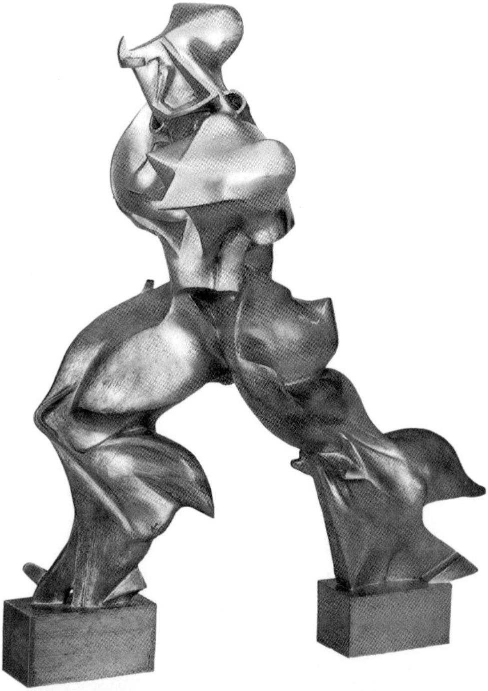

18
〈공간에서 연속성의 특이한 형태〉 움베르토 보초니,
1913년

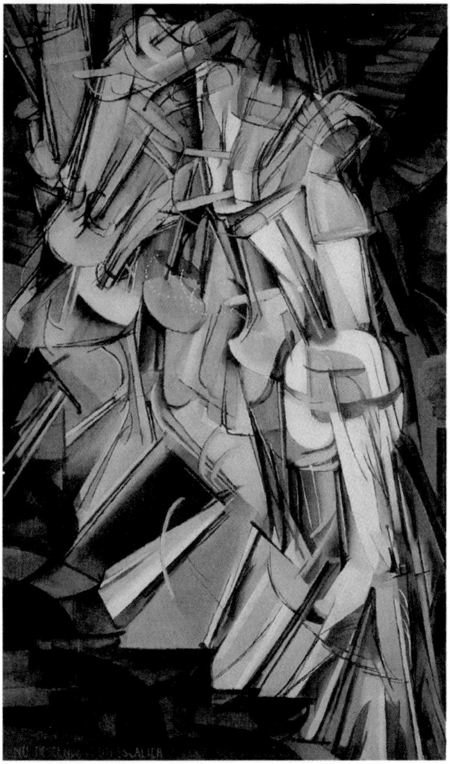

19
〈계단을 내려오는 누드(2번)〉 마르셀 뒤샹,
1912년

인간의 영원한 상

꿈을 읽는 프로이트처럼 제들마이어는 '시대의 꿈'인 예술에서 현대의 병적 징후를 읽는다. "고차원적인 정신 상태를 희생시켜 얻은 한층 저하된 정신 상태의 비대증." 이것이 '중심의 상실'이 낳은 현대의 병적 상태다. 헤브라이즘의 성서는 하나님이 자신의 형상대로 인간을 창조했다고 가르친다. 헬레니즘의 신화는 인간이 칼로카가티아의 실천을 통해 신이 될 수 있다고 말한다. 이 '신인동성동형설'이 서구 예술의 중심이었다. 그런데 현대는 이 중심을, 즉 '신의 형상을 닮은 인간'이라는 미학적이고 윤리적인 이상을 잃어버렸다.

제들마이어는 중세 이후 유럽의 예술사를 네 단계로 나눈다. '로마네스크'(550~1150) 시대에 예술의 목적은 오로지 신에게 봉사하는 데 있었다. '고딕'(1140~1470)에 이르러 신과 인간의 관계가 바뀐다. 천국은 지상으로 내려오고, 신은 인간의 모습으로 내려온다. 이 시기의 예술은 인간이 된 신, 즉 신인(神人)의 표시 속에서 존재한다. '르네상스와 바로크'(1470~1760)에는 거꾸로 인간이 점점 위대해져 인신(人神)이 된다. 그 이후의 시대(1760~)에 인간은 신과의 연결을 잃고, 자율적 인간이 된다. 현대의 병증은 여기서 비롯된다.

"유일한 처방은 새로운 상태 안에서 인간의 영원한 상을 확립해 재형성하는 것이다." 진단은 처방으로 이어진다. 묵시론 같은 상황에서 벗어나려면 과거의 이상으로 돌아가야 한다. 그런 의미에서 그가 얼마 후에 발표한 《성당의 탄생》은 매우 시사적이다. 성당을 짓던 시절, 인간들은 아직 신과 연결되어 있었다. 모든 예술은 하나의 주도적 과제

속에서 양식의 통일성을 유지하며 자신의 존재 의미를 부여받을 수 있었다. 흘러간 과거에 대한 이 가톨릭 보수주의자의 향수. 하지만 이 시대에 다시 성당을 짓는 것, 총체예술을 재연하는 것이 과연 가능할까?

총체예술과 퇴폐예술

그는 몇 가지 예를 들어 그 가능성을 조심스레 제시한다. 하지만 그 시도가 가능하다 해도 결과는 바람직하지 못할 것이다. 실제로 20세기에 제들마이어의 관념을 실천하려는 시도가 있었다. 예를 들어 나치 정권에서는 국가가 예술에 주도적 과제를 부여하고, 모든 매체를 결합시킨 총체예술로 신의 형상을 닮은 인간, 즉 국가의 영웅을 예술의 이상으로 내세운 바 있다. '국가의 영웅' 이 '계급의 영웅' 으로 대체됐을 뿐, 공산주의 국가에서도 상황은 다르지 않았다. 한마디로 20세기에 부활한 '영원한 인간의 상' 은 전체주의 취향으로 귀결되었을 뿐이다.

예술의 자율성에 대한 그의 반감에서 우리는 어렵지 않게 그의 정치성을 엿볼 수 있다. 현대 예술에 대한 제들마이어의 미학적 반감은 자유주의에 대한 그의 정치적 반감에서 나온 것으로 보인다. 가령 자율적 장르로 원자화한 현대 예술은 우연찮게도 현대의 인간, 즉 전통과 고향이라는 확고한 뿌리를 잃고 부유하는 원자화한 개인들을 닮았다. 여기서 '예술의 자율성이 문명의 타락을 낳았다.' 는 미술사학의 명제는 슬쩍 '인간의 자율성이 사회의 타락을 낳았다.' 는 정치학적 명제로 이행한다. 실제로 제들마이어는 전쟁 전에 나치당에 가입한 경력이 있다.

제들마이어가 현대 예술을 타락의 상태로 규정하는 것은 나치들이

'퇴폐예술'이라 하여 현대 예술을 탄압했던 것을 생각나게 한다. 그의 이론이 나치 정권의 문화 정책과 어느 정도로 연관되어 있는지 모르겠지만, 제들마이어가 현대 예술을 탄압하는 나치의 극단적인 문화 정책에까지 찬성했을 것 같지는 않다. 하지만 한 가지 부정할 수 없는 사실이 있다. 그것은 나치의 문화 정책이 제들마이어처럼 현대 예술 자체를 미학적, 윤리적 타락으로 바라보는 당시 독일 사회의 문화적 보수주의를 먹고 자라났다는 것이다.

중세인가 포스트모던인가

'중심의 상실'은 이미 18세기부터 시작됐으나, 결정적 전환은 1905년에서 1925년 사이에 일어났다. 제들마이어는 《현대 예술의 혁명》에서 예술에 일어난 혁명적 변화를 네 가지로 요약한다. '순수성의 추구', '기하학과 기술적 구성', '광기에 대한 취향', '근원적인 것의 탐색.' 그의 분석은 반론의 여지를 남기지 않을 정도로 명쾌하고 예리하다. 문제는 그것을 평가하는 그의 주관적 입장이다. 현대 예술에 대한 그의 태도는 지나치게 보수적이어서 때로 그의 언급이 우스꽝스럽게 들릴 정도이다.

하지만 이를 단지 어느 문화보수주의자의 시대착오로 돌려버릴 수 없는 사정이 있다. '모던' 이전에 대한 제들마이어의 보수적 향수가 묘하게 '모던'에 대한 포스트모던의 비판과 합류하는 듯이 보이기 때문이다. 포스트모던 건축에서는 장식과 더불어 건축의 상징적 차원을 부활시킨다. 전통으로 복귀하려는 제스처는 다른 장르에서도 나타난다.

게다가 맥루언에 따르면 전자 매체가 '지구촌'이라는 지구적 규모의 공동체 문화를 만들어낸다. 나아가 최근의 디지털은 새로운 맥락에서 총체예술을 부활시켰다.

하지만 모든 것이 모든 시대에 가능한 것은 아니다. 르네상스가 고대 그리스를 부활시켰다 해도 르네상스가 곧 고대가 될 수는 없는 일. 포스트모던이 비록 중세의 몇몇 측면을 부활시켰다 해도, 21세기 사회가 이제 와서 모던 이전으로 되돌아갈 수는 없는 일이다. 제들마이어의 향수에도 불구하고, 그가 그리워하는 시대는 이미 지나갔다. 신이 인간의 삶에 의미를 주고, 예술이 영원한 인간의 상을 추구하던 그 시대는 아마 되돌아올 수 없을 것이다. 그리고 이로써 서구의 미술사 속으로 들어간 우리의 여행도 하나의 종착점에 다다랐다.

진중권의 서양미술사 | 고전예술

Classical Art

1판 1쇄 발행일 2008년 4월 14일
2판 1쇄 발행일 2021년 2월 15일

지은이 진중권

발행인 김학원
발행처 (주)휴머니스트출판그룹
출판등록 제313-2007-000007호(2007년 1월 5일)
주소 (03991) 서울시 마포구 동교로23길 76(연남동)
전화 02-335-4422 **팩스** 02-334-3427
저자·독자 서비스 humanist@humanistbooks.com
홈페이지 www.humanistbooks.com
유튜브 youtube.com/user/humanistma **포스트** post.naver.com/hmcv
페이스북 facebook.com/hmcv2001 **인스타그램** @humanist_insta

편집주간 황서현 **편집** 김주원 임미영 **디자인** 김태형
용지 화인페이퍼 **인쇄** 청아디앤피 **제본** 영신사

ISBN 979-11-6080-549-9 03600

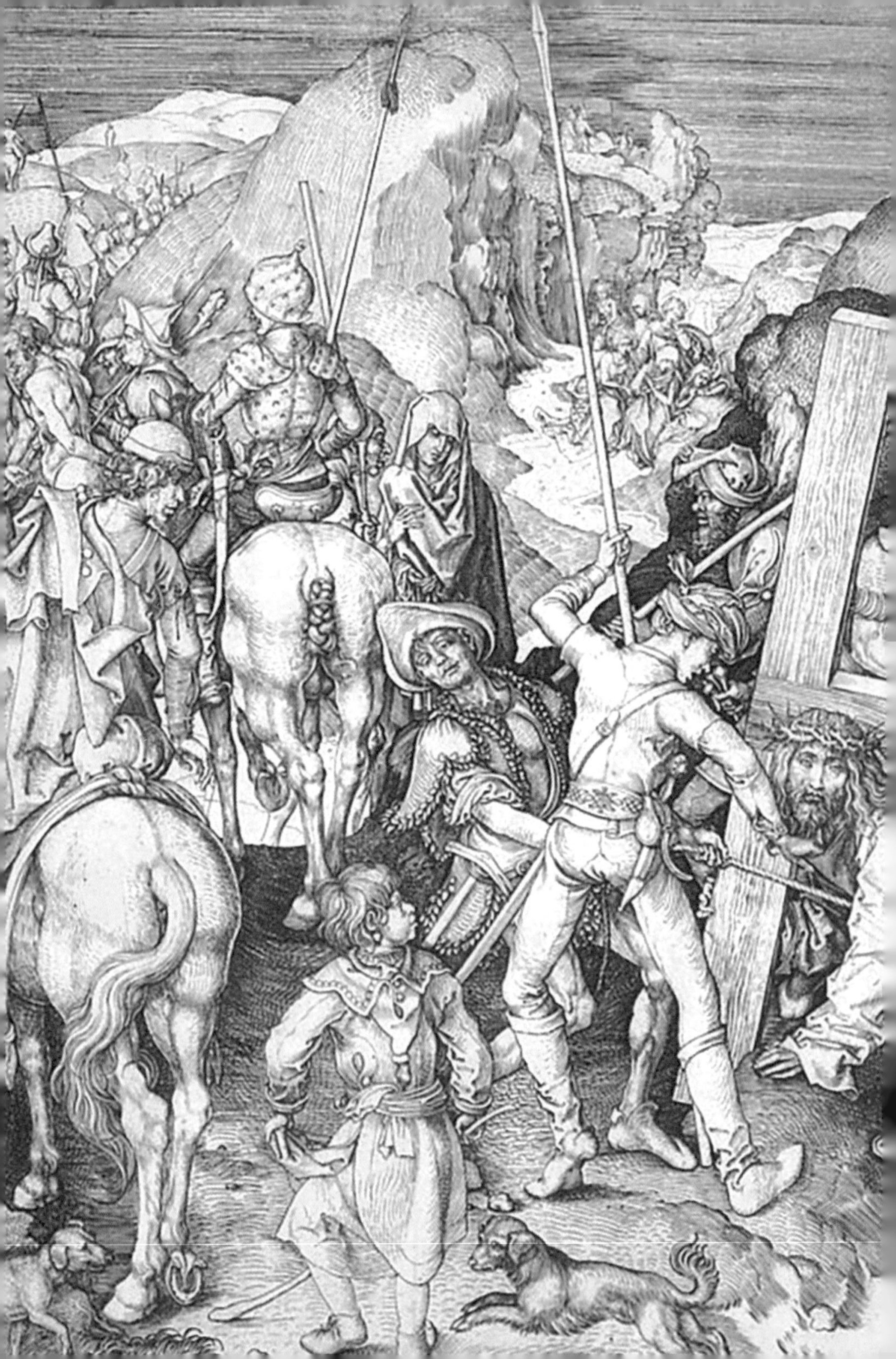